本书由

海南大学中西部高校

综合实力提升计划项目资助

（HDZHSL201301）

房地产法原理

FANG DI CHAN FA YUAN LI

罗晋京　符启林　著

中国政法大学出版社

2016·北京

作者简介

罗晋京 男，1969年12月出生，海南省临高县人，现任海南大学经济与管理学院副教授。社会兼职主要有：海南法立信律师事务所律师、海南省律师协会旅游和房地产专业委员会委员、中国财税法研究会理事。先后毕业于中山大学、清华大学、暨南大学，获法学学士、法学硕士、法学博士学位，2011年6月中国政法大学经济法博士后出站。2008年在香港李宇祥律师事务所实习，2013年在德国汉堡大学法学院进行涉外律师业务培训，中华全国律师协会第一期涉外律师领军人才。著有《跨国银行法律规制对国家主权的影响》，与原晓燕主编《财经法律与会计职业道德》一书，参编《经济法学》等教材，发表论文五十多篇。

符启林 男，1954年7月出生，海南省临高县人，现任中国政法大学教授、博士生导师。为我国经济法学专业第一届博士研究生，历任中国政法大学经济法研究中心副主任、投资法研究中心主任、经济法学专业硕士研究生导师组组长，暨南大学法学院院长，首都经济贸易大学法学院院长，中国法学会民法学经济法学研究会常务理事、副秘书长，中国法学会经济法学研究会副会长。社会兼职主要有：中国国际经济贸易仲裁委员会仲裁员、北京炜衡律师事务所律师、中华人民共和国住房和城乡建设部立法专家、广东省房地产法研究会会长、广州市人大常委会立法顾问、广州市人民政府决策咨询专家、广东石油化工学院文法学院等多所高校兼职教授。1997年在香港李宇祥律师事务所工作，1998~1999年为加拿大约克大学法学院访问学者，2001~2003年为美国哥伦比亚大学法学院访问学者。长期研究房地产法、金融法两大领域，颇有建树。著有《房地产法》、《证券法》、《经济法》等著作、教材三十多部，发表论文近百篇。

前 言

　　房地产法律现象纷繁复杂，不同研究者有不同的研究视角。本书在梳理我国房地产法的发展历程、特征、原则、作用、法律渊源和体系的基础上，主要从房地产法主体制度、房地产市场监管法律制度、房地产宏观调控法律制度的角度对房地产法律现象进行研究。跟原有的房地产研究体系不同，本书主要根据经济法关于政府适度干预市场的理论，研究房地产领域政府、房地产开发企业、房地产投资者和消费者、中介组织等主体的权利和义务，以及相关监管行为、市场竞争行为、宏观调控行为等。

　　本书增加了最新的统计数据，勾画出各类房地产市场主体的发展状况，探讨城乡规划、建设用地、勘察设计、工程建设、房地产交易、房地产租赁、物业服务的市场监管，以及房地产产业政策、房地产金融、房地产价格、房地产税收、住房保障法律制度的新问题、新变化，尤其关注对住房消费者权利的保护，提出房地产危机的法律对策。虽然作者尽最大努力向读者描述了房地产法的全貌及最新发展，但房地产法领域变化迅速，法律关系错综复杂，我们总有力不从心的感觉。恳请各位读者多提宝贵意见，以便本书不断完善。

　　本书既适合房地产法理论界及实务界的读者，也可以作为经济法学、房地产法学、房地产经济学、建筑经济学等相关专业或方向的本科生、研究生的参考教材。

　　在本书写作过程中，参考了许多资料，也得到了众多人士的帮助。海南大学经济与管理学院的万新焕老师对房地产税法部分提出了很好的意见，暨南大学法学院的陈慧瑛老师及海南省人民检察院的苏保云硕士也帮忙进行了部分校对工作，中国政法大学出版社的马旭编辑全程为本书做嫁衣。这里一并提出感谢！

作者
2015 年 11 月 27 日

本书缩略语对照表

全称	简称
中华人民共和国住房保障与城乡建设部（原中华人民共和国建设部）	住建部（原建设部）
中华人民共和国国家发展与改革委员会（原中华人民共和国国家计划委员会）	国家发改委（原国家计委）
中华人民共和国最高人民法院	最高人民法院
中华人民共和国人事与社会保障部	人社部
中华人民共和国国家经济贸易委员会	国家经贸委
中国银行业监督管理委员会	银监会
中国证券监督管理委员会	证监会
中国保险监督管理委员会	保监会
中国消费者协会	中消协
中国房地产业协会	中房协
《中华人民共和国城市房地产管理法》	《房地产管理法》
《中华人民共和国消费者权益保护法》	《消法》
《福建省房屋消费者权益保护条例》	《保护条例》
《关于进一步深化城镇住房制度改革加快住房建设的通知》	1998 年房改通知
《中国工商银行商品房开发贷款管理暂行办法》	《贷款办法》
《关于做好稳定住房价格工作意见的通知》	国八条
《关于调整住房供应结构稳定住房价格的意见》	国六条
《国民经济和社会发展规划》	总体规划
商品房开发贷款	贷款

续表

全称	简称
个人住房抵押贷款	个贷
次级抵押贷款	次贷
房屋贷款保险	房贷险
抵押支持债券	MBS
资产支持债券	ABS
房地产信托	REIT
房地产信托基金	REITs
特殊目的机构	SPV
居民消费价格指数	CPI
国内生产总值	GDP
"建元2005－1"个人住房抵押贷款支持证券	建元证券

目 录

第一编 总 论

第二编 房地产市场监管法

第一编

总　论

第一章

房地产法概述

第一节　房地产的界定

一、房地产的定义

房地产是房产和地产的统称，包括土地和地上建筑物及其衍生的权利。房产是房屋财产的简称，地产是土地财产的简称。在物质形态上，房地产主要由土地和房屋两部分构成，房依地建，地为房载，地可单独存在，房却不能离地而存。在法律术语上，房地产属于不动产，因为土地和房屋属于不可移动或一经移动就要丧失其极大价值的物体。不动产有狭义和广义之分。狭义的不动产是指土地和地上建筑物（含地下建筑物）；广义的不动产除土地和地上建筑物（含地下建筑物）外，还包括诸如水坝、港口、码头、地下工程、矿藏和森林等自然资源。

本书所要研究的房地产是狭义的不动产（Real Estate），即土地和地上建筑物（含地下建筑物），而且主要研究城市的房地产。根据现行法律规定，农村的房地产由于受到耕地保护、市场化程度等限制，其开发及经营均受到严格控制，我国的房地产开发与经营主要集中在城市，因此国家制定了《房地产管理法》、《城市房地产开发经营管理条例》，调整城市房地产的开发经营，农村的房地产尚未被列入以上法律法规的调整范围。因此，土地可以分为农村土地和城市土地。城市土地又分为居住用地、工业用地、公共设施用地、商业用地、教育文化医疗卫生用地、道路广场用地、绿地等。

地产主要是指土地及其上下一定的空间，包括地下的各种设施、地面道路等。我国实行土地用途管制制度，将土地分为建设用地和非建设用地。建设用地还可以细分为城市建设用地和农村建设用地（包括农村宅基地）。房产是指建筑在地上、地表与地下的各种房屋及其附属设施，按照功能用途的不同，可以分为住宅、工业厂房、仓库和商场和商铺用房、办公用房、宾馆饭店、文体、娱乐设施、政府和公用设施用房、多功能建筑（综合楼）等。按照价格构成的不同，还可以分为商品房、微利房、福利房、限价房等。

在香港特别行政区，房地产又称为物业，香港的"物业"这个词是从英国 property 一词翻译过来的，在英国 property 就是指房地产。

房地产业是从事房地产开发、经营、管理和服务的行业。随着社会的发展，房地产业已经成为国民经济的一个重要部门，属于第三产业。联合国在 1986 年修订的《全部经济活动产业分类》的国际标准把经济活动分为十大类，房地产业属于第八类；我国现行的行业分类将房地产业列为第七类。这说明，无论在国际上还是在国内，房地产业都作为一个重要的独立的产业部门而存在。房地产业虽然与建筑业有着千丝万缕的联系，但房地产业绝不等同于建筑业。建筑业是直接从事房屋生产和其他建筑物的建造、改造、装修、安装等的一个物质生产部门，属于第二产业，而房地产业则是从事房地产的投资开发、经营、管理和服务，主要在流通领域活动的产业部门，属于第三产业。在现代社会，房地产业和建筑业具有兼容性，即不排除许多建筑商兼营房地产业，而房地产商又兼营建筑业，但两者还是有本质的区别。

房地产运行的过程主要包括四个环节：①生产环节。这主要是指通过对所获得的土地投入人类劳动，进行房屋和城市基础设施建设，获得房地产产品的过程，包括土地开发和再开发；房屋开发和供应等。②流通环节。这主要是指房地产产品在市场上流通，其价值得到实现的过程，包括地产和房产的买卖、租赁、交换、抵押、典当等。③分配环节。这主要是通过房地产市场交换，使房地产产品进入消费领域的中间环节，包括房地产生产要素和住房消费资料分配两种形式。④消费环节。房地产产品通过市场交易实现其价值后，即转移到消费者手中，消费者在使用房地产时，受到消费者权益保护法的保护，也要接受政府的各种管理行为和接受物业管理服务等。

与此相适应，房地产业活动的领域主要包括：①土地的开发和再开发。②房屋及其附属物或其他基础设施的开发。③地产经营，包括土地所有权的出让、转让、租赁和抵押。④房地产经营，包括房产（含土地使用权）的买卖、租赁、交换、抵押等。⑤房地产的金融，包括信贷、保险、基金投资等。⑥房地产中介服务。⑦物业管理服务。⑧房地产行业管理等。

二、房地产的特性

作为一种特殊的商品，房地产商品既具有商品属性又具有社会属性，此外，房地产商品还兼具有消费品和投资品的双重属性。与其他商品比较起来，房地产商品有如下特性：

1. 区位固定性，或叫不可移动性。这是房地产与其他商品的最大区别之处。由于土地是不能移动的，因此，建筑在土地之上或之下的房屋及其附属设施也不能移动。房地产所有人无法改变土地的区位及建筑物的坐落位置以适应市场的变化。在房地产交易中，流转的不是房屋和土地，而是房地产的有关权利及有关权利"证书"，因此，房地产市场一般不存在全国性的市场，而主要是地方性市场。房地产区位的固定性决定了房地产所在场所的不可复制性和排他的垄断性，同时，也决定了房地产商在投资房地产及消费者在选择房屋消费品时，空间位置的选择十分重要。

2. 异质性。由于土地是不可移动的，所以房地产所在场所是不能复制的，加上建筑材料、建筑类型、房屋新旧程度、邻里环境等因素的不同，每宗房地产都具有各自不同的特点，因此，从这个意义上说，世界上就没有两宗相同的房地产。房地产的这种非标准化特性，是导致房地产市场不完全性的一个重要方面。此外，异质性意味着买方和卖方容易在市场上脱节，彼此互相缺乏信息，这个市场往往需要房地产咨询和经纪等中介机构来提供市场信息。

3. 稀缺性。由于土地是不可再生资源，即使是土地资源极其丰富的国家，在一定时间和一定地点上有特定用途的土地仍然是稀少的。房地产的稀缺性导致房地产价格的昂贵性，特别是在人口密集的城市或有特殊区域位置的城市，房地产价格更是居高不下。

4. 耐久性。土地作为物质性资产和合法权益的标的，是永远不会消灭的，在资本的参与下，其权益将可以被无限地交易下去。另外，建筑于土地之上的建筑物一般也不会轻易损坏，相比于其他商品，其使用寿命要长得多。人们在建筑物自然灭失后重建的情况很少，通常是为了新的用途和在有可能提供更高价值的情况下，进行拆迁改造。正因为房地产的这个特性，法律才规定房地产的所有权和使用权可以分离，在一项房地产上设定不同的权利。

5. 保值性或增值性。房地产投资项目资金大、成本高、期限长、风险多，但从长远的角度讲，房地产一般均具有保值、增值的作用。因为随着社会生产力的发展，人口的不断增加，生活水平的不断提高，产业的兴旺，人们对房地产的需求总是与日俱增的，而由于土地的不可再生性，其面积基本恒定，特别是位于良好位置上的土地资源永远是稀缺的。因此，房地产的价格总会不断上升。房地产的保值、增值性，引发了房地产的投资性，大至发展商，小至公民个人，都乐于投资房地产，在经济发展的初期尤其为甚。

6. 易受政策影响性。房地产的发展受到产业政策、金融政策、财政税收政策等影响较大，房地产已成为国家宏观调控的重点领域，从2005年至2013年间，政府专门针对房地产市场和房价出台了数轮宏观调控政策。

三、房地产业在国民经济中的地位和作用

房地产业是国民经济的重要产业部门，其发展和进步，对推动我国的工业化、市场化、城市化、生态环境优化等方面，都有着十分重要的地位和作用。

其积极作用表现在如下几个方面：

1. 房地产业是国民经济发展的基础产业。称其为基础，是因为各行各业都离不开它。人类一要吃饭，二要穿衣，三要居住。房地产是人们进行社会生产和其他经济活动，以及科学、文化、教育、卫生等活动的基础载体和空间条件。土地不仅是农业生产的场地和基地，是农业劳动的对象和最重要的生产资料，而且在非农产业中仍然是不可缺少的生产要素和物质基础。一切非农产业部门都需要使用房屋，而房屋总是建立在一定区位的土地上面，除使用房屋及其区域外，还要使用与其活动相关的场地或交通用地。开工厂，得有厂房和仓库；开商店，得有店铺或货栈；办学校，得有校园和宿舍；办公经营，得有公寓或其他房产。因此，没有土地，没有房屋，没有一定的空间条件，生产无法进行，商业无法开张，第三产业也无从谈起。另外，住房是人类社会最重要、最基本的生活资料，也是劳动力生产和再生产的最基本条件之一，吃、穿、用等消费活动都离不开房地产，劳动力再生产所需要的教育、文化、福利等用房也需要房地产业提供。可见，房地产既是社会生产的基本要素，又是社会生活的基本要素。从这个意义上讲，房地产业是国民经济发展的基础产业。

2. 房地产业是国民经济的先导产业。房地产的开发和经营过程，需要大量的物资，相关联的产业也十分广泛，因此，它的发展，能够带动和促进相关产业的发展，起到导向作用。据一些工业发达国家统计，房地产业的产值每增加"1"，就能促进相关产业的产值增加"1.5~2"。房地产业的先导作用主要体现在如下几方面：①能促进建筑业的繁荣。房地产业与建筑业是联系最密切的产业。这两个产业之间的关系，已达到了一存俱存、一荣俱荣的地步。房地产业的发展，必然带动建筑业的繁荣。②房地产业能带动建材工业、建筑设备工业、建筑机械工业，以及冶金、化工、木材、仪表等行业的发展。据统计，房地产开发建设中所需要的建筑材料共计23个大类、1500多个品种，涉及建材、冶金等50多个生产部门的产品。我国房屋建筑成本的70%为材料消耗，每年耗用钢材总耗量的25%、木材的40%、水泥的70%、玻璃的70%、预制品的25%、运输量的8%。③房地产业能促进金融业的发展。房地产业是资金需求量最大的产业，是银行的最大客户。同时，房地产的保值、增值性，决定了房地产投资领域的回报率高，是个有吸引力的投资行业，各行各业的资金都投向房地产。与房地产业的发展相适应，房地产抵押、房地产信托、房屋按揭、住房保险等业务也与日俱增。可以说，没有金融业的支持，也就没有现代的房地产业。④房地产业的发展，能带动第三产业的繁荣和发展。房地产业的发展，能促进

家用电器、家具等民用工业的发展；房地产业的发展，能促进旅游、园林、运输业、商业和其他服务业的发展；房地产业的发展，还能促进会计、律师、经纪人等中介行业的发展。

3. 房地产业是国民经济的支柱产业。房地产业是国民财富的重要组成部分，是一国财富的基础。据联合国统计，从1976年以来，用于建造房屋的投资占国民生产总值的比重一般为6%～12%（新加坡高达12%～26%），所形成的固定资产占同期形成的固定资产总值的50%以上，其中用于住宅建设的投资一般占国民生产总值的3%～8%，占固定资产形成总值的20%～30%。从积累财富方面看，英国的房地产价值占该国总财富的73.2%；美国房地产的价值约占其整个国家财产总值的75%。在我国，2013年全社会住宅投资占国内生产总值（GDP）的比例是13%，建筑安装行业的固定资产投入占全部固定资产总值的比例是67%。这确实说明房地产业已成为我国的支柱产业。

4. 房地产业的发展将有利于促进人民生活质量和消费水平的提高。民以食为天，家以居为先。住房是人类最基本的生活需要，而房地产业的发展，正可以满足这一需求。我国房地产业起步较晚，导致城市居民居住拥挤、交通不便。2002年我国城镇居民的人均居住面积为24.5平方米，到2012年我国城镇居民的人均居住面积已达32.9平方米，超过中高收入国家人均居住面积29.3平方米的标准。我国居民的住宅消费水平，新中国成立前占到全部消费比重的4%～10%，新中国成立初期仍为3%～5%，以后逐渐降至只占家庭收入的1.5%～3%，少得可怜，而发达国家如美国、法国、意大利、澳大利亚等国，住房支出占家庭收入高达25%～30%（包括租金、水电、煤气、清洁和管理费用）。自1998年住房市场化以来，我国房地产业得到较快发展，2000年我国居民的居住消费支出占全部消费的比例是15.5%，2013年居住消费支出占全部消费的比例增长到18.6%，与改革开放之初相比，有了较大提高，也比较接近发达国家的水平。

5. 房地产业的发展有利于改善投资环境，扩大对外开放。改革开放是我国的一项基本国策。尤其是这三十多年的对外开放所取得的成绩是有目共睹的。房地产业的发展，要求对外开放要提高到一个新的层次。发展房地产业，可以改善外商投资环境，吸引更多的外商到我国来投资，促进我国与世界经济的协调与循环。房地产业的发展，主要是在改善硬环境方面下功夫，比如完善我国的基础设施建设，迅速发展邮电、通信、交通、运输行业等。

6. 房地产业在一定意义上也是保护和优化生态环境的重要环保产业。房地产业的发展，改变着生态环境。城市是一个生态环境系统，房地产业的发展，应与城市生态环境系统的发展相协调、相适应。城市土地利用的目标之一就是要保护和优化城市的生态环境，提高生态效率。房地产商品又是一种耐用性很高的商品，一旦建成，可以使用几十年、上百年，不会轻易改变。因此，房地产业在发展过程中，应从其规模、布局、结构和水平上考虑其与城市生态环境发展相协调的程度，从而提高人们的环保意识，提高生活质量。

而房地产业对社会经济也有消极作用，其主要表现在如下几个方面：

1. 对生态环境的污染。房地产业必定包含土地的平整和开发利用，房屋及其附属物或其他基础设施的建设开发等，在这个过程中可能要挖土，破坏植被，建筑房屋每年耗用的木材达到所有耗用量的40%，并且建筑物建设的过程中会产生粉尘、噪音等污染，建筑物建成后还会存在幕墙玻璃等光污染。所以政府才要求加快推行清洁生产，在农业、工业、建筑、商贸服务等重点领域推进清洁生产示范，从全过程，尤其是源头控制污染物的产生和排放，降低资源消耗。

2. 引发经济危机或金融危机。房地产投资项目资金大、成本高、期限长、风险多，房地产业属于资金密集型行业，对资金需求巨大，因此，房地产业是银行的最大客户，房地产业与金融业相互渗透。但是一旦房地产出现泡沫，就可能导致房地产危机，进而直接引发金融危机。例如1997年的东南亚金融危机及2007年的美国次贷危机都是因房地产危机所引发的。

3. 导致城市病。虽然人们在房地产业发展的过程中，注意到了其发展应与城市生态环境系统的发展相协调、相适应，但由于人类的认识水平及决策失误等多方面原因，在城市化迅速发展的过程中，各国都或多或少地出现过"城市病"，导致发生城市人口向农村回流的"逆城市化"运动。据世界观察研究所2006年6月发表的题为《改造城市为了人们和地球》的调查报告表明，虽然城市面积只占陆地面积的2%，但是生活在城市里的人进行活动所排放出的二氧化碳却占总排放量的78%，城市人口消耗了工业木材总使用量的76%、生活用水总量的60%。目前世界城市人口的2/3以上居住在发展中国家，他们中的贫困人口约有15亿，至少有6亿人没有足够的住房，11亿人呼吸不到新鲜空气，每年仅因饮水不洁就造成1000万人死亡。此外，日益恶化的基础设施及交通拥挤、污染严重、资源浪费、疾病、失业、犯罪、城市治理资金匮乏和管理者决策水平低下等问题，不仅威胁着城市的经济发展潜力，而且威胁着社会凝聚力和政治稳定。[1]鉴于此，2015年北京市政府决定将相关政府部门迁出北京市区，以缓解首都的交通拥堵、人口膨胀、城市管理等压力。

4. 腐败的高发区域。2014年底，中纪委网站消息显示，房地产领域是官员腐败的重灾区，其中官商勾结、多占住房和办公用房超标等现象十分普遍。在2013年以来被巡视的21个省份中，有20个省份发现了房地产腐败，占比高达95%。房地产开发的土地买卖、金融贷款、工程招投标、质量查验、房屋上市等环节，是广受认

---

〔1〕 符启林：《城市化与农民土地问题》，法律出版社2008年版，第20~21页。

可的"官商勾结腐败高危风险区"。近些年来，中国快速发展，房地产业发展迅速，房地产占到整个 GDP 比重的 16%。房地产成为一个非常重要的行业，开发商、银行、政府形成土地市场的三个重要因素，围绕房地产业的腐败也就因此发生。秦皇岛市北戴河供水总公司原总经理马某某因涉嫌受贿、贪污、挪用公款被查处。该案中，除了上亿现金和 37 公斤黄金，拥有 68 套房的疑似房地产腐败行为也再引关注。中纪委称，2014 年的中央首轮巡视发现，一把手违纪违法案件不仅数量多、危害大，而且呈现上升趋势。而其中贪腐分子动辄就拥有数百套房产。

5. 破坏文化和名胜古迹。在房地产巨大经济利益的推动下，一些文化历史遗迹遭到了破坏。梁思成故居、徐悲鸿故居、曹雪芹故居等都被拆除或者"保护性拆除"。2011 年底国家文物局第三次全国文物普查统计结果显示，全国范围内不包括港、澳、台地区，共登记不可移动文物总量 766 722 处。其中，全国登记的不可移动文物总量当中，新发现登记不可移动文物总量为 536 001 处，约 4.4 万处不可移动文物消失。而北京地区不可移动文物 3840 处，消失的不可移动文物已经高达 969 处。又如，以江苏省南京市莫愁湖为代表的湖泊成了城市的"洗脚盆"和临湖富豪的"私家花园"。

跟任何事物一样，房地产业利弊共存，我们不能只看到房地产业在国民经济的重要作用而忽视其消极因素，而应通过法律制度的完善，发挥其积极作用而防止其消极作用的发生。

第二节 房地产市场

一、房地产市场概述

房地产市场，简而言之就是房地产商品交换的场所。房地产市场是房地产经济运行的载体，是房地产业赖以存在和发展的基础，是政府实施市场监管和宏观调控的对象，是房地产市场主体发挥作用的领域。

房地产市场与生产资料市场、生活资料市场、劳动力市场、金融市场、技术市场一样，是社会主义市场体系中的重要组成部分，房地产市场的完善程度一定程度上也体现了我国市场经济的完备程度。

根据市场经济的原理，房地产市场也主要包括房地产市场主体、客体和为市场交易提供服务的中介机构。

从市场主体来看，主要包括以下几个方面：①房地产市场主要是以供求双方为中心的房地产交易系统，包括房地产供给者和房地产需求者；②以政府为中心的房地产市场监管和调控主体；③以中介服务机构为中心的房地产支持服务系统，主要包括房地产咨询服务、经纪、评估、检测、法律、会计等服务。

房地产不仅是一种客观存在的物质形态，而且还是寓于房产实体的各种经济利益，以及由此而形成的各种权利，如所有权、使用权、抵押权、典权、租赁权等。因此，目前我国房地产市场的客体包括：国有土地使用权、房屋所有权、土地及房屋租赁权、土地使用权的抵押权、房屋所有权的抵押权、房屋典权等。

我国房地产市场可以根据结构层次划分为一级市场、二级市场和三级市场。

1. 房地产一级市场（房地产垄断市场）。房地产一级市场又称为土地一级市场，也是土地使用权出让的市场。根据我国法律规定，土地所有权属于国家和集体所有，土地所有权不能进行交易。现在能够交易的只有国有土地使用权和农村土地承包权。目前，我国房地产一级市场是由国家垄断的市场，农村集体土地必须经过征用程序变为国有土地后才能进入房地产市场。

当然，房地产一级市场的国家垄断也并非最优的制度安排，其弊端日益呈现。如不能反映土地要素的真实价值、人为隔断城乡关系、权力寻租、因农村土地征收而导致上访等。

2015 年 2 月 27 日，全国人大常委会表决通过，决定授权国务院在北京市大兴区等 33 个试点县（市、区）行政区域，暂时调整实施《土地管理法》、《城市房地产管理法》关于农村土地征收、集体经营性建设用地入市、宅基地管理制度的有关规定。其暂时调整实施的内容包括：暂时调整实施集体建设用地使用权不得出让等规定；在符合规划、用途管制和依法取得的前提下，允许存量农村集体经营性建设用地使用权出让、租赁、入股，实行与国有建设用地使用权同等入市、同权同价等。

2. 房地产二级市场（房地产增量市场）。房地产二级市场是指土地使用者将建成的房地产进行出售和出租的市场。房地产二级市场包括土地二级市场和房产二级市场，土地二级市场是土地使用者将达到规定转让条件的土地进入流通领域进行交易的市场；房产二级市场是指商品房进入流通领域进行交易而形成的市场。

3. 房地产三级市场（房地产存量市场）。房地产三级市场是指购买房地产的单位和个人再次将房地产转让或租赁的市场。

房地产这三级市场是相互促进、相互并存的，由国家垄断的一级市场的交易量决定了二级市场交易量，而二级市场的活跃必然带动三级市场的兴旺。

二、我国房地产市场的形成

土地是一国的立国之本，也是工农业得以存在和发展的基础、人民安居乐业的保障，土地制度对政治稳定、经济发展、社会和谐都起着至关重要的作用。在我国古代，无论是土地还是房屋都没有形成商品，更不存在真正意义的房地产市场。

从夏朝开始，我国古代的土地制度经历了以下阶段：

1. 井田制。井田制属于土地公有制，即将土地划分成无数个"井"字形的大方块，每八家一"井"，中间一块是公田，由八家合力耕种，收获物上缴国家。八家唯一的水井，在公田中央位置。人们每天清晨前来打水，顺便就在井边交换剩余的物品。八家田地（一井）的周围，是灌溉的水渠和道路。十井一里，十里一社，人们在平展展的田野里组成了互不侵犯的相望里社。井田制从夏朝开始，一直实行到西周。

2. 限田制。从汉简《二年律令》颁布后，文帝废止了普遍授田制，这是秦汉土地私有化的一个重要标志，同时颁布了"限田令"来限定私人土地的规模，其中有学者提出限定对象是得到国家授田者（基本上是军人阶层）。以此可以看出汉代土地是国有与私有共存。商鞅变法中的"依军功行宅田"应为限田制的前身。其后，晋朝的占田法颁布，则是对私有土地限制政策的加强，由此可看出土地私有化程度的加深。春秋战国尚处于国家兼并时期，但秦汉开始，国家的土地进入了豪强兼并时期。也就是日本学者所指的领土国家到统一帝国的转变。

3. 王田制。王莽改制，他仿照古代井田制全国土地改称"王田"，不许买卖。不仅没有解决社会土地问题，相反又把农民禁锢在"王田"里当牛做马，使各种矛盾进一步激化。

4. 屯田制。屯田制指的是利用士兵和农民垦种荒地，以取得军队供养和税粮。又有军屯、民屯和商屯之分。建安元年（公元196年），曹操击败了颍川汝南的黄巾军，夺得了一大批耕牛、农具和劳动力。部下枣祗建议曹操利用这些农具，在许昌一带开垦土地，实行屯田，以解决粮食问题。曹操采纳了他的建议，并任命他为屯田都尉，全权负责屯田事宜。枣祗首先将荒芜的无主农田收归国家所有，将招募到的大批流民按军队的编制编成组，由国家提供土地、种子、耕牛和农具，由他们开垦耕种，获得的收成由国家和屯田的农民按比例分成。屯田实施的第一年，就得谷百万斛，曹操于是下令郡国都置田官，招募流亡百姓屯田。后来又接受枣祗的建议，下令军队屯田，使屯田制得到广泛推行。后来，明朝初年朱元璋也是积极推行屯田制，军队通过军屯粮食基本上可以得到保障。

5. 占田制。晋初社会经济有所发展，土地兼并渐趋严重，为加强对自耕农民的控制，及限制土地兼并，以保证国家赋税徭役的征发，太康元年（公元280年）灭吴统一全国后，西晋政府遂颁布占田、课田令。占田、课田令规定：男子一人占田七十亩，女子三十亩。丁男课田五十亩，丁女二十亩，次丁男减半，次丁女不课（男女年十六以上至六十为丁，十五以下至十三、六十一以上至六十五为次丁）。官吏以官品高卑贵贱占田，从第一品占五十顷，至第九品占十顷，每品之间递减五顷。

6. 均田制。均田制，即封建王朝将无主土地按人口数分给小农耕作，土地为国有制，耕作一定年限后归其所有。地主阶级的土地并不属于均田范围。

北魏初年，鉴于中国北方长期战乱，人民流离失所，户口迁徙，田地大量荒芜，国家赋税收入受到严重影响。为保证国家赋税来源，北魏孝文帝于太和九年（公元485年）颁布均田制并开始执行，北魏政府把掌握的土地分配给农民，农民向政府交纳租税，并承担一定的徭役和兵役。北魏至唐前期都推行均田制作为基本的土地制度。

自唐朝以后，土地私有制随着均田制的废止而得到确定，并历经了宋、元、明、清各代，土地私有制的最大弊端是土地兼并垄断过于严重，地主靠土地剥削农民，农民"耕者无其田"。一旦土地垄断过于严重便会导致农民起义，最后引起朝代的更换，周而复始。

新中国的建立，最终废除了土地的私有制，实行土地的国家所有和集体所有制。1949年到1978年改革开放，我国一直否认土地和房屋的商品属性，实行计划分配。改革开放以后，我国在坚持土地公有制的基础上，允许土地使用权有偿使用，让土地使用权及房屋所有权成为生产要素，房地产市场才逐渐形成。

第三节　相关房地产经济和法律理论

与资金和劳动一样，土地是人类社会生产活动中不可或缺的三大要素之一，利息是对资金所有者的报酬，工资是对劳动力所有者的报酬，而地租是对土地所有者的报酬。相关的房地产经济理论正是研究人们在进行经济生产活动过程中，如何充分利用土地这种稀缺资源的最优配置问题。

一、马克思主义地租理论

马克思主义认为，在农业的资本主义生产关系中涉及三个阶级之间的关系：一是土地所有者；二是租地的农场主（资本家）；三是农业雇佣工人。农业资本家所获得的剩余价值，必须大于平均利润，以便把它分为两部分，其中，相当于平均利润的那部分剩余价值，为农业资本家所有；超过平均利润以上的那部分剩余价值，则以地租的形式付给土地所有者。所以，资本主义地租是农业资本家为了取得土地使用权而缴给土地所有者的超过平均利润以上的那部分剩余价值，它本质上是农业雇佣工人所创造的剩余价值的一部分。

具体地租的类型分为以下几种：

1. 级差地租。级差地租是经营较优土地的资本家所获得的，并最终归土地所有者占有的超额利润，其来源是产品个别生产价格与社会生产价格的差额，由于这种地租与土地等级相联系，故称为级差地租。

级差地租产生的原因是由土地有限而产生的资本主义经营垄断，正是由于这种有限的优越自然条件被部分经营者垄断，因而能获得持久而稳定的超额利润。而在土地所有权存在的条件下，这部分超额利润就要转化为级差地租，归土地所有者占有。

根据造成土地等级原因的不同，马克思将由于土地丰度（肥力）和位置差异产生的超额利润转化的级差地租称为级差地租Ⅰ，将由于在同一地块上将各个连续投资的劳动生产率差异所产生的超额利润转化的级差地租称为级差地租Ⅱ。

2. 绝对地租。在市场经济条件下，使用级差生产力低下的劣等地不可能产生级差超额利润，但土地使用者仍然要向土地所有者支付地租，马克思将这种使用所有者的土地就要支付的地租称为绝对地租。实际上，不仅使用劣等地要支付绝对地租，使用中等地和优等地所支付的地租，也包含了绝对地租。

3. 垄断地租。马克思主义认为，在资本主义制度下，除了级差地租和绝对地租以外，还存在垄断地租。垄断地租是由产品的垄断价格带来的超额利润转化成的地租，某种土地具有特殊的自然条件，能够生产某种特别名贵又非常稀缺的产品，这些产品就可以按照不仅大大超过生产价格，而且也超过其价值的垄断价格出售。这时的垄断价格只由购买者的购买欲望和支付能力决定，而与一般生产价格或产品价值所决定的价格无关。

二、房地产经济周期理论

经济周期是国民经济整体活动随着时间的变化而出现的扩张和收缩的周期性而定期性反复运动的过程。西方经济学家把经济周期划分为四个阶段：复苏增长、繁荣扩张、萧条持平、衰退收缩。经济周期的最低点被称为"波谷"，最高点被称为"波峰"。马克思将相邻两次危机之间的经济运动过程看作是一个经济周期，每个经济危机周期将经历复苏增长、繁荣、衰退、萧条四个阶段。

房地产经济周期在很多国家和地区都可以观察得到，如美国的房地产经济周期从 18～20 年完成一次周期循环；英国房地产经济周期的平均波长为 9 年；澳大利亚约为 6 年；韩国大体上是 4 年。而我国的香港特区为 7～8 年；我国台湾地区为 5～6 年。

下面我们对房地产经济周期四个阶段的特点进行简要分析：

1. 复苏与增长阶段。在房地产周期波动过程中，承继波谷而出现的复苏与增长阶段，一般会经历较长的时间。通常，最低点是在上一阶段的过剩建设停止时出现的。在循环的最低点，空置率达到最高值，然后进入复苏阶段。这一阶段的特征为：①复苏阶段初期，房地产供给仍大于需求，房价与租金水平处于较低位置，房价已经明显止跌企稳并开始缓慢上行。②在宏观经济复苏的影响下，房地产的需求开始上升，购房者逐渐增多，并带动期房的销售；房地产交易量有所增加，房价有所上升，房地产开发投资逐渐增多。③在宏观经济加速复苏的刺激下，房地产市场进一步回升，人们对日益好转的房地产市场形势充满乐观情绪，金融机构和房地产投资机构加大对房地产的投资，并带动其他行业投资机构进入房地产领域。随着房地产投资者特别是炒家进一步涌入，各类房地产物业，尤其住宅价格上涨，租金飙升，同时房地产空置率大幅下降，房地产市场交易量快速上升，一级市场和三级市场开始活跃，物业开发与建设加速开展。

2. 繁荣阶段。继复苏与增长阶段后，便进入持续时间相对较短的繁荣阶段，并达到周期循环的波峰。这一阶段的主要特征是：①房地产开发企业对土地及物业的开发项目与建设数量进一步增大，其他行业的企业也因市场极度乐观和高额利润而进入房地产市场，且投资计划大多雄心勃勃。于是大量推出现房和期房，各级、各类市场交易数量激增。②房地产价格越涨越高，旧房（三级）市场价格直逼新房（二级）市场价格，在房价上升过程中起带头拉动作用。③房地产投机者与自用者均大量增加，市场一片乐观情绪，迅速形成并不断加大房地产泡沫。由于房地产投机者以更快速度增长，逐渐拉近与自用者人数的距离。在此压力下，社会关于限制炒楼行为的呼声也逐渐提高，政府开始出台一系列限制炒楼的政策措施，如提高银行利率、压缩投资规模、实行保值储蓄和收紧银根等政策手段。④随着房价高涨到市场无力负担的程度，真正自用购房者大多被迫退出市场，而留下炒家的投机资金支撑旺市，形成有价无市的局面，房地产空置率开始增加。房地产市场进入繁荣阶段的峰顶，房地产泡沫达到极限。⑤新增房地产投资数量明显下降，房地产投资总量也开始出现回落。同时，以住宅为代表的各类物业销售市场达到饱和极限，销售难度明显加大，销售价格开始回调，房地产租赁市场交易量与租金水平也有所下降，房地产空置现象进一步增加。

3. 衰退阶段。当房地产价格高涨到把真正的消费者排斥在市场之外，而仅靠投机资金支撑时，预示着危机与衰退阶段的到来。这一阶段的主要特征为：①房地产市场在交易价格和交易数量两个方面都出现萎缩的趋势，在房地产交易价格方面，虽然不同楼盘的楼价有升有降，但市场上房地产价格总体水平已经出现下调趋势，期房价格下跌速度快于现房价格下跌速度。房地产交易数量明显减少，各类房地产物业的空置率进一步加剧，特别是新开工的房地产项目急剧减少。②房地产价格开始急剧下挫，有价无市的现象被打破，房地产泡沫开始破灭。在购房自用者被高价排斥出市场、炒家因转手困难而纷纷恐慌抛售的双重打击下，房地产价格出现暴跌。③由于房价大幅下降，交易数量锐减，房地产企业的利润大幅下调，一些实力较差、抗风险能力较弱的开发商因资金、债务等问题退出市场或破产，房地产企业破产率也在逐渐增加，房地产相关行业特别是建筑业失业人数增加。

4. 萧条阶段。经过衰退之后，房地产周期便进入了持续时间相对较长的萧条阶段。这一阶段的主要特征是：①房地产销售价格和租金水平继续维持衰退期以来的跌势下降，大多只跌难升，个别楼盘价格甚至跌破物业原值或建造成本。②伴随房价的大幅下跌，房地产交易量进一步减少，空置率居高不下成为市场的普遍现象。③在价格暴跌和交易数量萎缩的双重打击下，房地产泡沫破灭，房地产纠纷大量出现，房地产商破产现象更为普遍，波谷出现。④在房地产业总体水平加剧下滑之后，受到房地产开发成本和房地产正常需求水平的双重支持，房地产市场从急剧下降转变为波动相对平稳的阶段。房地产经济又开始了新一轮的周期循环。

三、制度经济学理论

制度经济学（Institutional Economics）是把经济制度作为研究对象的一门经济学分支，它由科斯（Ronald Coase）在 1937 年发表的《企业的性质》一文所开创，跟房地产经济关系密切的制度经济学理论主要有：

1. 交易费用理论。所谓交易费用，是指企业用于寻找交易对象、订立合同、执行交易、洽谈交易、监督交易等方面的费用与支出，主要由搜索成本、谈判成本、签约成本与监督成本构成。企业运用收购、兼并、重组等资本运营方式，可以将市场内部化，消除由于市场不确定性所带来的风险，从而降低交易费用。

例如，在一人世界内不需要律师，但在一个一定数量的人结成的社会中需要律师，而训练律师、聘请律师的费用都是交易费用。

科斯指出，市场和企业都是两种不同的组织劳动分工的方式（即两种不同的"交易"方式），企业产生的原因是企业组织劳动分工的交易费用低于市场组织劳动分工的费用。一方面，企业作为一种交易形式，可以把若干个生产要素的所有者和产品的所有者组成一个单位参加市场交易，从而减少交易者的数目和交易中的摩擦，因而降低交易成本；另一方面，在企业之内，市场交易被取消，伴随着市场交易的复杂结构被企业家所替代，企业家指挥生产，因此，企业替代了市场。由此可见，无论是企业内部交易，还是市场交易，都存在着不同的交易费用；而企业替代市场，是因为通过企业交易而形成的交易费用比通过市场交易而形成的交易费用低。

2. 产权理论。新制度经济学家一般认为，产权是一种权利，是一种社会关系，是规定人们相互行为关系的一种规则，而且是社会的基础性规则。在一个人的世界里，产权是不起作用的，只有在相互交往的人类社会中，人们才必须相互尊重产权。

产权是一个权利束，包括所有权、使用权、收益权、处置权等。当一种交易在市场中发生时，就发生了两束权利的交换，交易中的产权束所包含的内容影响物品的交换价值。

产权实质上是一套激励与约束机制。影响和激励行为，是产权的一个基本功能。

产权安排直接影响资源配置效率，一个社会的经济绩效如何，最终取决于产权安排对个人行为所提供的激励。

3. 制度变迁理论。所谓制度变迁，是指新制度产生，并否定、扬弃或改变旧制度的过程，它是向更有效率的制度演化。诺斯（Douglass North）认为，技术的革新固然为经济增长注入了活力，但人们如果没有制度创新和制度变迁的冲动，并通过一系列制度（包括产权制度、法律制度等）构建把技术创新的成果巩固下来，那么人类社会的长期经济增长和社会发展是不可设想的。因此，在决定一个国家经济增长和社会发展方面，制度具有决定性的作用。

四、市场失灵和政府失灵理论

在市场经济条件下，发挥市场在资源配置的主导作用已形成共识。但市场本身存在某些固有的缺陷，即"市场失灵"，主要表现为：①缺乏完全竞争；②产生外部效应；③不能自发实现公正的收入分配；④市场调节具有盲目性；等等。在"市场失灵"的情况下，需要以政府"看得见的手"去矫正市场这只"看不见的手"的缺陷。然而，政府的干预也同样存在失灵或缺陷，主要表现为：①易产生浪费和缺乏效率；②政府缺乏判断其干预行为是否适当的标准；③政府干预存在着任意性；④权力寻租；等等。那么，"政府失灵"需要用法律予以纠正、限制乃至禁止。因此，确认和规范政府干预经济之法即是经济法。

五、房地产法治理论

根据法学基本理论，可以将房地产法治理解如下：

1. 有限政府、权力制约。在法治国家中，政府的权力受到法律的制约，法律的权威大于任何个人的权威。政府的权力是有限的，是法律赋予的。法治的最终目标是尊重和保障公民的基本权益，以公民的权利为本位。一切行政行为的目的都是维护公共利益，保护公民、法人和其他社会组织的合法权益。十八届四中全会决定指出，行政机关要坚持法定职责必须为、法无授权不可为，行政机关不得法外设定权力，没有法律法规依据不得作出减损公民、法人和其他组织合法权益或者增加其义务的决定。推行政府权力清单制度，坚决消除权力设租寻租空间。

因此，在房地产领域，政府的市场监管和宏观调控权力也是有限的，并且要有法律的明确授权，政府干预房地产市场的目的是尊重和保障公民的权利，并且以实现公共利益为目的。

2. 科学完备的房地产法律体系。要求立法机关切实履行立法职能，制定出符合房地产发展规律和保护人民权利的法律，这些法律应该是体现社会公共利益、操作性强的法律。只有立法机关制定出"良法"，才能调整好各种房地产经济关系，使房地产业稳定健康地发展。

十八届四中全会的决定指出，法律是治国之重器，良法是善治之前提。建设中国特色社会主义法治体系，必须坚持立法先行，发挥立法的引领和推动作用，抓住提高立法质量这个关键。

3. 独立、权威、公正、高效的司法系统。"良法"被制定出来以后，就需要不折不扣地得到执行。这不是说所有的房地产纠纷都要通过法院来处理，而是有关纠纷送到法院以后，法院、法官能够独立作出判断和裁决，纠纷能公正得到解决，判决能得到执行。

由于房地产法律具有较强的专业性和技术性，很多国家和地区的法院均设有专门的法庭来审理房地产类案件，因此，建设高素质的房地产专业法官队伍才能保证房地产法治顺利进行。

4. 健全的律师制度。法治要求法律至上、权力制约、权利本位和权利平等，律师的职业要求它必须依法维护当事人（主要是个人）的权利，符合权利本位的要求。法治社会并不是要求人人都是法律专家，这也不现实。尤其是房地产法具有专业性强、综合性高的特点，也需要打造一支高水平的房地产律师队伍。

第四节　我国房地产法的发展历程

一、房地产法的概念

在本书中，房地产法是指调整政府在对房地产市场进行监管和调控的过程中所产生社会关系的法律规范的总称。房地产法本质上属于经济法的范畴，经济法属于市场经济的补充法和保障法。民商法则是市场经济的基本法。

房地产监管关系和房地产宏观调控关系之间是互相联系的。

1. 两者在性质、目标、价值、原则等方面都是基本上一致的。比如，都是属于政府干预经济的性质，其干预的目标是实现市场机制的有效性和促进国民经济的稳定、健康发展，它们都共同反映了经济法的价值和原则，虽然在宏观和微观上的侧重点有所不同。宏观调控以市场监管作为基础，而市场监管又为宏观调控的有效实施提供了条件。

2. 政府宏观调控关系的特点是间接性和引导性，而市场监管关系的特点是直接性和强制性。人们对经济现象的观察可以分别从宏观和微观，甚至是从宏观、中观和微观等不同的视角进行，但现实生活中的社会关系是错综复杂的，不可能完全按照人们分析问题的视角来运行。所以，经常发生宏观调控和市场监管相互交织的情况。例如，金融市场、房地产市场、外贸市场，甚至在物价和劳动就业领域都存在政府宏观调控关系和市场监管关系交叉、重叠的现象。

值得注意的是，无论是宏观调控关系还是市场监管关系，都会出现"政府失灵"现象，所以，宏观调控和市场监管均应纳入法律的规范，将"政府失灵"的负面作用降低到法律容忍的范围。

房地产法有广义与狭义之分。广义的房地产法，包括了对房地产市场监管关系和宏观调控关系进行调整的所有法律规范，比如包括宪法规范、民法规范、经济法规范、行政法规范、刑法规范等，甚至还包括国务院和中央各部委所颁发的条例、规章、规定等。狭义的房地产法，人们一般理解为房地产法典或房地产单行法律法规，在我国，一般均指《房地产管理法》。

二、新中国成立以来我国房地产法的立法概况

1949 年以后新中国的房地产立法，是在废除国民党旧法制的基础上，在一片废墟上建立起来的。新中国的房地产立法，从无到有，从粗到细，尤其是 20 世纪 80 年代之后，才逐步完善起来。新中国的房地产立法，大致可以分为以下阶段：

（一）新中国成立之初至 1966 年

这一阶段的主要目标和任务是没收敌伪财产、代管无主房屋、确认房地产产权归属、接收旧政府房地产档案材料、建立新中国的房地产管理机构等。围绕这些问题，我国颁布了《土地改革法》、《内务部关于填发土地房产所有证的指示》等。通过颁布这些规定，我国建立了一套房地产管理制度。随后，我国颁布了《国家房产管理局关于私有出租房屋社会主义改造问题的报告》等政策，主要目的是对出租的私有房屋进行社会主义改造，通过付给房屋租金、赎金等形式，将城市房产逐步收归国有，实现城市土地的公有化。这一时期的特点是：法律和政策不太容易区分；前期比较重视法律，后期比较重视政策，"左"倾观念逐步扩大化。

（二）"文化大革命"时期

这一时期由于受极"左"思潮的影响，法律破坏殆尽。尽管这一时期也颁布了一些零星的调整私人房产关系的规定、政策，但基本没起任何作用。房地产管理机构基本瘫痪，有些机构（如土地管理机构）根本没有建立，根本谈不上房地产的管理。除了公有制以外，公民个人基本上谈不上什么"财产权利"。

（三）党的十一届三中全会至 1998 年

粉碎"四人帮"后，特别是党的十一届三中全会以后，我国法制建设的春天才真正来临。这一时期的前半段是起步阶段，后半段是蓬勃发展阶段。

1. 1978～1988 年。粉碎"四人帮"后，百废待兴。国家不能再继续走靠政策来管理国家的老路，而应该过渡到以法治国，法制建设被摆到了前所未有的高度。这一时期，国家颁布了大量的法规，比较重要的有《土地管理法》、《国家建设征用土地条例》、《村镇建房用地管理条例》、《城市规划条例》、《城市私有房屋管理条例》、《房产税暂行条例》等。这一时期的特点是：立法层次较低、条文规定不十分规范、有些方面政策和法律相混淆等。

2. 1988～1998 年。这一阶段以修改《宪法》为标志。修改后的《宪法》指出：土地使用权可以依照法律的规定进行转让。随后国家修改了《土地管理法》，颁布了《城市规划法》、《建筑法》，国务院相继颁布了《城镇国有土地使用权出让和转让暂行条例》、《外商投资开发经营成片土地暂行管理办法》等一系列与房地产相关的条例、规定和地方性法规，加强对房地产业的法律调整，促使房地产业如火如荼地发展起来。1994 年 7 月 5 日第八届全国人大常委会第八次会议通过并颁布的《房地产管理法》是我国层次较高的立法，是调整房地产经济关系的最基本的法律。《房地产管理法》的出台，标志着我国的房地产法制建设基本成熟。

房地产业有行政干预性强的特点，因此这阶段的房地产立法主要体现为大量的行政法规、地方性法规和规章。这些法律文件从房地产开发、交易、管理、税收等多方面调整房地产业，使之具有较强的操作性。这些法律文件中，涉及房地产开发方面的主要有：1991 年《城市房屋拆迁管理条例》、1993 年《城市房地产开发经营管理条例》、2000 年《房地产开发企业资质管理规定》。在房地产交易方面的有：1990 年国务院颁布的《城镇国有土地使用权出让和转让暂行条例》和《外商投资开发经营成片土地暂行管理办法》，1995 年建设部颁布的《城市商品房预售管理办法》、《城市房地产转让管理规定》、《城市房屋租凭管理办法》，1994 年国家计委颁布的《城市房地产交易价格管理暂行办法》，1997 年建设部颁布的《城市房地产抵押管理办法》等。在房地产管理方面的有：1989 年建设部颁布的《城市异产毗连房屋管理规定》和《城市危险房屋管理规定》，1994 年建设部颁布的《城市公有房屋管理办法》，1997 年建设部颁布的《城市房屋权属登记管理办法》，1999 年建设部颁布的《城镇廉租住房管理办法》。涉及房地产税收和金融方面的有：1988 年《城镇土地使用税暂行条例》，1993 年国务院颁布的《土地增值税暂行条例》，1997 年《契税暂行条例》，1998 年中国人民银行颁布的《个人住房贷款管理办法》等。

这一时期立法有一个显著的特点：总体上数量多，质量高，体系较为完整，适用范围广泛。但关于房地产的规范性文件，总体而言强调行政管理的规范多；政策文件多，法律规范少；短期性规定多，稳定性法律少；计划经济体制印痕多，市场前瞻性规定少；新法出台后旧法仍未废除的情况较为普遍。

（四）1998 年至今

1993 年我国提出建立社会主义市场经济体制以后，住房制度改革成为房地产走向市场化的一个重要途径。据统计，20 世纪 90 年代初全国城镇共有无房户和住房困难户 800 万户，其中人均居住面积在 2 平方米以下的特困户为 50 万户，还有 5000 万平方米的危房、6 亿平方米的简易房需要改造，每年还有 200 万对新婚青年需要住房。要解决好人民的住房问题，主要是加快住房建设，多建住房，实际上就是要终止新中国成立以来我国一直实行的福利建房、分房的办法。1994 年国务院颁布了《关于深化城镇住房制度改革的决定》，1995 年国务院又颁布了《国家安居工程实施方案》，1998 年国务院综合并修订了上述两个文件又颁布了《关于进一步深化城镇住房制度改革加快住房建设的通知》（以下简称房改通知），国务院的房改通知提出稳步推进住房商品化、社会化，逐步建立适应社会主义市场经济体制和我国国情的城镇住房新制度；加快住房建设，促使住宅业成为新的经济增长点。对不同收入的家庭实行不同的住房供应政策。最低收入家庭租赁由政府或单位提供的廉租住房；中低收入家庭购买经济适用住房；其他收入高的家庭购买、租赁市场价商品住房。

这一阶段主要的立法有：1999 年全国人大常委会通过了《招标投标法》；2004 年对《土地管理法》进行了修正；2007 年全国人大常委会通过了《城乡规划法》。2007 年 8 月 30 日第十届全国人大常委会第二十九次会议通过《关于修改〈城市房地产管理法〉的决定》，在该法第一章"总则"中增加一条，作为第 6 条，对房屋征收补偿制度作了明确规定。

除了以上主要法律，颁布和修改的行政法规主要包括 2000 年国务院颁布的《建设工程质量管理条例》、2002 年修订的《住房公积金管理条例》、2003 年《建设工程安全生产管理条例》和《物业管理条例》、2004 年《安全生产许可证条例》、2007 年《关于解决城市低收入家庭住房困难的若干意见》、2008 年《对外承包工程管理条例》、2011 年《国有土地上房屋征收与补偿条例》、2011 年修订的《土地管理法实施条例》和《城市房地产开发经营管理条例》、2014 年《不动产登记暂行条例》。

在部门规章方面主要有：建设部 1999 年发布的《城镇廉租住房管理办法》（为 2007 年 11 月 8 日建设部等 9 部委联合发布的《廉租住房保障办法》所取代）；国家发改委和建设部于 2002 年发布的《经济适用住房价格管理办法》；2005 年建设部、民政部发布的《城镇最低收入家庭廉租住房申请、审核及退出管理办法》；建设部 2006 年发布的《城镇廉租住房档案管理办法》；民政部、国家发改委等 11 部委 2008 年联合发布的《城市低收入家庭认定办法》；财政部 2007 年的《廉租住房保障资金管理办法》；国家发改委、建设部、国土资源部和中国人民银行等 7 部委于 2007 年联合发布的《经济适用住房管理办法》，住建部等 3 部委 2011 年发布的《房地产经纪管理办法》和住建部 2012 年发布的《公共租赁住房管理办法》等。

这一时期的立法特点是：立法质量不断提高，房地产法律体系臻于完善，在推动房地产市场化的同时，建立起我国的住房保障法律规定。存在的问题是：不能有效区分房地产监管法律规范和房地产宏观调控法律规范；房地产宏观调控缺少明确法律依据，也没有达到预期目的；住房保障立法滞后，立法层次较低；等等。

三、房地产法的调整对象

房地产法的调整对象是房地产法律规范所调整的社会关系。广义的房地产法调整房地产运行的全过程，即包括房地产开发、交易、消费、管理、服务的全过程。狭义的房地产法所调整的对象仅仅包括房地产监管关系和房地产宏观调控关系。本书讨论的是狭义的房地产法的调整对象。

（一）房地产市场监管关系

房地产市场可以分为一级市场、二级市场和三级市场，政府对房地产市场的监管涵盖这三级市场。具体而言，其包括以下内容：①对房地产开发用地的监管，包括对出让地和划拨地的监管；②对房地产开发行为的监管；③对房地产开发企业的监管；④对房地产交易的监管，包括房地产转让、房地产抵押、房屋租赁、中介行为等；⑤对物业服务企业及行为的监管。

房地产市场监管关系是政府在行使以上监管职权时与被监管对象所形成的权利义务关系。

（二）房地产宏观调控关系

由于我国尚未制定《宏观调控法》，而《房地产管理法》主要涉及市场监管的内容，没有涉及房地产宏观调控。因此，只能从政府历次的房地产宏观调控措施中总结出以下内容：①房地产产业发展关系；②房地产金融关系；③房地产价格关系；④房地产税收关系；⑤住房保障关系。

四、房地产法的特征

房地产法的特征是房地产法区别于其他法律部门的明显标志。与别的法律部门比较起来，房地产法有如下特征：

（一）本土性

这也跟房地产的区位固定性特点有着很大关系。本土性即房地产法与本国的社会经济条件、历史文化和法律传统有直接联系的一种特性。从我国的实际情况来看，我国房地产法的本土性有：

1. 需要政府直接参与。由于我国古代不存在房地产市场，新中国成立以后近三十年间也否认房地产的商品属性，房地产市场从无到有的过程就是政府直接参与和积极培育的过程。因此，从《房地产管理法》的相关规定来看，政府既是国有土地的供应者，也是出让地、划拨地的市场监管者。

2. 以宏观调控调控为主。无论从政府管理的模式还是法律的运行，我国都是"自上而下"的模式，与西方政府管理和法律运行"自下而上"的模式形成鲜明的对比。加上我国房地产法的发展路径是从计划经济中脱胎而来的，所以，我国的房地产法比较强调宏观调控。

3. 行政垄断问题突出。这点在一级市场上表现得尤为突出：一方面我国要增加市场的活力，让市场机制发挥基础性作用；另一方面还要排除各种地方保护主义、部门垄断、行政保护等。

（二）经济政策性

经济政策也属于房地产法的渊源之一，这是民法、刑法、行政法等其他部门法所不具有的特征。法理学的知识告诉我们，"无论是国家的政策、还是执政党的政策，都与法律有着十分密切的联系，它们彼此之间相互影响、互相作用。这一点在任何国家都不会有所例外。不过，从传统上看，西方法哲学界并不重视法律与政策的相互关系问题，它历来标榜'政治中立'，习惯于把法律和政策看作是两种毫不相干的现象"[1]。"二战"以后，随着政府经济职能的强化，政府频频用政策的手段对经济进行干预，因此，经济政策性是经济法较具特色的特征之一。这在宏观调控法当中表现得最为明显，其中又以规划法、产业政策法等更为突出。例如，"法国的计划是国家干预市场经济作用的一种手段，它在外界观察者看来，就其与实际发展的关系而言，既富有创造性又含混不清，严格地说，必须从国家与社会之间的关系这一更广泛的意义上予以论述"；"日本的国民计划是当前关于经济政策问题的各种意见的汇编，并且由于为某些具体政策目标制定的计划指标反映出对之有管辖权的各委员会和各省所作出的结论，所以计划中的这类指标一定程度上被认为是在计划期间要更高政府的努力来实现的"[2]。

房地产法作为经济法的一个分支，也同样具有显著的经济政策性。例如，房地产政策和住房政策指导着立法、执法和司法。我国的住房制度改革首先表现为一种经济政策，之后才慢慢出台一些部门规章来规范。又如，在房地产市场过热时，政府会出台各种严格税收的政策；当房地产市场低迷时，政府又会出台各种税费减免政策；等等。

（三）跨部门法性

公法和私法的区分是以国家与市民社会的二元性为前提的，即一方面，认为公法是国家固有的法，调整国家与私人之间的关系，在权力与服从的基础上产生公法体系；另一方面，认为私法是市民社会的法，调整私人与私人间的关系，在权利义务与协商基础上产生了私法体系。房地产法呈现了跨部门法的特点，主要包含以下内容：

1. 房地产法的法律规范分布于诸多法律部门之中，并且房地产法律的责任具有综合性。虽然本书采取了狭义的房地产概念，但房地产法律规范在《物权法》、《合

---

〔1〕　参见葛洪义主编：《法理学》，中国政法大学出版社1999年版，第155页。

〔2〕　符启林主编：《经济法学》，中国政法大学出版社2005年版，第54页。

同法》中都有所体现，并且违反房地产法律规定有可能承担民事、行政和刑事责任。

2. 判定跨部门法规范的标准是法益，即社会公共利益。维护社会利益首先是一个价值的范畴，即在中古世纪的国家利益本位和自由资本主义时期的个人利益本位的基础上，从国家利益中分离出社会利益，社会利益处于高于个人利益的地位。房地产法律规范体现了保护环境、节约土地资源、维护国民经济的可持续发展等最高精神追求。

五、房地产法的原则

房地产法的原则，是社会主义市场经济下房地产法本质的集中体现，是房地产经济规律在法律上的反映。它是房地产立法、执法、司法、守法全过程的指导思想和行动准则。

1. 坚持社会主义土地公有制的原则。社会主义土地公有制是我国土地制度的核心。新中国成立后不久，通过土地改革，我国实现了土地公有制。我国目前的土地所有形态表现为两种所有，即国家所有和集体所有，表现在土地所有权上就是国家土地所有权和集体土地所有权。我国《宪法》规定了全民所有制的财产和集体所有制的财产神圣不可侵犯的原则，即任何组织或个人不得侵占、买卖或者以其他形式非法转让土地。从我国建立公有制的目的来看，也是要消灭剥削和压迫，实现千百年以来广大人民的美好梦想：耕者有其田，居者有其屋。另外，坚持城市土地的国有制，还要坚持国家垄断土地一级市场，由国家来出让土地，让国家的职能起到开源节流、合理配置土地资源的作用，因为一级土地市场从来就不是充分竞争的市场，而是国家垄断的市场。

2. 坚持土地有偿使用的原则。土地资源就其自然形态本身来说，并不具有价值，但在商品经济条件下，土地经过开发利用，凝结了人类的活劳动和物化活动。土地不仅具有价值，而且受着商品价值规律的支配，使它变成一种有价值的自然资源。在计划经济的年代，我们用行政手段无偿、无限期划拨、调剂土地，排除了市场机制的作用，土地使用价值的商品化未能得到发挥，这使得政府捧着土地这个"金饭碗"讨饭，另一方面巨额土地的级差收益又沉淀于开发企业，同时使得土地利用率低、使用效益差、土地浪费现象严重；且非法占地和违章建设、买卖土地、非法出租或变相买卖土地等现象层出不穷。《宪法》规定的城市土地属于国家所有，这种所有权只有在经济上得到体现时，才能予以确保，国家放弃了国有土地上应得的经济收益，就等于放弃了对土地拥有的所有权。用经济手段管理土地，就是要变土地无偿使用为有偿使用，变土地无限期使用为有限期使用。国有土地实行有偿使用制度，实质上是符合马克思主义的地租理论的。马克思曾经指出："不论地租有什么独特的形式，它的一切经济类型，有一个共同特点，即地租的占有是土地所有权借以实现的经济形式。"恩格斯在《论住宅》一书中也明确指出:"消灭土地私有制并不要求取消地租,而是要求把地租——虽然是改变过的形式——转交给社会。所以,由劳动人民实际上占有一切劳动工具,无论如何都不排除承租和出租的保存。"这里,他们所讲的地租,实质上是讲土地使用权的有偿使用问题。

土地有偿使用的形式,在我国有多种,可以结合不同时期、不同地区的情况加以采用。一种形式是土地使用者按规定的标准向政府逐年缴纳土地使用税(或土地使用费)。如 1988 年 9 月发布的《城镇土地使用税暂行条例》(2006 年、2013 年修订)第 2 条明确规定:"在城市、县城、建制镇、工矿区范围内使用土地的单位和个人,为城镇土地使用税的纳税义务人,应当依照本条例的规定缴纳土地使用税。"1980 年 7 月国务院发布的《关于中外合营企业建设用地的暂行规定》中,也明确指出:"中外合营企业用地,不论新征用土地,还是利用原有企业的场地,都应计收场地使用费。"另一种形式是借鉴国际经验,采用土地使用权有偿出让的办法,即在坚持土地所有权属于国家的前提下,国家将土地使用权有偿出让给使用者,使用者向国家支付地价,然后按合同规定的用途去开发经营土地,而国家通过土地使用权的出让获得收入,用这部分收入去发展经济,进行城市基础设施建设,改善和提高劳动人民生活水平。我国的城市房地产开发用地取得方式,目前基本采取后一种做法。

3. 符合城乡规划的原则。城乡规划是城市和乡村空间布局和发展的纲领,也是房地产开发和城市各项建设的依据。城乡规划的目的是:协调城乡空间布局,改善人居环境,促进城乡经济社会全面协调可持续发展。城乡规划的总体要求是:遵循城乡统筹、合理布局、节约土地、集约发展和先规划后建设的原则,改善生态环境,促进资源、能源节约和综合利用,保护耕地等自然资源和历史文化遗产,保持地方特色、民族特色和传统风貌,防止污染和其他公害,并符合区域人口发展、国防建设、防灾减灾和公共卫生、公共安全的需要。

4. 节约集约用地的原则。我国《宪法》第 10 条第 5 款明确规定:"一切使用土地的组织和个人必须合理地利用土地。"《土地管理法》第 36 条第 1 款明确规定:"非农业建设必须节约使用土地,可以利用荒地的,不得占用耕地;可以利用荒地的,不得占用好地。"这说明,节约用地本身并不是一件可有可无的事情,相反它是法律赋予管理机关加强用地管理的一项职责,同时也是所有用地的单位和个人在用地的过程中应尽的一项义务。针对我国土地资源极度浪费的情况,党中央、国务院于 1997 年 4 月 15 日发布了《关于进一步加强土地管理切实保护耕地的通知》,该通知指出:土地是十分宝贵的资源和资产。我国耕地人均数量少,总体质量水平低,后备资源也不富裕。保护耕地就是保护我们的生命线。必须认真贯彻"十分珍惜和合理利用每寸土地,切实保护耕地"的基本国策,必须采取治本之策,扭转在人口继续增加情况下耕地大量减少的失衡趋势。2008 年 1 月 8 日,国务院下发了《关于促进节约集约用地的通知》，指出切实保护耕地，大力促进节约集约用地，走出一条建设占地少、利用效率高的符合我国国情的土地利用新路子，是关系民族生存根基和国家长远利益的大计。

5. 坚持经济效益、社会效益和环境效益相统一的原则。这是房地产开发必须坚持的原则，也是这项事业能保持强大生命力的根本保证。

经济效益就是在房地产投资领域讲求经济核算，强调投入产出的比例，为投资者带来可观的经济效果。房地产投资的特点就是按照商品经济的要求运作，采取灵活的经营手段和方式，积极融通建设资金，生产出最好的产品，以期获得最优的经济效果。因此，经济效益是房地产开发赖以存在和发展的必要条件。

社会效益是指房地产开发对全社会所产生的良好效果和影响。房地产投资项目，并不仅仅局限于项目本身，而是与整个社会有着千丝万缕的联系。一个项目如只重于自身，根本不考虑公众的乃至社会的利益，其项目不可能成功。因此，提高社会效益，同样是房地产开发得以生存和发展的重要条件，只有取得明显的社会效益，才能得到社会各界的广泛支持和承认。

环境效益是指房地产开发过程中，必须注重环境的优化，使房地产项目与周围环境融为一体，达到房地产项目与周围环境协调的最佳状态。环境效益不单单包括自然环境，而且还包括社会环境。环境效益的最大目标是造福群众、造福社会、造福后代，改善城市形象。

经济效益、社会效益、环境效益三者是一个有机的整体。三者是矛盾的，但从最后的结果来看，三者又是统一的，管理者的最大任务就是寻求三者结合的最佳点。实践中，常常会出现开发商只重视经济效益而忽视社会效益和环境效益的情况，而在此时，政府就应该对这种行为进行合理的引导，以求房地产开发商的经济效益不损害社会效益和环境效益。

6. 实现"耕者有其田"、"居者有其屋"原则。从我国土地制度的发展历史来看，土地垄断造成农民无地可耕时，社会就会发生动荡，王朝就要发生更迭。从新民主主义革命的历史来看，我们正是喊出"打土豪、分田地"的口号才能调动亿万农民的积极性，投入到解放战争中去，取得了建设新中国的胜利。因此，我们应注意保护耕地，维护农民的利益，实现"耕者有其田"。

在住房方面，由于我国推进住房的商品化、社会化以后，房地产市场也出现"市场失灵"的问题，主要表现为出现"房奴"，低收入者没有合适的住房或居住条件恶劣等。对此，需要政府用"看得见的手"来纠正过度的市场化。这就是实现"居者有其屋"或"住有所居"。

居住权不仅是宪法所保障的一项基本人权，也是国际条约所规定的一项政府的责任。1948年12月10日联合国大会通过的《世界人权宣言》第25条第1项明确规定："人人有权享受为维持他本人和家属的健康和福利所需的生活水准，包括食物、衣着、住房、医疗和必要的社会服务；在遭到失业、疾病、残废、守寡、衰老或在其他不能控制的情况下丧失谋生能力时，有权享受保障。"

7. 维护当事人合法权益的原则。维护房地产权利人的合法权益不受侵犯，是房地产法的基本任务，也是房地产立法、执法的出发点和最终归属。房地产权利人的合法权益是其进行房地产交易和正常生产、生活的前提和基础，同时，保护房地产权利人的合法权益也是维护正常的房地产市场秩序，促进社会主义市场经济发展的必要条件。

《宪法》第12条规定："社会主义的公共财产神圣不可侵犯。国家保护社会主义的公共财产。禁止任何组织或者个人用任何手段侵占或者破坏国家的和集体的财产。"第13条第1款规定："公民的合法的私有财产不受侵犯。"第18条规定，中华人民共和国允许外国的企业和其他经济组织或者个人依照中华人民共和国法律的规定在中国投资。它们的合法权利和利益受中华人民共和国法律的保护。1988年七届人大一次会议通过的《宪法修正案》中规定，"国家保护私营经济的合法的权利和利益"。

六、房地产法的作用

房地产业是经济发展的基础性、先导性产业，是国民经济的支柱产业之一。房地产业的发展，客观上要求用房地产法来加以规范、引导、推动和保障，正如党的十四届三中全会通过的《中共中央关于建立社会主义市场经济体制若干问题的规定》所指出的：建立社会主义的市场经济，必须"规范和发展房地产市场"。

1. 加强房地产法制建设，是房地产管理的需要。党的十一届三中全会以来，我们突破了福利分房的"旧框框"，房地产业取得了突飞猛进的发展，但是，房地产业在发展过程中，也遗留了许多亟待解决的问题。依法治理房地产业，就是要加强房地产法制建设，完善房地产法制的措施和手段，促使房地产业更加健康地向前发展。加强和完善房地产法制建设的首要目的，就是要加强对城市房地产的管理：一方面要保障国家的土地收益不流失；另一方面要把房地产生产要素纳入社会主义市场经济的轨道，建立起符合社会主义市场经济体制的房地产市场运行制度和宏观调控制度，充分发挥房地产业作为支柱产业的巨大作用。

2. 加强房地产法制建设，是维护房地产市场秩序的需要。近几年来，我国的房地产市场成交量大，交易日趋活跃，空前繁荣，房地产业产值不断提高，占国内生产总值（GDP）的比例也在加大。根据国家统计局的统计，2009年我国房地产业的增加值为18 966.9亿元，占GDP的5.4%，到2013年房地产业增加值35 987.6亿元，占GDP的6.1%。房地产业已形成国民经济发展的一个支柱产业，虽然我国1994年出台了《房地产管理法》，对房地产开发、交易、产权登记等作出了规定，但

《房地产管理法》的行政管理味道较浓，也没有穷尽房地产业亟待规范的一系列问题。因此，为了维护房地产市场秩序，促进社会主义市场经济的繁荣和发展，加强房地产法制建设仍然是任重而道远。

3. 加强房地产法制建设，是保障房地产权利人合法权益的需要。我国的房地产权益是一个统一的、多层次的整体。从现有的房地产权益来看，主要包括如下一些权益：房地产物权（建设用地使用权、房屋所有权）、房地产他项物权（房地产抵押权）和房地产债权（房地产租赁权）等。房地产权利人包括国家（作为特殊民事主体）、企事业单位、公民个人和外商投资者等。房地产在现阶段既是重要的生产资料，又是必需的生活资料，因此，成为人们最重视、最珍惜的一种财产形式，也是人们乐于选择的投资对象。国家为了维护房地产所有人或者使用人的利益，也为了维护社会稳定，设计了多种维护房地产权益的制度。

4. 加强房地产法制建设，是促进房地产业健康发展的需要。当今世界，房地产业是一项高投资、高回报的产业，因此，在许多比较发达的国家和地区，都把它当作重要的产业，由政府出面，大力扶持，优先发展。在我国，房地产业属于新兴产业和支柱产业，更需要用房地产法加以规范、引导、推动和保障。没有房地产法的规范、引导、推动和保障，房地产业的发展将不充分。十八届四中全会决定指出，社会主义市场经济本质上是法治经济，加强市场法律制度建设，编纂民法典，制定和完善发展规划、投资管理、土地管理、能源和矿产资源、农业、财政税收、金融等方面法律法规，促进商品和要素自由流动、公平交易、平等使用。依法加强和改善宏观调控、市场监管，反对垄断，促进合理竞争，维护公平竞争的市场秩序。

第五节 房地产法律渊源和法律体系

一、房地产法律渊源

房地产法律渊源，即房地产法的表现形式。房地产法律规范既散见于宪法、民法、经济法、行政法、刑法等有关法律、法规之中，也集中见之于房地产成文法典。它们之间共同组成了一个完整的体系，调整政府在干预房地产市场中所发生的社会关系。房地产的法律渊源包括如下几大类：

（一）宪法规范

宪法是最高的法律规范。宪法是国家的根本大法，规定了公民的基本权利和国家的基本制度，具有最高法律效力。《宪法》有许多涉及房地产的条款。例如第 10 条规定："城市的土地属于国家所有。农村和城市郊区的土地，除由法律规定属于国家所有的以外，属于集体所有；宅基地和自留地、自留山，也属于集体所有。国家为了公共利益的需要，可以依照法律规定对土地实行征收或者征用并给予补偿。任何组织或者个人不得侵占、买卖或者以其他形式非法转让土地。土地的使用权可以依照法律的规定转让。一切使用土地的组织和个人必须合理地利用土地。"第 15 条第 1、2 款规定："国家实行社会主义市场经济。国家加强经济立法，完善宏观调控。"宪法的这些规范，对房地产的立法、执法、司法、守法均有最高指导作用。

（二）房地产法律规范

房地产法律规范可以分为一般法律规范和特别法律规范，前者如《民法通则》、《物权法》中有关不动产物权等方面的一般规定，后者主要是政府对房地产市场进行监管和宏观调控方面的特别规定。房地产法律规范是调整房地产经济关系、房地产市场的基本的、核心的规范。本书认为调整政府干预房地产市场的最主要法律有：《房地产管理法》、《城乡规划法》、《土地管理法》、《建筑法》等。除此之外，其他规范还散见于《招标投标法》、《公司法》、《合同法》、《担保法》、《税收征收管理法》、《刑法》等。

（三）房地产行政法律规范

这部分法律规范主要是指国务院制定及颁布的有关调整房地产领域的条例和规定。这部分法律规范效力低于宪法和法律，属于第三层级的法律规范，主要有《城市房地产开发经营管理条例》、《土地管理法实施条例》、《城镇国有土地使用权出让和转让暂行条例》、《建设工程质量管理条例》、《建设工程安全生产管理条例》、《安全生产许可证条例》、《对外承包工程管理条例》、《住房公积金管理条例》、《物业管理条例》、《国有土地上房屋征收与补偿条例》、《土地增值税暂行条例》、《房产税暂行条例》、《契税暂行条例》、《城镇土地使用税暂行条例》等。

（四）地方性房地产法律规范

地方性房地产法律规范是指在不与宪法、房地产法律、房地产行政法规相抵触的前提下，由省、自治区、直辖市人大及其常委会制定及发布的调整房地产领域的法规。我国幅员辽阔，各地情况不一样，法律允许各省、自治区、直辖市有关立法机构从本地的实际情况出发，制定效力及于本地的地方性法规。这方面的例子主要有：《海南经济特区土地管理条例》、《海南经济特区城市规划条例》、《深圳经济特区土地管理条例》、《深圳经济特区土地使用权出让条例》、《天津市房地产交易管理条例》、《上海市房地产登记条例》、《江苏省城市房地产交易管理条例》、《浙江省房地产开发管理条例》、《山东省城市房地产开发经营管理条例》、《山东省城市房地产交易管理条例》、《福建省房屋消费者权益保护条例》等。

（五）房地产行政规章

房地产行政规章主要指房地产主管部门，根据国务院规定的职责范围，依法制定并颁布的房地产业务方面的各项规章，或由房地产主管部门与国务院其他有关部门联合制定并发布的规章。房地产的行政规章主要有：《房地产开发企业资质管理规定》、《商品房屋销售管理办法》、《城市房地产转让管理规定》、《城市商品房预售管理办法》、《商品住宅价格管理暂行办法》、《商品房屋租赁管理办法》、《城市房屋拆迁工作规程》、《廉租住房保障办法》、《经济适用住房价格管理办法》、《城镇最低收入家庭廉租住房申请、审核及退出管理办法》、《城镇廉租住房档案管理办法》、《城市低收入家庭认定办法》、《廉租住房保障资金管理办法》、《经济适用住房管理办法》、《房地产经纪管理办法》、《公共租赁住房管理办法》、《建筑工程施工转包违法分包等违法行为认定查处管理办法（试行）》等。

（六）最高人民法院关于房地产方面的司法解释

最高人民法院的司法解释等指导性文件，对于正确运用房地产法规，弥补房地产立法不足，指导房地产案件的审判工作，也同样具有重要作用。这方面的司法解释主要有：《关于审理涉及国有土地使用权合同纠纷案件适用法律问题的解释》、《关于审理建设工程施工合同纠纷案件适用法律问题的解释》、《关于审理商品房买卖合同纠纷案件适用法律若干问题的解释》、《关于审理城镇房屋租赁合同纠纷案件具体应用法律若干问题的解释》、《关于审理建筑物区分所有权纠纷案件具体应用法律若干问题的解释》、《关于审理物业服务纠纷案件具体应用法律若干问题的解释》等。

（七）国际条约

我国加入的国际条约也是我国的法律渊源之一。这方面主要体现在居住权的保障、房地产领域对外资的开放及税收优惠协定等。例如，《世界人权宣言》第25条第1项明确规定："人人有权享受为维持他本人和家属的健康和福利所需的生活水准，包括食物、衣着、住房、医疗和必要的社会服务；在遭到失业、疾病、残废、守寡、衰老或在其他不能控制的情况下丧失谋生能力时，有权享受保障。"《经济、社会及文化权利国际公约》也提出："本公约缔约各国承认人人有权为他自己和家庭获得相当的生活水准，包括足够的食物、衣着和住房，并能不断改进生活条件。各缔约国将采取适当的步骤保证实现这一权利，并承认为此而实行基于自愿同意的国际合作的重要性。"

二、房地产法律体系

对于房地产法律体系，可以从实然和应然的角度进行分析，也可以从法律的渊源体系（形式体系）和内容体系进行分析。如果采用广义的房地产法概念，房地产法律体系涵盖了房地产运作的整个过程，其渊源体系及内容体系如下：

（一）房地产法律的渊源体系

房地产法律的渊源体系是由房地产有关法律、法规、规章等共同组成的有机统一的整体。房地产法律的渊源体系除了包括构成房地产规范性文件的法律、法规、规章及其他规范性文件之外，还包括各种规范性文件的层级效力及其适用顺序。在房地产法律渊源体系内，应当保证宪法的统率地位，全国人民代表大会及其常务委员会制定的基本法律为主体，行政法规、地方性法规和规章作为基本法律的补充，同时，行政法规、地方性法规和规章应是职能性的而非替代基本法律的基础性的法律规范。

（二）房地产法律的内容体系

理论界对于现行房地产法律的体系，存在两分法和三分法之说。两分法认为，房地产法律体系应以城市房地产管理法和住宅法为主干。[1]

三分法中，又分为三种意见：一是认为应以物权法、土地管理法和城市房地产管理法为主干；[2]二是认为应以房地产物权法、房地产产业法和房地产保障法律为主干；[3]三是认为现行的房地产法律体系以城市房地产管理法、住宅法和相关法律为三大主干。[4]

从国内大多数房地产法的著述来看，无一例外地将房地产权属制度、房地产转让和交易制度，物业管理制度等都列入了房地产法学的内容体系。[5]

《物权法》制定实施后，对房地产法律体系产生了较大的影响。《物权法》第2条规定，因物的归属和利用而产生的民事关系，适用本法。本法所称物，包括不动产和动产。《物权法》第9～22条共14个条文规定了不动产的登记制度，其中包括不动产物权登记制度、统一登记制度、登记效力制度、不动产登记簿制度、不动产权属证书制度、异议登记制度、预告登记制度等。《物权法》所规定的这些不动产登记制度自然会对现行的房地产权属登记和交易制度产生直接的影响，亦即房地产法的这部分内容将逐渐被《物权法》及其相关制度所吸纳。《物权法》第六章"业主的建筑物区分所有权"中，明确规定了业主对住宅、经营性用房的专有权和共有权，并规定了业主委员会和业主的权（利）力和义务，业主与物业服务企业的基本法律关系。《物权法》实施后，现行房地产法中有关建筑物区分所有权和物业管理这部分的内容也主要纳入物权法体系中。此外，因国家征收而发生的集体土地征收补偿和城市房屋拆迁补偿、建设用地和宅基地使用权、不动产抵押等均应以《物权法》的

---

〔1〕　张景伊：《房地产法律与应用》，北京城市发展研究所1992年版，第38页。

〔2〕　赵红梅主编：《房地产法实例案例解析与律师实务》，中国政法大学出版社1995年版，第46页。

〔3〕　李延荣、周珂：《房地产法》，中国人民大学出版社2005年版，第58页。

〔4〕　符启林：《房地产法》，法律出版社2004年版，第32页。

〔5〕　参见符启林：《房地产法》，法律出版社2004年版；李延荣、周珂：《房地产法》，中国人民大学出版社2005年版；高富平、黄武双：《房地产法》，高等教育出版社2003年版；高旭军、沈晖等：《房地产法》，上海财经大学出版社2004年版等著述。

规定为准。为了配合《物权法》的实施，在 2007 年 8 月 30 日，第十届全国人大常委会第二十九次会议表决通过了《房地产管理法》修正案，即增加了"为了公共利益的需要，国家可以征收国有土地上单位和个人的房屋，并依法给予拆迁补偿，维护被征收人的合法权益；征收个人住宅的，还应当保障被征收人的居住条件。具体办法由国务院规定"这一"应急"条款。

如果以上提到的内容都全部归入《物权法》、《合同法》及相关的配套规定，那么，现行的房地产法体系只剩下房地产开发法律制度、涉外房地产法律制度和房地产税收等少数内容了。难怪曾有论者提出："房地产法是兼具公法、私法和社会法性质的法律。房地产法中的行政法部分属于公法；民法部分（包括房地产主体制度、房地产法律行为制度、房地产物权制度和房地产债权制度等）属于私法；有关住房保障的制度（如住房公积金制度、廉租住房制度、房屋拆迁安置制度等）带有明显的社会保障性质，属于社会法。房地产法是一个兼跨三大法律部门的综合法律体系。"[1]

对此，也有学者提出不同的看法："综观房地产法的全部规范，我们认为，它兼具民法、经济法的某些特征，即兼有私法、公法的因素，是一个综合的法律体系。但从我国有关房地产立法的指导思想，从我国房地产的两部基本法律——《土地管理法》、《房地产管理法》都冠以'管理'二字来看，它更侧重于经济法的性质，因为经济法是着眼于从社会整体利益出发，国家依法管理和协调国民经济运行关系的，房地产法更适用于经济法这一质的规定性。这样说，并不排斥物权法、债权法规则在房地产法中的应用。"[2]

上述学术的争论是正常的，也只有不断的学术争鸣才会推动学科的发展。从国外的情况来看，大陆法系确实将调整不动产的法规纳入物权法，因此，房地产法在大陆法系国家属于民法的部门。由于英美法系没有"民法"之说，故房地产法属于财产法的范畴。在英国，财产法包括动产、不动产的买卖、租赁、继承、信托等内容。但是，我国的法制走出了一条不同于国外的历程，因此，笔者倾向于房地产法属于经济法的意见。而且，房地产法律体系是个开放的体系，随着社会的发展，新问题不断出现，调整房地产新问题方面的法律、法规应及时补充。

（三）本书所采用的房地产法律体系

学术争论可能还得回到民商法和经济法的关系问题。现在基本达成的共识是：在建立与社会主义市场经济相适应的法律框架内，应充分发挥民商法的基础性作用。从发展市场经济的客观要求来看，强调市场机制在社会资源的配置中发挥基础性作

---

〔1〕　於向平、邱艳：《房地产法律制度研究》，北京大学出版社 2004 年版，第 17 页。

〔2〕　程信和、刘国臻编：《房地产法》，北京大学出版社 2006 年版，第 20 页。

用，就是首先强调微观搞活。而调整微观经济的主要法律就是民商法，民商法强调对权利的尊重和保护，能充分调动经济主体创造社会财富的积极性。从西方发达国家的法律发展路径来分析，当市场经济发展得比较成熟，自由竞争比较充分（甚至是过分）之后，才需要国家对不正当竞争和垄断、市场缺陷等进行适当干预，从而产生了经济法。经济法从本质上来看属于"纠偏法"、"保障法"。但我国的法制建设毕竟走过一条不同于西方法治化进程的路径，我国的经济法主要还肩负有培育市场、引导民商法律尽快成熟的历史使命。一旦民商法律成熟，经济法应回归其本来的面目。我国的房地产法也应符合这一发展的规律。学术研究和市场培育促使房地产权属、房地产交易和物业管理等制度发展成熟后，现应将这些内容顺利地移交给民商法学界，房地产法应回归其本来之意：主要对房地产市场进行宏观调控和市场监管。对此，本书采用的房地产法律体系为：

1. 房地产宏观调控法。房地产业的健康发展应最终依赖于市场机制在房地产市场中发挥基础性作用，但房地产市场具有不同于其他商品市场的特点。正如国外学者所归纳的：买者和卖者对产品没有知识；交易是合法的、复杂的和费钱的；每单元房地产都不一样，而且都是分离的；位置是固定的，房地产单元不能移到别的更有利可图的位置；房地产市场是地方的而不是地区或全国的；房地产的购买是不频繁的（一生当中很少超过四五次，一所房屋是普通家庭最大的一笔投资）；政府通过财政和货币工具，以及利用诸如地带法、规划法、环境法规和健康法规，在鼓励或阻碍房地产发展中起支配作用。[1]

不仅房地产市场具有自己的特性，其本身也存在"市场失灵"的情形，如信息不充分、市场的垄断性（土地是有限的、房地产产品具有异质性等原因容易造成行业的垄断性）、外部效应、房地产投机等，需要政府对市场进行干预。但政府的干预也应避免"政府失灵"的情况。所以，法律应明确政府依法干预的范围及责任，并且干预应适度（即最优化干预），干预的目的是提高市场机制的效率，稳定房价和促进国民经济的健康发展，这是房地产宏观调控法的应有之意。

自 2005 年 5 月 9 日国务院办公厅转发建设部等部门《关于做好稳定住房价格工作意见的通知》、2006 年 5 月 24 日国务院办公厅发布《关于调整住房供应结构稳定住房价格的意见》到 2013 年的"国五条"，近十年间我国已不断加大对房地产市场的调控力度，却收效甚微，甚至是越调控、越涨价。之所以出现调控失效，笔者认为这与我国房地产宏观调控法的缺位不无关系。

2. 房地产市场监管法。在房地产的买卖交易关系当中，买卖双方的信息是不对

---

[1] [美] 丹尼斯·J. 麦肯齐、查理德·M. 贝兹：《房地产经济学》，张友仁译，经济科学出版社2003 年版，第 78 页。

称的，往往卖方会比买方处在更有利的地位。在房地产交易的过程中，消费者更容易受到伤害，所以，我国应注意修改《消法》，加大对购房消费者的保护力度。

在当前的房地产市场，一方面是房价屡创新高，不断有人加入"房奴"的行列；另一方面，开发商还在不断囤房惜售、哄抬房价、牟取暴利。造成这种状况的原因是多方面，但与开发商方所处的垄断地位肯定存在某种关系。在我国，造成房地产市场存在垄断现象的原因主要有：①政府垄断了土地的一级市场，因此，房地产市场本身还是不完全竞争市场或准市场；②房地产市场具有地域性、个别性等特点，造成出售方或出租方具有垄断地位，所以，在多数情况下，房地产市场是卖方市场；③房地产市场具有投资大、回收期长、风险高等特点，并非每个投资者都能轻易进入经营，所以市场的准入有一定的限制。虽然我国的《反垄断法》已于2007年8月30日获得通过，但《反垄断法》还没有真正适用到房地产市场中的垄断现象。而垄断确实会降低市场机制的效率和损害消费者的利益，加上国内的房地产市场也将对外开放，笔者认为一味地强调国家垄断决非明智的选择。

第六节　房地产法学的研究方法

房地产法属于跨领域、综合的法学部门，房地产法学作为一门新兴的，跨越经济学、法学等学科的应用科学，是经济法学的一个分支。房地产法学的研究方法，不仅要参照法学的研究方法，而且还要学习借鉴经济学的研究方法。对此主要介绍如下：

一、历史分析法和比较分析法

一切社会现象都有其产生、发展和消亡的历史。如果抛开历史的联系，无论是经济现象、政治现象还是法律现象都不可能得到正确的理解和把握。房地产法律现象不是今天才存在，其存在有其历史根源和发展趋势。例如，我国《宪法》规定，土地分为国家所有和集体所有。这样的规定如果不是从历史发展的角度去分析是很难理解的，那么，土地的公有制是朝着国家所发展还是会朝着集体所有，甚至是其他混合所有制发展呢？这也需要采用历史分析的方法。

我国的房地产法律制度有些是可以在历史上找到其根源的，但有些是我国历史上没有的，是学习借鉴其他国家或地区的经验。这就需要在不同的法律制度之间进行对比分析。例如，我国法律规定了土地的有偿使用制度，这一制度最早是从香港借鉴过来的，那么，内地的土地出让、转让制度与香港地区的土地批租制度区别在哪里？优缺点各是什么呢？都需要我们进行对比分析，从而得出符合实际需要的结论。

二、规范分析法和实证分析法

规范分析法解决的是"应该是什么"的问题，应用于房地产法的研究需要解决我国的房地产法应该是怎么样的？房地产法如何更好地规范、引导、推动和保障房地产业的健康发展？其主要涉及理论和价值判断的内容。

实证分析法研究的是实实在在的房地产法律现象，也即"是什么"或"不是什么"的问题。这是关于事实的研究。实证分析还可以分为两种：逻辑实证分析法和经验实证分析法。前者是运用逻辑方法对法律文本进行分析研究，关注法律条文的逻辑结构；而后者则关注法律在实践中运用的情况。

两种研究方法在房地产法学研究中都各有其作用，缺乏实证分析，则房地产法学会陷入一些概念和理论之争，无法解决实践问题，更不能为实践部门提供理论依据。如果缺乏规范分析，则房地产法研究就会迁就于实际，陷入"头痛医头、脚痛医脚"的被动局面。

三、定性分析法和定量分析法

定性分析法是寻找事物的本质及其内在的必然联系，揭示房地产法律现象的规律。定量分析法则是对事物的数量、比例及其变化趋势进行分析。在社会科学领域，法学比较偏向于定性分析，经济学则越来越重视定量分析。

在房地产法研究中，定量分析也具有独特的价值。例如，我们认为房地产业是我国的支柱产业，那么我们需要分析房地产业的增加值占国内生产总值达到何种比例才能堪称房地产业属于支柱产业。又如，我们要对房地产进行宏观调控，让房价回归理性。那么，理性的房价应该是多少？各地的标准怎么样？这都离不开定量分析。此外，马克思主义哲学告诉我们，量变达到一定的程度会引起质变。反映在房地产业中，房屋空置率、房地产投资占固定资产投资的比例、房价上涨幅度达到一定比例会产生房地产泡沫等。

四、案例分析法

案例分析法被广泛应用在法学、管理学和医学等研究领域。使用案例可以检验理论、创造理论，案例分析法可以解释具有内在重要价值的案例。在房地产法领域，我们可以使用案例来分析房地产与国民经济发展的关系，也可以分析法律对房地产发展的推动或阻碍作用。

第二章

房地产市场主体

　　房地产市场主体是参与房地产法律关系，享有权利和承担义务的具体的单位和人。在不同的法律关系中，法律主体有所不同。例如，在民事法律关系中，法律主体主要是自然人、法人和其他组织、国家；在行政法律关系中，法律主体是行政机关、行政机关工作人员和行政管理相对人；在经济法律关系中，法律主体分别是政府、经济组织、社会经济团体、自然人。

第一节　政府

　　不可否认，在房地产法律关系中，政府是重要的主体。从拿地到开发建设，再到竣工验收及成立业主委员会等，都离不开政府。要取得房地产开发所需要的土地，首先要从政府手里通过出让取得。农村集体土地不能直接进行房地产开发建设，集体土地要通过政府征收以后变性为国有土地，通过招拍挂或协议出让，才能进行开发利用。取得国有土地使用权之后，要进行开发建设，要通过政府规划部门取得建设工程规划许可证，由政府规定项目的容积率、建筑密度、绿化率等指标。取得土地使用证和规划许可证，要开工建设，还必须通过政府部门批准取得施工许可证。如果预售房屋还必须取得预售许可证，否则不得对外以任何形式销售。房屋竣工还得通过各个政府部门认可的竣工验收，办理房产证则还需要通过消防、园林绿化、防雷、人民防空等多个部门的验收。房屋交付使用要成立业主委员会，也必须到政府主管部门备案登记。

　　经济法学界对政府在参与市场经济运行的作用进行过详细的研究。例如，有学者认为经济行政机关，又称经济管理机关，指依法建立并具有经济管理权的政府机关。经济行政机关不是独立于政府的机关，而是政府序列的重要组成部分，也是我国经济法体系中非常活跃的法律关系主体。根据经济行政机关享有的经济管理职权内容，可以分为宏观经济调控机关、专业经济管理机关、市场管理机关和职能管理机关。根据行驶职权发生效力的区域范围不同，又可以分为中央经济行政机关和地方经济行政机关。[1]

也有学者认为，政府干预经济几乎等同于国家干预经济。经济法学视野下的经济行政主体，就是指执行国家经济职能的行政主体。经济行政主体是在行政机关与行政相对人之间的市场规制和宏观调控关系中的主体资格。国家（政府）是一个抽象性的主体，其经济职能只能通过其各层级、各部门的经济行政机关来实现。[2]

还有经济法教材认为，在市场主体规制法律关系中，管理主体可以划分为政府机构和政府授权的组织。根据我国宪法规定，国务院即中央政府，是最高国家行政机关，它负责领导和管理全国的经济工作和城乡建设，编制、执行国民经济和社会发展计划以及国家预算。国务院和地方政府承担经济管理职能的部门大致可以分为宏观调控部门和专门经济管理部门。经政府授权的组织主要指：特殊企业、中介机构以及行业协会。[3]

虽然以上研究从不同的角度分析政府在参与市场监管及宏观调控过程中所发挥的作用不同，但还没有触及政府在市场中能做什么和不能做什么的问题。这个问题需要首先从不同政府的假设开始讨论：

一、全能政府、有限政府及有效政府的假设

1. 在全能政府的假设下，政府无所不能，政府不仅承担维护公共秩序和社会利益的职能，而且要分配资源、安排生产、照顾社会，可谓深入到社会经济生活的每个角落，就连公民的私生活也不放过。在这种假设之下，政府机构会随社会经济的发展而不断膨胀，政府公职人员的数量也永远不会觉得太多，公务员也会有干不完的活。当然，政府有干不完的事，相应地要安排花不完的钱。计划经济体制下的政府就是全能政府的代表。

2. 有限政府的假设始于资产阶级启蒙思想家的论述。约翰·洛克在《政府论》中把政府看作是"必要的恶"，明确提出"有限政府"的概念，强调以基本人权（生命权、财产权和自由权）来为政府行为设置"底线"，以法治和人民的"革命"权来抗击政府强权。孟德斯鸠认为政府存在的唯一目的就是保障个人的生命、自由和安全，而自由只能存在于法律统治之下的权力能够得以有效制约的、权力能够得以均衡运行的政府之中。在孟德斯鸠看来，对自由侵害最大的莫过于专制制度，专

---

〔1〕　王保树主编：《经济法原理》，社会科学文献出版社 1999 年版，第 114～116 页。

〔2〕　王全兴：《经济法基础理论专题研究》，中国检察出版社 2002 年版，第 472～475 页。

〔3〕　符启林主编：《经济法学》，中国政法大学出版社 2005 年版，第 108～109 页。

制制度最大的特征就是没有法治，个人依据他的意志和反复无常的爱好治国。美国思想家托马斯·潘恩对社会与政府作了区分，认为"社会在各种情况下都是受人欢迎的，可是政府呢，即使在其最好的情况下，也不过是一件免不了的祸害；在其最坏的情况下，就成了不可容忍的祸害"，主张以宪法至上的共和制度来降低政府"祸害"的程度。在自由资本主义发展阶段，西方社会提出"夜警国家"的概念，即政府只起到一个"守夜人"的作用，尽可能少地去干涉市民社会的活动。这也是以"斯密"为代表的古典自由主义者所坚持的观点：完全竞争市场可以解决市场内的一切活动，国家只要起到保卫职能就可以了，管得越少的政府是越好的政府。一般认为，全能政府是人治政府，法治政府必然是有限政府。

发展到垄断资本主义，完全依赖于市场的力量并不能实现经济的健康发展和社会的公平正义，市场与政府的关系成为学者热议的问题。有研究者指出，近代以来很多思想家阐述了这样一种政府观念，即"政府是必要的恶"。之所以说政府在社会公共生活中是必要的，是因为如果没有了政府这一制度安排，人类社会可能面临政治秩序崩溃、市场机制失灵和公共事业衰败等一系列风险。绝大多数的研究者承认，政府对高质量的公共生活来说是"必要"的：它在政治上保证公民享有平等的自由权利，维护社会政治生活的基本秩序；在经济上保障市场公平竞争，科学实施宏观调控，公平分配社会资源，合理调整产业结构，有效保护生态环境，大力促进经济发展；在社会文化教育和公共事业上保证全民族的文化教育水准不断提高，社会保障体系健全稳固；在国际事务中维护国家的独立与主权。[1]

3. 发展到现代，还存在有效政府的假设。即政府既非全能的，也非有限的，而应该是有效的，应符合经济社会可持续发展的目标。有效的政府不仅是技术上有效的政府，而且还应该是具有配置效率、制度效率和动态效率的政府。有效政府需要一个适当的制度平台，该平台提供了持久的、良好的激励。该制度平台的构件是多因素的，对目前的中国来说，最为需要的是有限政府、法治政府、分权政府和民主政府的制度构件。这些制度构件构成了现代政府的制度平台，它们分别与无限政府、人治政府、集权政府和专制政府相对，后者构成了传统政府的制度平台。[2]

有效政府是指一个具有较高组织效能、效率、适应性以及创新能力的政府，它应该是一个具有创新惯性和质量持续改进的公共组织和公共体制。有效政府的特征如下：①有限政府。有限政府与有效政府二者之间有着内在的关联，有限政府是有

〔1〕 燕继荣："宪政的要义就是'限政'"，载北大法律信息网，http://www.chinalawinfo.com/LawOnline/ArticleFullText.aspx? ArticleId=57527，访问时间：2014年7月11日。

〔2〕 "有效政府"，载百度百科，http://baike.baidu.com/view/1259801.htm? fr=aladdin，访问时间：2014年7月8日。

效政府的前提，只有有限政府才可能是有效政府，有效政府应该是有限的政府。在既定的技术条件下（人员、组织、财力，以及诸如通信等其他技术条件），政府的能力是有限的。能力有限的政府如果要成为有效政府，其职能应该也是有限的。有效政府应该在既定的能力条件约束下，实现与市场或者社会力量的职能均衡。②法治政府。有效政府必须是一个法治政府。有效政府不只是意味着能够有效制定政策和实施政策，而且政府还应该具有行为确定性和可预见性。法治政府的特征就在于政府的权力受到法律的制约，法律的权威大于任何个人的权威。只有法治政府才能真正从以下方面保证政府行政权力的良性运行，最终实现公共利益：一是法治保障公民权益。法治的最终目标是尊重和保障公民的基本权益。一切行政行为的目的都是维护公共利益，保护公民、法人和其他社会组织的合法权益。二是法治维护社会秩序。法治的目的是维持秩序，公共行政的目的之一也是维持社会的正常秩序，法治以完备的法律规范体系保证良好的行政秩序，进而保证整个社会秩序的稳定。③分权政府。有效政府应该是一个分权的政府。这里主要指的是公共权力在中央与地方各级政府之间的配置情况。如果一个政府内部的权力结构不合理，那么这样的政府就难以高效。只有当政府体制内部的权力结构合理时，一个有效政府才会出现。④民主政府。有效政府也应该是一个民主的政府，或者说是一个充满竞争活力的政府。实际的民主，应该是公民负担得起、也愿意负担的民主，是支持有限政府、并以法治为框架、以分权下的自主治理为基础的民主。[1]

二、理性政府和经济人政府的假设

1. 理性政府的假设。理性政府也叫作政府的理性，即政府在参与相关的经济活动中，政府会采取一种"理性"的态度，仅代表公共利益。有研究者认为，只有理性的政府才能在既定条件下最大限度地为政治共同体整合目标、配置和使用资源，在行政过程中最大限度地实现政治共同体的欲求，从而达到共同体资源利用的最大化。理性政府是建立在合理知识之上的政府。政府体系的理性化包括三个方面：以专业化逻辑组织政府结构、构筑理性的权力运作机制以及建立合理的监督和控制体系。理性政府必然是法治政府。[2]

理性政府也是绩效政府。如果国家税收可以源源不断、取之不尽用之不竭，我们也没必要研究政府如何配置和使用资源，如果是以有限的财源实现全体国民利益的最大化等问题作为前提，就存在有效利用的问题。因此，只有理性政府存在效率财政或绩效政府的考量。

---

〔1〕"有效政府"，载 MBA 智库百科，http：//wiki. mbalib. com/wiki/Effective＿government，访问时间：2014 年 7 月 9 日。

〔2〕杨利敏："论现代政府体系的理性"，载《学习与探索》2012 年第 10 期。

2. "经济人"政府的假设。"经济人"的概念最早来自亚当·斯密《国富论》中的一段话："我们每天所需要的食物和饮料，不是出自屠户、酿酒家和面包师的恩惠，而是出于他们自利的打算。我们不说自己有需要，而说对他们有利。"后来约翰·穆勒总结出"经济人假设"，最后帕累托将"经济人"这个专有名词引入经济学。即每个人从事经济活动都以追求自身利益最大化为目的和动机，在面临若干不同的选择机会时，他总是做出让自己利益最大化的选择。诺斯认为，国家有两种职能：一是促进社会福利的最大化；二是追求自身利益的最大化。这两个职能是互相矛盾的，即人们通常所说的诺斯悖论。从诺斯的理论中我们可以看出：政府除了代表社会公众的利益之外，也有着自身的利益。因此，政府代表公共利益的时候属于"道德人"，当政府代表自身利益时它又属于"经济人"。

三、有限政府、法治政府和理性政府

在全面推行依法治国的背景下，我们应该选择的是有限政府、法治政府和理性政府。十八届四中全会决定指出，法律的生命力在于实施，法律的权威也在于实施。各级政府必须坚持在党的领导下、在法治轨道上开展工作，创新执法体制，完善执法程序，推进综合执法，严格执法责任，建立权责统一、权威高效的依法行政体制，加快建设职能科学、权责法定、执法严明、公开公正、廉洁高效、守法诚信的法治政府。完善行政组织和行政程序法律制度，推进机构、职能、权限、程序、责任法定化。行政机关要坚持法定职责必须为、法无授权不可为，勇于负责、敢于担当，坚决纠正不作为、乱作为，坚决克服懒政、怠政，坚决惩处失职、渎职。行政机关不得法外设定权力，没有法律法规依据不得作出减损公民、法人和其他组织合法权益或者增加其义务的决定。推行政府权力清单制度，坚决消除权力设租寻租空间。推进各级政府事权规范化、法律化，完善不同层级政府特别是中央和地方政府事权法律制度，强化中央政府宏观管理、制度设定职责和必要的执法权，强化省级政府统筹推进区域内基本公共服务均等化职责，强化市县政府执行职责。

从以上决定来看，建设法治政府自然是题中之义，有限政府就表现在"法无授权不可为"、"行政机关不得法外设定权力，没有法律法规依据不得作出减损公民、法人和其他组织合法权益或者增加其义务的决定"等规定上。理性政府则表现在"完善行政组织和行政程序法律制度"、"推行政府权力清单制度"、分清各级政府的事权等规定上。

在建设法治政府的要求下，政府对房地产市场干预要有明确的法律依据。目前调整政府管理房地产市场的主要法律是《城乡规划法》、《房地产管理法》、《土地管理法》、《建筑法》等。因此，政府要不断完善自身，以更好地履行房地产市场监管和宏观调控的职能。

第二节　房地产开发企业

城市建设的发展，促进了房地产开发企业的建立，而开发企业的建立，又加速了城市建设的步伐。2013年我国共有各类房地产开发企业91 444家，完成投资86 013.38亿元。房地产开发企业作为房地产开发的主体，在房地产开发市场上占有重要地位。

涉及房地产开发企业的主要法律有：《房地产管理法》、《城市房地产开发经营管理条例》、《房地产开发企业资质管理规定》等。

一、房地产开发企业的概念和特征

依据《房地产管理法》第30条的规定，房地产开发企业是以营利为目的，从事房地产开发和经营的企业，也称"房地产开发商"。建设部2000年3月29日颁布的《房地产开发企业资质管理规定》第2条规定："本规定所称房地产开发企业是指依法设立、具有企业法人资格的经济实体。"

作为从事房地产开发和经营的营利性组织，房地产开发企业具有如下特征：

1. 房地产开发企业是具有法人资格的经济组织。房地产开发企业必须依法成立，有自己的名称、组织机构和经营场所，有独立的资金并对外独立承担责任。

2. 房地产开发企业是以营利为目的的经济组织。房地产开发企业是营利性法人。营利包括如下要素：房地产开发企业的经营目的是获得经济利益，即为了使公司自身的财产增加并获得利润；房地产开发公司的经营具有连续性，即经营不间断，而不是一次性营利行为。

3. 房地产开发企业的业务活动范围主要是对房地产进行开发与经营。法人的权利能力是法律赋予这种经济组织以从事某种行为的资格。在一定意义上说，法人的权利能力就是法人的业务活动范围，房地产开发企业必须在其业务范围内进行活动。

4. 房地产开发企业实行行业归口管理。房地产开发企业由国家各地建设主管部门实行行业归口管理。

随着我国经济体制改革的推进和住房体制改革的推进，房地产业兴起并迅速发展，我国在各大城市中组建了一大批不同规模、不同开发能力、不同所有制性质的房地产开发公司，已初步形成了一支实力雄厚的房地产队伍，这支队伍在承担国内居住区的综合开发、配套建设，承担大型的、功能复杂的综合开发区的建设，甚至在承担国外的房地产开发项目等方面，发挥着愈来愈重要的作用，日益成为房屋开发的主力军和房屋交易的主体。它不仅为城市建设增添活力，为城市人民生活提供了基本场所，而且还通过其经营活动，丰富了我国各项相关经济领域的发展，为繁荣人民的物质生活，推动城市建设与发展都做出了重要的贡献。当然，房地产开发企业在高速发展的过程中也存在一些不规范的行为，价格垄断、侵犯消费者合法权益的现象时有发生，"开发商"也成为与"房奴"相对应的、略带贬义的词语。因此，应在法律层面上进一步进行规范。建立高素质的房地产开发企业和企业集团是我国房地产开发企业未来的主要目标，也是我国房地产开发企业走出国门，迎接国际竞争的必要条件。

二、房地产开发企业的分类

我国的房地产开发企业，按照不同的标准，可作不同的划分：

1. 按产权关系划分，可将房地产开发企业主要划分为：国家所有的房地产开发公司、集体所有的房地产开发公司、民营的房地产开发公司、中外合资的房地产开发公司、中外合作的房地产开发公司、外商独资的房地产开发公司。

（1）国家所有的房地产开发公司。这种类型的房地产开发公司统称为"城市建设综合开发公司"或"房地产开发经营公司"，目前所占比例最大。这种城市建设综合开发公司是在房屋统建的基础上发展起来的，其建立形成大体分为三类：第一类是由原来的"统建办"演变而来，这类公司目前大都成为当地的骨干开发机构；第二类是政府各部门、各单位组建的开发公司，这类公司往往附属于政府的某一部门；第三类是原来一些土建施工公司根据业务需要而专门成立的房地产开发公司。国家所有的房地产开发公司与政府的联系较为密切，主要任务就是接受当地人民政府的委托或投标中标，承担开发任务，综合开发的协调工作也多由政府出面协调解决。2013 年我国登记注册为国有房地产开发企业的有 1739 家，占所有房地产开发企业总数的比例是 2% 左右。

（2）集体所有的房地产开发公司。集体所有的房地产开发公司一般是指各部门集资合办或者是集体单位独立开办的公司，有大集体和小集体之分。原来的大集体房地产开发公司类似于国家所有的房地产开发公司，小集体所有的房地产公司一般都是新成立的房地产开发公司。集体所有的房地产开发公司一般来说都能自主经营、自负盈亏、独立核算，企业多以有限责任公司的形式注册，按照股份比例分配利润和承担责任。由于其资金来源有限，企业规模较小，资质等级不高，市场竞争力有限，所以这种房地产开发企业在数量上不占优势，特别是经过对房地产开发市场的整顿，数量上进一步缩小。2013 年我国登记注册为集体房地产开发企业的只有 570 家，占所有房地产开发企业总数的比例为 0.6%。

（3）民营的房地产开发公司。民营的房地产开发公司亦即私营经济，一般采用有限责任公司或股份有限公司的形式设立。民营的房地产开发公司在数量上已成为我国房地产开发企业的主体。2013 年我国登记注册为民营的房地产开发公司有

84 070 家，占所有房地产开发企业总数的比例为 92% 左右。

（4）中外合资经营或合作的房地产开发公司。中外合资经营的房地产开发公司是在国内取得法人地位的一种国际性的联合经营的开发公司，是股权式公司，是由中方和外方在商定的期限内共同投资，进行房地产开发与经营的有限责任公司。合资各方以自己的投资额为限承担责任，同时以出资比例分配利润。这种合资经营的房地产公司一般在商定的期限内，可对各种开发建设项目进行投资，直到合资期满，其实质是专营公司。中外合作经营的房地产公司是指建立在合同制基础上的契约式或非股权式的合作性开发公司，可以是法人企业，也可以是不具备法人资格的企业。合作双方的投资或提供的合作条件可以是现金、实物、土地使用权等，通常情况下是由中方提供土地使用权，由外方提供资金，合作进行开发建设。合作双方的权利、义务和责任，诸如投资方式、资金回收方式、利润分配方式和比例、债务以及亏损的负担、经营管理的分工安排等，均由双方磋商确定，并在合同中明确规定。合作经营的房地产公司一般是项目公司。2013 年港澳台投资设立的合资或合作企业共有3391 家，占所有房地产开发企业总数的比例是 4%；外国投资设立的合资或合作企业共有 1674 家，占所有房地产开发企业总数的比例是 2%。

（5）外商独资的房地产开发公司。外商独资房地产开发公司是指依法在我国境内设立的、全部资本由外国投资者投资的房地产开发公司，不包括外国的企业和其他经济组织在国内从事房地产开发的分支机构。由于房地产市场受国家基本建设政策的影响而波动较大，各地对注册外商独资的房地产开发公司亦持谨慎态度，因而外商独资的房地产开发公司目前还不甚普遍，很多外商更倾向于设立分支机构，或委托代理机构从事房地产项目的开发经营。

2. 按经营性质的不同，可将房地产开发企业分为房地产开发专营公司、兼营公司和项目公司三种类型，这是在实践当中最通常的分法。

（1）房地产开发专营公司。顾名思义，房地产开发专营公司是指依法经登记注册成立，长期从事房地产开发经营业务的企业。房地产开发公司或综合开发公司，一般均为房地产专营公司。房地产开发公司在经营期限之内，可对各项允许开发的房地产项目进行投资建设、经营管理。按照建设部颁布的《房地产开发企业资质管理规定》的规定，房地产专营公司可以分为四个资质等级，从事不同的房地产开发项目。房地产开发专营公司由于长期从事房地产开发，经验丰富，资金较雄厚，技术力量较强，管理水平较高，在房地产市场上竞争能力较强，故房地产专营公司是房地产开发的主要力量。

（2）房地产兼营公司。这是指某些主营其他行业，如商业、建筑业、电子工业、化学工业的公司，在注册过程中，申请兼营房地产开发经营管理的公司。随着企业经营机制的转换，企业在投资方面有了更大的自主权，一些资金实力雄厚的公司为优化其投资组合，希望将部分资金投入收益水平相对较高的房地产业，因而纷纷将房地产开发纳入其经营范围。从社会发展的角度看，房地产兼营公司也在日益增多。

（3）房地产开发项目公司。这是指以房地产开发项目为对象而从事单项房地产开发经营的企业。房地产开发项目公司能经营的对象只限于批准的项目，其项目开发或经营完毕之后，应向工商行政管理部门办理核减经营范围的变更登记。合资或合作的房地产开发公司多属于此类公司。由于房地产项目公司的经营期限短、方式灵活，因而其风险相对较低，中外合作的房地产开发公司多采用项目公司的经营形式。

三、房地产开发企业的设立

（一）设立房地产开发企业的条件

地产开发企业是房屋开发的主体，其设立应当符合我国有关法律、法规的规定。《房地产管理法》第30条第1款规定："房地产开发企业是以营利为目的，从事房地产开发和经营的企业。设立房地产开发企业，应当具备下列条件：①有自己的名称和组织机构；②有固定的经营场所；③有符合国务院规定的注册资本；④有足够的专业技术人员；⑤法律、行政法规规定的其他条件。"设立房地产开发企业，还应按《公司法》的有关规定，将房地产开发企业登记为有限责任公司或股份有限公司，因此，设立房地产开发企业的条件应包括如下几个方面：

1. 有自己的名称和组织机构。房地产开发企业是一个法人组织，应有自己的名称和组织机构。房地产开发企业的名称包括字号、行业和组织形式三方面的内容。如果设立有限责任公司或股份有限公司的，还必须在公司名称中标明"有限责任"或"股份有限"的字样。企业名称必须在企业设立登记时由工商行政主管部门核准。有组织机构，就是要有完整系统的经营决策层，有职能明确、分工合理的生产经营组织以及相应的分支机构和下属机构。因为唯有具备健全的组织机构，才能形成法人的意志，对内执行法人事务，对外代表法人参加民事活动。设立有限责任公司和股份有限公司从事房地产经营的，体现在组织机构上，就是在房地产开发企业为有限责任公司时，其组织机构包括股东会、董事会、监事会和经理；房地产开发企业采取股份有限公司的形式时，其组织机构包括股东大会、董事会、监事会和经理等。在具体项目开发过程中，房地产公司通常包括以下机构，负责各项工作：①规划设计部；②征地拆迁部；③工程设计部；④企划部；⑤财务部；⑥材料供应部；⑦经营部；⑧人事部；⑨办公室；等等。各部门工作由总经理统一协调，有关部门负责人（经理）对总经理负责。

2. 有固定的经营场所。企业必须拥有固定的经营场所，有企业法人的固定地址，这是企业对外进行经营联系的主要场所，也是国家对房地产开发企业进行管理所必需的，不能游动性地从事生产经营活动。企业登记的住所只能是一个，而不能有两个。对于有实力的房地产开发企业，办公用房应该是永久性建筑，而不能是临时建筑。

3. 有符合规定的注册资本。注册资本反映的是企业法人的财产权，是企业承担法律责任的基础，也是判断企业经济力量的依据之一。由于房地产开发具有投资量大、资金占用期长的特点，注册资金的要求比一般流通企业要高；同时，房地产开发企业的开发实力很大程度上取决于企业自有流动资金的数量，因此在规定房地产开发企业注册资本的同时，还必须规定其自有流动资金的比例。《城市房地产开发经营管理条例》第5条规定，设立房地产开发企业，除应当符合有关法律、行政法规规定的企业设立条件外，还要有100万元以上的注册资本。当然，不同资质的房地产开发企业，对注册资本的要求也不同。根据2000年建设部颁布施行的《房地产开发企业资质管理规定》中有关注册资本和自有流动资金的规定执行，即房地产开发专营企业，一级资质的不低于5000万元的注册资本，二级资质的不低于2000万元的注册资本，三级资质的不低于800万元的注册资本，四级资质的不低于100万元的注册资本。

4. 有足够的专业技术人员。房地产开发是一个专业性很强的行业，它不仅需要建筑、设计、结构等方面的专业技术人员，而且还需要经济、统计、财会、法律等方面的专业人员。《城市房地产开发经营管理条例》第5条规定，设立房地产开发企业要有4名以上持有资格证书的房地产专业、建筑工程专业的专职技术人员、2名以上持有资格证书的专职会计人员。根据《房地产开发企业资质管理规定》，对于一级资质的房地产开发企业，专业管理人员不少于40人，其中具有中级以上职称的不少于20人，持有资格证书的专职会计人员不少于4人；二级企业应拥有有职称的建筑、结构、财务、房地产及有关经济类的专业管理人员不少于20人，其中具有中级以上职称的管理人员不少于10人，持有资格证书的专职会计人员不少于3人；三级企业的专业管理人员不少于10人，其中具有中级以上职称的不少于5人，持有资格证书的专职会计人员不少于2人；四级企业的专业管理人员不少于5人，持有资格证书的专职会计人员不少于2人。

5. 法律、行政法规规定的其他条件。设立房地产开发企业，除了应当遵守《房地产管理法》等专门性法规规定的条件外，还应满足其他相关法律、法规规定的条件。例如，设立房地产开发有限责任公司或股份有限公司，应执行《公司法》的有关规定。如果设立有限责任公司的，则必须具备下列条件：①股东符合法定人数，即必须由50个以下股东人数组成；②股东出资符合法律或公司章程的规定；③股东共同制定公司章程；④有公司名称，建立符合有限责任公司要求的组织机构；⑤有固定的生产经营场所和必要的生产经营条件。如果设立股份有限公司则应具备下列条件：①发起人符合法定人数，即应当有5个以上发起人，其中须过半数的发起人在中国境内有住所；②发起人认缴和社会公开募集的股本符合法律或公司章程的规定；以募集设立方式设立股份有限公司的，发起人认购的股份不得少于公司股份总数的35%；③股份发行、筹办事项符合法律规定；④发起人制定公司章程，并经创立大会通过；⑤有公司名称，建立符合股份有限公司要求的组织机构；⑥有固定的生产经营场所和必要的生产经营条件。

只有同时具备上述全部五项条件，才符合设立房地产开发公司的实体条件要求。

（二）设立房地产开发企业的程序

根据我国《房地产管理法》第30条和《城市房地产开发经营管理条例》第5条的规定，房地产开发企业必须依照法定程序设立，房地产开发企业的设立，要经过登记和备案两个阶段。

1. 房地产开发企业的设立登记。《房地产管理法》第30条第2款规定："设立房地产开发企业，应当向工商行政管理部门申请设立登记。工商行政管理部门对符合本法规定条件的，应当予以登记，发给营业执照；对不符合本法规定条件的，不予登记。"

2. 设立房地产开发企业的备案。《房地产管理法》第30条第4款规定："房地产开发企业在领取营业执照后的1个月内，应当到登记机关所在地的县级以上地方人民政府规定的部门备案。"企业除了须符合必要的条件方能直接登记外，还须接受政府行业管理部门的监督管理。这一程序性规定，目的是将设立登记后的房地产开发企业纳入房地产业的行业管理，保证房地产开发企业的健康发展和企业市场行为的规范化，并为具体落实第31条关于"房地产开发企业的注册资本与投资总额的比例应当符合国家有关规定"和"分期投资额应当与项目规模相适应"的规定创造条件。

房地产开发公司在向政府有关主管部门备案时必须提交下列文件：①公司的营业执照复印件（加盖登记机关印章）；②公司章程；③公司的验资证明；④公司法定代表人及总经理的任职文件及个人资料；⑤经济、技术专业人员的资格证书、任职文件及其聘用合同；⑥主管部门规定的其他文件。主管部门对设立公司手续完备、资质符合要求的公司颁发《房地产开发企业资质等级证书》；对不符合公司设立条件、资质不符合要求的，提请工商行政主管部门处理。凡未依法办理备案手续的企业，城市规划、建设和房地产等行政管理部门不得办理规划、项目开工建设、商品房预售等各项手续。

四、房地产开发企业的资质管理

企业的资本实力、管理能力决定了企业承担开发任务的规模、数量，要避免"小马拉大车"，即由于资金不足、管理能力不足而损害社会的整体利益、损害消费者利益的现象。对已办理备案手续的房地产开发公司，应当加强资质管理，根据企业的资金、人员的素质、管理的水平等条件对房地产开发企业进行资质等级管理，并颁发相应证书，以加强对房地产开发企业经营管理活动的指导和监督。我国《城市房地产开发经营管理条例》第9条规定："房地产开发主管部门应当根据房地产开发企业的资产、专业技术人员和开发经营业绩等，对备案的房地产开发企业核定资质等级。房地产开发企业应当按照核定的资质等级，承担相应的房地产开发项目。……"对房地产开发企业进行资质等级审核管理是加强房地产开发的必然要求。建设部2000年3月29日重新修订发布的《房地产开发企业资质管理规定》，进一步完善了房地产开发企业的资质管理法律制度。

2005年底，我国共有房地产开发企业56 290家，从业人数达1 516 150人。房地产开发企业中属于一级资质的有522家，二级资质的有4006家，三级资质的有18 194家，四级资质的有11 890家，暂定资质及其他的有21 677家。到2009年，我国有房地产开发企业80 407家，从业人数1 949 295人，房地产开发企业中属于一级资质的有1026家，二级资质的有7353家，三级资质的有22 550家，四级资质的有16 075家，暂定资质及其他的有26 328家。

（一）房地产开发企业资质管理的主要内容

1. 房地产开发专营公司应当按照规定申请核定资质等级，未取得房地产开发资质等级证书（以下简称资质证书）的企业，不得从事房地产开发经营业务。兼营公司经营房地产开发业务也要经省级以上建设行政部门批准，但不定资质等级。项目开发公司也不定资质等级，由项目所在地建设行政主管部门根据其项目规模审定其资金、人员条件，并核发一次性资质证书。

2. 房地产开发专营公司按资质条件划分为一、二、三、四共四个等级。各级公司的资质标准均有严格的条件规定。

3. 房地产开发专营公司的资质等级实行分级审批。一级房地产开发公司由省、自治区、直辖市建设行政主管部门初审，报国务院建设行政主管部门审批；二级资质及以下资质的审批办法由省、自治区、直辖市人民政府建设行政主管部门制定。

4. 房地产开发专营公司的资质每年核定一次。对于不符合原定资质标准的企业，由原资质审批部门予以降级或注销房地产开发企业资质等级证书。

（二）房地产开发企业的资质标准

根据建设部《房地产开发企业资质管理规定》的有关规定，目前我国房地产开发公司分为四个等级，其标准分别为：

1. 一级资质企业：①注册资本不低于5000万元；②从事房地产开发经营5年以上；③近3年房屋建筑面积累计竣工30万平方米以上，或者累计完成与此相当的房地产开发投资额；④连续5年建筑工程质量合格率达100%；⑤上一年房屋建筑施工面积15万平方米以上，或者完成与此相当的房地产开发投资额；⑥有职称的建筑、结构、财务、房地产及有关经济类的专业管理人员不少于40人，其中具有中级以上职称的管理人员不少于 20 人，持有资格证书的专职会计人员不少于 4 人；⑦工程技术、财务、统计等业务负责人具有相应专业中级以上职称；⑧具有完善的质量保证体系，商品住宅销售中实行了《住宅质量保证书》和《住宅使用说明书》制度；⑨未发生过重大工程质量事故。

2. 二级资质企业：①注册资本不低于 2000 万元；②从事房地产开发经营 3 年以上；③近 3 年房屋建筑面积累计竣工 15 万平方米以上，或者累计完成与此相当的房地产开发投资额；④连续 3 年建筑工程质量合格率达 100%；⑤上一年房屋建筑施工面积 10 万平方米以上，或者完成与此相当的房地产开发投资额；⑥有职称的建筑、结构、财务、房地产及有关经济类的专业管理人员不少于 20 人，其中具有中级以上职称的管理人员不少于 10 人，持有资格证书的专职会计人员不少于 3 人；⑦工程技术、财务、统计等业务负责人具有相应专业中级以上职称；⑧具有完善的质量保证体系，商品住宅销售中实行了《住宅质量保证书》和《住宅使用说明书》制度；⑨未发生过重大工程质量事故。

3. 三级资质企业：①注册资本不低于 800 万元；②从事房地产开发经营 2 年以上；③房屋建筑面积累计竣工 5 万平方米以上，或者累计完成与此相当的房地产开发投资额；④连续 2 年建筑工程质量合格率达 100%；⑤有职称的建筑、结构、财务、房地产及有关经济类的专业管理人员不少于 10 人，其中具有中级以上职称的管理人员不少于 5 人，持有资格证书的专职会计人员不少于 2 人；⑥工程技术、财务等业务负责人具有相应专业中级以上职称，统计等其他业务负责人具有相应专业初级以上职称；⑦具有完善的质量保证体系，商品住宅销售中实行了《住宅质量保证书》和《住宅使用说明书》制度；⑧未发生过重大工程质量事故。

4. 四级资质企业：①注册资本不低于 100 万元；②从事房地产开发经营 1 年以上；③已竣工的建筑工程质量合格率达 100%；④有职称的建筑、结构、财务、房地产及有关经济类的专业管理人员不少于 5 人，持有资格证书的专职会计人员不少于 2 人；⑤工程技术负责人具有相应专业中级以上职称，财务负责人具有相应专业初级以上职称，配有专业统计人员；⑥商品住宅销售中实行了《住宅质量保证书》和《住宅使用说明书》制度；⑦未发生过重大工程质量事故。

（三）各资质等级的房地产开发公司的业务范围

城市房地产公司成立后，必须按照批准的资质等级在规定的业务范围内承担相应的开发任务，不得超级承揽。

1. 一级资质的房地产开发企业承担房地产项目的建设规模不受限制，建设技术复杂程度不受限制，可以在全国范围承揽房地产开发项目。

2. 二级资质及二级资质以下的房地产开发企业可以承担建筑面积 25 万平方米以下的开发建设项目，承担业务的具体范围由省、自治区、直辖市人民政府建设行政主管部门确定。

（四）违反资质管理的法律责任

企业未取得资质证书或超越资质等级从事房地产开发经营的，由县级以上主管政府部门责令改正，处以罚款。逾期不改正的还可以提请工商部门吊销营业执照。

五、房地产开发企业的终止

与其他企业一样，房地产开发企业可因一定的法律事实而终止，引起房地产开发企业终止的法律事实主要有以下几类：

（一）因行政规定、法院裁决而被撤销

根据我国法律规定，多种违法行为均可导致撤销企业登记、吊销营业执照、强制歇业。如根据《公司法》第198、211条的规定，公司采取欺诈手段骗取公司登记的，可给予撤销公司登记或者吊销营业执照的处罚；公司成立后无正当理由超过6个月未开业的，或开业后自行停业连续6个月以上的，由公司登记机关吊销其营业执照。根据《企业法人登记管理条例》的精神，1年内无房地产开发业务的房地产开发专营企业，由工商行政管理机关收缴《企业法人营业执照》、办理注销登记；其他经批准从事房地产开发、经营的企业，1年内未开展房地产开发经营活动的，工商行政管理机关依法核减其经营范围。企业对行政机关吊销营业执照、强制歇业不服的，均可通过行政诉讼途径请求司法审查。法院一旦作出维护行政决定的判决或裁定，企业法人必须终止。

（二）自行解散

房地产开发企业可自行决定自己的命运。自行解散有如下理由：①房地产开发企业的经营目的已达到、事业已完成或目的无法达到、事业无法完成而自行解散；②上级主管机关或投资者的决定而解散；③房地产开发企业章程所规定的营业期届满或者章程规定的其他解散事由出现而解散。

（三）企业破产

房地产开发企业在经营过程中，不能清偿到期债务，并且资产不足以清偿全部债务或者明显缺乏清偿能力的，可根据《企业破产法》（2007年6月1日实施）的有关规定，由法院宣告破产。房地产开发企业一旦被宣告破产，其法人资格即告终止。

（四）其他原因

除上述原因外，房地产开发企业也可因合并、分立等原因而终止，或股东提前解散公司之诉而得到法院的支持等。

房地产开发企业一旦终止，即应进入清算程序。清算程序有两类：一是依破产程序进行清算；二是依非破产程序清算，即由企业自行组织清算小组清算或由上级主管机关清算。清算完毕，应及时办理企业注销登记并公告。

第三节　房地产投资者和消费者

一、房地产投资者和房地产消费者的界定

根据经济学的研究，房地产投资是指房地产投资者为了获取预期的投资收益而不断地将资本投入到房地产经营领域内及房地产金融资产上的经济行为。房地产投资包括房地产实业投资和房地产金融资产投资。房地产投资按不同的方法可以划分为不同的投资类型：①按房地产经济内容划分，可以分为土地开发投资、房屋开发投资、房地产经营投资、房地产中介服务投资、房地产管理和服务投资五种类型。②按房地产投资形式划分，可以分为直接投资和间接投资。直接投资又可以细分为房地产开发投资和房地产置业投资两种类型。间接投资主要是指将资金投入与房地产相关的证券市场的行为，房地产的间接投资者不需直接参与有关的投资管理工作，具体投资形式包括：购买房地产开发、投资企业的债券、股票，购买房地产投资信托基金、房地产抵押贷款证券等。[1]

当然，房地产投资者也可以分为广义的投资者和狭义的投资者，广义上的房地产投资者包括所有从事房地产投资的单位和个人，狭义上的房地产投资者主要是指直接从事房地产投资的企业。

房地产投资者还可以分为企业投资者与自然人投资者、国有投资者与非国有投资者、内资投资者与外商投资者。

《房地产管理法》第 28 条规定，依法取得的土地使用权，可以依照本法和有关法律、行政法规的规定，作价入股，合资、合作开发经营房地产。根据该条规定，我们可以得出法律是允许一方出土地，另一方出资金、实物、知识产权等进行合作经营房地产的。

对于房地产的投资（投机）一直被认为是一种负面的行为，是导致房价高涨，甚至房地产泡沫的重要原因的观点，一些研究者有不同的结论：认为一般炒作不会导致房价上涨，也不能笼统地说炒房就必然导致房地产泡沫，只有在市场过量供给的条件下才会导致或加剧房地产泡沫。炒房者对租金的缓慢增长起到积极的作用。因此，我们不应该笼统地打压炒房，尤其是当前房地产市场供不应求仍是基本态势的条件下；我们只应打压那些将房屋闲置的炒房客，以避免因社会资源的闲置造成浪费。然而，这种打压也是要耗费资源的。如果所耗费的资源超过炒房客闲置房屋

---

〔1〕　刘亚臣主编：《房地产经济学》，大连理工大学出版社 2009 年版，第 136～137 页。

所造成的损失，则政府不作为也是合理的选择。毕竟炒房客用自己的钱并没有占用公共资源，即便是因此造成损失也主要是炒房客自己的损失而非直接的公共损失。[1]

房地产消费是满足人们居住需求的房地产经济行为。消费性需求的房屋主要指住宅，消费主体是自然人或家庭。

二、区分房地产投资者和房地产消费者的法律意义

由于房地产不仅具有供人居住的功能，还同时具有保值、增值功能。而且随着社会生产力的发展，人口的不断增加，生活水平的不断提高，人们对房地产的需求总是与日俱增的，而由于土地的不可再生性，特别是位于良好位置的土地资源永远是稀缺的。因此，房地产的保值、增值性，引发了房地产的投资性。那么，在现实生活中，如何区别房地产的消费性和投资性成为一个难题。

区别房地产投资者和房地产消费者有以下法律意义：

（一）两者适用不同的政策

对于投资政策，政府多使用引导、管理和规范的政策；而对于消费政策，政府则往往使用鼓励、限制或保护的政策。

目前我国房地产的投资政策，主要是引导投资向城镇棚户区和城乡危房改造投入，加入对保障住房建设的投资，抑制对高档、奢华住房的投入。对于房地产消费政策，则是鼓励居民的合理住房消费，限制奢华消费，通过支持居民自住和改善性住房需求，促进房地产市场平稳健康发展。从目前我国仍然需要众多资金投入保障性住房的建设情况来看，我们应该要善待房地产投资者。

如何区别居民的住房消费需求和住房投资需求？一般说来，购买超过一套住房者，都可能将第二套（含以上）住房用于投资。因此，对此应采取区别对待政策。例如，2007 年 9 月 27 日发布的《中国银行业监督管理委员会关于加强商业性房地产信贷管理的通知》中规定，对购买首套自住房且套型建筑面积在 90 平方米以下的，贷款首付款比例不得低于 20%；对购买首套自住房且套型建筑面积在 90 平方米以上的，贷款首付款比例不得低于 30%；对已利用贷款购买住房、又申请购买第二套（含）以上住房的，贷款首付款比例不得低于 40%，贷款利率不得低于中国人民银行公布的同期同档次基准利率的 1.1 倍。

另外，对于房地产投资，也采取内资和外资有差别的政策。例如，2006 年 7 月 11 日，建设部联合其他 5 部委下发《关于规范房地产市场外资准入和管理的意见》，加强了对外商投资企业房地产开发经营和境外机构和个人购房的管理。商务部、国家外汇管理局 2007 年 5 月发出《关于进一步加强、规范外商直接投资房地产业审批

---

〔1〕 樊明等：《房地产买卖行为与房地产政策》，社会科学文献出版社 2012 年版，第 110～113 页。

和监管的通知》，通知要求各地商务主管部门严格控制外商投资高档房地产；并严格控制以返程投资方式并购或投资境内房地产企业。

（二）分别适用不同的法律

对于房地产投资，主要适用《房地产管理法》、产业政策法、外商投资法、住房保障法律等相关规定。对于房地产消费，则主要适用《消法》、《商业银行法》、《保险法》等。

（三）为了政府更好地实施房地产宏观调控

政府的房地产调控的重点应该是对房地产投资的干预及引导，对房地产消费的鼓励及保护。但最近几年国家对房地产宏观调控的主要措施却是鼓励或限制消费。例如，2008 年 11 月 17 日，国务院常务会议部署促进房地产市场发展措施，进一步鼓励普通商品住房消费。对已贷款购买一套住房但人均面积低于当地平均水平，再申请购买第二套普通自住房的居民，比照执行首次贷款购买普通自住房的优惠政策。对住房转让环节营业税暂定一年实行减免政策。其中，将现行个人购买普通住房超过 5 年（含 5 年）改为超过 2 年（含 2 年）转让的，免征营业税；将个人购买普通住房不足 2 年转让的，由按其转让收入全额征收营业税，改为按其转让收入减去购买住房原价的差额征收营业税。

2010 年 4 月 17 日国务院下发《关于坚决遏制部分城市房价过快上涨的通知》（"新国十条"），确立政府问责制，并再次要求开发商一次性公开全部房源。除了继续差别化信贷政策之外，通知对于个人购置多套房的限制提到了重要位置：商品住房价格过高、上涨过快、供应紧张的地区，商业银行可根据风险状况，暂停发放购买第三套及以上住房贷款；对不能提供 1 年以上当地纳税证明或社会保险缴纳证明的非本地居民暂停发放购买住房贷款。

2011 年 1 月 26 日，"新国八条"出台。调整个人转让住房营业税政策。继续强化差别化住房信贷政策。对贷款购买第二套住房的家庭，首付款比例不低于 60%，贷款利率不低于基准利率的 1.1 倍。要求各直辖市、计划单列市、省会城市和房价过高、上涨过快的城市，在一定时期内，要从严制定和执行住房限购措施。

2013 年 2 月 20 日，国务院又推出"新国五条"，主要措施如下：①完善稳定房价工作责任制；②坚决抑制投机投资性购房；③增加普通商品住房及用地供应；④加快保障性安居工程规划建设；⑤加强市场监管。加强商品房预售管理，严格执行商品房销售明码标价规定，强化企业信用管理。

（四）更好地防范房地产风险

房地产与金融存在天然的联系，房地产风险很容易转化为金融风险，因此，房地产行业属于高风险行业。其风险包括政策风险、利率风险、市场风险和购买力风险等，这些风险也主要是房地产开发经营或者投资过程中所存在的风险。例如，政策风险主要涉及前期开发商拿地过程中的土地政策以及后期销售时的购置政策的调控和影响；利率风险主要是房地产开发商在前期开发时需要缴纳土地出让金，这笔出让金通常来源于银行的贷款，这就受到了银行房贷政策和利率调整的影响。后期投资者购房同样需要申请银行按揭贷款，这都不得不考虑利率风险；市场风险主要是表现在整个开发建设的时间与置业时间都比较长，由于房地产行业的资金流动性比较差、变现能力较弱，在开发与置业期间的任何市场风波都会影响到后期的房价；购买力风险是指由于物价上升及通货膨胀等因素，投资者在房地产方面所获得的收益不足以再进行投资，亦即再次购买投资房地产的能力下降。

第四节　房地产中介服务机构

《房地产管理法》第 57 条规定，房地产中介服务机构包括房地产咨询机构、房地产价格评估机构、房地产经纪机构等。除了《房地产管理法》，目前我国涉及房地产中介服务机构的规定还主要有：《房地产经纪管理办法》、《城市房地产市场评估管理暂行办法》、《房地产评估机构管理办法》等。

一、房地产中介服务机构的概念及其存在的必要性

（一）房地产中介服务机构的概念

房地产中介服务机构是房地产咨询机构、房地产评估机构、房地产经纪机构等为房地产交易活动提供服务的机构的总称。现代市场经济发展过程表明，繁荣的经济发展离不开市场交易行为的活跃，而市场交易行为的活跃离不开存在于交易主体之间、为交易主体提供种种促进规范交易行为的服务性、协调性、联络性组织。中介行为是各种市场运行中的润滑剂。

目前，国内存在的房地产服务中介机构狭义上讲即为《房地产管理法》规定的三种类型，即房地产咨询机构、房地产评估机构、房地产经纪机构，其中房地产咨询机构是专门为当事人提供经济信息、法律知识及其他交易情况的房地产中介组织，房地产评估机构是为房地产交易提供评估价格的服务机构，房地产经纪机构是为房地产交易提供洽谈协议、交流信息、展示行情等咨询、代理服务的中介服务机构。广义上讲，房地产中介服务机构还可包括房地产律师事务所、会计师事务所、公证机构等在房地产市场中起中介作用的机构。

（二）房地产中介服务机构存在的必要性

上述中介服务机构，是伴随着我国社会主义市场经济建设而日益活跃的组织，其存在有如下必要性：

1. 中介服务机构的存在是房地产交易人顺利交易的需要。在中介机构尚未出现之前，我国大多数房地产交易是由当事人双方自行串联、寻找交易对象、自行协议、私下成交的。在这种情况下，交易往往带有很大的盲目性，很难给当事人带来最佳效益，同时办理手续及拟定交易协议等专业性较强的工作对当事人来讲有难度，往往大费周折而最后效果不佳。因此，需要有中介机构协助当事人解决上述问题。

2. 中介机构的存在是保障国家税收的需要。没有中介机构的介入不但给房地产交易双方当事人带来交易困难，也使房地产交易中明码暗价、瞒价偷税的现象普遍存在。房地产中介机构依法成立、依法运作，对防止上述现象的发生起到了积极作用。

3. 中介机构的存在是房地产市场良性发展的需要。中介机构为交易当事人提供服务，在一定程度上避免了价格失控等房地产扭曲发展的现象，并且在中介机构的地位得到法律认可之后，合法中介机构大量出现扼制了不法掮客的活动，促进了交易活动健康发展。

4. 中介机构的存在是房地产交易安全的需要。长期以来，消费者对买房质量、"一房多卖"或"办证难"等问题颇为关注，房地产开发企业、中介机构不规范经营的现象比较突出，住房消费者往往因为对房屋质量、产权交易等专业性较强的问题缺乏了解而上当受骗或合法权益受到损害。因此，沿海发达地区还出现"律师陪购"或"购楼律师团"等现象。总的来说，我国的房地产中介机构还处在发展的阶段，有待于进一步规范以便更好地保护房地产交易的安全。

二、房地产中介机构设立条件与程序

（一）房地产中介机构的设立条件

《房地产管理法》第58条规定，房地产中介服务机构应当具备下列条件：①有自己的名称和组织机构；②有固定的服务场所；③有必要的财产和经费；④有足够数量的专业人员；⑤法律、行政法规规定的其他条件。

（二）房地产中介机构成立的程序

《房地产管理法》第58条第2款规定："设立房地产中介服务机构，应当向工商行政管理部门申请设立登记，领取营业执照后，方可开业。"这说明我国房地产中介机构的成立，同样采用的是"准则主义"，即指被审查主体只要达到准则所规定的资格，登记机关即应予以登记，而不对被审查主体进行资质审查。立法采取准则主义，符合市场经济情况下微观放开的要求。

三、房地产咨询公司

房地产咨询公司是为房地产开发项目提供咨询或服务的企业。目前，我国房地产咨询公司主要提供房地产项目策划、编制可行性研究报告和项目营销等服务。

在房地产供不应求的时候，也许并不需要进行项目的策划、可行性研究或市场营销。当房地产供过于求的时候，市场竞争激烈，就需要对项目是否值得投资、投资哪个项目、项目的效益如何等关键问题进行前期的策划、市场调查等。所以说，项目成功的关键在于前期的策划及市场调查等。

1. 房地产策划房地产项目策划是对新项目进行构思、评价和设计的过程。一般包括土地的获取与选择、市场调查、投资策划、规划设计、营销策划、物业管理策划等内容。

2. 市场调查往往需要收集宏观、中观和微观层面的信息：

（1）宏观因素。宏观因素主要包括政治、法律、经济、科技及文化风俗等因素。例如国家政策、法律法规的健全、完善程度，政局是否稳定等；经济层面主要考虑经济发展趋势、经济发展周期等因素；文化风俗习惯也是需要纳入综合考虑的因素。

（2）中观因素。中观因素需要考虑所在城市的规划及建设情况，所在地的房地产企业的数量、类型、资质等情况、所在地房地产供需状况、专业机构数量及业绩状况等。

（3）微观因素。从微观的角度考虑，主要是要了解竞争对手的情况，例如附近楼盘的房型、价格、推出时间、销售渠道、促销策略等。还有消费者对房屋位置、户型、风格、价格、配套等方面的需求等。

3. 可行性研究报告的主要内容包括：①项目概况；②市场分析和需求预测；③规划方案的优选；④开发进度安排；⑤项目投资估算；⑥资金的筹集方案和筹资成本估算；⑦财务评价；⑧风险分析；⑨国民经济评价；⑩结论。

虽然房地产咨询工作十分重要，关系到项目的成败和盈利水平，但目前我国尚未制定出相关的法律对其进行规制，房地产咨询双方的权利和义务主要依靠合同来进行控制。

四、房地产经纪公司

所谓的房地产经纪，是指房地产经纪机构和房地产经纪人员为促成房地产交易，向委托人提供房地产居间、代理等服务并收取佣金的行为。

截至 2012 年底，全国取得房地产经纪人资格共 47 668 人，其中 26 344 人申请执业注册。全国共有房地产经纪机构 50 000 余家。

据中消协统计，2014 年全国消费者协会共受理房屋中介服务投诉 1069 件。对房产中介的投诉主要集中在二手房的实际年份、具体面积上存在问题，二手房交易过程中的落户人员，物业费用没有缴清，中介方推诿责任等问题。

根据《房地产经纪管理办法》的规定，房地产经纪机构，是指依法设立，从事房地产经纪活动的中介服务机构。房地产经纪人员，是指从事房地产经纪活动的房地产经纪人和房地产经纪人协理。

《房地产经纪管理办法》第9条规定，国家对房地产经纪人员实行职业资格制度，纳入全国专业技术人员职业资格制度统一规划和管理。

（一）房地产经纪活动

房地产经纪业务应当由房地产经纪机构统一承接，服务报酬由房地产经纪机构统一收取。分支机构应当以设立该分支机构的房地产经纪机构名义承揽业务。房地产经纪人员不得以个人名义承接房地产经纪业务和收取费用。

房地产经纪机构及其分支机构应当在其经营场所醒目位置公示下列内容：营业执照和备案证明文件；服务项目、内容、标准；业务流程；收费项目、依据、标准；交易资金监管方式；信用档案查询方式；投诉电话及"12358"价格举报电话；政府主管部门或者行业组织制定的房地产经纪服务合同、房屋买卖合同、房屋租赁合同示范文本；法律、法规、规章规定的其他事项。房地产经纪机构代理销售商品房项目的，还应当在销售现场明显位置明示商品房销售委托书和批准销售商品房的有关证明文件。

（二）房地产经纪合同

《房地产经纪管理办法》第16条规定，房地产经纪机构接受委托提供房地产信息、实地看房、代拟合同等房地产经纪服务的，应当与委托人签订书面房地产经纪服务合同。房地产经纪服务合同应当包含下列内容：①房地产经纪服务双方当事人的姓名（名称）、住所等情况和从事业务的房地产经纪人员情况；②房地产经纪服务的项目、内容、要求以及完成的标准；③服务费用及其支付方式；④合同当事人的权利和义务；⑤违约责任和纠纷解决方式。建设（房地产）主管部门或者房地产经纪行业组织可以制定房地产经纪服务合同示范文本，供当事人选用。

房地产经纪机构签订房地产经纪服务合同前，应当向委托人说明房地产经纪服务合同和房屋买卖合同或者房屋租赁合同的相关内容，并书面告知下列事项：①是否与委托房屋有利害关系；②应当由委托人协助的事宜、提供的资料；③委托房屋的市场参考价格；④房屋交易的一般程序及可能存在的风险；⑤房屋交易涉及的税费；⑥经纪服务的内容及完成标准；⑦经纪服务收费标准和支付时间；⑧其他需要告知的事项。房地产经纪机构根据交易当事人需要提供房地产经纪服务以外的其他服务的，应当事先经当事人书面同意并告知服务内容及收费标准。书面告知材料应当经委托人签名（盖章）确认。

（三）房地产经纪机构及房地产经纪人员的行为规范

1. 房地产经纪机构不得收取任何未予标明的费用；不得利用虚假或者使人误解的标价内容和标价方式进行价格欺诈；一项服务可以分解为多个项目和标准的，应当明确标示每一个项目和标准，不得混合标价、捆绑标价。

2. 房地产经纪机构未完成房地产经纪服务合同约定事项，或者服务未达到房地产经纪服务合同约定标准的，不得收取佣金。两家或者两家以上房地产经纪机构合作开展同一宗房地产经纪业务的，只能按照一宗业务收取佣金，不得向委托人增加收费。

3. 房地产经纪机构和房地产经纪人员不得有下列行为：①捏造散布涨价信息，或者与房地产开发经营单位串通捂盘惜售、炒卖房号，操纵市场价格；②对交易当事人隐瞒真实的房屋交易信息，低价收进高价卖（租）出房屋赚取差价；③以隐瞒、欺诈、胁迫、贿赂等不正当手段招揽业务，诱骗消费者交易或者强制交易；④泄露或者不当使用委托人的个人信息或者商业秘密，谋取不正当利益；⑤为交易当事人规避房屋交易税费等非法目的，就同一房屋签订不同交易价款的合同提供便利；⑥改变房屋内部结构分割出租；⑦侵占、挪用房地产交易资金；⑧承购、承租自己提供经纪服务的房屋；⑨为不符合交易条件的保障性住房和禁止交易的房屋提供经纪服务；⑩法律、法规禁止的其他行为。

（四）法律责任

房地产经纪机构及房地产经纪人员违反《房地产经纪管理办法》相关规定的，由县级以上地方人民政府建设（房地产）主管部门根据不同情况，分别予以责令限期改正、记入信用档案、取消网上签约资格、处以罚款等相应处罚措施。

五、房地产估价机构

房地产评估是指房地产专业估价人员，根据估价目的，遵循估价原则，按照估价程序，采取科学的估价方法，结合估价经验，通过对影响房地产价格因素的分析，对房地产最可能实现的房地产价格所作出的推测与判断。《房地产管理法》第34条对我国房地产评估制度作出了框架性规定："国家实行房地产价格评估制度。房地产价格评估，应当遵循公正、公平、公开的原则，按照国家规定的技术标准和评估程序，以基准地价、标定地价和各类房屋的重置价格为基础，参照当地的市场价格进行评估。"从《房地产管理法》的相关规定来看，对房地产交易采取了强制评估制度，但根据《物权法》第13条的规定，不动产登记机关不得要求对不动产进行评估。《房地产管理法》和《物权法》的规定似乎有些冲突，如何相互衔接是很值得研究的重要课题。下文还是主要以《房地产管理法》、《房地产估价机构管理办法》、《注册房地产估价师管理办法》及等规定对现行的房地产评估制度进行介绍。

（一）房地产评估的原则

《房地产管理法》第34条规定，房地产价格评估，应当遵循公正、公平、公开的原则。

1. 公正原则。公正原则是指房地产评估机构在进行房地产评估时，要公正地对待每一个委托人，不偏不倚，秉公办理，不得为牟取私利徇私枉法，否则将受到法律制裁。如果遇到评估人员与委托人有利害关系的情况，评估人员应当回避。公正原则不但是评估人员应遵守的原则，也是房地产管理与执法领域必须遵守的原则。

2. 公平原则。所谓公平，是指房地产评估的结果必须反映房地产评估当事人之间合理的利益平衡。在评估过程中，应当使评估各方当事人享有平等权利，承担平等义务，不允许评估人员弄虚作假，故意抬高或压低标的物的价格。房地产评估机构与评估人员必须严格遵守估价的程序与评估标准。

3. 公开原则。公开原则是指房地产价格评估必须具有公开性、透明度。具体而言，房地产评估当事人有权了解评估的程序、标准、方法、结果、评估机构及评估人员的情况、房屋的自然情况等一切可以了解的情况；不但如此，房地产评估的价格等情况还应当向社会公开，令公众知晓。

公正、公开、公平三原则，互相联系，都是为合理确定房地产评估价格而服务的。公正原则侧重于要求房地产评估机构与评估人员不受主观因素影响，客观合理地评估出房地产应具有的价值；公平原则侧重于对待房地产评估中利益彼此矛盾的当事人，追求的是达到当事人之间的利益合理的平衡。一般而言，公正的评估结果应当是公平地体现了当事人的利益分配关系。而公开原则，则是对公正、公平原则能否实现的督促手段。只有遵循以上三原则，才能使房地产评估制度为我国房地产的发展提供良好促进作用。

（二）房地产评估的价格确定

依据《房地产管理法》第 34 条的规定，房地产价格评估，应当遵循公正、公平、公开的原则，按照国家规定的技术标准和评估程序，以基准地价、标定地价和各类房屋的重置价格为基础，参照当地的市场价格进行评估。这说明，房地产评估制度中价格分两步形成：一是确定价格基础，即由基准地价、标定地价及各类房屋的重置价格构成的评估基础；二是在基础价格确定之后，参考当地市场价格最终确定房地产评估价格。

1. 房地产评估的价格基础的构成。

（1）基准地价。基准地价是指城市国有土地使用权的基本标准价格，是按照土地的不同级别与区域分别评估与测算出商业、工业、住宅等各类不同用途土地的使用权的平均价格。基准地价由三个因素构成：①一定期限，如 1 年内的平均地价；②一定区域，如一个大城市内的级别平均地价；③不同用途分别测算的平均地价，如工业区、商业区等不同用途的土地有不同地价。因此，基准地价是一定时间内的、平均的、针对不同用途而有不同价格的、区域性的地价。基础地价是由政府部门组织的专家委员会在土地定级的基础上，根据土地的收益、市场交易资料等情况综合评定的，它反映了一定区域一定用途的土地地价总体的变化趋势，是国家对土地价格乃至整个房地产市场进行宏观调控的根据。

（2）标定地价。标定地价是对要出让、转让、抵押的具体的地块土地使用权进行评估而提出的价格。标定地价要依据基准地价，考虑市场行情、地块大小、形状、容积率等各种因素来测算。标定地价相对于基准地价的区域性而言，是某一块地块在某一时点上的价格。标定地价接近市场价格。

（3）房屋重置价格。房屋重置价格是按照评估时的建筑水平、工艺水平、建筑材料价、人工和运费等条件，重新建造同类结构、式样、质量标准、设备、装修条件的新房所需要的费用。重置价格是同一类房屋的重置价格，而不是个别房屋的重置价格。重置价格的计算要参考房屋的成本价格。以住宅商品房为例，其成本价格主要包括：①征地费及拆迁安置补偿费：按国家有关规定执行。②勘察设计及前期工程费：依据批准的设计概算计算。③住宅建筑、安装费：依据施工图预算计算。④住宅小区基础建设费和住宅小区级非营业性配套公共建筑的建设费：依据批准的详细规划和施工图预算计算。住宅小区的基础设施和配套建设项目按照国家和省、自治区、直辖市人民政府颁发的城市规划定额指标执行。⑤管理费：以第一至四项之和为基数的1%～3%计算。⑥贷款利息：计入成本的贷款的利息，根据当地建设银行提供的本地区商品住宅建设占用贷款的平均周期、平均比例、平均利率和开发项目具体情况而定。

上述三种价格，应当由房地产管理机关定期确定并公布。

2. 房地产评估价格的最终构成。基准地价、标定地价及重置房价构成了房地产价格评估的基础价格，但房地产评估价格的最终形成，还要参考市场价格来确定。市场价格主要由市场供求关系来确定，市场价格一般会高于房地产开发的成本（含各种成本和税费）。

一般而言，市场价格的构成因素包括如下各项：①征地补偿费，包括土地补偿费、青苗补偿费、菜田基金、劳动力安置补助费等；②拆迁安置补偿费，包括房屋及其他地上物补偿费、搬家费、拆房费、周转房费、单位拆迁费等；③其他土地开发费，包括"七通一平"[1]费、勘察设计费等；④住宅建筑安装工程费；⑤附属工程费，包括煤气站费、热力点费、变电室费等；⑥室外工程费，包括上下水、电力、电信、庭院、围墙等建设费用；⑦公共建筑配套工程费，包括建设幼儿园、文化站、中小学、卫生所、副食店、居委会、派出所等费用；⑧环卫绿化工程费；⑨"四源"费，即煤气、热力、自来水、污水等建设费用；⑩大市政费（市政公用设施建设费）；⑪"两税一费"，包括营业税、城市建设维护税、教育费附加；⑫管理费；⑬利润。以上各项收费，有些应属政府开支，比如治安、教育、卫生等项目费用，

---

[1] 七通一平：通给水、通排水、通电、通讯、通路、通燃气、通热力（七通）；场地平整（一平）。

但都包括在房地产费用之中。

（三）房地产估价机构和房地产估价人员

1. 房地产估价工作的管理机关。

（1）国务院住房城乡建设主管部门负责全国房地产估价机构的监督管理工作。

（2）省、自治区人民政府住房城乡建设主管部门、直辖市人民政府房地产主管部门负责本行政区域内房地产估价机构的监督管理工作。

（3）市、县人民政府房地产主管部门负责本行政区域内房地产估价机构的监督管理工作。

2. 房地产估价机构的设立。根据《房地产估价机构管理办法》的规定，房地产估价机构应当由自然人出资，以有限责任公司或者合伙企业形式设立。房地产估价机构实行资质等级管理，房地产估价机构资质等级分为一、二、三级。

我国目前有 5000 多家房地产估价机构，其中规模较大的一级资质估价机构只有300 家左右，其余都是规模较小的二级、三级估价机构，占到估价机构的 95%。

根据《房地产估价机构管理办法》第 10 条的规定，一级资质的房地产估价机构应该满足以下条件：①机构名称有房地产估价或者房地产评估字样；②从事房地产估价活动连续 6 年以上，且取得二级房地产估价机构资质 3 年以上；③有限责任公司的注册资本人民币 200 万元以上，合伙企业的出资额人民币 120 万元以上；④有 15名以上专职注册房地产估价师；⑤在申请核定资质等级之日前 3 年平均每年完成估价标的物建筑面积 50 万平方米以上或者土地面积 25 万平方米以上；⑥法定代表人或者执行合伙人是注册后从事房地产估价工作 3 年以上的专职注册房地产估价师；⑦有限责任公司的股东中有 3 名以上、合伙企业的合伙人中有 2 名以上专职注册房地产估价师，股东或者合伙人中有一半以上是注册后从事房地产估价工作 3 年以上的专职注册房地产估价师；⑧有限责任公司的股份或者合伙企业的出资额中专职注册房地产估价师的股份或者出资额合计不低于 60%；⑨有固定的经营服务场所；⑩估价质量管理、估价档案管理、财务管理等各项企业内部管理制度健全；⑪随机抽查的 1 份房地产估价报告符合《房地产估价规范》的要求；⑫在申请核定资质等级之日前 3 年内无本办法第 33 条禁止的行为。

二级资质的房地产估价机构应该满足以下条件：①机构名称有房地产估价或者房地产评估字样；②取得三级房地产估价机构资质后从事房地产估价活动连续 4 年以上；③有限责任公司的注册资本人民币 100 万元以上，合伙企业的出资额人民币60 万元以上；④有 8 名以上专职注册房地产估价师；⑤在申请核定资质等级之日前 3年平均每年完成估价标的物建筑面积 30 万平方米以上或者土地面积 15 万平方米以上；⑥法定代表人或者执行合伙人是注册后从事房地产估价工作 3 年以上的专职注册房地产估价师；⑦有限责任公司的股东中有 3 名以上、合伙企业的合伙人中有 2 名以上专职注册房地产估价师，股东或者合伙人中有一半以上是注册后从事房地产估价工作3年以上的专职注册房地产估价师；⑧有限责任公司的股份或者合伙企业的出资额中专职注册房地产估价师的股份或者出资额合计不低于60%；⑨有固定的经营服务场所；⑩估价质量管理、估价档案管理、财务管理等各项企业内部管理制度健全；⑪随机抽查的1份房地产估价报告符合《房地产估价规范》的要求；⑫在申请核定资质等级之日前3年内无本办法第33条禁止的行为。

三级资质的房地产估价机构应该满足以下条件：①机构名称有房地产估价或者房地产评估字样；②有限责任公司的注册资本人民币50万元以上，合伙企业的出资额人民币30万元以上；③有3名以上专职注册房地产估价师；④在暂定期内完成估价标的物建筑面积8万平方米以上或者土地面积3万平方米以上；⑤法定代表人或者执行合伙人是注册后从事房地产估价工作3年以上的专职注册房地产估价师；⑥有限责任公司的股东中有2名以上、合伙企业的合伙人中有2名以上专职注册房地产估价师，股东或者合伙人中有一半以上是注册后从事房地产估价工作3年以上的专职注册房地产估价师；⑦有限责任公司的股份或者合伙企业的出资额中专职注册房地产估价师的股份或者出资额合计不低于60%；⑧有固定的经营服务场所；⑨估价质量管理、估价档案管理、财务管理等各项企业内部管理制度健全；⑩随机抽查的1份房地产估价报告符合《房地产估价规范》的要求；⑪在申请核定资质等级之日前3年内无本办法第33条禁止的行为。

《房地产估价机构管理办法》第16条规定，房地产估价机构资质有效期为3年。资质有效期届满，房地产估价机构需要继续从事房地产估价活动的，应当在资质有效期届满30日前向资质许可机关提出资质延续申请。资质许可机关应当根据申请作出是否准予延续的决定。准予延续的，有效期延续3年。在资质有效期内遵守有关房地产估价的法律、法规、规章、技术标准和职业道德的房地产估价机构，经原资质许可机关同意，不再审查，有效期延续3年。

3. 房地产估价机构的业务范围。《房地产估价机构管理办法》第25条规定，从事房地产估价活动的机构，应当依法取得房地产估价机构资质，并在其资质等级许可范围内从事估价业务。一级资质房地产估价机构可以从事各类房地产估价业务。二级资质房地产估价机构可以从事除公司上市、企业清算以外的房地产估价业务。三级资质房地产估价机构可以从事除公司上市、企业清算、司法鉴定以外的房地产估价业务。暂定期内的三级资质房地产估价机构可以从事除公司上市、企业清算、司法鉴定、房屋征收、在建工程抵押以外的房地产估价业务。

房地产估价业务应当由房地产估价机构统一接受委托，统一收取费用。房地产估价师不得以个人名义承揽估价业务。房地产估价机构及执行房地产估价业务的估价人员与委托人或者估价业务相对人有利害关系的，应当回避。

4. 估价委托合同的内容。房地产估价机构承揽房地产估价业务，应当与委托人签订书面估价委托合同。估价委托合同应当包括下列内容：①委托人的名称或者姓名和住所；②估价机构的名称和住所；③估价对象；④估价目的；⑤价值时点；⑥委托人的协助义务；⑦估价服务费及其支付方式；⑧估价报告交付的日期和方式；⑨违约责任；⑩解决争议的方法。

5. 估价机构的禁止行为。《房地产估价机构管理办法》第33条规定，房地产估价机构不得有下列行为：①涂改、倒卖、出租、出借或者以其他形式非法转让资质证书；②超越资质等级业务范围承接房地产估价业务；③以迎合高估或者低估要求、给予回扣、恶意压低收费等方式进行不正当竞争；④违反房地产估价规范和标准；⑤出具有虚假记载、误导性陈述或者重大遗漏的估价报告；⑥擅自设立分支机构；⑦未经委托人书面同意，擅自转让受托的估价业务；⑧法律、法规禁止的其他行为。

6. 房地产估价人员的法律要求。根据《注册房地产估价师管理办法》的规定，取得执业资格的人员，经过注册方能以注册房地产估价师的名义执业。注册房地产估价师可以在全国范围内开展与其聘用单位业务范围相符的房地产估价活动。

《注册房地产估价师管理办法》第19条规定，取得执业资格的人员，应当受聘于一个具有房地产估价机构资质的单位，经注册后方可从事房地产估价执业活动。第23条规定，注册房地产估价师在每一注册有效期内应当达到国务院建设主管部门规定的继续教育要求。注册房地产估价师继续教育分为必修课和选修课，每一注册有效期各为60学时。经继续教育达到合格标准的，颁发继续教育合格证书。注册房地产估价师继续教育，由中国房地产估价师与房地产经纪人学会负责组织。

截至2012年底，我国取得房地产估价师资格证书的人数已达46 151人。

注册房地产估价师享有下列权利：①使用注册房地产估价师名称；②在规定范围内执行房地产估价及相关业务；③签署房地产估价报告；④发起设立房地产估价机构；⑤保管和使用本人的注册证书；⑥对本人执业活动进行解释和辩护；⑦参加继续教育；⑧获得相应的劳动报酬；⑨对侵犯本人权利的行为进行申诉。

注册房地产估价师应当履行下列义务：①遵守法律、法规、行业管理规定和职业道德规范；②执行房地产估价技术规范和标准；③保证估价结果的客观公正，并承担相应责任；④保守在执业中知悉的国家秘密和他人的商业、技术秘密；⑤与当事人有利害关系的，应当主动回避；⑥接受继续教育，努力提高执业水准；⑦协助注册管理机构完成相关工作。

注册房地产估价师不得有下列行为：①不履行注册房地产估价师义务；②在执业过程中，索贿、受贿或者谋取合同约定费用外的其他利益；③在执业过程中实施商业贿赂；④签署有虚假记载、误导性陈述或者重大遗漏的估价报告；⑤在估价报告中隐瞒或者歪曲事实；⑥允许他人以自己的名义从事房地产估价业务；⑦同时在2

个或者 2 个以上房地产估价机构执业；⑧以个人名义承揽房地产估价业务；⑨涂改、出租、出借或者以其他形式非法转让注册证书；⑩超出聘用单位业务范围从事房地产估价活动；⑪严重损害他人利益、名誉的行为；⑫法律、法规禁止的其他行为。

（四）房地产价格评估程序

房地产市场估价应当依照下列程序进行：①获取估价业务。②受理估价委托。应当对当事人的身份证件、标的物的产权证书进行审查。对符合条件者，交由估价人员承办，每个估价项目的承办，不得少于 2 名估价人员。③制定估价作业方案。④搜集估价所需资料。⑤实地查勘估价对象，承办人员应当制订估价方案，到标的物所在地进行实地勘丈测估，核对各项数据和有关资料，调查标的物所处环境状况，并做好详细记录。⑥求取估价对象价值。⑦撰写估价报告。估价报告至少应包括如下内容：一是估价的原因，标的物名称、面积、结构、地理位置、环境条件、使用情况，所处区域城市规划现状及发展前景，房地产市场行情；二是标的物及附着物质量等级评定；三是估价的原则、方法、分析过程和估价结果；四是必要的附件，包括估价过程中作为估价依据的有关图纸、照片、背景材料、原始资料及实际勘测数据、估价机构及注册房地产估价师的资质及资格证书等；五是其他需要说明的问题。估价结果书应由注册房地产估价师签名。⑧审核估价报告。⑨交付估价报告。⑩估价资料归档。

（五）房地产估价和房地产成交价格申报制度

房地产价值较大，对于交易人及国家来说，房地产交易价格均有重要意义。对于房地产交易人来说，在一级市场中合理确定土地使用权价格，为出让人确定土地使用权拍卖与投标的标底提供基础价格；在二级市场中，合理的评估价格是房地产转让当事人重要的成交依据，是房地产抵押当事人决定抵押与否及是否接受抵押的依据。对于房地产管理机构而言，房地产价格评估制度能提供现有存量市场中的房地产价值量，为管理工作提供依据；对于国家来说，科学确定房地产价格能为国家征收房地产领域的税费提供依据。

根据《房地产管理法》的规定，我国不但实行房地产价格评估制度，而且实行房地产成交价格申报制度，亦即当事人在评估机构估价的基础上进行的房地产交易（主要指房地产转让），还须在成交后将价格上报相应的房地产主管部门。价格申报对于交易人来说是一种义务，不但如此，交易人申报的价格还须是如实的价格，不实申报将受到法律制裁。

实践中还出现房地产买卖"黑白合同"的现象。即双方当事人对于同一项房地产交易，签订了两份合同：一份是准备用以实际履行的合同；另一份是不准备实际履行，用来对付有关管理机关或税务部门的合同。对于"黑白合同"的效力问题，司法实践中有不同的看法。有人引用《合同法》第 52 条的规定，认为属于"以合法形式掩盖非法目的"的情形，合同应归于无效；有人则认为应先确定当事人的真实意思表示，以真正反映当事人的真实意思表示的合同为有效合同。我们认为，房地产价格评估和成交价格申报制度均属于行政机关对房地产市场进行管理的制度，当事人如有违反，可以根据法律规定进行处罚，不宜贸然认定合同无效，合同的效力应严格按照《合同法》及相关法律规定进行确认。

案例：搜房网再遭房产中介公司联合抵制：上海房源全下架 [1]

新浪财经讯 2014 年 8 月 5 日消息，今年 6 月搜房网在北京、广州、成都等多个大型城市遭到房产中介的联合抵制和逼宫，其中杭州中介集团下架搜房房源给搜房网以沉重打击，股价暴跌。今日中原房产等上海几十家房产中介召开发布会，宣布联合封杀搜房网，即日起下架在上海的所有房源。据悉，此次矛盾的起因是端口费用过高。双方本于今年 6 月达成和解，搜房网曾承诺下调"端口费"至 6 折，并取消电脑端、手机端双重收费，但后来又采用变相涨价的方式，引起了中介的集体不满。2014 年 6 月搜房网董事长莫天全曾同意让利房地产经纪公司，降低其在搜房网的投放成本，搜房也承诺自 8 月 1 日起开始全线下降搜房高版本、只保留搜房帮 120 版及 60 版的售卖。但上海房产中介联盟指出，上海搜房网并没有如约执行，而是向部分中介突击售卖搜房高版本端口，遭到各家中介的多次抗议但没有效果。

上海的房产中介联盟指责搜房网公然违约、暗箱操作、扰乱市场，存在失信行为。上述中介占据上海市场份额半壁江山，一旦矛盾激化，其他城市很可能跟进效仿，引起搜房房源连续下架的连锁反应。

房地产市场不景气，加之房地产网络公司的业务不断向下延伸，已和中介公司形成交叉，这些严重影响了搜房和房地产中介关系。5 月底以来，全国多地爆出房产中介联合起来集体抵制搜房网的事件。5 月 29 日，杭州 9 家垄断了当地市场 80% 以上二手房源的中介公司集体下架杭州搜房网的所有房源。同一天，重庆 10 家中介机构也结成联盟，向搜房网提出了约束涨价行为和竞争手段等要求。而后，北京的链家地产、我爱我家、中原地产、麦田房产、21 世纪不动产五家中介也联手与搜房网谈判。6 月 11 日，青岛中介行业联盟，其中以科威不动产、太平洋房屋、惠百家不动产、链家地产等为代表，举行新闻发布会宣布停止与搜房网合作，并下架在搜房网的所有房源。

1 周后，深圳中原地产、世华地产、中联地产、美联物业四家中介组成深圳房地产中介联盟，向搜房提出三大诉求，要求搜房只保留现在在深圳中介联盟各家公司

---

〔1〕 王霄："搜房网再遭房产中介公司联合抵制：上海房源全下架"，载 TechWeb，http：//www.tec-hweb.com.cn/internet/2014－08－06/2061915.shtml，访问时间：2015 年 6 月 26 日。

认可的 60 版和 120 版的端口产品；端口价格在现有折扣基础上再打 5 折，停止销售无线搜房帮产品。在此之后又有河南省房地产经济行业诚信联盟牵头，美华房产、21 世纪不动产、点石房产、思德良行等房地产中介召开新闻发布会，提出改变收费方式等诉求。7 月初，包括中原地产、合富置业、满堂红、金信联行、科威不动产、世安居、德融等 22 家东莞房产中介公司集体盖章发表了一份抵制搜房网的联合声明。

以上案例给我们留下许多思考：房地产中介组织是弱者吗？有关市场主体应如何维护自己的合法权益？采取这样的联合抵制交易行为是否合法？

第五节　房地产行业协会

房地产行业协会也是房地产法要规制的主体之一。因为行业协会是企业和政府之间迅速传递信息的桥梁。行业协会可以管理行业的经营秩序，防止企业之间低价竞销，减少企业之间内耗，使企业能够分享市场份额，达到共同发展；行业协会还可以发挥行业自律作用，弥补政府监管的不足。

有的学者认为这种企业等经营主体之间的"行业团体"、"行业协会"、"同业公会"或者"自律组织"应该称之为"社会经济团体"。社会经济团体就是指为实现特定的经济性目的而由符合特定范围或条件的成员所组成的、依其章程进行活动的社会团体法人组织。经济法的实现过程，是经济法由规范形态向秩序形态转化的物质过程。在经济法的实现过程中，社会经济团体起到一种独特的作用，那就是：社会经济团体所实现的自律秩序是经济法秩序的延伸，社会经济团体所实施的自律干预是国家干预的辅助。因此，在经济法的实现过程中，应当建立社会经济团体与国家机关在组织上与功能上的互补结构和互动机制，实现社会经济团体与国家之间、社会经济团体与其成员之间的良性互动关系。[1]

我国房地产行业协会主要有中国房地产业协会及各省市的房地产业协会。下面以中国房地产业协会及江苏省房地产业协会进行介绍分析。

中国房地产业协会（英文名称：CHINA REAL ESTATE ASSOCIATION，缩写：CREA）于 1985 年 9 月 20 日成立，是从事房地产开发经营、市场交易、流通服务、投融资、法律咨询、修建装饰等企事业单位、地方房地产业协会及有关院校、科研、部品（部件）生产单位和个人自愿参加组成的全国性行业非营利性社会组织。中房协是在中华人民共和国民政部注册登记的具有法人资格的社会团体，业务主管部门

---

〔1〕　王保树主编：《经济法原理》，社会科学文献出版社 1999 年版，第 149、178 页。

是中华人民共和国住房和城乡建设部，总部设在北京。

《中国房地产业协会章程》第6条规定了协会的业务范围：①研究探讨房地产业改革和发展的理论、方针、政策，向政府提出行业发展的经济、技术政策和法规等建议；②协助政府主管部门制定和实施行业发展规划，推进行业管理，加强与房地产产业链有关的组织及单位的合作，提高全行业的整体素质和经济效益、社会效益、环境效益；③经政府主管部门授权或委托，参与或组织制订行业标准规范，组织实施行业统计、资质及职业资格审核、达标评估等工作；④开展行业信用评价工作，建立行业自律、诚信机制，促进信用体系建设；⑤收集、分析国内外房地产政策法规、经济技术和市场信息，编辑出版行业报刊、文献和有关资料；⑥加强与地方房地产业协会的联系与合作，组织经验交流，在政府批准或授权下制订行规行约，配合政府部门开展行检行评，按照规定经批准，表彰奖励优秀房地产开发项目、企业和个人，促进行业精神文明建设；⑦组织培训企业人才，提高企业素质；⑧组织开展同国外和港澳台地区同业组织的经济、技术、学术等方面的合作与交流；⑨承办政府部门、有关单位和会员单位委托办理的事项；⑩根据需要开展有利于本行业发展的其他活动。

再以江苏省房地产业协会为例，江苏省房地产业协会（英文名称：JIANGSU RE-AL ESTATE ASSOCIATION，缩写：JSREA）成立于1986年6月。省房协是全省各市县房地产相关部门、协会及从事房地产开发、权属登记与测绘、房屋拆迁、房屋安全鉴定、物业管理、房产经纪、高等院校等单位自愿参加而组成的行业性、非营利性组织，是经江苏省民政厅社团登记管理机关批准注册登记的具有法人资格的社会团体，是中国房地产业协会常务理事单位。业务主管部门是江苏省住房和城乡建设厅。

2015年6月8日，"江苏省房地产业协会六届四次理事、常务理事会暨2014年度房地产业发布会"在海安隆重召开。江苏省房地产业协会彭向峰会长作了题为《创新服务努力开创协会工作新局面》的工作报告。报告总结了六届三次理事会以来，在省住建厅的领导指导下，在理事会和全体会员的共同努力下，工作取得的明显成效：一是重视行业关切，认真研讨行业热点；二是研究市场发展趋势，引导行业健康发展；三是建立采购服务平台，降低会员企业开发建设成本；四是加强协会间的沟通与交流，增进互信合作；五是努力完成行业主管部门交办的工作，为行业发展服务；六是继续开展教育培训，不断提高从业人员素质；七是加强宣传信息服务，推进两个平台建设。报告提出了下一阶段的工作设想：坚持站在新的起点上，坚持"三个服务"宗旨，不断改革创新，不断拓展新的工作思路、新的工作模式、新的服务领域，努力实现工作的新突破。一是要以改革促发展；二是要坚持"三个服务"方向，创新服务方式；三是要培育、宣传行业典型，扩大企业在社会的影响力；四是要配合主管部门工作，提升行业的发展水平；五是要继续加强各级协会的交流合作；六是要继续搞好国内外交流考察；七是要加强协会自身建设。[1]

虽然沿海发达地区的房地产协会发挥了积极的作用，总体而言，现阶段我国房地产行业协会仍存在较大的不足，主要包括：一是履行职能不完备。诸如行业统计、参与企业质量监督、帮助企业改善经营成果、推广科技成果、制定行规、协调价格、发展行业公益事业等方面的职能大部分均未落实。二是行业协会的组建方式不合理，自发形式有限，官办色彩浓厚。我国现有行业协会大多是由原来行政性公司转化而来，或者直接由政府管理部门在机构合并和人员精简后成立的，因而受主管部门的制约比较多，因此行业协会很难找准自我定位，为会员服务的宗旨难于落到实处。三是人员的专业性不强。在我国，大部分行业协会都存在人员结构老化、知识结构松散、任职形式多属兼职，这使得协会自身水平有限，难以承担为会员服务的重任。四是行业协会经费来源困难，正常活动很难保证。目前协会资金的来源主要通过三个途径：一是会费收入；二是接受捐赠；三是开展行业服务。其中相对比较稳定的是会费收入。其他两项收入不稳定，多数协会处于开展工作缺费用，不开展工作又很难有收入的状态。所以多数协会的活动开展都受到了资金的制约。协会受制于政府，为企业服务不到位，作用不明显，企业资助协会的积极性受到影响。

2015 年 7 月 8 日，中共中央办公厅、国务院办公厅印发了《行业协会商会与行政机关脱钩总体方案》，方案指出脱钩的主体是各级行政机关与其主办、主管、联系、挂靠的行业协会商会。脱钩的任务是：①机构分离，规范综合监管关系；②职能分离，规范行政委托和职责分工关系；③资产财务分离，规范财产关系；④人员管理分离，规范用人关系；⑤党建、外事等事项分离，规范管理关系。随着我国行业协会体制改革的深入，房地产行业协会将发挥其积极作用。

---

〔1〕 "六届四次理事会暨 2014 行业发布会召开"，载江苏省房地产业协会网站，http：//www. jssfxw. com/new. php? id＝2479，访问时间：2015 年 6 月 28 日。

小　结

　　房地产业是国民经济的先导性产业、支柱产业，在一国经济中发挥着重要作用。当然，也不应忽视房地产业对经济的负面作用。所以，应将房地产的健康发展纳入法治的轨道。本书认为房地产法是指调整政府在对房地产市场进行监管和调控的过程中所产生社会关系的法律规范的总称。房地产法本质上属于经济法的范畴。

　　在回顾我国房地产法发展历程的基础上，本书对房地产法律现象进行了多维度的剖析，包括房地产法的调整对象、特征、原则和作用，重点分析了房地产法律渊源和体系。

　　在经济法律关系中，法律主体分别是政府、经济组织、社会经济团体、自然人。本书探讨的房地产法律主体包括政府、房地产开发企业、房地产投资者和消费者、房地产中介组织和房地产行业协会，从相关数据来分析，房地产开发企业、房地产中介组织确实在发展壮大，法律希望通过塑造健康的房地产法主体而维护健康、有活力的房地产市场。

　　当然，这是理性的状态，那么实际运行中的房地产法是否已达到立法者最初设定的目标？可能还有一段距离。而这主要表现在我国目前房地产法体系混乱、房地产秩序混乱、土地登记和房屋登记不统一、政府越位或监管缺位、开发商和中介组织无序竞争及欺诈消费者等方面。

　　有研究者指出，从根本上讲，房地产法律体系中出现的这些问题是房地产立法中存在问题的综合反映，集中表现在"缺"和"乱"两方面。所谓"缺"，是指构筑房地产法律体系核心的法律和作为房地产立法体系支柱的一些重要的单行法尚未出台，法律体系残缺不全，这是房地产立法不完善的表现。所谓"乱"，是指现有的房地产法律、法规支离破碎、杂乱无章。例如《土地管理法》和《房地产管理法》

的关系就非常混乱[1]。

对此，党的十八届四中全会作出全面推进依法治国的决定，不仅给法治政府指明了方向，也给房地产法的发展带来新的机遇。

---

[1]　参见邱艳:《中国房地产法律规则研究》，人民出版社 2011 年版，第 31 页。

第二编
房地产市场监管法

第三章

城乡规划监管法律制度

第一节　土地利用规划管理制度

一、城市土地利用规划的概念和作用

《土地管理法》第 4 条规定，国家实行土地用途管制制度。国家编制土地利用总体规划，规定土地用途，将土地分为农用地、建设用地和未利用地。严格限制农用地转为建设用地，控制建设用地总量，对耕地实行特殊保护。建设用地是指建造建筑物、构筑物的土地，包括城乡住宅和公共设施用地、工矿用地、交通水利设施用地、旅游用地和军事设施用地等。

《土地管理法》第 17、18 条同时规定，各级人民政府应当依据国民经济和社会发展规划、国土整治和资源环境保护的要求、土地供给能力以及各项建设对土地的需求，组织编制土地利用总体规划。土地利用总体规划的规划期限由国务院规定。下级土地利用总体规划应当依据上一级土地利用总体规划编制。地方各级人民政府编制的土地利用总体规划中的建设用地总量不得超过上一级土地利用总体规划确定的控制指标，耕地保有量不得低于上一级土地利用总体规划确定的控制指标。省、自治区、直辖市人民政府编制的土地利用总体规划，应当确保本行政区域内耕地总量不减少。

土地的不可再生性决定了它的稀缺性，合理利用城市土地就更为必要。城市土地利用规划在实现城市土地优化配置、保证城市建设健康发展方面具有重要作用：

1. 城市土地利用规划是政府调节土地资源配置的重要手段。我国实行城市土地国有制，国有土地所有权的统一性和不可分割性，意味着全体公民在土地所有权上的平等性。同时，这排除了任何集团和个人凭借土地所有权牟利的可能。因此，政

府可以有效地规划城市土地的用途，充分地发挥规划对城市土地资源配置的调节功能。政府对土地资源的调节手段主要是制定和实施城市土地利用规划。通过城市土地总体布局、功能分区和土地利用，具体规范、控制城市土地用途，调节土地使用结构的布局平衡。

2. 城市土地利用规划为房地产业的发展及其区位选择提供了有利条件。可以说，城市土地利用规划合理与否直接决定了这个城市的外貌和形象，因为城市的外貌和形象是由各种房地产产品组合而成的。从房地产投资来看，地段和位置的选择是很重要的。房地产的增值归根结底是土地的增值，谁选择了好的地段，谁就可能获得投资的成功。城市土地利用规划为地段的选择指明了方向。

3. 城市土地利用规划是有效实施城市土地利用管理的科学依据。城市土地利用规划就是在一定的社会生产方式中，通过科学技术手段，使城市土地的利用与其自然的、社会的特性相适应，充分发挥土地要素在城市活动中的作用，以期获得最佳的经济、社会、生态的综合效益。要保证城市土地的合理利用，就必须对土地实施管理，而这种管理的依据之一就是城市土地利用规划。

另外，由于城市规划的制定具有政策性、综合性和长期性，它对协调城市居民的生活和城市各项建设都有积极的促进作用，有利于改善居民的生产和生活环境，进而有利于城市政治、经济各方面的发展，也有利于城市的持续发展和环境保护，为人类提供更有利的生存空间。

二、城市土地利用规划的基本内容

城市土地利用规划根据内容的不同可分为三个层次：

（一）城市土地利用总体规划

总体规划是指对城市土地利用实行宏观的、指导性的长期规划，它是根据当地土地资源的特点和社会经济发展目标，以及生产力水平来确定城市土地利用的方向、目标和结构分区，以及骨干项目和基础设施工程的用地范围。城市土地利用总体规划又是一种带有区域性的总体规划，它对城市用地的布局、结构、范围及土地利用的重大原则都作了明确的规定。因此，它对城市各部门土地利用专项规划和分区规划有宏观指导和控制作用，特别是对各部门用地的比例结构和布局具有约束作用。

城市土地总体规划的要求：结构合理、布局得当、生态系统良好。城市用地规划要合理，就是要把有限的土地资源合理地配置，形成最优的城市用地结构和布局，构成一个经济效果最优、生态系统良好、适应各类用地特点的最优土地利用模式。

城市土地利用总体规划的具体内容包括：①对市和县辖行政区范围的城镇体系、交通体系、基础设施、生态环境、风景旅游资源开发进行合理布置的综合安排；②确定规划区内城市人口及用地规模，划定城市规划区范围；③确定城市用地发展方向和布局结构，确定市、区中心位置；④确定城市对外交通系统的结构和布局，编制城市交通运输和道路系统规划，确定城市道路等级和干道系统、主要广场、停车场及主要交叉路口形式；⑤确定城市供排水、防洪、供电、通信、环保、环卫等基础设施的发展目标和总体布局，并综合协调；⑥根据城市防灾要求，做出人防建设、防震防灾规划；⑦各级历史文化名城的专门保护规划；⑧确定旧城改造、用地调整的原则、方法和步骤，提出控制旧城人口密度的要求和措施；⑨对规划区的自然保护地带、风景名胜、文物古迹、传统街区，划定保护和控制范围，提出保护措施；⑩编制近期建设规划，确定近期建设目标、内容和实施部署；⑪其他各项专业规划。

（二）城市土地利用功能分区规划

功能分区规划就是把城市按其不同功能要求，划分若干个功能区，并使各个功能区合理地、有机地结合在一起或互相联系。按其性质和功能划分，它大致可分为七类：生活居住用地、工业用地、仓库用地、公用事业设施用地、卫生防护用地、对外交通运输用地、特殊用地。功能分区规划的主要内容为：①原则确定分区内土地使用性质、居住人口分布、建筑用地的容量控制指标；②确定市、区级公共设施的分布及其用地范围；③确定城市主、次干道的红线位置、断面、控制点坐标和标高，以及主要交叉口、广场、停车场的位置和控制范围；④确定工程干管的位置、走向、管径、服务范围，以及主要工程设施的位置和用地范围；等等。

（三）城市土地利用详细规划

详细规划是总体规划和分区规划的具体化，是范围较小的街区规划。它又分为控制性详细规划和修建性详细规划。详细规划的任务是在近期拟建设的地段上进行具体的规划布局，以确定各项建筑物、道路、绿地和工程设施的安排，为各项单项设计提供依据。

详细规划的具体内容包括：①建筑利用的种类和程度，包括层数、密度、容积率、体积率；②建筑形式、建筑物和基地与邻地境界的关系、建筑可占地和不可占地部分、建筑物的位置；③建筑用地的规模，有关住宅占地的正面宽度与进深的最小值；④有关的附属设施用地，如游乐场、文化娱乐用地、停车场和车库用地等；⑤根据城区规划，确定有关居住用建筑中最大的居住户数；⑥根据城市规划提供符合特殊需要的用地；⑦交通用地、步行空间、停车用地、与交通用地直接有关的用地；⑧公共设施用地（煤气、上下水）及管道用地；⑨废弃场、下水处理用地和储藏用地。

城市土地利用的总体规划、分区规划和详细规划一旦经有权机关的批准，就成为法律文件，任何单位和个人都必须遵守。

三、房地产开发用地出让、转让的规划管理

房地产开发用地出让、转让必须纳入整个城市土地利用规划。根据《房地产管理法》的精神，房地产开发用地的出让，必须和土地的利用总体规划一致，必须做到土地使用权让的投放量一定要与城市土地资源、社会经济发展和市场需求相一致，做到土地使用权出让、转让与建设项目结合，一定要克服那种"无规划"、"不按规划办事"、"先批地后立项"、"先用地后规划"的现象。

具体来讲，要做好房地产开发用地出让、转让的规划管理，必须做到：①城市规划部门要根据城市规划实施的步骤和要求，编制城市国有土地使用权出让规划和计划，包括出让地块数量、用地面积、地块位置、出让步骤等，保证城市国有土地使用权的出让有规划、有步骤地进行；②城市国有土地使用权出让前，必须制订控制性详细规划，出让地块，必须具有城市规划部门提出的规划条件（规划条件是土地出让合同的组成部分）；③出让、转让合同必须附有规划条件，规划条件不得擅自更改，如确需变更的，必须经城市规划部门批准后，按程序办理；④城市规划部门应当加强对城市国有土地使用权出让、转让过程的监督检查工作，发现问题及时处理。

第二节　城乡规划管理制度

一、城乡规划的概念及要求

《房地产管理法》第 25 条规定："房地产开发必须严格执行城市规划，按照经济效益、社会效益、环境效益相统一的原则，实行全面规划、合理布局、综合开发、配套建设。"这一规定，既体现了房地产开发规划的基本原则，又强调了房地产开发规划的重要性。我国在 1989 年就制定有《城市规划法》，2007 年 10 月 28 日全国人大常委会通过了《城乡规划法》，并于 2008 年的 1 月 1 日起实施。《城乡规划法》将城市和乡村的空间布局进行协调，统筹城乡经济社会协调和可持续发展。本书主要对城市土地规划及开发建设规划进行介绍。

《城乡规划法》第 2 条规定，制定和实施城乡规划，在规划区内进行建设活动，必须遵守本法。本法所称城乡规划，包括城镇体系规划、城市规划、镇规划、乡规划和村庄规划。城市规划、镇规划分为总体规划和详细规划。详细规划分为控制性详细规划和修建性详细规划。

城市规划是指确定城市的性质、规模和布局，既指导城市的长远发展，又具体部署城市近期的各项建设的有关城市发展综合部署。城市规划是城市开发、建设和管理的主要依据，是城市发展的基础。

《城乡规划法》明确规定，城市总体规划、镇总体规划以及乡规划和村庄规划的编制，应当依据国民经济和社会发展规划，并与土地利用总体规划相衔接。

二、开发项目选址的规划管理

根据《城乡规划法》的规定，按照国家规定需要有关部门批准或者核准的建设项目，以划拨方式提供国有土地使用权的，建设单位在报送有关部门批准或者核准前，应当向城乡规划主管部门申请核发选址意见书。加强对开发建设项目选址的规划管理具有十分重要的意义，因为开发项目的建设与计划、规划分不开，必须使二者有机地结合，防止在建设过程中计划与规划脱节。建设项目的选址意见书需要提供建设项目的基本情况（如项目的名称、性质、规模等）和建设项目的选址依据，主要包括经批准的项目建议书、规划部门意见、环境影响报告等。

建设项目选址规划管理的基本内容是：①城市规划区内的建设工程的选址和布局必须符合城市规划，必须有城市规划主管部门批准的意见书。②建设项目选址意见书应当提供建设项目的基本情况，包括项目的名称、性质、建设规模、能源需求量、交通运输状况等；建设项目选址的基本依据，包括经批准的项目建议书、规划部门意见、影响环境报告等；建设项目选址、用地范围和具体规划要求。③建设项目选址意见书的审批和发放实行分级管理、层层报批或备案，不能放任不管。④选址意见书没有签发或签发部门不是法定的规划行政主管部门的，设计任务书不能审批或没有法律效力，建设项目无法立项，甚至还要接受处罚。

三、建设用地规划审批管理

建设用地规划审批管理，主要是指政府规划行政主管部门划定规划红线、发给建设用地规划许可证的过程，是开发建设用地取得的关键性一环，也是检验用地是否符合规划和落实规划的最后阶段。开发商只有获得建设用地规划许可证后，方可获得建设土地使用权。根据《城乡规划法》第38条的规定，在城市、镇规划区内以出让方式提供国有土地使用权的，在国有土地使用权出让前，城市、县人民政府城乡规划主管部门应当依据控制性详细规划，提出出让地块的位置、使用性质、开发强度等规划条件，作为国有土地使用权出让合同的组成部分。未确定规划条件的地块，不得出让国有土地使用权。以出让方式取得国有土地使用权的建设项目，在签订国有土地使用权出让合同后，建设单位应当持建设项目的批准、核准、备案文件和国有土地使用权出让合同，向城市、县人民政府城乡规划主管部门领取建设用地规划许可证。城市、县人民政府城乡规划主管部门不得在建设用地规划许可证中，擅自改变作为国有土地使用权出让合同组成部分的规划条件。第39条同时规定，规划条件未纳入国有土地使用权出让合同的，该国有土地使用权出让合同无效。

建设用地的规划审批管理具体包括如下内容：①在城市规划区内进行建设需要

申请土地后，必须要持有国家批准的建设项目的有关文件，向城市规划行政主管部门申请定点（不需要选址意见书的建设项目除外）；②城市规划行政主管部门在收到申请之后，应当到选址地点进行现场的调查和踏勘，并征求环境保护、消防安全、文物保护、土地管理、供水、供电等有关部门的意见；③城市规划行政主管部门经过初审后，认为符合要求的，向建设单位提供建设用地地址与范围的规划红线图，提出规划设计条件和要求，核定用地面积，并向建设单位核发建设用地规划许可证；④建设单位在获得建设用地规划许可证后，方可向县级以下地方人民政府土地管理部门申请用地或正式办理土地使用证，经县级以上人民政府审查批准后，由土地管理部门划拨和出让土地；⑤未取得建设用地规划许可证而取得建设用地批准文件、占用土地的，批准文件无效，占用的土地由县级以上地方人民政府责令退回。

四、建设工程规划管理

建设工程规划管理主要是指房地产开发中各项建设工程项目的安排和布局，主要包括两个方面：一是建设工程规划许可制度；二是对房屋开发建设工程的规划检查、验收制度。在城市规划区，不论是大型项目，还是小型项目，不论是永久性建筑，还是临时性建筑，均必须接受城市规划主管部门的统一规划管理。

建设工程规划管理的主要内容包括：①建设单位和个人进行工程建设应当持有关批准文件（如经审批的项目建设书、土地使用证、建设用地规划许可证书等）到城市规划行政主管部门申请建设；②城市规划部门在接到申请后，要对工程进行审查，根据建设工程地段详细规划的要求，提供规划设计要点通知书；③建设单位根据规划设计要点通知书进行具体工程设计，并将设计方案提交城市规划主管部门核查；④城市规划行政主管部门通过核查，提出规划修改意见，核发设计方案通知书；⑤建设单位根据设计方案通知书，委托设计单位进行施工图设计，再报城市规划行政主管部门审查；⑥城市规划行政主管部门审查合格后，核发《建设工程规划许可证》；⑦建设单位和个人在取得《建设工程规划许可证》后，方可申请办理开工手续；⑧对房屋开发建设工程的规划检查和验收是城市规划行政主管部门在核发《建设工程规划许可证》之后对建设工程所进行的后续监督、管理活动。城市规划行政主管部门有权对建设工程是否符合规划要求进行检查，开发、建设单位有义务如实提供资料，并配合检查。未取得《建设工程规划许可证》或违反《工程规划许可证》的规定进行建设，严重影响城市规划的，县级以上地方人民政府城市规划主管部门有权责令停止建设，限期拆除或没收违法建筑物、构筑物或者其他设施；对影响规划，但可以改正或补救的，可以责令限期改正，并处以罚款，以此来保证城市规划的贯彻和实施。

五、城市新区开发和旧城区改造规划管理

《城乡规划法》明确规定，城市的建设和发展，应当优先安排基础设施以及公共服务设施的建设，妥善处理新区开发与旧区改建的关系，统筹兼顾进城务工人员生活和周边农村经济社会发展、村民生产与生活的需要。城乡规划确定的铁路、公路、港口、机场、道路、绿地、输配电设施及输电线路走廊、通信设施、广播电视设施、管道设施、河道、水库、水源地、自然保护区、防汛通道、消防通道、核电站、垃圾填埋场及焚烧厂、污水处理厂和公共服务设施的用地，以及其他需要依法保护的用地，禁止擅自改变用途。城市新区的开发和建设，应当合理确定建设规模和时序，充分利用现有市政基础设施和公共服务设施，严格保护自然资源和生态环境，体现地方特色。在城市总体规划、镇总体规划确定的建设用地范围以外，不得设立各类开发区和城市新区。

旧城区的改建，应当保护历史文化遗产和传统风貌，合理确定拆迁和建设规模，有计划地对危房集中、基础设施落后等地段进行改建。

由此可见，新的《城乡规划法》强调，无论是城市新区的开发还是旧城区改造，均应遵循与经济社会发展水平相适应、量力而行的原则，避免"大拆大建"，并且还应尊重群众的意愿。

六、城乡规划编制单位

按照原来的体制，规划编制和规划管理机关均为政府规划主管部门，这样政府机关不仅是运动员，而且也是裁判员。如此一来，一方面政府机关不堪重负，有限的财力无法负担所有城乡规划编制的任务；另一方面，也无法保证规划编制的科学性、公正性。

《城乡规划法》第24条规定，城乡规划组织编制机关应当委托具有相应资质等级的单位承担城乡规划的具体编制工作。从事城乡规划编制工作应当具备下列条件，并经国务院城乡规划主管部门或者省、自治区、直辖市人民政府城乡规划主管部门依法审查合格，取得相应等级的资质证书后，方可在资质等级许可的范围内从事城乡规划编制工作：①有法人资格；②有规定数量的经相关行业协会注册的规划师；③有规定数量的相关专业技术人员；④有相应的技术装备；⑤有健全的技术、质量、财务管理制度。编制城乡规划必须遵守国家有关标准。

根据1999年建设部、人社部《注册城市规划师执业资格制度暂行规定》的相关规定，注册城市规划师享有以下权利，并承担以下义务：①注册城市规划师对所经办的城市规划工作成果的图件、文本以及建设用地和建设工程规划许可文件有签名盖章权，并承担相应的法律和经济责任；②注册城市规划师有权对违反国家有关法律、法规和技术规范的要求及决定提出劝告，并可在拒绝执行的同时向上级城市规划部门报告；③注册城市规划师应严格执行国家有关城市规划工作的法律、法规和技术规范，秉公办事，维护社会公众利益，保证工作成果质量；④注册城市规划师应保守工作中的技术和经济秘密；⑤注册城市规划师不得同时受聘于2个或2个以上单位执行城市规划业务。不得准许他人以本人名义执行业务；⑥注册城市规划师按规定接受专业技术人员继续教育，不断更新知识，提高工作水平。

2012年住建部《城乡规划编制单位资质管理规定》规定了城乡规划编制单位的资质及相应的业务范围，城乡规划编制单位资质分为甲级、乙级、丙级，其条件分别如下：

1. 甲级城乡规划编制单位资质标准：①有法人资格。②注册资本金不少于100万元人民币。③专业技术人员不少于40人，其中具有城乡规划专业高级技术职称的不少于4人，具有其他专业高级技术职称的不少于4人（建筑、道路交通、给排水专业各不少于1人）；具有城乡规划专业中级技术职称的不少于8人，具有其他专业中级技术职称的不少于15人。④注册规划师不少于10人。⑤具备符合业务要求的计算机图形输入输出设备及软件。⑥有400平方米以上的固定工作场所，以及完善的技术、质量、财务管理制度。

2. 乙级城乡规划编制单位资质标准：①有法人资格。②注册资本金不少于50万元人民币。③专业技术人员不少于25人，其中具有城乡规划专业高级技术职称的不少于2人，具有高级建筑师不少于1人、具有高级工程师不少于1人；具有城乡规划专业中级技术职称的不少于5人，具有其他专业中级技术职称的不少于10人。④注册规划师不少于4人。⑤具备符合业务要求的计算机图形输入输出设备。⑥有200平方米以上的固定工作场所，以及完善的技术、质量、财务管理制度。

3. 丙级城乡规划编制单位资质标准：①有法人资格。②注册资本金不少于20万元人民币。③专业技术人员不少于15人，其中具有城乡规划专业中级技术职称的不少于2人，具有其他专业中级技术职称的不少于4人。④注册规划师不少于1人。⑤专业技术人员配备计算机达80%。⑥有100平方米以上的固定工作场所，以及完善的技术、质量、财务管理制度。

甲级城乡规划编制单位承担城乡规划编制业务的范围不受限制。

乙级城乡规划编制单位可以在全国承担下列业务：①镇、20万现状人口以下城市总体规划的编制。②镇、登记注册所在地城市和100万现状人口以下城市相关专项规划的编制。③详细规划的编制。④乡、村庄规划的编制。⑤建设工程项目规划选址的可行性研究。

丙级城乡规划编制单位可以在全国承担下列业务：①镇总体规划（县人民政府所在地镇除外）的编制。②镇、登记注册所在地城市和20万现状人口以下城市的相关专项规划及控制性详细规划的编制。③修建性详细规划的编制。④乡、村庄规划的编制。⑤中、小型建设工程项目规划选址的可行性研究。

第三节　土地利用规划与城乡规划的衔接

一、土地利用规划与城乡规划的衔接

虽然《城乡规划法》第5条明确规定，城市总体规划、镇总体规划以及乡规划和村庄规划的编制，应当依据国民经济和社会发展规划，并与土地利用总体规划相衔接。《土地管理法》第22条规定，城市建设用地规模应当符合国家规定的标准，充分利用现有建设用地，不占或者尽量少占农用地。城市总体规划、村庄和集镇规划，应当与土地利用总体规划相衔接，城市总体规划、村庄和集镇规划中建设用地规模不得超过土地利用总体规划确定的城市和村庄、集镇建设用地规模。在城市规划区内、村庄和集镇规划区内，城市和村庄、集镇建设用地应当符合城市规划、村庄和集镇规划。但土地利用规划和城乡规划如何衔接，法律并没有进一步细化的规定，造成实际工作中两个规划（以下简称两规）的冲突或矛盾。其主要原因如下：

1. 两规的职能不能不同。土地利用规划的职能部门是土地管理部门，在中央是国土资源部；而城乡规划的职能部门是城乡规划部门，在中央是住建部。由于两规分别由两个不同的部门制定，并且分别监督管理，必定造成信息交流不畅、工作不衔接等问题。

2. 两规指导思想不同。土地利用规划的指导思想是保护农地，特别是保护好耕地，因此其侧重于保护；城乡规划的指导思想则是促进城乡经济社会全面协调可持续发展，因此其侧重于发展。

3. 编制时间不同。从历史来看，城乡规划在我国产生较早，积累了丰富的经验，吸收借鉴了中外许多优秀的规划理论和方法，规划的科学性、可操作性比较强。土地利用规划20世纪80年代才在全国范围内开展编制工作，规划中主要用地指标由上至下分解，对实际发展用地的需求考虑不充分，造成土地利用总体规划滞后于城乡总体规划。因此，很多城市先有城乡规划，后才制定土地利用规划。

4. 编审程序不同。两规的编制、审批目前基本上都是政府行为，均须经专家评审后报批。在评审报批前，城乡规划要有方案论证、政府会议研究、人大审议等环节，而土地利用规划一般只经政府办公会讨论通过即可。

两规在实际操作中的冲突会造成一些法律漏洞及政府监管的真空，例如违章建筑的屡禁不止跟政府部门主管部门的不协调及相互推诿等有一定的联系。

不仅是土地利用规划和城乡规划出现不衔接的问题，其他规划也会出现冲突或不衔接的情况。为此，2014年8月26日，国家发改委、国土资源部、环保部、住建

部联合下发《关于开展市县"多规合一"试点工作的通知》，通知指出，开展市县空间规划改革试点，推动经济社会发展规划、城乡规划、土地利用规划、生态环境保护规划"多规合一"，形成一个市县一本规划、一张蓝图，是 2014 年中央全面深化改革工作中的一项重要任务。开展市县"多规合一"试点，是解决市县规划自成体系、内容冲突、缺乏衔接协调等突出问题，保障市县规划有效实施的迫切要求；是强化政府空间管控能力，实现国土空间集约、高效、可持续利用的重要举措；是改革政府规划体制，建立统一衔接、功能互补、相互协调的空间规划体系的重要基础，对于加快转变经济发展方式和优化空间开发模式，坚定不移实施主体功能区制度，促进经济社会与生态环境协调发展都具有重要意义。

二、违法建筑的界定及成因分析

违法建筑，主要是指违反城乡规划而进行建设的房屋及其他建筑物。例如，2012年 11 月 27 日海南省第四届人民代表大会常务委员会第三十五次会议通过《海南省查处违法建筑若干规定》第 3 条规定，本规定所称违法建筑是指违反城乡规划管理的违法建筑，包括城镇违法建筑和乡村违法建筑。城镇违法建筑是指城市、镇、特定地区规划区范围内未取得建设工程规划许可、临时建设工程规划许可或者未按照许可的内容进行建设的建筑物、构筑物。乡村违法建筑是指乡、村庄规划区范围内依法应当取得而未取得乡村建设规划许可、临时乡村建设规划许可或者未按照许可的内容进行建设的建筑物、构筑物。2013 年 2 月 28 日太原市人民政府颁布的《违法建设查处规定》第 2 条规定，本规定所称违法建设系指不符合城乡规划、镇规划、乡规划、村庄规划，未取得或未按照《国有土地使用证》、《集体土地使用证》、《建设用地规划许可证》、《建设工程规划许可证》、《乡村建设规划许可证》、《建设工程施工许可证》要求，违反城乡规划建设管理法律法规建设的建筑物、构筑物等设施。

案例：某市的违法建筑现状及原因分析

一、现状分析

2009 年以来，在市委、市政府的领导下，市城管和各区政府一直不断加大整治违法建筑的工作力度，至 2012 年底，各区政府及城管部门合计拆除违法建筑 5154宗，面积 370 多万平方米。虽然经过几年来持续的控制和打击，但违法建筑仍层出不穷，打违工作任重而道远。目前据统计，某市现存违法建筑 9000 多宗，面积约 583万多平方米。根据其产生的原因，主要分为以下八种类型：

1. 村民为满足自身生活居住需要而建设，此类违法建筑约占现有存量的 40%，主要分布在各城中村和城郊结合部。

2. 村民因缺乏就业和社会保障，为保证生活来源而建房用于出租和经营，此类违法建筑约占现有存量的 20%，主要分布在城郊结合部。

3. 政府征用村集体土地时，承诺给予村集体留用地或给予农民宅基地但未落实到位，农民为保障其自身利益而抢建，此类违法建筑约占现有存量的 5%，主要分布在城郊结合部、新建道路两侧、重点项目周边。

4. 占用村集体土地建设物流仓库、加工厂、4S 店等非农建设，此类违法建筑约占现有存量的 10%，主要分布在城郊结合部。

5. 建设小产权房出售牟利，此类违法建筑约占现有存量的 5%，主要分布在新建道路两侧。

6. 以获取更多拆迁补偿款为目的而偷建、抢建、扩建，此类违法建筑约占现有存量的 5%，主要分布在即将或正在进行旧城改造的城中村地区和城市基础设施等重点项目周边。

7. 部分高校、机关、企事业单位的违法违规建设，此类违法建筑约占现有存量的 10%，主要分布在各高校、机关、企事业单位用地内。

8. 用地单位未经规划许可擅自建设或者未按规划许可建设，此类违法建筑约占现有存量的 5%，主要分布在各房地产开发项目。

二、违法建筑产生与存在的原因

违法建筑产生与存在的原因是多方面的，既有历史现实原因，也有现实原因：

1. 政府行政行为及相关标准与农民生活实际居住需要存在矛盾。由于老百姓有宅基地却因种种原因无法通过正常渠道办证和报建，因此为实现自身居住或生活来源保障需要而违建。

2. 城市规划、产业规划的编制与覆盖相对滞后，不能及时覆盖到这些城郊结合区域，市场需求无法通过正常渠道得到释放，转而与持有土地的村集体、村民个人追求利益的意愿相结合，进而催生违建。近些年来，农村集体土地出租、出让、承包用于建设物流仓库和建筑材料加工点的违法建设案件居高不下，屡拆屡建，禁而不止。

3. 政府征地时安置承诺未及时兑现落实，导致出现安置不到位、征地不完全等历史遗留问题，对相关群体的合法权益造成损害，这也是部分群体通过违法建筑来达到维护自身居住、收入等利益目的的原因之一。

4. 相关法律法规还不够健全和完善。一是现行法律、法规中对部分行为和情形没有进行界定或设置查处条款，导致相关部门在执法实践中缺乏依据，无从执法。比如商品混凝土企业向违法建筑方提供混凝土的行为，由于没有相关依据，目前尚无法通过执法对混凝土提供方进行查处。二是现行的土地管理法律、法规对宅基地的登记、发证、报建提出的条件过高，程序较为繁琐，村民分配宅基地的途径不畅通，报建难，造成私分、私占宅基地建房。

5. 执行拆迁补偿政策标准不严造成政策导向出现偏差。征地单位在实际工作中，为赶进度时序完成任务目标或出于规避维稳风险等原因，在对违法建筑进行认定时存在放宽标准的问题，对完全不应补偿的给予部分补偿、只应部分补偿的给予全部补偿，造成政策导向偏差，其后果是使得通过抢建谋取更多补偿款的风气越刮越盛。

6. 房地产项目违法违规建设。房地产开发商出于利益驱动，以偷建等手段违法违规增加建筑面积或以受限于施工水平未能合理控制建筑面积误差为由，变相突破容积率指标，造成既成事实与政府进行博弈，最终往往通过缴交罚款后补办相关手续，达到获取更多利益的目的。

第四章

建设用地监管法律制度

第一节　国家土地所有及使用法律制度

《土地管理法》第 2 条第 1 款明确规定："中华人民共和国实行土地的社会主义公有制，即全民所有制和劳动群众集体所有制。"可见，我国只存在两种土地所有权制度，对于全民所有的土地，由国务院作为代表享有并行使所有权，如此则存在国家土地所有权和集体土地所有权两种所有权形态，但我国港、澳、台地区不在此限。

一、国家土地所有制度的法律规定

我国的国家土地所有权是在新中国成立初期对全社会的土地所有关系进行的根本性制度变革中形成的，并随后来的社会主义建设事业的进程不断发展。我国《宪法》对国家土地所有权作了如下规定："矿藏、水流、森林、山岭、草原、荒地、滩涂等自然资源，都属于国家所有，即全民所有；由法律规定属于集体所有的森林和山岭、草原、荒地、滩涂除外"；"城市的土地属于国家所有"；"农村和城市郊区的土地，除由法律规定属于国家所有的以外，属于集体所有"。此外，"国家为了公共利益的需要，可以依照法律规定对土地实行征收或者征用并给予补偿"。《宪法》的这些规定，确立了我国国家土地所有权的基本法律依据。

《土地管理法实施条例》第 2 条规定："下列土地属于全民所有即国家所有：①城市市区的土地；②农村和城市郊区中已经依法没收、征收、征购为国有的土地；③国家依法征收的土地；④依法不属于集体所有的林地、草地、荒地、滩涂及其他土地；⑤农村集体经济组织全部成员转为城镇居民的，原属于其成员集体所有的土地；⑥因国家组织移民、自然灾害等原因，农民成建制地集体迁移后不再使用的原属于迁移农民集体所有的土地。"本条第四项即是所谓土地国家所有权的推定制度，即凡是不能证明为集体所有的土地都是国有土地，这符合国家主权原则。国家土地所有权在性质上虽然是一种民事权利，但国家土地所有权客体范围的划定，在很大程度上都是国家行使主权的结果。"国家可以而且常常把主要财产宣布为国有，从而把许多财富排除出私人所有的范围。大陆法系及普通法系地区，国家一般宣布拥有海岸、大陆架、内河航道及其河床的所有权，这些通常叫作公共财产，国家受人民之托为人民的利益而掌管它们。此外，国家可以宣布许多矿藏的所有权（在有些地区还包括石油和天然气）属于国家，主张无主土地，以及诸如水力等天然资源为国有。"〔1〕依此，对于人为尚不能直接利用的国土，如沙漠、冰峰，以及江河、湖泊、海洋的水下地表，地下埋藏物、地下或地表的矿产等可利用资源都应作为国有土地的一部分，由国家享有所有权。

《物权法》第41条规定："法律规定专属于国家所有的不动产和动产，任何单位和个人不能取得所有权。"由此确立了国家专有制度。国家专有制度是指只能为国家所有而不能为任何其他人所有的制度。国家专有的财产由于不能为他人所拥有，因此不能通过交换或者赠与等任何流通手段转移所有权。国家专有的财产范围很广，包括但不限于：①国有土地；②海域；③水流；④矿产资源；⑤野生动物资源；⑥无线电频谱资源；⑦国防资产。国有土地的所有权只能属于国家所有即全民所有，并由国务院代表国家行使所有权，法律另有规定的，依照法律的规定。《物权法》第47条规定："城市的土地，属于国家所有。法律规定属于国家所有的农村和城市郊区的土地，属于国家所有。"第48条规定："森林、山岭、草原、荒地、滩涂等自然资源，属于国家所有，但法律规定属于集体所有的除外。"同时，《物权法》第42条第1、2款规定："为了公共利益的需要，依照法律规定的权限和程序可以征收集体所有的土地和单位、个人的房屋及其他不动产。征收集体所有的土地，应当依法足额支付土地补偿费、安置补助费、地上附着物和青苗的补偿费等费用，安排被征地农民的社会保障费用，保障被征地农民的生活，维护被征地农民的合法权益。"因此，根据《物权法》第47、48、42条的规定，国有土地的范围包括：①城市市区的土地；②法律规定属于国家所有的农村和城市郊区的土地；③依法不属于集体所有的森林、山岭、草原、荒地、滩涂及其他土地；④农村和城市市郊已被征收的土地。

二、国家土地所有权的特征

我国国家土地所有制度，与我国的政治、经济形态具有密切联系，发展至今具有如下特征：

1. 国家统一所有。国有土地属于全民所有，即国家所有，国家是国有土地的绝

---

〔1〕《不列颠百科全书》（英文版）第15版第15卷，中国大百科全书出版社1998年版，第55页。

对的、唯一的主体。根据我国现行的体制，中央人民政府即国务院是国家所有权的唯一代表，国务院及其所属部门有权决定国有土地的占有、使用、收益，并保留国有土地的最终处分权。因此，土地所有权不能以任何形式进行交易。

2. 中央及地方各级政府分别行使权力。权力的行使并不等同于权力的归属；权力归属的单一性并不妨碍权力行使方式的多样性、灵活性。委托行使所有权是各国财产法普遍认可的一种方式。再加上我国地域辽阔，地区差别大，单靠中央政府远不能满足有效利用土地的需求，因此，地方各级政府经中央政府授权，可以代表国家行使国有土地所有权中的一项或几项权能，甚至在明确授权的情况下可以行使对国有土地的处分权。

3. 国有土地使用收益中央与地方共享。国有土地的收益，原则上应归中央财政，但是，为了调动地方的积极性，可以由财政部作出规定，将一部分国有土地收益留在地方，用于国土管理和国土保护。

4. 在保留所有权的前提下，国有土地所有权的部分权能可适当分离，形成国有土地使用权。在我国，国有土地的占有和使用有两种形式：一种是由国家直接占有和使用，即由所有人直接行使对土地的所有权，这种占有和使用可以由国家机关直接实施，也可由国家指定的国有企业、事业单位实施，其目的是履行国家的政治、经济、文化和其他社会职能。此时的土地由划拨取得。另一种是由非所有人对国有土地占有和使用。这里的非所有人即指国家以外的民事主体，不仅包括非国有的组织和自然人，而且包括国有企业。占有和使用的目的不是履行国家的职能，而是实现本组织或者本人的目的。此时的土地使用权是通过国家土地的出让和转让而有偿取得的。

三、土地使用权制度

土地使用权是土地所有者按照法律规定或合同约定将土地交付给土地使用者，由使用者依法对土地享有占有、使用、收益的权利。我国土地使用权的主要法律依据是：

《土地管理法》第9条规定，国有土地和农民集体所有的土地，可以依法确定给单位或者个人使用。使用土地的单位和个人，有保护、管理和合理利用土地的义务。

《物权法》第118条规定，国家所有或者国家所有由集体使用以及法律规定属于集体所有的自然资源，单位、个人依法可以占有、使用和收益。第120条规定，用益物权人行使权利，应当遵守法律有关保护和合理开发利用资源的规定。所有权人不得干涉用益物权人行使权利。

目前，我国土地使用权主要分为国有使用权和集体土地使用权。国有土地使用权的取得和流转主要是依据《城镇国有土地使用权出让和转让暂行条例》。《物权法》

颁布以后，国有土地使用权往往表述为建设用地使用权。根据取得的方式不同，建设用地使用权又可以分为出让地使用权和划拨地使用权。集体土地使用权包括农村土地承包经营权、宅基地使用权和建设用地使用权。

四、建设用地使用权

《物权法》第 135 条规定："建设用地使用权人依法对国家所有的土地享有占有、使用和收益的权利，有权利用该土地建造建筑物、构筑物及其附属设施。"同时，《物权法》第 151 条规定："集体所有的土地作为建设用地的，应当依照土地管理法等法律规定办理。"《物权法》规定了国有土地的建设用地使用权与集体所有土地的建设用地使用权，国有土地的建设用地使用权依《物权法》的规定，集体所有土地的建设用地使用权依土地管理法的规定。

1. 国有土地的建设用地使用权制度。

（1）建设用地使用权的设立范围。建设用地使用权可以在土地的地表、地上或者地下分别设立。新设立的建设用地使用权，不得损害已设立的用益物权。

（2）建设用地使用权的设立方式。设立建设用地使用权，可以采取出让或者划拨等方式。工业、商业、旅游、娱乐和商品住宅等经营性用地以及同一土地有两个以上意向用地者的，应当采取招标、拍卖等公开竞价的方式出让；采取招标、拍卖、协议等出让方式设立建设用地使用权的，当事人应当采取书面形式订立建设用地使用权出让合同；建设用地使用权人应当依照法律规定以及合同约定支付出让金等费用。严格限制以划拨方式设立建设用地使用权，采取划拨方式的，应当遵守法律、行政法规关于土地用途的规定。

（3）建设用地使用权的登记制度。一是设立登记。设立建设用地使用权的，应当向登记机构申请建设用地使用权登记，建设用地使用权自登记时设立。登记机构应当向建设用地使用权人发放建设用地使用权证书。二是变更登记。建设用地使用权转让、互换、出资或者赠与的，应当向登记机构申请变更登记。三是注销登记。建设用地使用权消灭的，出让人应当及时办理注销登记，登记机构应当收回建设用地使用权证书。

（4）建设用地使用权的交易制度。建设用地使用权人有权将建设用地使用权转让、互换、出资、赠与或者抵押，但法律另有规定的除外。建设用地使用权转让、互换、出资、赠与或者抵押的，当事人应当采取书面形式订立相应的合同。使用期限由当事人约定，但不得超过建设用地使用权的剩余期限。

（5）建设用地使用权与地上物的关系。建设用地使用权人建造的建筑物、构筑物及其附属设施的所有权属于建设用地使用权人，但有相反证据证明的除外。建设用地使用权转让、互换、出资或者赠与的，附着于该土地上的建筑物、构筑物及其附属设施一并处分。建筑物、构筑物及其附属设施转让、互换、出资或者赠与的，该建筑物、构筑物及其附属设施占用范围内的建设用地使用权一并处分。住宅建设用地使用权期间届满的，自动续期，非住宅建设用地使用权期间届满后的续期，依照法律规定办理；该土地上的房屋及其他不动产的归属，有约定的，按照约定；没有约定或者约定不明确的，依照法律、行政法规的规定办理。

（6）建设用地征收补偿制度。建设用地使用权期间届满前，因公共利益需要提前收回该土地的，应当依照《物权法》第42条的规定对该土地上的房屋及其他不动产给予补偿，并退还相应的出让金。

2. 集体所有土地的建设用地使用权制度。集体建设用地是指经依法批准用于乡镇企业、乡（镇）村公共设施和公益事业、农村村民住宅等村镇建设，以及其他经依法批准用于非农建设或者可依法确认为建设用地的农村集体所有土地。目前集体建设用地还不能直接用于商品房开发，需要开发商品住宅的，需征收为国有土地后，按照国有建设用地的有关规定进行开发利用。现行集体建设用地管理制度主要包括：

（1）农民集体所有的土地依法用于非农业建设的，由县级人民政府登记造册，核发证书，确认建设用地使用权。

（2）农村集体经济组织使用乡（镇）土地利用总体规划确定的建设用地兴办企业或者与其他单位、个人以土地使用权入股、联营等形式共同举办企业的，应当持有关批准文件，向县级以上地方人民政府土地行政主管部门提出申请，按照省、自治区、直辖市规定的批准权限，由县级以上地方人民政府批准；其中建设占用土地，涉及农用地转为建设用地的，应当按照农用地转用审批手续规定办理审批手续。

（3）乡（镇）村公共设施、公益事业建设，需要使用土地的，经乡（镇）人民政府审核，向县级以上地方人民政府土地行政主管部门提出申请，按照省、自治区、直辖市规定的批准权限，由县级以上地方人民政府批准；其中建设占用土地，涉及农用地转为建设用地的，应当按照农用地转用审批手续规定办理审批手续。

现行集体建设用地管理制度有很多需要完善的地方，例如对地方政府对土地财政的依赖，小产权房、土地征收补偿不到位引发农民上访等。对此，中央已提出建立城乡统一建设用地市场的思路。

2008年10月12日通过的十七届三中全会决定提出，逐步建立城乡统一的建设用地市场，对依法取得的农村集体经营性建设用地，必须通过统一有形的土地市场、以公开规范的方式转让土地使用权，在符合规划的前提下与国有土地享有平等权益。抓紧完善相关法律法规和配套政策，规范推进农村土地管理制度改革。

2013年11月12日通过的十八届三中全会《关于全面深化改革若干重大问题的决定》要求建立城乡统一的建设用地市场，在符合规划和用途管制前提下，允许农村集体经营性建设用地出让、租赁、入股，实行与国有土地同等入市、同权同价。

因此，国家应尽快修订及制定新的建设用地监管法律规则，不断完善我国建设用地法律制度。

对照目前世界土地所有权的发展趋势而检讨我国当前的土地法律制度，可以得出：

1. 我国的土地法律制度建设的指导思想与世界土地所有权发展潮流相吻合。这表现在：①我国的土地公有制已经最彻底、最全面地实现了土地的社会化，在土地公有制基础上可以达到许多国家试图通过土地社会化所要达到的目的，这也充分体现了社会主义公有制在土地利用方面的优越性。②我国的国有土地有偿使用制度是土地价值化的具体体现，也是实现土地价值的主要途径。

2. 我国土地立法仍存在空白点。由于我国长期处于土地的计划管理模式之下，在市场经济条件下，如何有效地利用土地，保护土地所有者及利用者的利益，仍是理论上及实践中需不断完善的问题。如土地征收问题、囤积土地问题、农村集体建设用地入市问题等，都是实践中急需解决的问题。

2015 年 4 月 17 日，国土资源部发布了 2015 年 1 号《国家土地督察公告》，其中揭示了闲置土地、违规用地、非法占地等情况。例如，截至 2013 年底，56 个城市已落实补充耕地 3.5 万亩，复耕土地 4.43 万亩，拆除违法构建筑物面积 534.68 万平方米，给予党纪政纪处分 4624 人，移送司法机关追究刑事责任 622 人，督促落实被征地农民社保资金 43.43 亿元，追缴土地出让收入和纠正减免土地出让收入 317.02 亿元。有 25 个省（区、市）和新疆生产建设兵团存在钢铁、水泥、电解铝、平板玻璃、船舶等产能严重过剩行业违法违规用地问题，共 354 个项目，涉及土地面积 32.89 万亩。其中，有 16 个省（区）在钢铁行业存在违法违规用地，涉及 118 个项目、土地面积 10.40 万亩；有 21 个省（区、市）在水泥行业存在违法违规用地，涉及 150 个项目、土地面积 5.40 万亩；有 5 个省（区、市）在电解铝行业存在违法违规用地，涉及 50 个项目、土地面积 15.97 万亩；有 5 个省（市）在平板玻璃行业存在违法违规用地，涉及 22 个项目、土地面积 2432 亩；有 7 个省（市）在船舶行业存在违法违规用地，涉及 14 个项目、土地面积 8808 亩。[1]

第二节　集体土地所有及使用法律制度

一、集体土地所有权制度概述

集体土地所有权是我国土地公有制的另一种法律表现形式，是农村集体所有权

---

〔1〕"国家土地督察公告"，载国土资源部网站，http://www.mlr.gov.cn/zwgk/zytz/201504/t20150428__1349187.htm，访问时间：2015 年 7 月 19 日。

的一种。我国《民法通则》第74条规定："劳动群众集体组织的财产属于劳动群众集体所有","集体所有的土地依照法律属于村农民集体所有"。可见,集体土地所有权实质上是一定范围内的集体组织全体成员共同对集体的土地直接享有的所有权。《宪法》第10条第2款规定："农村和城市郊区的土地,除由法律规定属于国家所有的以外,属于集体所有;宅基地和自留地、自留山,也属于集体所有。"《物权法》第58条规定："集体所有的不动产和动产包括:①法律规定属于集体所有的土地和森林、山岭、草原、荒地、滩涂;②集体所有的建筑物、生产设施、农田水利设施;③集体所有的教育、科学、文化、卫生、体育等设施;④集体所有的其他不动产和动产。"第60条规定："对于集体所有的土地和森林、山岭、草原、荒地、滩涂等,依照下列规定行使所有权:①属于村农民集体所有的,由村集体经济组织或者村民委员会代表集体行使所有权;②分别属于村内2个以上农民集体所有的,由村内各该集体经济组织或者村民小组代表集体行使所有权;③属于乡镇农民集体所有的,由乡镇集体经济组织代表集体行使所有权。"因此,集体所有土地的范围包括耕地,也包括宅基地和自留地、自留山,同时,集体所有土地的所有者只是农民集体,城镇集体不享有土地所有权。

我国的集体土地所有权是在农民私人土地所有权的基础上形成的。新中国成立初期,我国于1950年颁布了《土地改革法》和《城市郊区土地改革条例》,使广大农民取得了土地所有权。1952年,在全国土地改革基本完成后,开始了全国性的互助合作社运动,在初级社阶段,农民以土地入股,集体耕种,收益分红,但土地所有权仍然属于原所有人。1956年中国农村掀起了农业合作化高潮,初级社转为高级社,农民的私有土地转归集体所有,由集体统一经营。在公社化初期,公社是基本核算单位,土地归公社所有。这种大规模的集体所有和集体经营制度,与当时的农业生产力水平不相适应,带来了很多问题。1962年中共八届十中全会肯定了农村的土地集体所有制,同时调整人民公社的核算体制,实行"三级所有,队为基础",把土地所有权下放到生产队。自1978年中共十一届三中全会以后推行农村土地承包经营责任制以来,这种土地所有关系基本没有大的变动,但土地使用权转到了农民手中。

我国的集体土地所有权是长期历史形成的,从所有权的归属到使用权的分配都经历了一些重大变革,时至今日,我国的集体土地所有权呈现如下特征:

1. 农村集体土地归一定集体组织内的全体农民所有,由农业集体经济组织或村民委员会代表行使所有权。《民法通则》第74条规定,"集体所有的土地依照法律属于村农民集体所有,由村农业生产合作社等农业集体经济组织或者村民委员会经营、管理。已经属于乡(镇)农民集体经济组织所有的,可以属于乡(镇)农民集体所有"。《土地管理法》第10条对此也作了相同规定,并补充规定农民集体所有的土地

"已经分别属于村内两个以上农村集体经济组织的农民集体所有的，由村内各该农村集体经济组织或者村民小组经营、管理"。《物权法》在以往立法的基础上，第60条规定："对于集体所有的土地和森林、山岭、草原、荒地、滩涂等，依照下列规定行使所有权：①属于村农民集体所有的，由村集体经济组织或者村民委员会代表集体行使所有权；②分别属于村内2个以上农民集体所有的，由村内各该集体经济组织或者村民小组代表集体行使所有权；③属于乡镇农民集体所有的，由乡镇集体经济组织代表集体行使所有权。"

有一种观点认为，"集体所有权属于集体组织法人"，这几乎已成为民法理论界的通说。[1] 依此类推，农村集体土地所有权应属于集体组织法人。这似乎表明，集体土地所有权是一种由"集体组织"或者"集体组织法人"享有的单独所有权。笔者认为，这一观点值得商榷。集体土地所有权实质上是一种由农民集体全体成员共同享有的所有权，这一所有权的行使必须以集体成员的全体意志为之，并以集体利益为最高体现，在共同所有状态下，"对物之收益权能以分属于各共有人为常，而对物之管理职能，则或多或少总以共同所有人之协力为必要"，"在共同共有，其主体间多少有团体的结合关系之存在，因此结合关系即可对于标的物之管理权加以决定"。[2] 实际上，集体土地归农民共同所有与公有制也是相通的，而不是排斥的，但这种土地的共同所有是在一定范围内，即一个集体组织范围的全体成员的共同所有，而非全国范围内全体农民的集体所有。在农村推行土地承包经营责任制以后，过去的集体经营变成了现在的农户个体经营，这一变化导致了广大农村地区原有的集体经济组织的解体，于是，过去的"政社合一"，即兼具行政单位和经济组织双重性质的人民公社，就变成了单纯的行政单位——乡，而过去的生产大队变成了农民的社区自治组织——村，原来的生产队则变成了村的组织成分——村民小组。因此，现在农村集体土地所有权的主体应是以乡、村为单位的集体，而非农民集体组织法人。农民集体组织法人所有权不能从财产的最终归属意义上解决农民集体土地的归属问题。社团法人财产所有权是由其成员出资入股的法律事实引起的，从最终归属意义上讲，法人财产属于股东。我国农民集体组织在当时并不是作为一个社团以民事法律关系建立的，而是通过政权力量以行政手段建立的，虽然我们在理论上承认农民是集体土地的所有者，但他们在实际上并没有对集体财产保留一个类似于股权或出资性质的民事权利。因此，如果简单地承认农民集体土地所有权就是农民集体组织法人所有权，集体成员以现有法律就无法成为这个法人的成员，因为他们对这

〔1〕 佟柔主编：《民法原理》，法律出版社1983年版，第173页；佟柔主编：《中国民法》，法律出版社1990年版，第254页；郑立、王作堂主编：《民法学》，北京大学出版社1994年版，第206页。

〔2〕 郑玉波：《民法物权》，三民书局1995年版，第114～115页。

个法人无出资的事实，在财产关系上找不到民事权利的连结点。实际上，农民集体土地所有权与土地农民组织法人所有权是两个层面上的概念。从理论上讲，后者是前者以土地所有权出资的结果，但在我国实行公有制的现实约束下，土地所有权只能由国家或集体享有，所以不可能存在上述出资行为，退而言之，只能以土地使用权出资，这样不论从出资后的现实状况而言，还是从法人财产的最终归属而言，农村集体土地的所有权的主体只能是农民集体全体成员，而非农村集体组织法人。这一论点还可以从1990年6月国务院颁布的《乡村集体所有制企业条例》中得到证实。其第18条规定："企业财产属于举办该企业的乡或者村范围内的全体农民集体所有，由乡或者村的农民大会（农民代表会议）或者代表全体农民的集体经济组织行使企业财产的所有权。"

2. 集体土地所有权具有独立性，并且与国家土地所有权地位平等。我国土地所有权只存在两种，即国家土地所有权与集体土地所有权，这是我国土地所有制的鲜明特征。在这两种土地所有权之间，不存在派生或隶属的关系，它们之间也不存在等级差别。集体土地所有权的独立性和两种土地所有权的平等性是我国土地所有权制度的基本原则。这一点，在我国《宪法》、《民法通则》、《土地管理法》和《物权法》等法律中，都得到了明确的体现。

但是，这并不意味着两种土地所有权之间无任何差异，一般来说，两者有如下不同：首先，国家土地所有权具有全民性和唯一性，它代表着范围广泛而且往往是全局性的社会利益，主体只有一个，即国家；集体土地所有权具有团体性和分散性，它代表的是范围较小的局部性社会利益，主体是农民集体。其次，集体土地的使用、处分与国家的农业战略和农业政策密切相关，而国有土地主要用于国家机关办公、公共设施及公共事业的建设，以及保护自然资源等。最后，集体土地所有权虽然与国有土地所有权地位平等，但集体土地所有权及其使用权在法律上受到较多的限制，就集体土地所有权的范围而言，集体土地的地表或者地下的矿产资源，一律属国家所有。集体土地的使用也要严格区分不同的用途加以限制，如《土地管理法》第59～62条规定，乡（镇）村建设用地，包括住宅建设、企业建设和公共设施、公益事业建设的用地，除农民使用原有的宅基地和村内空闲用地建住宅的外，一律要经过县或县以上的人民政府批准。法律出于社会利益而对所有权加以种种限制，是"法律社会化"的一种体现，在现代各国已得到普遍承认。由于集体土地所有权的团体性和分散性，使集体土地所有权相对于个人而言，具有"公"的性质，而相对于社会而言，则具有"私"的性质，因而有必要基于社会整体利益，对集体土地所有权加以适当限制。

3. 国家对集体所有的土地可以通过征收的方式取得所有权。在《物权法》之前，通过国家强制力将集体土地转化为国有土地，《宪法》及相关法律称之为征用，

《物权法》将征用与征收区分，《物权法》第 42 条第 1、2 款规定："为了公共利益的需要，依照法律规定的权限和程序可以征收集体所有的土地和单位、个人的房屋及其他不动产。征收集体所有的土地，应当依法足额支付土地补偿费、安置补助费、地上附着物和青苗的补偿费等费用，安排被征地农民的社会保障费用，保障被征地农民的生活，维护被征地农民的合法权益。"征收是法律上取得所有权的一种方式，它是指国家为公共目的而强制地并且通常是有偿地取得领土范围内原属于其他民事主体所有的财产。集体土地所有权自设立时起就附加了一个条件，这就是随时服从公共利益的需要。国家征收，在法理上被称为"最高统治权的行使"，即最高统治者有权不经所有权人的同意，而将其财产收归国有，以用于公共利益的目的。国家对集体土地征收后要给予所有人以适当的补偿，这里的补偿并非支付出售土地所有权的价格（况且在我国土地所有权是不许买卖的），而是依据多个因素确定的。土地征收不同于购买，因其体现了一定的强制性，土地征收也相异于没收，因其具有有偿性。土地征收权是公法意义上的权力，集体组织必须无条件地服从。因此，从土地所有权的流转方向来看，基本上是单向的，即从集体土地流向国有土地。

二、集体土地使用法律制度

我国实行土地用途管制制度。国家编制土地利用总体规划，规定土地用途，将土地分为农用地、建设用地和未利用地。严格限制农用地转为建设用地，控制建设用地总量，对耕地实行特殊保护。集体土地使用权包括农村土地承包经营权、宅基地使用权等。我国集体土地使用法律制度主要由《物权法》及《农村土地承包法》进行调整。

1. 土地承包经营权制度。《物权法》第 124 条规定："农村集体经济组织实行家庭承包经营为基础、统分结合的双层经营体制。农民集体所有和国家所有由农民集体使用的耕地、林地、草地以及其他用于农业的土地，依法实行土地承包经营制度。"农村集体经济组织实行家庭承包经营为基础、统分结合的双层经营体制，是我国宪法确立的农村集体经济组织的经营体制。双层经营体制包括两个经营层次：一是家庭分散经营层次；二是集体统一经营层次。三十年来的农村改革的实践证明，家庭承包经营使农户获得了充分的经营自主权，充分调动了广大农民的生产积极性，极大地激发了农村生产力，实现了我国农业的巨大发展与农村经济的全面繁荣，因此，家庭承包经营是集体经济组织内部的一个经营层次，是双层经营体制的基础；而集体经营层次具有生产服务、组织协调、资产积累与实现规模经营的功能，有利于解决一家一户难以解决的困难，发展与壮大规模经济。

稳定双层经营体制，关键在于稳定与完善土地承包关系，为此，《物权法》及《农村土地承包法》作出以下规定：

（1）明确土地承包经营权是物权。《物权法》第125条规定："土地承包经营权人依法对其承包经营的耕地、林地、草地等享有占有、使用和收益的权利，有权从事种植业、林业、畜牧业等农业生产。"

（2）明确土地承包经营的期限。耕地的承包期为30年，草地的承包期为30～50年，林地的承包期为30～70年，特殊林木的林地承包期，经国务院林业行政主管部门批准可以延长；承包期届满，由土地承包经营权人按照国家有关规定继续承包。

（3）明确土地经营承包权的设立与登记制度。土地承包经营权自土地承包经营权合同生效时设立，由县级以上地方人民政府向土地承包经营权人发放土地承包经营权证、林权证、草原使用权证，并登记造册，确认土地承包经营权。

（4）明确土地承包经营权的流转制度。土地承包经营权人依照《农村土地承包法》的规定，有权将土地承包经营权采取转包、互换、转让等方式流转，但是，流转的期限不得超过承包期的剩余期限，同时，未经依法批准，不得将承包地用于非农建设；土地承包经营权人将土地承包经营权互换、转让，当事人要求登记的，应当向县级以上地方人民政府申请土地承包经营权变更登记；未经登记，不得对抗善意第三人。通过招标、拍卖、公开协商等方式承包荒地等农村土地，依照《农村土地承包法》等法律和国务院的有关规定，其土地承包经营权可以转让、入股、抵押或者以其他方式流转。

（5）明确承包地的调整与收回制度。承包期内发包人不得调整承包地，因自然灾害严重毁损承包地等特殊情形，需要适当调整承包的耕地和草地的，应当依照《农村土地承包法》等法律规定办理。承包期内发包人不得收回承包地，《农村土地承包法》等法律另有规定的，依照其规定。

（6）明确承包地征收补偿制度。承包地被征收的，土地承包经营权人有权依照《物权法》第42条第2款的规定获得相应补偿。

2. 宅基地使用权制度。宅基地使用权是宅基地使用权人依法对集体所有的土地享有占有和使用的权利，即依法利用该土地建造住宅及其附属设施的权利。《物权法》第153条规定："宅基地使用权的取得、行使和转让，适用土地管理法等法律和国家有关规定。"这些规定主要有：①农村村民一户只能拥有一处宅基地，其宅基地的面积不得超过省、自治区、直辖市规定的标准。②农村村民建住宅，应当符合乡（镇）土地利用总体规划，并尽量使用原有的宅基地和村内空闲地。③农村村民住宅用地，经乡（镇）人民政府审核，由县级人民政府批准；其中，涉及占用农用地的，应按办理农用地转用审批手续规定办理审批手续。④农村村民出卖、出租住房后，再申请宅基地的，不予批准。⑤宅基地因自然灾害等原因灭失的，宅基地使用权消灭。对失去宅基地的村民，应当重新分配宅基地。⑥已经登记的宅基地使用权转让或者消灭的，应当及时办理变更登记或者注销登记。

第五章

房屋建设监管法律制度

第一节　工程勘察设计监管法律制度

建设工程勘察，是指根据建设工程的要求，查明、分析、评价建设场地的地质地理环境特征和岩土工程条件，编制建设工程勘察文件的活动。建设工程设计，是指根据建设工程的要求，对建设工程所需的技术、经济、资源、环境等条件进行综合分析、论证，编制建设工程设计文件的活动。勘察和设计是工程建设的源头，由于在房地产开发建设过程中，勘察活动和设计活动关系十分密切，本书将对其法律制度进行统一介绍。工程勘察设计的主要法律法规是国务院 2000 年 9 月 25 日颁布的《建设工程勘察设计管理条例》（2015 年 6 月 12 日修订）、《建设工程勘察设计资质管理规定》（2007 年 6 月 26 日建设部发布）等。

据统计，2011 年我国勘察设计行业总体规模继续呈现快速增长势头，营业收入和利润总额较上年度持续较快增长，行业总体营业收入首次迈上万亿台阶，达到 12 914.7 亿元。

一、勘察设计的指导原则

根据《建设工程勘察设计管理条例》第 3、4 条的规定，建设工程勘察、设计应当与社会、经济发展水平相适应，做到经济效益、社会效益和环境效益相统一。从事建设工程勘察、设计活动，应当坚持先勘察、后设计、再施工的原则。

二、勘察设计的准入监管

1. 工程勘察资质分为工程勘察综合资质、工程勘察专业资质、工程勘察劳务资质。工程勘察综合资质只设甲级；工程勘察专业资质设甲级、乙级，根据工程性质和技术特点，部分专业可以设丙级；工程勘察劳务资质不分等级。

取得工程勘察综合资质的企业，可以承接各专业（海洋工程勘察除外）、各等级工程勘察业务；取得工程勘察专业资质的企业，可以承接相应等级、相应专业的工程勘察业务；取得工程勘察劳务资质的企业，可以承接岩土工程治理、工程钻探、凿井等工程勘察劳务业务。

2. 工程设计资质分为工程设计综合资质、工程设计行业资质、工程设计专业资质和工程设计专项资质。工程设计综合资质只设甲级；工程设计行业资质、工程设计专业资质、工程设计专项资质设甲级、乙级。根据工程性质和技术特点，个别行业、专业、专项资质可以设丙级，建筑工程专业资质可以设丁级。

取得工程设计综合资质的企业，可以承接各行业、各等级的建设工程设计业务；取得工程设计行业资质的企业，可以承接相应行业相应等级的工程设计业务及本行业范围内同级别的相应专业、专项（设计施工一体化资质除外）工程设计业务；取得工程设计专业资质的企业，可以承接本专业相应等级的专业工程设计业务及同级别的相应专项工程设计业务（设计施工一体化资质除外）；取得工程设计专项资质的企业，可以承接本专项相应等级的专项工程设计业务。

《建设工程勘察设计资质管理规定》第11条规定，企业首次申请工程勘察、工程设计资质，应当提供以下材料：①工程勘察、工程设计资质申请表；②企业法人、合伙企业营业执照副本复印件；③企业章程或合伙人协议；④企业法定代表人、合伙人的身份证明；⑤企业负责人、技术负责人的身份证明、任职文件、毕业证书、职称证书及相关资质标准要求提供的材料；⑥工程勘察、工程设计资质申请表中所列注册执业人员的身份证明、注册执业证书；⑦工程勘察、工程设计资质标准要求的非注册专业技术人员的职称证书、毕业证书、身份证明及个人业绩材料；⑧工程勘察、工程设计资质标准要求的注册执业人员、其他专业技术人员与原聘用单位解除聘用劳动合同的证明及新单位的聘用劳动合同；⑨资质标准要求的其他有关材料。

截至2013年我国共有勘察设计单位19 231家，从业人数有244 232人，营业收入为214 098 129万元。

三、勘察设计单位的行为监管

1. 禁止超越资质等级承揽业务及挂靠。《建设工程勘察设计管理条例》第8条规定，建设工程勘察、设计单位应当在其资质等级许可的范围内承揽建设工程勘察、设计业务。禁止建设工程勘察、设计单位超越其资质等级许可的范围或者以其他建设工程勘察、设计单位的名义承揽建设工程勘察、设计业务。禁止建设工程勘察、设计单位允许其他单位或者个人以本单位的名义承揽建设工程勘察、设计业务。第17条规定，发包方不得将建设工程勘察、设计业务发包给不具有相应勘察、设计资质等级的建设工程勘察、设计单位。

2. 实行招投标制度。建设工程勘察、设计应当依照《中华人民共和国招标投标法》的规定，实行招标发包。下列建设工程的勘察、设计，经有关主管部门批准，可以直接发包：①采用特定的专利或者专有技术的；②建筑艺术造型有特殊要求的；③国务院规定的其他建设工程的勘察、设计。

3. 禁止非法分包和转包。《建设工程勘察设计管理条例》第 19 条规定，除建设工程主体部分的勘察、设计外，经发包方书面同意，承包方可以将建设工程其他部分的勘察、设计再分包给其他具有相应资质等级的建设工程勘察、设计单位。第 20 条规定，建设工程勘察、设计单位不得将所承揽的建设工程勘察、设计转包。

四、勘察设计单位的主要权利和义务

1. 权利。

（1）建设工程勘察、设计单位有权按照国家有关规定获取建设工程勘察费、设计费。

（2）建设工程勘察、设计文件不被修改的权利；确需修改建设工程勘察、设计文件的，应当由原建设工程勘察、设计单位修改或经原建设工程勘察、设计单位书面同意由其他具有相应资质的建设工程勘察、设计单位修改。

2. 义务。

（1）建设工程勘察、设计单位应当执行国家规定的建设工程勘察、设计程序。编制建设工程勘察文件，应当真实、准确，满足建设工程规划、选址、设计、岩土治理和施工的需要。编制方案设计文件，应当满足编制初步设计文件和控制概算的需要。编制初步设计文件，应当满足编制施工招标文件、主要设备材料订货和编制施工图设计文件的需要。编制施工图设计文件，应当满足设备材料采购、非标准设备制作和施工的需要，并注明建设工程合理使用年限。除有特殊要求的建筑材料、专用设备和工艺生产线等外，设计单位不得指定生产厂、供应商。

（2）建设工程勘察、设计单位应当在建设工程施工前，向施工单位和监理单位说明建设工程勘察、设计意图，解释建设工程勘察、设计文件。建设工程勘察、设计单位应当及时解决施工中出现的勘察、设计问题。

第二节　工程施工监管法律制度

房地产工程建设项目施工管理是房地产开发的重要环节，其是否规范、有序直接关系到房地产开发的质量，关系到建筑市场的秩序，也是保证房屋开发顺利完成、保证房屋质量的有效手段，因此有必要加强建筑工程的施工管理。

一、建筑施工企业的资质管理

建筑施工企业是建筑工程实施的主体。截至 2006 年底，全国有 60 166 家建筑施工企业，其中港澳台投资的有 479 家，外商投资的有 370 家，建筑从业人数达到 2878.2 万人，建筑业产值达 41 557.16 亿元。截至 2013 年，全国有 79 528 家建筑施工企业，其中港澳台投资的有 389 家，外商投资的有 280 家，建筑从业人数达到 4499 万人，建筑业产值达 159 313 亿元。

根据 2015 年 1 月 22 日颁布的《建筑业企业资质管理规定》的规定，建筑业企业，是指从事土木工程、建筑工程、线路管道设备安装工程的新建、扩建、改建等施工活动的企业。建筑业企业资质分为施工总承包资质、专业承包资质、施工劳务资质三个序列。施工总承包资质、专业承包资质按照工程性质和技术特点分别划分为若干资质类别，各资质类别按照规定的条件划分为若干资质等级。施工劳务资质不分类别与等级。房地产开发企业对建筑施工企业的选择，应符合国家关于《建筑业企业资质管理规定》的规定，建筑施工企业应按审定的资质管理和业务范围承接工程，并对所承接工程的施工质量负责。

截至 2015 年 5 月，我国有总承包特级资质施工企业 227 家，一级资质施工企业 4802 家，专业承包一级资质 2158 家。以上合计 7187 家。

根据《建筑法》的规定，从事建筑活动的建筑施工企业应具备下列条件：①有符合国家规定的注册资本；②有与其从事的建筑活动相适应的具有法定执业资格的专业技术人员；③有从事相关建筑活动所应有的技术装备；④法律、行政法规规定的其他条件。从事建筑活动的专业人员应当依法取得执业资格证书，并在执业资格证书许可的范围从事建筑活动。建筑施工企业的资质管理主要包括以下三部分内容：

（一）确定资质标准

确定资质标准，即建设行政主管部门根据企业拥有的资产、主要人员、工程业绩等条件确定分等定级的资质标准，它体现了国家对施工企业在资格素质方面的要求。

根据 2014 年 11 月 6 日住建部颁布的《建筑业企业资质标准》，建筑工程施工企业总承包与专业承包资质标准如下：

建筑工程施工总承包资质分为特级、一级、二级、三级。

1.1　一级资质标准

1.1.1　企业资产

净资产 1 亿元以上。

1.1.2　企业主要人员

（1）建筑工程、机电工程专业一级注册建造师合计不少于 12 人，其中建筑工程专业一级注册建造师不少于9人。

（2）技术负责人具有10年以上从事工程施工技术管理工作经历，且具有结构专业高级职称；建筑工程相关专业中级以上职称人员不少于30人，且结构、给排水、暖通、电气等专业齐全。

（3）持有岗位证书的施工现场管理人员不少于50人，且施工员、质量员、安全员、机械员、造价员、劳务员等人员齐全。

（4）经考核或培训合格的中级工以上技术工人不少于150人。

1.1.3　企业工程业绩

近5年承担过下列4类中的2类工程的施工总承包或主体工程承包，工程质量合格。

（1）地上25层以上的民用建筑工程1项或地上18~24层的民用建筑工程2项；

（2）高度100米以上的构筑物工程1项或高度80~100米（不含）的构筑物工程2项；

（3）建筑面积3万平方米以上的单体工业、民用建筑工程1项或建筑面积2万~3万平方米（不含）的单体工业、民用建筑工程2项；

（4）钢筋混凝土结构单跨30米以上（或钢结构单跨36米以上）的建筑工程1项或钢筋混凝土结构单跨27~30米（不含）（或钢结构单跨30~36米（不含））的建筑工程2项。

1.2　二级资质标准

1.2.1　企业资产

净资产4000万元以上。

1.2.2　企业主要人员

（1）建筑工程、机电工程专业注册建造师合计不少于12人，其中建筑工程专业注册建造师不少于9人。

（2）技术负责人具有8年以上从事工程施工技术管理工作经历，且具有结构专业高级职称或建筑工程专业一级注册建造师执业资格；建筑工程相关专业中级以上职称人员不少于15人，且结构、给排水、暖通、电气等专业齐全。

（3）持有岗位证书的施工现场管理人员不少于30人，且施工员、质量员、安全员、机械员、造价员、劳务员等人员齐全。

（4）经考核或培训合格的中级工以上技术工人不少于75人。

1.2.3　企业工程业绩

近5年承担过下列4类中的2类工程的施工总承包或主体工程承包，工程质量合格。

（1）地上12层以上的民用建筑工程1项或地上8~11层的民用建筑工程2项；

（2）高度50米以上的构筑物工程1项或高度35~50米（不含）的构筑物工程2项；

（3）建筑面积1万平方米以上的单体工业、民用建筑工程1项或建筑面积0.6万~1万平方米（不含）的单体工业、民用建筑工程2项；

（4）钢筋混凝土结构单跨21米以上（或钢结构单跨24米以上）的建筑工程1项或钢筋混凝土结构单跨18~21米（不含）（或钢结构单跨21~24米（不含））的建筑工程2项。

1.3 三级资质标准

1.3.1 企业资产

净资产800万元以上。

1.3.2 企业主要人员

（1）建筑工程、机电工程专业注册建造师合计不少于5人，其中建筑工程专业注册建造师不少于4人。

（2）技术负责人具有5年以上从事工程施工技术管理工作经历，且具有结构专业中级以上职称或建筑工程专业注册建造师执业资格；建筑工程相关专业中级以上职称人员不少于6人，且结构、给排水、电气等专业齐全。

（3）持有岗位证书的施工现场管理人员不少于15人，且施工员、质量员、安全员、机械员、造价员、劳务员等人员齐全。

（4）经考核或培训合格的中级工以上技术工人不少于30人。

（5）技术负责人（或注册建造师）主持完成过本类别资质二级以上标准要求的工程业绩不少于2项。

（二）认定企业资质等级

认定企业资质等级，即由建设行政主管部门根据确定的资质标准和企业达到标准的实际情况，给建筑企业核定资质等级。经资质审核合格的，由审批部门向企业颁发《资质等级证书》。非等级建筑企业的资质条件和业务范围，由省、自治区、直辖市建筑行政主管部门或其授权部门审定。

（三）划定企业的经营范围

各级施工企业的营业范围如下：

一级资质施工企业可承担单项合同额3000万元以上的下列建筑工程的施工：①高度200米以下的工业、民用建筑工程；②高度240米以下的构筑物工程。

二级资质施工企业可承担下列建筑工程的施工：①高度100米以下的工业、民用建筑工程；②高度120米以下的构筑物工程；③建筑面积4万平方米以下的单体工业、民用建筑工程；④单跨跨度39米以下的建筑工程。

三级资质施工企业可承担下列建筑工程的施工：①高度50米以下的工业、民用建筑工程；②高度 70 米以下的构筑物工程；③建筑面积 1.2 万平方米以下的单体工业、民用建筑工程；④单跨跨度 27 米以下的建筑工程。

二、建筑工程的施工许可管理

建筑工程的施工实施许可证制度。《建筑法》第 7 条规定："建筑工程开工前，建设单位应当按照国家有关规定向工程所在地县级以上人民政府建设行政主管部门申请领取施工许可证；……"

未取得施工许可证的建设单位不得擅自开工，但工程投资额在 30 万元以下或者建设面积在 300 平方米以下的建筑工程，可以不申请办理施工许可证。任何单位和个人不得将应该申请领取施工许可证的工程项目分解为若干限额以下的工程项目，规避申请领取施工许可证。

申请领取施工许可证，应当符合下列条件：①已经办理该建筑工程用地批准手续；②在城市规划区的建筑工程，已经取得建设工程规划许可证；③施工场地已经基本具备施工条件，需要拆迁的，其拆迁进度符合施工要求；④已经确定建筑施工企业，但按照规定应该招标的工程没有招标，应该公开招标的工程没有公开招标，或者肢解发包工程，以及将工程发包给不具备相应资质条件的，所确定的施工企业无效；⑤有满足施工需要的施工图纸及技术材料，施工图设计文件已按规定进行了审查；⑥有保证工程质量和安全的具体措施，即施工企业编制的施工组织设计中有根据建筑工程特点制定的相应质量、安全技术措施，专业性较强的工程项目编制（的）有专项质量、安全施工组织设计，并按照规定办理了工程质量、安全监督手续；⑦建设资金已经落实，建设工期不足 1 年的，到位资金原则上不得少于工程合同价的 50%，建设工期超过 1 年的，到位资金原则上不得少于工程合同价的 30%，建设单位应当提供银行出具的到位资金证明，有条件的可以实行银行付款保函或者其他第三方担保；⑧按照规定应该委托监理的工程已委托监理；⑨法律、行政法规规定的其他条件。

建设行政主管部门应当自收到申请之日起 7 日内，对符合条件的申请颁发许可证。建设单位应自领取施工许可证之日起 3 个月内开工。因故不能按期开工的，应当向发证机关申请延期；延期以 2 次为限，每次不超过 3 个月。既不开工又不申请延期或超过延期时限的，施工许可证自行废止。在建的建筑工程因故中止施工的，建设单位应自中止施工之日起 1 个月内，向发证机关报告，并按照规定做好建筑工程的维护管理工作。建筑工程恢复施工时，应当向发证机关报告；中止施工满 1 年的工程恢复施工前，建设单位应当报发证机关核验施工许可证。

三、建筑工程的施工安全管理

根据建设部 2004 年 7 月 5 日颁布的《建筑施工企业安全生产许可证管理规定》，

建筑施工企业未取得安全生产许可证的，不得从事建筑施工活动。

建筑施工企业取得安全生产许可证，应当具备下列安全生产条件：①建立、健全安全生产责任制，制定完备的安全生产规章制度和操作规程；②保证本单位安全生产条件所需资金的投入；③设置安全生产管理机构，按照国家有关规定配备专职安全生产管理人员；④主要负责人、项目负责人、专职安全生产管理人员经建设主管部门或者其他有关部门考核合格；⑤特种作业人员经有关业务主管部门考核合格，取得特种作业操作资格证书；⑥管理人员和作业人员每年至少进行一次安全生产教育培训并考核合格；⑦依法参加工伤保险，依法为施工现场从事危险作业的人员办理意外伤害保险，为从业人员交纳保险费；⑧施工现场的办公、生活区及作业场所和安全防护用具、机械设备、施工机具及配件符合有关安全生产法律、法规、标准和规程的要求；⑨有职业危害防治措施，并为作业人员配备符合国家标准或者行业标准的安全防护用具和安全防护服装；⑩有对危险性较大的分部分项工程及施工现场易发生重大事故的部位、环节的预防、监控措施和应急预案；⑪有生产安全事故应急救援预案、应急救援组织或者应急救援人员，配备必要的应急救援器材、设备；⑫法律、法规规定的其他条件。

根据住建部的统计，2015 年 6 月，全国共发生房屋市政工程生产安全较大事故 3 起，死亡 11 人，比去年同期事故起数增加 2 起、死亡人数增加 8 人，同比分别上升 200.00% 和 266.67%。建筑行业的施工安全问题还是建筑行业的"老大难"。

四、建筑工程的施工质量管理与竣工验收管理

房地产开发项目最终要求提供合格的建设产品。加强建筑工程质量的管理，是保证房地产开发项目的工程质量，保障国家财产和人民生命安全，保护消费者利益，努力取得较好的社会效益和经济效益的最终保证。

（一）建设工程的施工质量管理

建设工程的施工质量管理是指对工程实体质量进行控制和监督的一系列制度。我国现行的建设工程质量管理体系分纵向管理和横向管理两方面。纵向管理主要指建设行政主管机关及其授权机构对建设工程实施的质量监管。横向管理包括建设单位对其所建工程的管理（含监理机构的质量控制）和勘察设计、施工单位对其各自承担工作的质量管理。根据《建筑法》和《建设工程质量管理条例》等规定，建筑工程的施工质量必须符合国家有关建筑工程安全标准的要求。建设单位不得以任何理由，要求建筑设计单位或建筑施工企业在施工作业中，违反法律、行政法规和建筑工程质量、安全标准，降低工程质量。建筑施工企业对工程的施工质量负责。建筑施工企业必须按照工程设计图纸和施工技术标准施工，不得偷工减料。工程设计的修改由原设计单位负责，建筑施工企业不得擅自修改工程设计。建筑施工企业必须按照工程设计要求、施工技术标准和合同的约定，对建筑材料、建筑构配件和设备进行检验，不合格的不得使用。

除了建筑施工企业的上述质量责任以外，根据现行法律规定，建设单位的工程质量责任主要包括：①依法发包工程，不得将工程肢解发包；②委托具有相应资质的监理单位进行工程监理；③依法办理有关报建、报批手续，接受政府主管部门监督；④遵守有关建筑法律规定和技术标准；⑤提供文件资料、组织工程验收。

勘察设计单位的质量责任主要包括：①按资质范围从事勘察设计工作；②遵守国家规定的强制性标准和工作规范；③建立质量保证体系；④进行技术交底和参与工程事故处理。

监理机构的质量责任包括：①遵守执业资质登记制度；②坚持质量标准、依法进行现场质量监督；③利害关系回避制度；等等。

（二）建设工程的竣工验收管理

建设工程竣工验收，是建设工程须经过施工和设备安装后达到该项目设计文件的规定要求，具备了使用的条件后，承建单位向建设单位办理转交手续，建设单位查验并认为合格，办理接收手续的过程。中小型建设工程项目的竣工验收要组织竣工验收工作组，主要由建设单位、设计单位、施工单位或使用单位的代表组成，并按隶属关系由项目所在省、市主管部门牵头，组织有关部门（包括质量监督部门、城市规划行政主管部门等部门）参加，组成竣工验收委员会。建筑物在合格的使用寿命内，必须确保地基基础工程和主体结构的质量。建筑工程竣工时，屋顶、墙面不得留有渗漏、开裂等质量缺陷，对已发现的质量缺陷，建筑施工企业应当修复。经竣工验收的建筑工程必须符合规定的建筑工程质量标准，有完整的工程技术经济资料和经签署的工程保修书，并具备国家规定的其他竣工条件。建筑工程经验收合格后，方可交付使用，未经验收或者验收不合格的，不得交付使用。

按照《城市房地产开发经营管理条例》第17条的规定，开发项目竣工后，开发企业应当向项目所在地的县级以上地方人民政府房地产开发主管部门提出竣工验收申请。房地产开发主管部门应当自收到竣工验收申请之日起30日内，对涉及公共安全的内容，组织工程质量监督、规划、消防、人防等有关部门或者单位进行验收。

此外，《城市房地产开发经营管理条例》第18条对住宅小区等群体房地产开发项目竣工验收规定了较单项开发更高的综合验收的内容。该条规定，住宅小区等群体房地产开发项目竣工验收内容除一般性内容外，还包括以下内容：城市规划设计条件的落实情况；城市规划要求配套的基础设施和公共设施的建设情况；单项工程的工程质量验收情况；拆迁安置方案的落实情况；物业管理的落实情况。住宅小区等群体开发项目实行分期开发的，可以分期验收。而且房屋开发企业还应当将开发项目建设过程中的主要事项记录在开发项目手册中，并定期送房地产开发主管部门备案。

根据《建设工程质量管理条例》的有关规定，建设工程承包单位向建设单位提交的质量保修书应当明确建设工程的保修范围、保修期限和保修责任等。在正常使用条件下，建设工程最低保修期限为：①基础设施工程、房屋建筑的地基基础工程和主体结构工程，为设计文件规定的该工程的合理使用年限；②屋面防水工程、有防水要求的卫生间、房间和外墙面的防渗漏，为5年；③供热与供冷系统，为2个采暖期、供冷期；④电气管线、给排水管道、设备安装和装修工程，为2年。其他项目的保修期限由发包方与承包方约定。建设工程的保修期，自竣工验收合格之日起计算。

第三节 建设工程招投标监管法律制度

建设工程项目的招标投标，是指房地产开发商设定"开发建设项目"这一标的，邀请若干个建设单位进行秘密报价竞争，由房地产开发商从中选择优胜者，并与之达成协议、签订合同，按合同实施的法律行为。建设工程项目的招标投标应当符合《招标投标法》（1999年8月30日通过）的规定。

建设单位通过招标方式发包，其目的在于选择适当的承包单位。对于众多的投标者，建设单位能按一定的标准，例如技术先进、质量最优、工期最短、造价最低等条件选择中标者，再把建设工程发包出去。建设工程项目通过招标、投标的方式进行承包，是国际上通行的做法。在我国，随着建筑体制的改革，竞争机制的引入，招标、投标方式的发包工程越来越普遍。通过这种方式，可以使房地产开发商选择最佳的承包者，同时也便于房地产开发商对工程建设进行监督管理，以保证开发建设项目的顺利完成，并有利于防止垄断、促进竞争。

另外，根据《招标投标法》第3条的规定，大型基础设施、公用事业等关系社会公共利益、公众安全的项目；全部或者部分使用国有资金投资或者国家融资的项目；使用国际组织或者外国政府贷款、援助资金的项目，其勘察、设计、施工、监理，以及与工程有关的重要设备、材料等的采购，必须进行招标，这是法律明确规定的强制招标制度。在某些领域推行强制招标制度可以起到促进科学民主决策，消除地方保护主义和部门垄断，防止投资失误，避免投资浪费及遏制腐败现象等作用。

一次完整的招标投标活动，包括招标、投标、开标、评标、决标等主要过程，下面介绍建设工程招投标的各项基本制度：

一、招标

建设工程项目招标是指业主设定标的并标明其拟发包工程的内容与要求等，从而招引或邀请那些愿意承包并符合投标资格的承包者对承包该工程所采用的施工方案和要求的价格等进行投标的活动，也就是招标人向投标人发出的一种要约邀请。在招标的过程中涉及以下几个重要问题：

（一）招标人

建设工程项目的招标人是指依法提出建设工程招标项目，进行招标的法人或其他组织（一般指开发商，或称业主）。

招标人应符合以下条件：首先，招标人为法人或其他组织，能独立地承担责任。其次，招标人要有可以依法进行招标的建筑工程项目，其中，施工招标项目必须具备的条件是：①概算已经批准；②建设项目已正式列入国家、部门或地方年度固定资产投资计划；③建设用地的征用工作已经完成；④有能够满足施工需要的施工图纸及技术资料；⑤建设资金和主要建筑材料、设备的来源已经落实；⑥已经建设项目所在地规划部门批准，施工现场的"三通一平"已经完成或一并列入施工招标范围。

具备上述条件后，开发商即可向当地建设主管部门或其招标办事机构提出招标申请，经审查合格后，方能开展招标活动。

（二）招标文件

这是招标投标过程中具重要意义的文件。当开发商的招标申请获得批准后，即应着手准备招标文件。招标文件是开发商向投标单位介绍工程情况和招标条件的文件，也是签订工程承包合同的基础。招标文件可由开发商自行编制，亦可委托有资格的咨询公司编制。招标文件一经发出，开发商不得擅自变更内容或增加附加条件。确实需要澄清或修改的，应在招标文件要求提交投标文件截止时间至少15日前，以书面形式通知所有招标文件收受人。该澄清或者修改的内容为招标文件的组成部分。

建筑工程的招标文件一般包括以下内容：①工程综合说明，包括工程名称、建设地址、招标项目、占地范围、建筑面积、技术要求、质量标准、现场条件、招标方式、开工和竣工时间，以及对投标企业的资质等级要求等；②必要的设计图纸与技术资料；③工程量清单；④由银行出具的建设资金证明和工程款的支付方式及预付款的百分比；⑤主要材料（钢材、木材、水泥等）与设备的供应方式，加工订货情况和材料、设备的价差处理办法；⑥特殊工程的施工要求和采用的技术规范；⑦投标书编制要求；⑧投标、开标、评标、定标等活动的日程安排；⑨建筑工程施工合同条件及调整要求；⑩应缴纳的投标保证金额度；⑪其他需要说明的事项。

（三）招标工程标底

编制标底是开发商招标中的一项重要准备工作。标底是招标人认可的招标项目的预算价格，也是审核投标报价、评标决标的重要依据之一。一个招标项目只能编制一个标底。通过制定标底，使开发商预先明确自己在拟建工程中应承担的义务，从而更好地安排资金计划。

招标工程的标底可由开发商请有资格的预算人员编制，亦可委托有相应资格的投标咨询机构代编，并在编制招标文件的同时进行。开发商必须把工程标底送当地合同预算审查处确认，密封后再经当地招标管理办公室核准后才能生效。

标底文件一般应包括下列内容：①招标工程综合说明；②招标工程一览表；③标底价，包括工程总造价、单方造价、"三材"（钢材、水泥、木材）总用量及单方用量、标底价中所含各项费用说明。

（四）招标方式

开发商完成标底编制后，即可决定采取何种招标方式，并在招标申请书中提出，经当地招标管理部门批准后实施，开发商根据所批准的形式，发出招标通告或邀请招标函。

《招标投标法》第 10 条第 1 款规定："招标分为公开招标和邀请招标。"

1. 公开招标。公开招标是指开发商（或业主）在国内外主要报刊上刊登广告或发出通告，邀请不特定的法人或是其他组织参加投标。

通过公开招标方式，可以使开发商有较大的选择范围，开发商可以在众多的招标单位之间选择报价合理、工期短、信誉良好的承包商，与之签订承包合同。这种承包方式一般适用于工程项目规模较大，建设周期技术复杂的开发项目。

这种方式的不足在于，公开招标过程需要经历一段相当长的时间，因为开发商审查投标者资格及其标书的工作量比较大，招标支出费用较高。其优点在于可以促使承包商努力提高开发项目的建设质量，缩短工期并降低成本造价。公开招标是目前建筑市场通行的招标方式，房地产开发商应尽量采用该方式发包开发项目的建设任务。

2. 邀请招标。邀请招标是指由开发商或委托的招标单位向其所信任的、具有相应资格的建设单位发送招标通知书，邀请其参加开发项目建设投标的一种发包方式。《招标投标法》第 17 条第 1 款规定："招标人采用邀请招标方式的，应当向 3 个以上具备承担招标项目的能力、资信良好的特定的法人或者其他组织发出投标邀请书。"

采用这种招标方式，由于被邀请参加竞争的投标单位有限（一般在 3～10 个之间），开发商既可以节省招标费用，又可以提高招标工作的效率。但这种方式的不足是限制了竞争的范围，把许多可能的竞争者排除在外，这样也就缩小了开发商的选择余地。

邀请招标方式通常适用于工程性质比较特殊、要求有专门经验的技术人员和专门技术的建设项目，或者是公开招标的结果未产生出中标单位，以及由于工期紧迫或保密的要求较高等原因而不宜公开招标的建设工程。

（五）投标单位资格审查

投标单位资格审查的目的在于了解投标单位的技术和财务实力及其管理经验，限制不符合条件的单位盲目参加投标，以使招标能获得比较理想的结果。在公开招标时，投标单位资格审查通常放在发售招标文件之前进行，审查合格者才允许购买招标文件，故称为资格预审。在邀请招标的情况下，则在评标的同时进行资格审查。

《招标投标法》第18条第1款规定："招标人可以根据招标项目本身的要求，在招标公告或者投标邀请书中，要求潜在投标人提供有关资质证明文件和业绩情况，并对潜在投标人进行资格审查；国家对投标人资格条件有规定的，依照其规定。"

开发商对投标单位进行资格审查时，应注意考虑以下几个方面：①企业注册证明和技术等级；②主要施工经历；③技术力量简况；④施工机械设备简况；⑤正在施工的承建项目；⑥资金或财务状况。

二、投标

建设工程项目投标的实质就是争夺承包权。从法律上讲，投标即建筑业企业应开发商的投标邀请，按照招标条件在规定的时间内，对开发商所作出的要约。建筑业企业为了能在投标中获胜，必须按照招标文件的要求，认真编制投标文件。

投标文件应对招标文件提出的实质性要求和条件作出响应。响应的方式是建筑业企业按照招标文件填报，不得遗漏或回避招标文件中的问题。

建设工程的投标文件一般包括以下内容：①综合说明；②按照工程量清单计算的标价及钢材、木材、水泥等主要材料用量，投标单位可依据统一的工程量的计算规则自主报价；③施工方案和完成拟招标项目的机械设备；④保证工程质量、进度和施工安全的主要技术组织措施；⑤计划开工、竣工的日期，工程总进度；⑥拟派出的项目负责人和主要技术人员的简历、业绩；⑦对合同主要条件的确认。

按照《招标投标法》的规定，投标人应当在招标文件要求提交投标文件的截止时间之前，将投标文件送达投标地点。招标人收到投标文件后，应当签收保存，不得开启。投标人少于3个的，招标人应当依照《招标投标法》重新招标。投标人在招标文件要求提交投标文件的截止时间之前，可以补充、修改或撤回已提交的投标文件，并书面通知招标人。补充、修改的内容为投标文件的组成部分。

三、开标

开标应在招标文件规定的时间、地点公开进行，由招标人主持，邀请所有投标人参加。开标时由投标人或者其推选的代表检查投标文件的密封情况，也可以由招标人委托的公证机构检查并公证；检查无误后，由工作人员当众拆封，宣读投标人名称、投标价格和投标文件的其他主要内容。开标过程应当记录，并存档备查。开标后，任何投标人都不允许更改标书的内容和报价，也不允许再增加优惠条件。标书启封后，评标、中标的标准和方法都不能改动。

四、评标

评标是对投标文件进行审查、评议、比较，其根据是法定的原则和招标文件的规定和要求，这是确定中标人的必经程序。评标由招标人依法组建的评标委员会负责。评标委员会成员的名单在中标结果确定前应当保密。开发商应采取必要的措施，保证评标在严格保密的情况下进行。

评标委员会可以要求投标人对投标文件中含义不明确的内容作必要的澄清或者说明，但是澄清或者说明不能超出投标文件的范围或者改变投标文件的实质性内容。评标委员会应当按照招标文件确定的评标标准和方法，对投标文件进行评审和比较；设有标底的，应当参考标底。评标委员会完成评标后，应当向招标人提出书面评标报告，并推荐合格的中标候选人。招标人根据评标委员会提出的书面评标报告和推荐的中标候选人确定中标人。招标人也可授权评标委员会直接确定中标人。

五、决标

决标是指在招标投标中选定最优的投标人。对投标人讲就是投标成功，成为中标人。根据《招标投标法》第41条的规定，中标人的投标应当符合下列条件之一：①能最大限度地满足招标文件中规定的各项综合评价标准；②能满足招标文件的实质性要求，并且经评审的投标价格最低，但是投标价格低于成本的除外。中标人确定后，招标人应向中标人发出中标通知书，并同时将中标结果通知所有未中标的投标人。中标通知书对招标人和中标人均具有法律效力。中标通知书发出后，招标人改变中标结果的，或者中标人放弃中标项目的，应依法承担法律责任。

招标人和中标人应自中标通知书发出之日起30日内，按照招标文件和中标人的投标文件订立书面合同。依法必须进行招标的项目，招标人应当自确定中标人之日起15日内，向有关行政监督部门提交招标投标情况的书面报告。

六、招标管理机构

我国工程项目招标实行分级管理的原则。工程项目招投标综合管理部门，在中央为建设部（现住建部），在各省、自治区、直辖市为建委（建设厅），在市、县为建委（建设局）。

中央和各省市建委的主要职责是：①贯彻国家颁布的关于招标与投标的法律、法规，监督和指导招投标工作；②制定招标投标管理办法和实施细则；③参加必要的招标和评标的组织工作；④总结交流招标投标的工作经验。

城市和县设立的招标投标办事机构，其主要职责是：①审查招标单位是否具备资格；②审查招标项目是否具备招标条件；③审定标底；④加强对评标、定标的管理，确认决标的有效性；⑤调解招标过程中的纠纷；⑥对违反招标条件的单位和个人，作出处罚决定。

七、招标程序

通常房地产开发建设项目的招标要经过如下程序：①招标单位组建一个招标工作机构，或直接委托有相应资质的咨询、监理单位代理招标；②向政府招标投标办事机构提出招标申请书；③编制招标文件和标底并呈报审批；④发布招标公告或发出招标邀请书；⑤投标单位申请投标；⑥招标单位进行资质审查并将审查结果通知各投标者；⑦向合格的投标单位分发招标文件及有关技术资料；⑧组织投标单位勘查现场并就招标文件答疑；⑨召开开标会议，审查投标书；⑩组织评标，决定中标；⑪向中标单位发出中标通知书；⑫招标单位与中标单位签承包合同。

八、招标代理法律制度

由于工程招标具有较强的专业性和技术性，招标单位也可以委托专门的招标代理机构来参与招投标活动。

根据建设部 2007 年 1 月 11 日发布的《工程建设项目招标代理机构资格认定办法》第 2 条的规定，工程建设项目招标代理（以下简称工程招标代理），是指工程招标代理机构接受招标人的委托，从事工程的勘察、设计、施工、监理以及与工程建设有关的重要设备（进口机电设备除外）、材料采购招标的代理业务。

工程建设项目（以下简称工程），是指土木工程、建筑工程、线路管道和设备安装工程及装饰装修工程项目。

截至 2013 年，我国共有 5731 个招标代理机构，从业人数有 485 771 人，其中注册执业人员 93 876 人，营业收入 24 366 218 万元。

2011 年 12 月 21 日的《中华人民共和国招标投标法实施条例》规定，招标代理机构的资格依照法律和国务院的规定由有关部门认定。招标代理机构应当拥有一定数量的取得招标职业资格的专业人员。取得招标职业资格的具体办法由国务院人力资源社会保障部门会同国务院发展改革部门制定。招标代理机构在其资格许可和招标人委托的范围内开展招标代理业务，任何单位和个人不得非法干涉。招标代理机构代理招标业务，应当遵守招标投标法和本条例关于招标人的规定。招标代理机构不得在所代理的招标项目中投标或者代理投标，也不得为所代理的招标项目的投标人提供咨询。

《工程建设项目招标代理机构资格认定办法》第 5 条规定，工程招标代理机构资格分为甲级、乙级和暂定级。甲级工程招标代理机构可以承担各类工程的招标代理业务。乙级工程招标代理机构只能承担工程总投资 1 亿元人民币以下的工程招标代理业务。暂定级工程招标代理机构，只能承担工程总投资 6000 万元人民币以下的工程招标代理业务。

第四节　工程监理监管法律制度

建设工程监理制度是一项国际通行的制度。自1988年我国开始试行建设工程监理制以来，已在全国全面推开。规制工程监理的法律主要有：《建筑法》、《建设工程质量管理条例》、《建设工程安全生产管理条例》、《工程监理企业资质管理规定》、《注册监理工程师管理规定》等。至2006年底，全国共有监理企业6170家，监理从业人员483 412人，其中注册监理工程师81 297人。2012年，全国共有6605个建设工程监理企业，其中，综合资质企业89个，甲级资质企业2567个，乙级资质企业2475个，丙级资质企业1470个，事务所资质企业4个。2012年年末工程监理企业从业人员822 042人，注册监理工程师为118 352人。工程监理企业承揽合同额1826.15亿元，全年工程监理企业全年营业收入1717.31亿元。2013年全国监理企业增加到6820家，从业人数多达890 620人，注册人数为184 982人，营业收入增加到2046.03亿元。

实践表明，建设监理制度可以有效地控制建设工期，确保工程质量，控制建设投资，从而促进工程建设水平和投资效益的提高，保证国家建设计划的顺利实施，为我国建设事业的稳步、持续、高速、健康发展发挥独特的作用。

一、建设工程监理的概念和区别

工程监理，是对建设工程项目进行监督和管理的总称，是具有相应资质的工程监理企业，接受建设单位委托，承担其项目管理工作，并代表建设单位对承建单位的建设行为进行监控的专业化服务活动。监理活动可以涵盖工程项目建设前期的工程咨询、项目实施阶段的招标投标、勘察设计、施工验收、保修运转等各个阶段的监督和管理。工程监理的主要任务就是运用科学的方法，从组织和管理的高度采取措施，确保建设项目的总目标按合同最合理地实现。工程监理的主要任务可以概括为"四控制、两管理、一协调"，即进度控制、质量控制、投资控制、安全控制，合同管理和信息管理，协调参与建设工程各方的工作关系。

工程监理区别于政府工程质量监督活动。从主体上看，工程监理机构是民间的、社会化的专业机构；而政府工程质量监督机关属于建设行政主管部门的专业执行机构，其代表了政府行为。从工作范围来看，工程监理根据业主的委托，其服务范围涵盖建设的整个工程，包括工程立项、勘察设计、施工、材料设备供应等；而政府质量监督一般只限于施工阶段，其工作范围较小并且相对固定。从工作性质来看，工程监理是基于业主的委托和授权来为其提供工程技术服务，具有合意性和有偿性等特点；而政府质量监督是基于法律的明确规定，具有强制性和无偿性等特征。下文主要介绍工程监理制度的相关内容。

二、建设工程监理的特点

工程监理单位与建设单位之间的法律关系是一种委托关系。一般是建设单位通过招标投标方式择优选定工程监理单位，被选定的监理单位承担监理业务的，应与建设单位签订书面工程监理合同。另外，根据《建筑法》、《建设工程质量管理条例》等法律、行政法规的要求，国家重点建设工程、大中型公用事业工程、成片开发建设的住宅小区工程、利用外国政府或者国际组织贷款、援助资金的工程等必须强制实施监理。承担施工阶段的监理，监理机构应进驻施工现场。实施监理前，建设单位应将委托的工程监理单位、监理内容和监理权限，书面通知被监理的建筑施工企业。工程监理单位应在其资质等级许可的监理范围内，承担监理的任务。监理单位应按照"公正、独立、自主"的原则开展工作，公平地维护建设单位和被监理单位的合法权益。

三、房地产开发项目建设工程监理的主要内容

1. 工程进度监理。工程进度监理主要是指对工程进度控制所进行的监督和管理，其目的在于采取有效的管理措施，保证建设工程能按期完成。其主要内容包括：①对建设项目总周期进行详细的认证和分析，通盘考虑，全面规划，在人力和物力、时间和空间、技术和组织上作出合理的安排，制定科学的实施方案和施工组织设计；②编制项目总进度计划，包括设计、采购、施工等方面的综合进度计划，做到部署周密，相互制约，工期合理；③编制阶段详细进度计划，明确项目的开工、竣工时间，公共工程及配套项目的施工、交付、道路修筑和现场清理等计划，做到项目的竣工日期和合同规定的日期相吻合；④控制和监督工程进度，包括设计进度、材料采购进度、施工进度等。工程进度监控中要注意计划与实际的结合，及时纠偏，以确保计划的完成。

2. 工程质量监理。工程质量监理是工程监理活动中最重要的一个环节，是监理单位以合同中规定的质量为目标或以国家的标准、规定为目标对工程项目所进行的监督和管理。在质量监督管理中，监理单位负有双重职能：一是代表建设单位履行监理职能；二是通过工程监理对国家及社会负责。工程质量监理的主要内容有：①督促承包建设单位建立工程项目质量保证体系，确定质量检查负责人，设置质量管理目标、程序和方法；②做好设计过程的质量监控，审核设计方案和图纸，以求与设计要求和合同规定相一致；③做好材料、半成品的质量监控，严格按质量标准进行检查和验收；④认真做好施工过程的质量监控，对隐蔽工程、关键部位要进行重点检查，防止质量隐患。

3. 工程造价监理。工程造价监理是监理单位在不影响工程、质量和安全施工的

条件下，确保工程费用不超过合同规定标准所采取的监督管理活动。工程造价监理可以确保工程投资与资源充分利用和实现工程合同计划，防止预算超概算、决算超预算的现象，保证项目取得最大的经济效益。工程造价监理的主要内容有：①以工程预算或合同中规定的价格为标准，制定造价控制计划，并制定有效措施确保其付诸实施；②以系统的观点从质量、进度、设计、施工等方面对造价影响的程度综合地加以分析，制定出合理的工程造价标准，并以此作为造价控制的依据；③实施对工程造价的控制，要从设计阶段和施工阶段两个方面入手，严把进度拨款关，防止工程费用超出控制投资额的范围。

4. 工程安全监理。建筑行业是安全生产事故多发行业，并且多年来呈现建筑施工安全事故居高不下的严峻局面。所以，《建设工程安全生产管理条例》（2003 年 11 月 24 日发布）明确规定了监理机构在工程安全生产中的责任。该条例第 14 条规定：工程监理单位应当审查施工组织设计中的安全技术措施或者专项施工方案是否符合工程建设强制性标准。工程监理单位在实施监理过程中，发现存在安全事故隐患的，应当要求施工单位整改；情况严重的，应当要求施工单位暂时停止施工，并及时报告建设单位。施工单位拒不整改或者不停止施工的，工程监理单位应当及时向有关主管部门报告。工程监理单位和监理工程师应当按照法律、法规和工程建设强制性标准实施监理，并对建设工程安全生产承担监理责任。

5. 工程竣工验收。工程竣工验收是指一个工程项目经过施工和设备安装后达到了该项目设计文件规定的要求，具备了投产或使用的条件，经过验收合格，正式移交给建设单位或使用单位的过程。工程监理在本阶段的作用，主要是严把工程建设过程的最后一道程序，确保工程质量，发挥投资的最大效益。工程竣工验收的主要内容有：①核对工程竣工验收的收据，包括项目建议书、年度开发计划、施工图纸和说明文件、设计变更文件、现行施工技术规程等。②做好竣工验收的准备工作，包括核实建筑安装工程的完工程度，列出已完工工程和未完工工程一览表，提出财务决算分析，编写竣工验收准备工作报告等。③竣工验收分两个阶段进行，即单项工程竣工验收和综合验收。工程完工后，由开发公司组织施工单位、设计单位、使用单位、质量监督部门进行竣工验收，验收合格的，由质量监督部门发给工程质量等级证书。④做好竣工决算工作，即在工程竣工验收后，施工企业一般要在 1 个月内编好竣工决算，同时开发公司要认真做好各项账务、清理物资和债务债权，做到工完账清，互不拖欠，并将工程有关技术资料和竣工图纸按规定移交给使用单位和城市档案馆。

四、建设工程监理的程序

1. 建设单位与承担监理业务的单位签订书面的工程建设监理委托合同。建设工程监理的实行首先需要工程项目法人通过工程监理招优的方式，择优选定具有相应资质的监理单位，并与业主签订书面的工程建筑监理委托合同。签订建设工程监理合同是开展监理工作的前提。

2. 监理单位应根据所承担的监理任务，组建专门的工程监理机构。监理机构一般由总监理工程师、监理工程师和其他监理人员组成。

3. 建设工程监理工作一般按下列程序进行：①编制工程监理规划；②按工程的进度，分专业编制工程监理细则；③按照工程监理细则进行工程监理；④参与工程竣工验收，签署工程监理意见；⑤建筑工程监理业务完成后，向建设单位提交工程监理档案资料。

五、工程监理单位的资质管理

2007年6月26日建设部颁布的《工程监理企业资质管理规定》对监理单位的资质申请和审批、资质等级和业务范围等内容均作了详细的规定。

依据《工程监理企业资质管理规定》第6条的规定，工程监理企业资质分为综合资质、专业资质和事务所资质。其中，专业资质按照工程性质和技术特点划分为若干工程类别。

综合资质、事务所资质不分级别。专业资质分为甲级、乙级；其中，房屋建筑、水利水电、公路和市政公用专业资质可设立丙级。

工程监理企业的资质等级标准如下：

（一）综合资质标准

1. 具有独立法人资格且注册资本不少于600万元。

2. 企业技术负责人应为注册监理工程师，并具有15年以上从事工程建设工作的经历或者具有工程类高级职称。

3. 具有5个以上工程类别的专业甲级工程监理资质。

4. 注册监理工程师不少于60人，注册造价工程师不少于5人，一级注册建造师、一级注册建筑师、一级注册结构工程师或者其他勘察设计注册工程师合计不少于15人次。

5. 企业具有完善的组织结构和质量管理体系，有健全的技术、档案等管理制度。

6. 企业具有必要的工程试验检测设备。

7. 申请工程监理资质之日前1年内没有本规定第16条禁止的行为。

8. 申请工程监理资质之日前1年内没有因本企业监理责任造成重大质量事故。

9. 申请工程监理资质之日前1年内没有因本企业监理责任发生三级以上工程建设重大安全事故或者发生两起以上四级工程建设安全事故。

（二）专业资质标准

1. 甲级。

（1）具有独立法人资格且注册资本不少于300万元。

（2）企业技术负责人应为注册监理工程师，并具有15年以上从事工程建设工作的经历或者具有工程类高级职称。

（3）注册监理工程师、注册造价工程师、一级注册建造师、一级注册建筑师、一级注册结构工程师或者其他勘察设计注册工程师合计不少于25人次；其中，相应专业注册监理工程师不少于《专业资质注册监理工程师人数配备表》中要求配备的人数，注册造价工程师不少于2人。

（4）企业近2年内独立监理过3个以上相应专业的二级工程项目，但是，具有甲级设计资质或一级及以上施工总承包资质的企业申请本专业工程类别甲级资质的除外。

（5）企业具有完善的组织结构和质量管理体系，有健全的技术、档案等管理制度。

（6）企业具有必要的工程试验检测设备。

（7）申请工程监理资质之日前1年内没有本规定第16条禁止的行为。

（8）申请工程监理资质之日前1年内没有因本企业监理责任造成重大质量事故。

（9）申请工程监理资质之日前1年内没有因本企业监理责任发生三级以上工程建设重大安全事故或者发生两起以上四级工程建设安全事故。

2. 乙级。

（1）具有独立法人资格且注册资本不少于100万元。

（2）企业技术负责人应为注册监理工程师，并具有10年以上从事工程建设工作的经历。

（3）注册监理工程师、注册造价工程师、一级注册建造师、一级注册建筑师、一级注册结构工程师或者其它勘察设计注册工程师合计不少于15人次。其中，相应专业注册监理工程师不少于《专业资质注册监理工程师人数配备表》中要求配备的人数，注册造价工程师不少于1人。

（4）有较完善的组织结构和质量管理体系，有技术、档案等管理制度。

（5）有必要的工程试验检测设备。

（6）申请工程监理资质之日前1年内没有本规定第16条禁止的行为。

（7）申请工程监理资质之日前1年内没有因本企业监理责任造成重大质量事故。

（8）申请工程监理资质之日前1年内没有因本企业监理责任发生三级以上工程建设重大安全事故或者发生两起以上四级工程建设安全事故。

3. 丙级。

（1）具有独立法人资格且注册资本不少于50万元。

（2）企业技术负责人应为注册监理工程师，并具有 8 年以上从事工程建设工作的经历。

（3）相应专业的注册监理工程师不少于《专业资质注册监理工程师人数配备表》中要求配备的人数。

（4）有必要的质量管理体系和规章制度。

（5）有必要的工程试验检测设备。

（三）事务所资质标准

1. 取得合伙企业营业执照，具有书面合作协议书。

2. 合伙人中有 3 名以上注册监理工程师，合伙人均有 5 年以上从事建设工程监理的工作经历。

3. 有固定的工作场所。

4. 有必要的质量管理体系和规章制度。

5. 有必要的工程试验检测设备。

具有综合资质的监理企业可以承担所有专业工程类别建设工程项目的工程监理业务，其他专业资质和事务所资质的监理企业按照相应资质分别监理不同类别的工程项目。

第六章

房地产交易监管法律制度

第一节　建设用地转让监管法律制度

一、建设用地使用权转让的概念

建设用地使用权转让是指建设用地使用权人在其权利年限有效范围内，将其受让的建设用地使用权依法转移给他人的民事法律行为。具体而言，建设用地使用权转让是建设用地使用权出让后，受让方按照建设用地使用权出让合同约定的期限和条件对土地进行投资开发后，通过出售、赠与或交换等方式，将自己享有的未满期的建设用地使用权转让给受让人，受让人在转让人建设用地使用权有效年限内受让建设用地使用权的民事法律行为。在建设用地使用权转让法律关系中，原先的建设用地使用权人称为转让人，从转让人手中依法取得建设用地使用权的人称为受让人。《城镇国有土地使用权出让和转让暂行条例》第 19 条第 1 款规定："土地使用权转让是指土地使用者将土地使用权再转移的行为，包括出售、交换和赠与。"建设用地使用权转让属于转移物权的行为，原权利人所享有的权利仅仅是依出让合同取得的一定期限的建设用地使用权，因而受让人享有的只能是原权利人剩余期限的权利。

建设用地使用权转让与建设用地使用权出租也不同。建设用地使用权转让是权利的彻底让与，亦即将建设用地使用权买断，由受让人取代转让人即原先的建设用地使用权人的地位而成为新的建设用地使用权人，转让人就此失去建设用地使用权，转让人与国家所签订的建设用地使用权出让合同规定的权利义务随建设用地使用权转让而移转给受让人；建设用地使用权出租则是出租人将其权利租给承租人使用一定年限，出租人仍保有建设用地使用权，只是自己不直接使用土地，出租人作为建设用地使用权人仍须履行建设用地使用权出让合同，租赁合同届满而建设用地使用权合同尚未届满时，出租人有权收回土地并由自己直接使用。建设用地使用权转让是处分行为，而建设用地使用权出租是负担行为；建设用地使用权转让是转让人为受让人设立物权——建设用地使用权的行为，而建设用地使用权出租则是在出租人与承租人之间产生债权债务关系的行为。

二、建设用地使用权转让的方式

《城镇国有土地使用权出让和转让暂行条例》第 19 条第 1 款规定："土地使用权转让是指土地使用者将土地使用权再转移的行为，包括出售、交换和赠与。"《房地产管理法》第 37 条规定："房地产转让，是指房地产权利人通过买卖、赠与或者其他合法方式将其房地产转移给他人的行为。"《物权法》第 143 条规定："建设用地使用权人有权将建设用地使用权转让、互换、出资、赠与或者抵押，但法律另有规定的除外。"以上规定的是建设用地使用权协议转让的方式，除此之外，尚有法定转让方式，即继承。

（一）出售

建设用地使用权出售是指转让人以获取价金为目的的将建设用地使用权转让给受让人，受让人支付价金并获取建设用地使用权的民事法律行为。建设用地使用权的出售实则是建设用地使用权的买卖，通过建设用地使用权买卖合同的形式实现。建设用地使用权买卖是建设用地使用权与价金的对等移转，与一般买卖是标的物所有权与价金对等移转略有不同。《城镇国有土地使用权出让和转让暂行条例》第 26 条规定，土地使用权转让价格明显低于市场价格的，市、县人民政府有优先购买权。建设用地使用权转让中的优先购买权是法定的于将来一定条件下取得建设用地使用权的排他性权利，其发生的条件是建设用地使用权转让价格明显低于市场价格，其发生的时间是建设用地使用权人与第三人转让建设用地使用权行为成立之时。从法理上讲，此似为土地所有权产生的优先购买权。[1]从经济学上讲，市、县人民政府的优先购买权是为了保障土地利用的高效益。

（二）交换

建设用地使用权交换是两个建设用地使用权人之间就建设用地使用权进行互易的行为，本质上是一种权利互易。建设用地使用权交换，双方当事人互负对等义务，都负有向对方当事人移转建设用地使用权的义务，并都负有权利瑕疵担保义务。建设用地使用权的交换准用建设用地使用权买卖的规定。

（三）赠与

建设用地使用权赠与是指建设用地使用权人将其权利无偿地移转给他人的行为。

---

〔1〕 张俊浩主编：《民法学原理》，中国政法大学出版社 1997 年版，第 437 页。

赠与行为是一种无偿行为，出赠人负有移转建设用地使用权的义务而受赠人无支付对价的义务；建设用地使用权赠与须待建设用地使用权权属变更登记完成始产生权利移转的法律效力。

（四）继承

建设用地使用权继承是指建设用地使用权人死亡后，依法符合继承条件的人，继承权利人建设用地使用权的行为。继承分法定继承和遗嘱继承两种方式。继承人继承建设用地使用权的同时也要承担附随权利的义务。同时，广义的继承还包括企业合并分立的情况，企业合并分立亦发生建设用地使用权的移转。

（五）建设用地使用权出资入股

建设用地使用权出资入股，即以建设用地使用权作价出资（公司法规定股东可以建设用地使用权作价出资），并应当依法办理建设用地使用权的移转手续。由此可见，建设用地使用权出资入股亦是建设用地使用权转让的方式之一，亦即建设用地使用权从股东手中转移至公司手中，建设用地使用权出资入股后，股东取得股权，公司则取得建设用地使用权。以提供建设用地使用权作为联营条件，其建设用地使用权是否转让，应视联营的不同形式而定：①《民法通则》第51条规定，企业之间或者企业、事业单位之间联营，组成新的经济实体，独立承担民事责任、具备法人条件的，经主管机关核准登记，取得法人资格。因此在法人型联营中，建设用地使用权发生转让，即从联营方手中移转至联营体手中。②《民法通则》第52条规定，企业之间或者企业、事业单位之间联营，共同经营、不具备法人条件的，由联营各方按照出资比例或者协议的约定，以各自所有的或者经营管理的财产承担民事责任，依照法律的规定或者协议的约定负连带责任的，承担连带责任。因此在合伙型联营中，建设用地使用权亦发生移转，即由联营一方单独使用移转至联营各方共同使用。③《民法通则》第53条规定，企业之间或者企业、事业单位之间联营，按照合同的约定各自独立经营的，它的权利和义务由合同约定，各自承担民事责任。因此在合同型联营中，建设用地使用权并不发生转让。

三、建设用地使用权转让的原则

建设用地使用权转让的原则是指法律规定的建设用地使用权转让所必须遵行的规则和准则，是建设用地使用权转让必须遵循的基本规则，转让行为的当事人不得以协议加以变更。依据有关法律规定，建设用地使用权转让应遵循以下几项原则：

（一）权利义务同时移转原则

权利义务同时移转原则又称"认地不认人"原则，是指建设用地使用权转让时，转让人与原建设用地使用权出让人所签订的出让合同，以及登记文件中所载明的权利、义务随之移转给受让人，建设用地使用权发生多次移转亦是如此。建设用地使用权转让只能是原土地使用权出让合同和登记文件中所载明的权利的移转，权利不得扩张，建设用地使用权人不能将大于自己所享有的权利转让给他人，只能是原建设用地使用权出让合同规定的使用年限减去建设用地使用者已使用年限后剩余年限的建设用地使用权的移转。建设用地使用权无论移转给谁，国家与土地使用者之间的权利义务关系不变，新的建设用地使用者必须履行原建设用地使用权出让合同和登记文件中所载明的权利义务。《城镇国有土地使用权出让和转让暂行条例》第 21 条规定："土地使用权转让时，土地使用权出让合同和登记文件中所载明的权利、义务随之转移。"《房地产管理法》第 42 条亦规定："房地产转让时，土地使用权出让合同载明的权利、义务随之转移。"由于权利义务同时移转原则是法定原则，不论转让当事人在从事转让行为时是否意识到此原则，不得以不知法律规定为由拒绝履行原建设用地使用权出让合同规定的义务；当事人如转让的权利大于其本身所享有的权利，其转让行为无效，其中部分无效不影响其他部分的效力的，其他部分仍然有效。权利义务同时移转原则是国家加强土地监管的一个重要方面，使建设用地使用权出让合同所规定的义务始终附着于建设用地使用权，防止因建设用地使用权转让而出现不合理使用土地的局面。

（二）产权一致原则

产权一致原则是指建设用地使用权与其地上建筑物所有权的权利人一致，建设用地使用权转让时，其地上建筑物、其他附着物所有权亦随之移转；地上建筑物、其他附着物所有权转让时，其使用范围内的建设用地使用权亦随之转移。《房地产管理法》第 32 条规定："房地产转让、抵押时，房屋的所有权和该房屋占用范围内的土地使用权同时转让、抵押。"《城镇国有土地使用权出让和转让暂行条例》第 23 条规定："土地使用权转让时，其地上建筑物、其他附着物所有权随之转让。"第 24 条第 2 款规定："土地使用者转让地上建筑物、其他附着物所有权时，其使用范围内的土地使用权随之转让，但地上建筑物、其他附着物作为动产转让的除外。"《物权法》第 142 条规定："建设用地使用权人建造的建筑物、构筑物及其附属设施的所有权属于建设用地使用权人，但有相反证据证明的除外。"第 146 条规定："建设用地使用权转让、互换、出资或者赠与的，附着于该土地上的建筑物、构筑物及其附属设施一并处分。"第 147 条规定："建筑物、构筑物及其附属设施转让、互换、出资或者赠与的，该建筑物、构筑物及其附属设施占用范围内的建设用地使用权一并处分。"产权一致原则的作用在于：①简化法律关系。建设用地使用权人与地上建筑物所有权人必须一致，其资格的转让亦须一致，这有利于法律关系的简化，避免法律关系错综复杂。②取得建设用地使用权是取得地上建筑物所有权的前提。房地产开发的程序是建设用地使用权出让，取得建设用地使用权，然后进行房地产开发，取得地上建筑物所有权，未取得建设用地使用权的房地产开发是违法行为，其建造的房屋属于违章建筑，对于违章建筑，或者责令限期拆除，或者没收收归国有。

（三）效益不可损原则

效益不可损原则是指建设用地使用权的转让或地上建筑物、其他附着物所有权的转让，不得损害土地及地上建筑物的经济效益，并须经过政府审批。其具体包含以下几点：

1. 建设用地使用权转让时，其地上建筑物或其他附着物应同时转让，反之亦然，一般不允许将建设用地使用权与地上建筑物、其他附着物分开转让。

2. 建设用地使用权转让价格明显低于市场价格时，市、县人民政府有优先购买权；建设用地使用权转让价格不合理上涨时，市、县人民政府可以采取必要的措施予以调节。

3. 转让以划拨方式取得建设用地使用权的房地产时，须报有批准权的人民政府审批，准予转让的，或者办理建设用地使用权出让手续并支付建设用地使用权出让金，或者不办理建设用地使用权出让手续而把转让收益中的土地收益上缴国家或作其他处理。

4. 转让建设用地使用权后须改变土地用途的，必须取得市、县人民政府土地管理部门和城市规划行政主管部门的同意，签订建设用地使用权出让合同变更协议或者重新签订建设用地使用权出让合同，并相应调整建设用地使用权出让金。《物权法》第140条规定："建设用地使用权人应当合理利用土地，不得改变土地用途；需要改变土地用途的，应当依法经有关行政主管部门批准。"因此，建设用地使用权转让前后，如欲变更土地用途，均须办理有关批准手续。

四、建设用地使用权转让的生效要件

建设用地使用权转让是一种民事法律行为，须具备民事法律行为的要件方能生效。同时，建设用地使用权转让涉及国家和社会利益甚大，对此国家要加以调整，一方面国家作为土地的所有权人对建设用地使用权的转让加以约束；另一方面国家作为政权主体亦要对建设用地使用权的转让加以管理。总而言之，建设用地使用权的转让除具备民事法律行为的一般生效要件外，尚应具备以下特别生效要件：

（一）建设用地使用权须具备可转让的条件

1. 以出让方式取得的建设用地使用权的转让条件。根据《房地产管理法》第39条的规定，转让以出让方式取得的建设用地使用权应当符合下列条件：①按照建设用地使用权出让合同约定已经支付全部建设用地使用权出让金，并取得建设用地使用权证书；②按照建设用地使用权出让合同约定进行投资开发，属于房屋建设工程的，完成开发投资总额的25%以上，属于成片开发土地的，形成工业用地或其他建设用地条件；③转让建设用地使用权时房屋已建成的，还应当持有房屋所有权证书。

《城镇国有土地使用权出让和转让暂行条例》第 19 条第 2 款明确规定："未按土地使用权出让合同规定的期限和条件投资开发、利用土地的，土地使用权不得转让。"以防止炒卖地皮的行为。

2. 以划拨方式取得的建设用地使用权的转让条件。以划拨方式取得建设用地使用权的，转让房地产时，应当按照国务院的规定，报有批准权的人民政府审批。有批准权的人民政府准予转让的，应当由转让方办理建设用地使用权出让手续，并依照国家有关规定缴纳建设用地使用权出让金。

以划拨方式取得建设用地使用权的，转让房地产报批时，有批准权的人民政府按照国务院的规定决定可以不办理建设用地使用权出让手续的，转让方应当按照国务院规定将转让房地产所获收益中的土地收益上缴国家或者作其他处理。

3. 拟转让的房地产不具有禁止转让的情形。禁止转让情形有：①以出让方式取得的建设用地使用权，不符合《房地产管理法》第 39 条规定的条件的，即不符合上述以出让方式取得建设用地使用权的转让条件的；②司法机关和行政机关依法裁定、决定查封或者以其他形式限制房地产权利的；③依法收回建设用地使用权的；④共有房地产未经其他共有人书面同意的；⑤权属有争议的；⑥未依法登记领取权属证书的；⑦法律、行政法规规定禁止转让的其他情形。

（二）当事人须订立书面转让合同

《物权法》第 144 条规定："建设用地使用权转让、互换、出资、赠与或者抵押的，当事人应当采取书面形式订立相应的合同。使用期限由当事人约定，但不得超过建设用地使用权的剩余期限。"因此，建设用地使用权转让是要式民事法律行为，当事人应当以书面形式签订建设用地使用权转让合同，明确转让的价格、移转土地占有的时间等条件。建设用地使用权转让合同是转让方与受转让方之间关于建设用地使用权移转的合意，主要有建设用地使用权买卖合同、建设用地使用权交换合同、建设用地使用权赠与合同、建设用地使用权入股或联营合同等。

（三）须办理建设用地使用权过户登记

建设用地使用权的过户登记是指受让人凭依法取得的有关建设用地使用权的有效文件到法定机关办理建设用地使用权变更登记。建设用地使用权转让乃是不动产物权的变动，应当到法定机关办理登记才能发生物权变动的效力（即登记要件主义），但狭义的继承除外。《物权法》第 145 条规定："建设用地使用权转让、互换、出资或者赠与的，应当向登记机构申请变更登记。"2014 年 11 月 24 日国务院颁布《不动产登记暂行条例》，规范房屋、建设用地使用权等过户登记行为。

第二节 房屋转让监管法律制度

一、房地产转让的概念

房地产转让是指房地产权利人通过买卖、赠与或者其他合法方式将其房地产转移给他人的行为。可以从以下几方面来理解房地产转让的概念:

1. 房地产转让的主体是房地产权利人,包括房产所有人及土地使用权人。非房地产权利人无权转让房地产。

2. 房地产转让的客体是房屋的所有权,以及该房屋所占用范围内的土地使用权。除单独设立土地使用权的情况外,由于房与地之间不可分离的特性,房屋的所有权与该房屋所占用范围内的土地使用权须一同转让。

3. 房地产转让的形式为房地产买卖、房地产赠与及其他合法方式。其他合法方式如房地产交换、房屋继承等。方式的多样化表明房地产的转让既可能是有偿行为也可能是无偿行为。

4. 房地产转让区别于房地产租赁与抵押等其他交易方式的本质特点在于房地产转让是将房产所有权或地产使用权转移给他人的行为,一旦转让行为成立则原产权人的一切权利均由新产权人享有,原产权人丧失原权利。

房地产转让行为是平等主体之间的民事法律行为,当事人之间法律地位平等,意思表示自愿。除此之外,房地产的转让还须遵循前节所述的下列原则:①房地同时转让原则;②效益不可损原则;③土地使用权出让合同规定的全部权利义务随土地使用权同时转移原则。房地产买卖行为中,还必须遵守国家法律关于房地产价格申报制度及登记管理等制度的要求。

二、房地产转让行为的有效条件

房地产转让诸行为中房地产买卖行为是最典型、最重要的形式;房地产赠与行为与房地产买卖行为最主要的区别是权利转移的无偿性;房地产交换行为属于民法原理中的"互易"行为,其与房地产买卖行为最主要的区别在于其转让代价是房地产而非金钱。现以房地产买卖行为为例证,分析其法律行为的有效条件,其要求大部分亦适用于房地产赠与、交换等其他转让行为。

(一)主体具有合法资格

1. 自然人主体。自然人作为房地产买卖行为的主体时,必须具备民事权利能力及完全民事行为能力;无民事行为能力人与限制民事行为能力人不得从事房地产买卖行为,应由其法定代理人代为进行。此外,根据我国《继承法》之规定,分割遗产时必须保留胎儿的继承份额，因此在继承这一房地产转让形式中，胎儿虽因不具有民事权利能力而不能成为权利主体，但仍应据此条规定保障其合法利益。

2. 非自然人主体。企业、事业单位、机关团体作为权利主体进行房地产买卖的，必须具有法人资格，否则行为无效。另外，还必须注意下列特殊规定：①公有房屋买卖中，国有房屋出卖人应是国家授权依法行使经营和管理权利的单位，且须经国有资产管理部门批准同意；集体所有的房屋出卖人必须是集体组织（即产权人）。②私房买卖中，机关团体、部队、企事业单位因特殊需要而购买私房的，必须经县以上人民政府的批准。③商品房买卖中，开发公司须持有有关批准手续及营业执照；商品房预售主体还须符合其他法定条件。

（二）客体符合法律要求

不受限制的房地产，均可自由转让。

1. 下列房地产禁止买卖：①以出让方式取得的土地使用权不符合法定条件的，其房地产不得买卖。必须符合的法定条件是：首先，须按照出让合同的约定已经支付全部土地使用权出让金，并取得了土地使用权证书；其次，按照出让合同的约定进行了投资开发，其中属于房屋建设工程的须完成开发投资总额的25%以上；属于成片开发土地的，形成工业用地或者其他建设用地条件；最后，转让时房屋已经建成的，还应当持有房屋所有权证书。②以划拨方式取得土地使用权的，转让房地产时须报有批准权的人民政府审批，否则不得转让。划拨土地使用权的商品化问题，前面已经提及，此处不再赘述。③司法机关和行政机关依法裁定、决定查封，或者以其他形式限制房地产权利的房地产不得转让。此种房地产，其权利转移已被司法权力强行禁止，权利人无权对之处分，故不能转让。④依法收回土地使用权的房地产不得转让。根据房地一体原则，房产所有权的合法基础就在于合法的土地使用权。土地使用权被国家收回后，房产所有权一般也随土地收归国有，故原权利人已无权转让房地产。⑤共有房地产未经其他共有人书面同意的，不得转让。⑥权属有争议的房地产不得转让。权属未确定时，真正的权利人并未确定，若擅自转让的话，有可能损害真正的权利人的利益。⑦未经依法登记领取权属证书的房地产不得转让。房地产属于典型的不动产，权属证书是权利人享有权利的合法证明。未依法登记领取权属证书的房地产，无法确定其合法的权利人，故禁止转让。⑧除依人民法院判决外，在城市改造规划实施范围内，在国家建设征收土地范围内的城市房屋，禁止转让，但禁止期限不得超过1年。⑨寺庙、道观房地产产权一般归宗教团体所有，不得转让。

2. 下列房地产属于受到买卖限制的房地产：①机关、团体、部队、企事业单位不得购买或变相购买城市私有房屋，如因特殊需要必须购买，须经县以上人民政府批准。②根据《经济适用住房管理办法》的相关规定，经济适用住房购房人拥有有限产权。购买经济适用住房不满 5 年，不得直接上市交易，购房人因特殊原因确需转让经济适用住房的，由政府按照原价格并考虑折旧和物价水平等因素进行回购。购买经济适用住房满 5 年，购房人上市转让经济适用住房的，应按照届时同地段普通商品住房与经济适用住房差价的一定比例向政府交纳土地收益等相关价款，具体交纳比例由市、县人民政府确定，政府可优先回购；购房人也可以按照政府所定的标准向政府交纳土地收益等相关价款后，取得完全产权。③单位集资建房的产权关系按照经济适用住房的有关规定执行。④房屋所有人出卖租出的城市私有房屋的，须在合理期限之前通知承租人，在同等条件下，承租人有优先购买权。出租人未按此规定出卖房屋，承租人可以请求人民法院宣告该房屋买卖行为无效。此即"买卖不破租赁原则"的体现。⑤城市私房共有人出卖共有房屋的，在同等条件下，共有人有优先购买权。⑥公有旧房出售时，原住户有优先购买权；职工购买旧房居住或经营一定时期后（5 年），允许其出售，但原出售单位有优先购买权。

以上禁止和限制买卖房地产的规定，体现了政府对房地产交易的干预。

（三）形式要件

房地产的转让必须订立书面合同，并须由当事人到房地产管理部门办理权属登记手续，领取房地产权属证书之后，其行为方才有效。

（四）意思表示要件

房地产买卖必须在自愿平等、等价有偿的基础上进行，才能使双方当事人的利益得到保护，因此，双方的意思表示必须真实。根据我国《民法通则》及《合同法》的规定，一方以欺诈、胁迫的手段或乘人之危，使对方在违背真实意思的情况下订立的合同，受损害方有权请求人民法院或仲裁机构变更或者撤销合同；违反法律规定的越权代理，以及以被代理人名义同自己订约或自己为买卖双方同时代理订约的行为无效。另外当事人的意思表示必须出于善意，恶意串通损害国家、集体及第三人利益的行为，以合法形式掩盖非法目的的房屋转让行为也均同样无效。

（五）房地产转让不得违反政策、法律和社会公德

三、房地产转让合同

《房地产管理法》规定：房地产转让必须签订书面合同。现同样以房地产买卖合同为例进行分析。

（一）合同的订立过程

房地产买卖合同的订立须经历要约与承诺两个阶段。要约，是买卖当事人向对方当事人提出签订买卖房地产合同的意思表示。该意思表示须符合如下要求：①明确地向对方表明买卖房地产的意图；②具体写明房地产的数量、质量、坐落位置、价格、交付方式及期限等主要内容；③表明请对方当事人在规定期限内给予答复的

要求；④要约必须送达受要约人。

针对实践中出现的争议，2003年6月1日起实施的最高人民法院《关于审理商品房买卖合同纠纷案件适用法律若干问题的解释》第3条明确规定，商品房的销售广告和宣传资料为要约邀请，但是出卖人就商品房开发规划范围内的房屋及相关设施所作的说明和允诺具体确定，并对商品房买卖合同的订立以及房屋价格的确定有重大影响的，应当视为要约。该说明和允诺即使未载入商品房买卖合同，亦应当视为合同内容，当事人违反的，应当承担违约责任。

承诺，则是买卖当事人一方对另一方所提出的要约或反要约完全同意的意思表示。承诺必须明确表示同意要约人或反要约人的意见，并且全部接受了对方提出的合同内容。

双方经过要约与承诺过程之后，签订书面合同，合同即已成立并生效，由于我国实行不动产权属变更登记生效原则，故签订合同之后，当事人还须到不动产登记机关办理房地产产权变更登记手续，领取产权证书，不动产物权才发生转移。

现在很多地方都出台了网上签订合同的规定。网上签订及备案是指商品房买卖双方直接登录商品房买卖合同网上签订及备案系统，在线签订商品房买卖合同，通过网签系统将商品房买卖合同中的房屋权利状况和自然状况数据在房屋登记簿即时记载的行为。网签系统打印的合同文本即是已备案的合同文本，如其与备案记载不一致时，以交易登记机构登记簿记载为准。

推行网签有以下几个好处：①房源信息公开透明。买卖双方登录网签系统即可查看所有的未售房源，基本上解决了"捂盘"、"惜售"的问题。②防止出现"一房两卖"或"一房多卖"的问题。买卖双方一旦在网签系统中录入合同并提交备案后，该套房源信息即变为已售状态，无法另行网签，从而保障了购房人的权益。③高效便捷。买卖双方一经网上签约，合同提交后即时予以备案，购房人在网上能够即时查看到该套房屋已备案，省却了购房人和开发企业多次往返售楼处及登记机构的时间。④为房地产市场宏观调控决策提供了准确的数据。网上签约及备案能够及时将房屋成交量及相应价格准确数据提供给相关部门，为政府主管部门进行监管提供依据。

（二）房地产买卖合同的主要内容

1. 标的。房地产买卖合同的标的就是房地产。在订立买卖契约时，对于标的物首先要审查其是否符合有关法律对房地产转让客体的要求。具体参见前述客体有效合法条件及限制。同时，房地产合同必须载明房地产坐落位置、部位、类型、结构、房屋朝向、门牌号码等。房屋附属设施是否一同转让也应注明。根据《房地产管理法》的规定，合同中应当载明土地使用权取得的方式。

2. 数量。即房地产的面积与数量。合同中关于数量的约定必须明确，应使用明确量词，而不应笼统称几房几室等。如注明面积，应明确是建筑面积，还是实际使用面积，同时还须明确公用面积的摊销等。

3. 价款。这是受让人取得房地产产权所付的代价，是房地产买卖合同必备的条款。由于我国实行房地产价格评估制度及房地产成交申报制度，所以，合同当事人应如实填报房地产价款。

4. 履行期限。即债务人实际负担其债务的期限，包括房产何时交付、价款何时交付及何时履行过户登记手续等内容。

5. 履约方式。即价款的交付方式和房地产交付方式。前者如一次性付款或是分期付款；后者包括房屋及其附属设施的验收、接管，过户手续的办理，有关税费的交纳，房地产权利证书的领取。

6. 违约责任。房地产合同亦适用民事合同全面履行原则，如当事人违反合同规定，不履行或不完全履行合同规定的义务，则必须承担违约责任。具体承担责任的方式有支付违约金、赔偿损失；有定金约定的执行定金罚则。

上述六点是房地产买卖合同必备的条款，有些书籍将争议的解决方式亦列为合同必备条款，其主要内容是载明发生合同纠纷时，当事人是申请仲裁还是向人民法院起诉。值得注意的是，房产登记机关一般推荐使用房屋买卖合同的规范文本。

（三）合同的履行、变更和解除

土地是房屋的载体，因此，在我国土地使用权出让合同是房地产转让合同的前提。依据《房地产管理法》第42条、《城镇国有土地使用权出让和转让暂行条例》第23条之规定，房地产转让方在转让自己的房地产时，出让合同也同时转让给了受让人。这就使得房地产转让合同的履行、变更和解除也有自己的特点。

房地产转让合同的履行既包括当事人签订的转让合同的履行，又包括原土地使用权出让合同的履行，因而，受让人要受到土地使用权出让合同中规定的各项义务的约束。例如《房地产管理法》关于房地产转让后土地使用年限的规定及不得改变土地使用权出让合同约定的土地用途的规定，这在履行上是房地产转让合同区别于其他财产转让合同的特征。

房地产转让合同的变更和解除的特点是除了转让合同约定的变更和解除合同的事由出现后，可以变更和解除合同外，出让合同约定的变更和解除合同的事由出现后，也可以变更或解除转让合同，而根据《城镇国有土地使用权出让与转让暂行条例》第17、39条，《房地产管理法》第20~22条的规定，土地使用权出让合同变更和解除的事由有以下几种情形：①土地使用权因使用年限届满而消灭；②土地使用权因国家提前收回而消灭；③土地使用权因土地灭失而消灭；④土地使用权因国家强制收回而消灭。

四、房地产转让程序

房地产转让程序，目前尚无完整而统一的法律规定，各地方法规与行政规章要求的并不一致。根据相关法律规定，总结房屋转让（主要为买卖）的一般性程序，概括如下：

1. 申请。由房屋所有人或代理人向房管部门递交要求买卖房屋的申请书并附上有关证明。如果代理进行房屋买卖，还应附具所有人的正式委托书。有关证明是指土地使用权证、房屋产权证、共有人的证明、身份证明、预售房产的有关证明等。实行网上签约的地方都是通过本地的房产管理系统来提交申请。

2. 签订买卖合同。买卖双方经协商一致，签订房屋买卖合同或契约。现在一般都使用住建部门和工商管理部门联合推荐的商品房买卖合同示范文本。如果采用网签的，双方当事人根据网上公布的商品房买卖合同示范文本，协商拟订合同条款。商品房买卖合同经双方当事人确认后，购房人在商品房买卖合同电子文本上输入相关的个人信息，并设置密码；房地产开发企业应当场采集购房人人像信息，并将已设置密码的商品房买卖合同电子文本和购房人人像信息一并发送至房产管理部门办理备案手续；商品房买卖合同发送至网上登记备案系统后，管理系统自动进行登记备案，并生成统一的合同编号，同时在商品房销售楼盘表内自动显示该商品房为已销售状态；房地产开发企业应使用备案系统专用纸张打印已备案的商品房买卖合同纸质文本和合同备案证明书，并由双方当事人签名或盖章。

3. 评估价格。房管部门接到卖房人的申请后，应对相关材料进行审查，并安排测量和评估。

4. 缴纳契税和补交地价。房屋买卖必须由买方向税务机关缴纳契税，税率为房屋买价的6%，纳税的房价一般为房地产的评估价格。此外，根据国家物价局、建设部文件《关于解决在房地产交易中国有土地收益流失问题的通知》和各地的具体规定，对无偿划拨土地的房屋买卖（不包括房地产开发新建的商品房），出卖人必须缴纳土地收益金给房地产管理部门。

5. 登记发证。房屋买卖双方持合法证件（如产权证明书、纳税证明、买卖合同、土地使用权证、身份证、工作证或户籍簿及有关批件等），到房屋所在地房地产管理部门进行产权登记，办理过户手续，并应到土地管理部门办理土地使用权变更登记，换取土地使用权证。但有些地方（如深圳）由于撤销了房地产管理局，故房屋买卖只需到规划国土局办理产权登记过户手续，并且无需分别领取房屋所有权证和土地使用权证，只需领取一个《房地产证》即可。在上述房屋买卖过程中，应当注意房屋所有权转移的时间及风险责任的承担问题。《民法通则》第72条规定："财产所有权的取得，不得违反法律规定。按照合同或者其他合法方式取得财产的，财产所有权从财产交付时起转移，法律另有规定或者当事人另有约定的除外。"《物权法》第9条亦规定："不动产物权的设立、变更、转让和消灭，经依法登记，发生效力；未经登记，不发生效力，但法律另有规定的除外。"

五、商品房"限购令"制度[1]

商品房限购令的首次出现是在 2010 年 4 月北京市贯彻"新国十条"的实施细则中，随后上海、南京、杭州、福州、厦门、宁波、三亚、温州、海口、大连、广州、天津等城市纷纷响应中央政府的号召细化调控规则，出台住房限购政策。

作为一种房地产宏观调控措施，限购令从法律性质上看属于抽象行政行为。从限购令的主要内容来看，2010 年各地出台限购令的主要内容是限制公民购买多套住房，从而打击房地产投机行为。而到了 2011 年，出台的限购令则更加侧重于限制购房人的资格，主要是区分本地户籍居民和外地户籍居民，严格规定外地居民在本地购买商品房的条件。对违反规定购买超出当地规定的家庭限购套数，新购住房无法办理合同备案或房地产登记。

限购令显然不符合合同自由的精神，它过度干预了市场交易。其内容已经构成了对《物权法》、《合同法》和《价格法》等法律制度的违背。另外，限购令作为一种抽象行政行为违反了行政法的比例原则，也过度干预了市场主体的自主交易行为，有必要将其纳入司法审查范围。

随着我国房地产市场的变化，自 2014 年底很多城市已公开或半公开地取消了商品房"限购令"。

第三节　商品房预售监管法律制度

一、商品房预售的概念

商品房是指由房地产开发公司综合开发，建成后出售的住宅、商业用房和其他建筑物。商品房预售则是指房地产开发经营单位将建设中的商品房预先出售给承购人，由承购人根据预售合同支付房款并在房屋竣工验收合格后取得房屋所有权的房屋买卖形式。

商品房预售方式首创于香港，香港立信置业公司于 1954 年最先推出楼宇"分层售卖、分期付款"。由于房屋尚在施工中便被"拆零砸碎"，分期分批地预售给广大投资者，如落英片片坠落，故商品房预售又被称为"卖楼花"。

---

〔1〕　参见符启林、王亮："限购令法律问题探究"，载《中国房地产（学术版）》2011 年第 8 期。

商品房预售对于房地产开发商来说，是十分必要的。房地产开发不仅所需资金巨大，而且开发周期长。房地产开发商不仅要投入巨额的资金——这是很多实力不那么雄厚的开发商所无法做到的，而且还要承担房屋竣工后房地产市场行情下跌的风险。实行商品房预售，不仅使房地产开发商可以在施工过程中获得一部分建设资金，加快了资金的回笼过程，减轻了借贷压力，而且大大推动了楼宇的销售，把房产市场行情变化的风险部分地转嫁出去。商品房预售对于买受人也有好处。从房地产开发商发售楼花到楼宇的正式竣工交付之间尚有一段较长的时间，房地产业的行情处于变动状态，"买楼花"时的房价与正式竣工时的房价之间可能形成差价，该差价促使买受人愿意进入房地产市场，成为商品房预售合同的买方。因此，为了促使房地产市场的发展，各国一般均允许商品房预售。

商品房预售的概念可做如下理解：

1. 预售房屋买卖行为的标的物是订约时尚在施工中的商品房，即期房。与现房交易相比，预售商品房买卖合同签订之时，其标的物尚未完全建成，买卖双方通过在合同中约定房屋的未来支付日期的方法，使承购人获得了房屋建成之后取得所有权的期待权。这意味着承购人一旦买到"楼花"就必定会取得房屋所有权，房屋开发商也只能把房屋交给"楼花"持有者，而不得把已作为"楼花"卖掉的房屋另行易主。从这一点上，可以将"楼花"预售行为看作是附期限的交易行为，承购人在期限到来之前拥有期待权，当期限到来之时便依合同拥有房屋所有权。

2. "楼花"本身可以自由转让。由于一般而言，从房地产开发商售"楼花"到楼宇的正式竣工交付之间尚有一段较长的时间，房地产业的行情处在变动状态，"买楼花"时的房价与正式竣工时的房价之间可能形成差价，该差价促使承购人愿意进入房地产市场将"楼花"再行出卖，获取利益。转让"楼花"的实质是把承购人获得的期待权出让。"楼花"的自由转让一般是受到各国政府许可的行为。

3. 商品房预售领域具有较强的国家干预性。由于在"楼花"的买卖中，承购人付出价款之后得到的只是一种对未来房屋所有权的期待，买方当事人处在不利的地位上，为了保护广大购房者的权益，国家对商品房预售行为有较为严格的限制，如对房屋预售的条件、程序及预售款用途等方面均作有特别规定。对于"楼花"再转让领域，我国房地产法律尚未作明确规定，但一些其他国家和地区的政府往往有严格的程序上的要求。

二、商品房预售的条件

商品房预售虽然是一种比较可行的销售方式，但如果管理不善，极易导致投机行为，损害消费者的正当权益。因此，必须通过立法明确商品房预售的条件。《房地产管理法》第45条第1款对此作了明确规定："商品房预售，应当符合下列条件：

①已交付全部土地使用权出让金，取得土地使用权证书；②持有建设工程规划许可证；③按提供预售的商品房计算，投入开发建设的资金达到工程建设总投资的25%以上，并已经确定施工进度和竣工交付日期；④向县级以上人民政府房产管理部门办理预售登记，取得商品房预售许可证明。"建设部曾在1994年发布《城市商品房预售管理办法》，该办法对规范商品房的预售活动起到了积极的作用。2001年8月15日，建设部对该办法进行了修正，并发布了《城市商品房预售管理办法》。2004年7月20日，建设部又对《城市商品房预售管理办法》进行了修正。

根据新修正的《城市商品房预售管理办法》，商品房预售条件，综合分析有如下这些：

1. 预售方应当符合法律规定的资格条件，否则不能从事商品房预售活动。预售方一般即为商品房的开发企业，其自身条件将决定商品房的开发是否能够达到最终的目的，与预购人的利益息息相关。因此，有必要对预售方予以明确规定，以保护预购人的利益。对于预售方应符合的条件，我国《房地产管理法》第30条规定房地产开发企业应当具备以下条件："①有自己的名称和组织机构；②有固定的经营场所；③有符合国务院规定的注册资本；④有足够的专业技术人员；⑤法律、行政法规规定的其他条件。"《城市房地产开发经营管理条例》第5条则对注册资本、技术人员给予进一步的规定："①有100万元以上的注册资本；②有4名以上持有资格证书的房地产专业、建筑工程专业的专职技术人员，2名以上持有资格证书的专职会计人员。"尽管我国对于预售方应达到的条件作出了明确规定，但实践中仍有很多"烂尾楼"存在，造成这种现象的重要原因就是法律法规规定的房地产开发企业注册资本限度太低。对于房地产开发而言，必须有强大的资金为后盾才能顺利进行，而法律法规规定的100万元注册资本显然过低。房地产开发企业为获得工程资金，只能向银行贷款，银行为保证贷款能够得到清偿，则往往要求抵押土地使用权。一旦开发企业不能偿还贷款，银行将从拍卖土地使用权所获资金中优先受偿。在此过程中，预购人的利益显然被忽视了。因此，本书建议国家提高房地产开发企业的注册资本限额。

2. 工程建设已基本落实。考察这一条件的标准有四个：①要有合法取得土地使用权的证明文件。如果使用的是农村集体土地，必须办理征用手续后取得了土地使用权；如果是使用城市土地，应向规划和土地管理部门分别提出申请，办理土地使用审批手续，已交付全部土地使用权出让金并取得土地使用权证书。②要获得建筑物规划设计方案的批准文件，持有建设工程规划许可证。③已获得施工许可证，有施工合同和有关施工进度的说明。④要做好建造房屋的场地准备工作，即所谓"七通一平"。

3. 有商品房预售方案。预售方案应当说明预售商品房的位置、面积、竣工交付日期等内容，并应当附有预售商品房分层平面图。

4. 按提供预售的商品房计算，投入开发建设的资金达到工程建设总投资 25% 以上，并已经确定施工进度和开工、竣工交付日期。开工、竣工日期由建设单位采取招标投标方式，或者通过与施工单位协商一致的方式作出。

5. 向县级以上人民政府房产管理部门办理预售登记，取得商品房预售许可证明。拟预售商品房的单位必须向当地房管部门申请，并提供有关证明供审查核准。只有经审核批准，商品房才能正式预售，向购房者预收购房款。商品房预售所得款项，必须用于有关的工程建设。最高人民法院《关于审理商品房买卖合同纠纷案件适用法律若干问题的解释》第 2 条规定，出卖人未取得商品房预售许可证明，与买受人订立的商品房预售合同，应当认定无效，但是在起诉前取得商品房预售许可证明的，可以认定有效。

三、商品房预售合同

（一）概念

商品房预售合同，又称期房买卖合同，是指房地产开发经营单位与预购方签订的，就承购方交付定金或预购款，开发商在未来的一定期日交付现房的交易行为达成的协议。

商品房预售合同是房屋买卖合同的一种，因此具有一般房屋买卖合同的特点，同时又具有自身的特点。对于商品房预售合同的理解，应当注意以下几点：①从主体上看，预售方必须是符合《房地产管理法》第 45 条所规定的条件的企业法人，否则，将因合同主体不适格而导致无效。②从合同形式上看，预售方和预购方须签订书面合同。口头协议不发生法律效力。③商品房预售合同须登记备案。《房地产管理法》第 45 条第 2 款规定："商品房预售人应当按照国家有关规定将预售合同报县级以上人民政府房产管理部门和土地管理部门登记备案。"《城市商品房预售管理办法》第 10 条则明确将登记备案的时间限定在合同签订之日起的 30 日内。对于预售商品房登记备案的法律性质，最高人民法院《关于审理商品房买卖合同纠纷案件适用法律若干问题的解释》第 6 条规定，当事人以商品房预售合同未按照法律、行政法规规定办理登记备案手续为由，请求确认合同无效的，不予支持；当事人约定以办理登记备案手续为商品房预售合同生效条件的，从其约定，但当事人一方已经履行主要义务，对方接受的除外。由此司法解释精神可以推断，登记备案手续不是合同生效的要件。但总的来说，预售合同的登记备案制度有利于规范商品房预售行为，对于保护当事人正当的权益有重要意义。

《物权法》规定有不动产的预告登记制度，第 20 条规定，当事人签订买卖房屋或者其他不动产物权的协议，为保障将来实现物权，按照约定可以向登记机构申请预告登记。预告登记后，未经预告登记的权利人同意，处分该不动产的，不发生物权效力。预告登记后，债权消灭或者自能够进行不动产登记之日起 3 个月内未申请登记的，预告登记失效。

（二）商品房预售合同的主要条款

1. 主体。即预售人和预购人。预售人应当满足的条件，前已述及。对于预购人，我国法律、法规均无限制性规定。

2. 标的。即订约时尚在施工中的商品房。为了预防纠纷，合同中应载明预售商品房的基本情况，具体包括：房屋坐落位置、建筑面积（及其分摊面积）、土地使用权证号、土地使用权取得方式（出让或是划拨）、土地使用性质、商品房预售许可证号、建筑工程规划许可证号、房屋结构、房屋竣工交付日期、房屋装修标准、所购房屋平面图等。

3. 价款。这是商品房预售合同的必备条款，应载明双方约定的金额及币种。实践中，当事人的定价模式主要有三种：①国家定价，适用于"微利房"、"限价房"等必须执行国家定价的期房，以及双方当事人约定价格以有关部门的核定价格为准的期房。②确定价格，即一次性定价。即由合同明确约定所售期房每平方米的售价数额。③暂定价格，即预售房屋时先按某个价格支付部分房款，待商品房成交时再按交付时的市场价格计算。

4. 履约方式。这包括价款的交付方式及房地产的交付方式，前者可采取一次性付款或是分期付款的方式，还可以采取按揭贷款分期付款的方式。后者应明确商品房的验收、接管。

5. 违约责任。商品房预售合同适用合同法关于违约责任的规定。当事人一方不履行合同义务或履行合同义务不符合约定的，应当承担继续履行、采取补救措施或者赔偿损失等违约责任。此外，合同中约定定金条款的还要执行定金罚则。除不可抗力导致延期外，预售人不能如期交付商品房，预购人可选择解除合同并要求预售人偿还已交付的价金及利息，还可选择继续等待交付商品房，并要求预售人偿付商品房延期交付期间已付商品房价金的利息。预购人如不能按合同规定的期限交付商品房价金，预售人可选择解除合同，并将有关商品房另行出售，要求预购人赔偿其经济损失，还可于商品房竣工前选择继续等待预购人支付商品房价金，并要求预购人偿付逾期滞付款项的滞纳金。

以上这些条款是一般商品房预售合同应该具备的条款。除此之外，当事人还可以约定逾期履行的免责条件、纠纷的解决方式等条款。

（三）预售当事人的权利义务

商品房预售中，由于自签订合同至房屋交付，有一个比较长的过程。在此过程中，有可能发生各种变化，影响双方当事人的利益。为保护双方当事人的利益，应当明晰其权利义务，并以此约束双方的行为，保证预售活动，以及交付房屋等活动的顺利进行。

1. 预售人的义务。

（1）于合同约定的将来某个期日交付房屋并转移房屋所有权的义务。预售双方签订合同后，预购人享有于将来取得房屋的权利，预售人则相应承担交付房屋的义务。同时，由于房地产的转让需要办理相关权属登记手续，因此，对于预售人而言，其义务应当包含办理房地产过户等权属登记手续。《城市商品房预售管理办法》第12条明确规定，预售的商品房交付使用之日起90日内，承购人应当依法到房地产管理部门和市、县人民政府土地管理部门办理权属登记手续。开发企业应当予以协助，并提供必要的证明文件。由于开发企业的原因，承购人未能在房屋交付使用之日起90日内取得房屋权属证书的，除开发企业和承购人有特殊约定外，开发企业应当承担违约责任。

（2）瑕疵担保义务。预售人的该项义务包括质量担保及权利担保。质量担保指预售人向预购人交付房屋的质量，应当符合预售合同的约定和国家对于建筑工程质量的强制性规定。房屋质量与预购人的生命财产联系非常紧密，所以国家对建筑工程的质量有明确的规定，并要求只有在工程验收合格后，开发企业才能向预购人交付。同时，商品房预售合同中对于房屋质量的约定对预售人同样具有约束力，预售人应当遵守。权利担保则是指预售人应当保证预购人对房屋的所有权是完整的，不应当因第三人对该房屋享有权利而遭受任何阻碍。若第三人对房屋享有的权利对预购人的房屋所有权造成损害，预售人应当承担责任。现实中，开发企业为获得工程资金，往往将在建的房屋抵押给银行，以获得贷款，这就给预购人的房屋所有权埋下了隐患，一旦开发企业无法偿还贷款，银行有权将房屋拍卖并优先受偿。对于预购人而言，购买房屋的目的会遭受毁灭性的打击。因此，预售人应当保证房屋上不存在第三人的权利，以保证预购人的所有权不受任何阻碍。

针对实践中经常出现的开发商将已预售的商品房再抵押、再出售而损害预购人利益的情况，最高人民法院《关于审理商品房买卖合同纠纷案件适用法律若干问题的解释》第8条规定，如果商品房买卖合同订立后，出卖人未告知买受人又将该房屋抵押或出卖给第三人，导致商品房买卖合同目的不能实现的，无法取得房屋的买受人可以请求解除合同、返还已付购房款及利息、赔偿损失，并可以请求出卖人承担不超过已付购房款1倍的赔偿责任。

（3）专款专用义务。我国法律、法规明确规定了商品房预售中的专款专用制度，即预售方通过预售商品房获得资金，必须全部用于商品房的建设，不能挪作他用。法律法规作此规定的目的十分明显，即为保证商品房能够拥有充足的资金，并按期交付给预购人，但是，由于缺乏监督机制，导致该规定并不能真正实现。预售人通过预售获得资金后，并没有任何机构对资金的用途进行监督，这就导致预售人可以任意使用该款项。因此，有必要确定一个监督机构，对预售所得资金的使用进行监督，真正实现专款专用。

（4）缴纳、代收房地产有关税费的义务。根据我国税法的有关规定，销售商品房应缴纳的税费有：印花税、营业税、城市维护建设税、教育费附加、土地增值税、房屋买卖过户手续费等。预售人有代预购人交纳有关税费的义务。

2. 预购人的义务。

（1）支付房价款的义务。预购人应当按照商品房预售合同约定时间、方式支付房价款，否则应当承担违约责任。

（2）缴纳有关税费的义务。预购人承担的有关税费主要包括：契税、印花税、房地产权登记费、房屋过户手续费等。

四、商品房预售的程序

房地产开发经营单位取得商品房预售许可证后方可正式进入商品房预售程序，因此，许可证申请是商品房预售行为的第一步。具体而言，商品房预售的程序是：

1. 房地产开发商向房地产管理部门提出商品房预售许可证申请。在提交申请时，必须提交下列文件：①商品房预售许可申请表；②开发企业的《营业执照》和资质证书；③土地使用权证、建设工程规划许可证、施工许可证；④投入开发建设的资金占工程建设总投资的比例符合规定条件的证明；⑤工程施工合同及关于施工进度的说明；⑥商品房预售方案。预售方案应当说明预售商品房的位置、面积、竣工交付日期等内容，并应当附有预售商品房分层平面图。

商品房预售主管部门在接到开发经营企业申请后，应当详细查验各项证件和资料，在10日内作出审核结论，核发商品房预售许可证，并向社会公告。

开发经营企业进行商品房预售，应当向承购人出示《商品房预售许可证》。售楼广告和说明书必须载明《商品房预售许可证》的批准文号。未取得《商品房预售许可证》的，不得进行商品房预售。

2. 申请获得批准之后，预售单位方可将楼盘向社会出售，方可与承购者签订商品房预售合同。

3. 办理商品房预售合同登记备案手续。商品房预售人须将合同依国家法律规定报县级以上人民政府房产管理部门和土地管理部门登记备案。对此，我国《房地产管理法》及《城市商品房预售管理办法》均有明确规定。但是，对于商品房预售合同登记的效力，以前的法律并没有明文规定。各个地方的规定也不尽相同，有些地方规定未经登记的商品房预售合同无效，而有些地方则规定商品房预售合同未经登记不能对抗第三人。实践中也出现预售人有意不履行法律规定的登记备案义务，而将已预售的商品房再卖甚至是"一房三卖"的现象，严重损害了预购人的利益。如上文所述，登记备案手续并非商品房预售合同的生效要件，那么，《物权法》所规定的预告登记是否可以涵盖商品房预售合同登记备案手续？这有待于法律的进一步明确。

4. 房地产交付。房地产开发商须在房屋竣工后，按商品房预售合同的要求及时办理房屋交付手续，承购人凭合同及房屋交付凭证办理相关的房地产过户手续，并交纳有关费用。

五、预售商品房的再转让

（一）概述

商品房预售合同签订之后，承购人将尚未竣工的预售房屋再行转让给他人，这种行为就是通常意义上的预售商品房再转让行为，又称"炒楼花"。目前，我国法律对该行为尚无明确规定，《房地产管理法》第46条规定"商品房预售的，商品房预购人将购买的未竣工的预售商品房再行转让的问题，由国务院规定"。但目前为止，国务院一直未出台关于此问题的规定。各地对此问题的规定也不尽一致，有的地方同意转让"楼花"，有的地方禁止转让，有的地方则不置可否。

预售商品房再转让行为是否合法是一个争论已久的问题，因为承购人在签约之后并未得到真正的房屋所有权，其转让的只是将来取得房屋所有权的期待权利，吸引炒作者行为的是"楼花"价格上涨时的高额利润，因此"炒楼花"最终可发展成为极具投机性的行为。就房地产市场整体而言，"炒楼花"行为可以起到使开发商更快回流资金，降低开发成本，减少投资风险的作用，也可以使承购人及时收回投资，解决资金需求，对于房地产市场有活跃作用；另一方面，没有妥善管理的炒作行为，亦可能为一些炒作者牟取暴利提供机会，牵制市场价格，哄抬房价，使房地产市场畸形发展，大量资金流入个人腰包。因此，"炒楼花"行为有弊有利，既不应因噎废食，完全禁止预售商品房再转让，同时又要做好立法工作，加强管理，保证商品房预售市场健康发展。

香港对预售商品房再转让行为的管理经验，可资我们借鉴。香港在长期的对预售商品房再转让的管理过程中，形成了一套行之有效的管理措施，具体如下：①买方在签署买卖合同时，须付5%的房价，定金3%，如情况需要，政府有权规定把预付款提高到10%，定金5%（过去一般的预付款仅为楼价的1.5%，定金为1.5%）。②房地产商须在买方实际选楼前重新编排登记号码，此项规定意在打击那些雇人抢先排队及登记"买楼花"的投机商，照顾那些真正买楼使用的居民。③规定房地产商在出售"楼花"时限定每一买房人只许登记一次，同时买房人必须亲自登记，委托代理人的授权方式不允许受理。④规定每名登记的买房人只可购买一个单元住房。

⑤规定房地产商在每一次卖楼花时必须公布出售的房屋总数及预留的房屋数量。此外，预留的房屋须在售房登记及选择房屋单元之前，在房屋所在地及售房处公开展示。⑥买房人必须申报所购房屋的价钱，及向何人购买，以便为政府提供交易信息，作为记录，计算各项税费之用。⑦限制房地产公司内部职员及商业伙伴私下大批认购楼花和转让楼花。

（二）预售商品房再转让行为的性质

预售商品房再转让与一般商品房买卖的共同目的是使受让人取得房屋所有权。但两者之间有显著不同，即在预售商品房再转让中，承购人转让的是取得房屋所有权的期待权，而不是现存的房屋所有权。另外，因为这种转让是以让与人与合同权利的形式进行的，受让人极可能在享有合同权利的同时，须承担合同义务。

预售商品房经转让后，原承购人从商品房预售法律关系中脱离出来，而由受让人取代其在合同中的当事人地位，享有原承购人应享有的合同权利，负担原承购人应承担的合同义务，这是典型的合同转让行为。

关于合同的转让，我国《民法通则》第91条和《合同法》均有规定。《民法通则》第91条关于合同转让应当取得对方当事人的同意以及不得因合同转让而牟利的规定，带有浓厚的计划经济色彩，既不符合国外的流行做法，又不适应社会主义市场经济的发展需要。但上述关于禁止牟利的规定，《合同法》已不再采纳。对于债权让与，《合同法》采取通知生效原则，至于债务承担规定须经债权人同意。可见，在《合同法》生效后，预售商品房的再转让必须遵守该法中有关合同转让条款的规定。

实践中，商品房预售合同的再转让既可能是债权让与也可能是债务承担，还可能是合同的概括承受。具体属于何种，要依据承购人履行预售合同所规定的义务的程度来确定。据此，预售商品房的再转让可作以下区分：

1. 预售合同的债权让与。依预售合同规定，承购人承担的主要义务是支付房款的义务。在按揭购房中，承购人支付首期房款并授权贷款银行将贷款存入开发商专设账户中，即可视为履行完毕所负义务。在不采取按揭形式的商品房预售中，承购人依约如期付清全部房款即可视为完成所负义务。由于商品房从开工到建成要经过较长的一段时间，在这段时间内，完全可能发生上述的承购人履行完毕义务的情形。这种情形下发生的商品房预售合同的转让是债权让与行为。

2. 预售合同债权债务的一并转让。预售合同权利义务的一并转让，即受让人既依预售合同享有权利，又须依预售合同承担义务的合同让与行为。预售合同权利义务的一并转让具体可区分为如下两种情形：

（1）预售合同权利及部分义务的让与。实践中，承购人支付部分房款后，可能会出于某种原因，不愿再继续支付剩余房款，从而欲将合同让与第三人，这种让与是债权转让和债务承担的结合。被让与人的权利主要是房屋所有权之期待权。第三人所承担之义务是原承购人未履行完毕的合同义务，主要是付款义务。预售合同权利及部分义务的让与是典型的让与部分履行合同的行为。

（2）预售合同权利及全部义务的让与。这种让与意味着承购人签订预售合同后，未支付任何房款即将合同转让出去。这种行为投机性极大，属于典型的空买空卖，其恶性发展，极易影响资源稀缺的房地产市场的市场价格，而投机者牟取暴利的同时，必然损害大众利益。所以，今后在制定有关预售商品房的再转让的法律或规定时，对此一定要谨慎，并采取必要的管理及防范措施。

（三）预售商品房再转让的条件

1. 须签订转让合同。承购人与第三人或第三人与开发商应以合同形式明确合同主体的变更，如果仅存在债权让与，应由承购人与第三人签订债权让与合同。既有债权让与又有债务承担的，可由承购人与第三人签订债权让与合同，再由第三人与开发商签订债务承担合同。其中的债务承担合同也可以在第三人与承购人之间签订，但须经开发商同意方为生效。

2. 依照《合同法》关于合同转让的规定。《合同法》第80条第1款规定："债权人转让权利的，应当通知债务人。未经通知，该转让对债务人不发生效力。"第84条规定："债务人将合同的义务全部或者部分转移给第三人的，应当经债权人同意。"《合同法》在债权让与上以通知生效为原则。这是合理的。首先，债权作为一种财产，应承认权利人依法享有处分权，其中包括转让的权利。其次，债权让与和债务人的义务存在与否无关，也并不增加债务人的负担，不同的是，债务承担须经债权人同意，这是因为合同法律关系是特定当事人之间的权利义务关系，这种法律关系的成立存在一定的信用基础。作为债权人，往往将债务人的资金状况及信誉程度作为订立合同时所考虑的重要因素。在发生债务人变更后上述的资金状况及信誉程度实际上已发生了改变，这可能会影响到债权的实现。为公平起见，法律规定债权人之同意为债务承担之生效条件。

3. 须发生在承购人取得房屋所有权之前。房预售商品的再转让之所以属于合同转让行为，是因为承购人尚未依房屋所有权之期待权从开发商处继受房屋所有权。如果承购人办理了房产权登记，取得房屋所有权后发生的转让行为按一般的买卖行为处理。

4. 预售合同须合法有效。预售商品房再转让中转让的是预售合同的权利和义务。预售合同无效的，再转让行为将因标的不存在而无效。

房地产租赁市场监管法律制度

第一节 国有土地租赁监管法律制度

我国国有土地上的租赁关系有两种形态：一是建设用地使用权人将其拥有建设用地使用权的土地出租于他人使用，我国法律将其称为建设用地使用权出租[1]；二是国家将国有土地直接出租于土地使用权人使用，我国法律将其称为"国有土地租赁"[2]。不过法律的这一提法有待进一步斟酌：一是出租本来就是转移标的物的使用权能的行为，再提"使用权出租"不但有重复之嫌，而且易让人联想"所有权出租"、"抵押权出租"之类的概念；二是国有土地租赁从词义上看，是指以国有土地为标的物的租赁，而在土地使用权人出租国有土地和国家出租国有土地两种法律关系中，其标的物均为国有土地，法律以"国有土地租赁"单指其一，于逻辑不符，于实务徒生混乱。下面予以分述。

一、建设用地使用权人出租土地情形

（一）建设用地使用权人出租土地的含义

建设用地使用权人出租土地是指建设用地使用权人作为出租人，将建设用地使用权随同地上建筑物、其他定着物出租给承租人使用，承租人向出租人支付租金的双方民事法律行为。我国法律允许建设用地使用权人将其建设用地使用权出租，并采取建设用地使用权和建筑物所有权一致原则，有两种情形导致建设用地使用权出租：一是承租人以承租建设用地使用权为目的订立合同，土地上建筑物随同移转给

---

〔1〕 参见《城镇国有土地使用权出让和转让暂行条例》第四章。
〔2〕 参见国土资源部《关于印发〈规范国有土地租赁若干意见〉的通知》（国土资发〔1999〕222号）。

承租人；二是承租人以使用土地上的建筑物为目的订立合同，建设用地使用权随之出租给承租人。建设用地使用权与土地所有权分离后成为他物权的一种，是一种独立的财产权利，建设用地使用权人有权在其权利之上设置负担，将其享有的建设用地使用权予以出租。

如前所述，建设用地使用权人出租土地与建设用地使用权转让不同。建设用地使用权人出租土地与建设用地使用权出让亦不同。建设用地使用权出让是处分行为，是建设用地使用权从土地所有权分离而成为独立的财产权利，出让一方永远只能是土地所有权人（即国家）；建设用地使用权人出租土地则是负担行为，是在保留土地使用权的前提下将土地有偿交给承租人使用。

（二）建设用地使用权人出租土地的生效要件

建设用地使用权人出租土地是一种民事法律行为，除应具备一般要件外，尚须具备以下特殊要件：

1. 建设用地使用权人须具备出租条件。

（1）以出让方式取得建设用地使用权的，建设用地使用权人须按出让合同约定支付全部建设用地使用权出让金并取得土地使用证，并按建设用地使用权出让合同约定期限投资开发土地。对于房屋建设工程，须完成开发投资总额的25%以上；属于成片开发用地的须形成工业用地或者其他建设用地条件；土地出租时房屋已经建成的，还应当持有房屋所有权证书。

（2）以划拨方式取得建设用地使用权的，出租土地时，应经市、县人民政府土地管理部门和房产管理部门批准，与政府有关部门签订建设用地使用权出让合同，向当地市、县人民政府补交建设用地使用权出让金或以出租所获收益抵交建设用地使用权出让金。

2. 建设用地使用权的出租应当随同地上建筑物、其他定着物一起出租。《城镇国有土地使用权出让和转让暂行条例》第28条第1款规定："土地使用权出租是指土地使用者作为出租人将土地使用权随同地上建筑物、其他附着物租赁给承租人使用，由承租人向出租人支付租金的行为。"根据该条推定，土地上应当有"建筑物、其他附着物"，否则如何"随同"？《房地产管理法》也只规定了房屋租赁（第四章第四节），而没有规定建设用地使用权人的土地出租问题。《城镇国有土地使用权出让和转让暂行条例》当初的这一规定主要是为了限制"炒地皮"现象，现在看来似乎失之过严。只要建设用地使用权人投资达到法定要求，即可出租，而不必非有建筑物或其他附着物不可，否则有限制土地流通到最需要者手中之虞。值得注意的是，国家出租土地没有这一限制。

3. 签订土地租赁合同。建设用地使用权人出租土地，出租人与承租人应当签订租赁合同。土地出租合同是出租人将土地交给承租人使用、承租人向出租人支付租金的合意。土地出租合同应当以书面形式订立，《城镇国有土地使用权出让和转让暂行条例》第 29 条也明确规定："土地使用权出租，出租人与承租人应当签订租赁合同。租赁合同不得违背国家法律、法规和土地使用权出让合同的规定。"

4. 出租人须依法办理登记。一般的租赁合同不需要登记，自合同成立时起生效，而土地和地上建筑物、其他定着物出租，出租人应当依照规定办理登记。

（三）建设用地使用权人出租土地的效力

1. 承租人取得租赁权，可以依照租赁合同对土地进行占有、利用和经营。同时，承租人应向出租人支付租金，并依租赁合同规定的条件使用土地，承租人不得自行转租，于租赁合同届满时应按照规定将土地交还给出租人。

2. 出租人仍继续履行建设用地使用权出让合同，建设用地使用权出让合同规定的权利义务并未随土地的出租而移转给承租人，仍由出租人承担。同时，出租人仍须负担租赁合同义务，即将土地交付给承租人占有使用并承担权利瑕疵担保责任。

3. 承租人取得的租赁权虽为债权性权利，但具有某些物权的效力，即在租赁合同有效期间，承租人依其租赁权，可以排斥出租人将土地再次出租，出租人如将建设用地使用权转让给第三人，租赁合同对新的土地使用权人继续有效（即买卖不破租赁），并且在有偿转让的条件下承租人有优先购买权，即在同等条件下优先于第三人而受让建设用地使用权。这就是不动产租赁权的物权化。

4. 出租期限不得超过出租人尚享有的权利年限，超过的部分归于无效。一次租赁期限也不得超过 20 年，期满可以续订（《合同法》第 214 条）。另外，我国对建设用地使用权实行用途管制，出租建设用地使用权的用途必须合法并且符合土地所在地段的城市规划。而且，建设用地使用权出租后一般不能改变土地的用途，如果要改变的话，须经原审批机关批准。

二、国家出租土地情形

（一）国家出租土地的含义

国家出租土地是指国家将国有土地出租给使用者使用，由使用者与县级以上人民政府土地行政主管部门签订一定年期的土地租赁合同，并支付租金的行为。我国实行土地有偿使用制度。国家将国有土地出租是国有土地有偿使用的一种形式，是出让方式的补充。当前在完善国有土地出让的同时，应当稳妥地推行国有土地租赁。

国家出租土地与建设用地使用权人出租土地的最大不同是出租人的不同。国家出租土地的出租人是拥有土地所有权的国家，由县级以上人民政府土地行政主管部门代表国家行使出租人的权利，履行出租人的义务；而建设用地使用权人出租土地的出租人为建设用地使用权人，其只享有物权性质的土地使用权，而非所有权。

（二）国家出租土地的适用范围

国家应当严格依照《房地产管理法》、《土地管理法》的有关规定，确定国有土地出租的适用范围。对以下国有土地可以实行租赁：

1. 对因发生土地转让、场地出租、企业改制和改变土地用途后依法应当有偿使用的土地，可以实行租赁。

2. 对于新增建设用地，重点仍应是推行和完善国有土地出让，租赁只作为出让方式的补充。

对原有建设用地，法律规定可以划拨使用的仍维持划拨，不实行有偿使用，也不实行租赁。对于经营性房地产开发用地，无论是利用原有建设用地，还是利用新增建设用地，都必须实行出让，不得实行租赁。

（三）国家出租土地的方式

国家出租土地，可以采用招标、拍卖或者双方协议的方式，有条件的，必须采取招标、拍卖方式。采用双方协议方式出租国有土地的租金，不得低于出租底价和按国家规定的最低地价折算的最低租金标准，协议出租结果要报上级土地行政主管部门备案，并向社会公开披露，接受上级土地行政主管部门和社会的监督。

（四）国有土地租赁合同

租赁期限 6 个月以上的国有土地租赁，应当由市、县土地行政主管部门与土地使用者签订租赁合同。租赁合同内容应当包括出租方、承租方、出租宗地的位置、范围、面积、用途、租赁期限、土地使用条件、土地租金标准、支付时间和支付方式、土地租金标准调整的时间和调整幅度，出租方和承租方的权利义务等。其中以下两个问题值得注意：

1. 租金。国有土地出租的租金标准应与地价标准相均衡。承租人取得建设用地使用权时未支付其他土地费用的，租金标准应按全额地价折算；承租人取得建设用地使用权时支付了征地、拆迁等土地费用的，租金标准应按扣除有关费用的地价余额折算。

采用短期租赁的，一般按年度或季度支付租金；采用长期租赁的，应在国有土地租赁合同中明确约定土地租金支付时间、租金调整的时间间隔和调整方式。国有土地租金由各级土地行政主管部门征收。收取的土地租金应当参照国有土地出让金的管理办法进行管理，按规定纳入当地国有土地有偿使用收入，专项用于城市基础设施建设和土地开发。

2. 租赁期限。国有土地的出租可以是短期租赁，也可以是长期租赁，视具体情况而定。对短期使用或用于修建临时建筑物的土地，应实行短期租赁，其年限一般不超过 5 年；对需要进行地上建筑物、构筑物建设后长期使用的土地，应实行长期租赁，具体租赁期限由租赁合同约定，但最长租赁期限不得超过 20 年（《合同法》第 214 条），期满可以续订。

（五）国有土地租赁合同的效力

1. 出租人的权利义务。出租人的权利：①按约定收取租金。②承租人未按合同约定开发建设、未经土地行政主管部门同意转让、转租或不按合同约定按时缴纳土地租金的，土地行政主管部门可以解除合同，依法收回承租建设用地使用权。③租赁期满承租人未申请续期或者虽申请续期但未获批准的，承租土地由国家依法无偿收回，并可要求承租人拆除地上建筑物、构筑物，恢复土地原状。

出租人的义务：①按约定交付土地。②对建设用地使用者依法取得的承租建设用地使用权，在租赁合同约定的使用年限届满前不得收回，因社会公共利益的需要，依照法律程序提前收回的，应对承租人给予合理补偿。③承租期满，承租人申请续期的，除根据社会公共利益需要收回该幅土地以外，应予以批准。

2. 承租人的权利义务。承租人的权利：①承租人取得承租建设用地使用权。②承租人在按规定支付土地租金并完成开发建设后，经土地行政主管部门同意或根据租赁合同约定，可将承租建设用地使用权转租、转让或抵押；承租人将承租土地转租或分租给第三人的，承租建设用地使用权仍由原承租人持有，承租人与第三人建立了转租或分租关系；承租人转让土地租赁合同的，租赁合同约定的权利义务随之转给第三人，承租建设用地使用权由第三人取得，租赁合同经更名后继续有效；地上房屋等建筑物、构筑物依法抵押的，承租建设用地使用权可随之抵押，但承租建设用地使用权只能按合同租金与市场租金的差值及租期估价，抵押权实现时土地租赁合同同时转让。③在使用年期内，承租人有优先受让权。④承租期满，承租人可申请续期。

承租人的义务：①按约定支付租金。②按约定开发建设和使用土地。③将承租建设用地使用权转租、转让或抵押时，依法办理登记。

第二节　房屋租赁监管法律制度

一、房屋租赁的概念及法律特征

房屋租赁是指出租人将房屋出租给承租人使用，由承租人向出租人支付租金的行为。房屋租赁可以看作是出租人有期限地出让房屋的使用权、占有权、收益权，换回承租人支付的代价即租金。作为房地产交易的重要方式，房屋租赁具有以下法律特征：

1. 出租人必须对房屋具有处分权。一般情况下，出租人为房屋所有人，其当然可以处分房屋。除房屋所有人之外，还存在其他几种情况：

（1）房屋的经营管理人。例如在公房租赁中，出租人往往是代表国家行使对房屋的占有权、使用权及处分权，同时可以将公有房屋出租。

（2）房屋所有人委托的代理人。房屋所有人因不在房屋所在地或其他原因不能管理其房屋时，可出具委托书委托代理人代为管理。代理人的出租权应当受到其代理权限的制约，超出代理权限的行为，法律后果由代理人承担。目前，房屋租赁市场中的中介机构，往往是以房屋所有人的代理人的身份与承租人签订房屋租赁合同的。

（3）经出租人同意的承租人。一般情况下，承租人并不享有转租权，即承租人无权擅自将承租的房屋转租。但在征得出租人的同意后，可以将承租房屋的部分或全部转租给他人。承租人则可在转租中获得收益。

2. 所谓的"出租"，一方面是指承租人不取得房屋的所有权，只享有对房屋的占有权与使用权等，并且必须以支付租金为对价；另一方面，房屋所有人不丧失所有权，他只向承租人转移了一定时间内的房屋使用权与占有权。房屋的所有权与使用权、占有权等权能发生分离。

3. 房屋租赁是双务、有偿、要式的民事法律行为。由于房屋租赁这种形式中，在同一个房地产上出现了两个权利主体：所有者与承租者，并且该房屋对于承租人而言是必备的生活资料和生产资料，因此出租人与承租人互受制约。对出租人而言：①所有人可以将房屋出让，但同等条件下承租人有权优先购买；②若所有权由新的房屋所有人享有，则原租赁关系仍然继续有效，即"买卖不破租赁"；③通常情况下，如承租人在租期届满之后，确实无法找到房屋居住或进行生产，则出租人应当酌情延长租赁期限。对于承租人而言：①承租人不得侵犯所有人的处分权，而将承租房屋擅自转租、转让或转借；②承租人不得利用房屋进行非法活动，损害公共利益；③承租人须及时交付租金，如累计6个月不交租金，出租人有权解除租赁合同。由此可见，房屋租赁是双务且有偿的，该特性使之区别于房屋借用。

另外，根据我国《房地产管理法》第54条和《商品房屋租赁管理办法》第14条的规定，房屋租赁当事人应当在签订房屋租赁合同之后30日内，到房屋所在地房地产管理部门办理登记备案手续。

4. 出租行为是有期限即受租期限制的。承租人对房屋占有、使用与收益的权利只在租期内有效。根据我国《合同法》的规定，租赁期限最长不能超过20年，超过20年的部分无效。

5. 房屋租赁的标的物具有特定性。租赁房屋属于特定物，而不是种类物。出租人应按照合同约定向承租人交付房屋，该房屋必须符合合同约定，出租人不能以其他房屋代替。租期届满，承租人须返还原房，不得以他房替代。

二、房屋租赁的分类

1. 按租赁房屋的所有权性质分类，可将房屋租赁分为公房租赁与私房租赁两类。公房即公有房屋，又可分为自管公房与直管公房。自管公房是国家授权的单位自行管理的房屋，主要是全民所有制单位管理的房屋；直管公房是指由国家授权的部门（主要指各级人民政府的房地产行政主管部门）直接管理的公有房屋。而私房租赁则是指出租人为公民个人的房屋出租形式。私房主要指位于城镇的私有房屋。对于农村的私房出租，我国没有特别法方面的规定，主要通过民法、合同法等进行调整。

对于公房租赁与私房租赁，我国法律对之规定有所不同。首先，两者都要适用《房地产管理法》与《合同法》中有关房屋租赁的规定；在与前述法律法规不相抵触的情况下，两者又都要适用建设部《城市房屋租赁管理办法》的具体规定。但总的来说，公房租赁尤其是公房住宅租赁具有较强的社会福利性，国家法律和政策对其干预较多。此外，廉租住房和公共租赁房属于住房保障的范畴，其专门规定详见本书住房保障法律制度部分的内容。

2. 房屋租赁按住房的使用性质可分为：住宅用房租赁与非住宅用房即从事生产经营活动的房屋租赁两类。住宅用房租赁，指以居住生活为目的的房屋租赁，《房地产管理法》第 55 条规定，住宅用房的租赁，应当执行国家和房屋所在城市人民政府规定的租赁政策。从事生产、经营活动的房屋租赁，由租赁双方协商议定租金和其他租赁条款，并且，以营利为目的、房屋所有权人将以划拨方式取得使用权的国有土地上建成的房屋出租的，应当将租金中所含土地收益上缴国家。

三、房屋租赁关系的成立

(一) 房屋租赁首先不得违反国家法律有关的禁止性规定

依据 2010 年 12 月 1 日住建部发布的《商品房屋租赁管理办法》第 6 条的规定，有下列情形之一的房屋不得出租：①属于违法建筑的；②不符合安全、防灾等工程建设强制性标准的；③违反规定改变房屋使用性质的；④法律、法规规定禁止出租的其他情形。

(二) 房屋租赁必须签订书面合同

《房地产管理法》第 54 条规定："房屋租赁，出租人和承租人应当签订书面租赁合同，约定租赁期限、租赁用途、租赁价格、修缮责任等条款，以及双方的其他权利和义务，并向房产管理部门登记备案。"《商品房屋租赁管理办法》第 7 条规定："房屋租赁当事人应当依法订立租赁合同。房屋租赁合同的内容由当事人双方约定，一般应当包括以下内容：①房屋租赁当事人的姓名（名称）和住所；②房屋的坐落、面积、结构、附属设施，家具和家电等室内设施状况；③租金和押金数额、支付方式；④租赁用途和房屋使用要求；⑤房屋和室内设施的安全性能；⑥租赁期限；

⑦房屋维修责任；⑧物业服务、水、电、燃气等相关费用的缴纳；⑨争议解决办法和违约责任；⑩其他约定。房屋租赁当事人应当在房屋租赁合同中约定房屋被征收或者拆迁时的处理办法。建设（房地产）管理部门可以会同工商行政管理部门制定房屋租赁合同示范文本，供当事人选用。"

虽然法律规定房屋租赁当事人应当签订书面合同，但是，当事人只有口头合同并不当然无效。我国《合同法》第 36 条规定："法律、行政法规规定或者当事人约定采用书面形式订立合同，当事人未采用书面形式但一方已经履行主要义务，对方接受的，该合同成立。"同时，《合同法》第 215 条也规定："租赁期限 6 个月以上的，应当采用书面形式。当事人未采用书面形式的，视为不定期租赁。"故若出租人采取口头方式订立房屋租赁合同，承租人亦履行主要合同义务，则房屋租赁合同可以成立。只是，对于没有约定租期且长于 6 个月的，为不定期租赁。

笔者认为，房屋租赁在出租人与承租人之间形成一种债权关系，因债权并无物权的公示公信力，且书面合同便于日后纠纷的解决，故双方当事人仍以书面形式进行约定为佳。具体而言，房地产租赁合同包括以下内容：

1. 当事人姓名或名称及住所。当事人即出租人与承租人。法律对出租人的要求是其必须是房地产的合法产权人；对于承租人各地有不同要求，一般来讲，如是当地居民的须持有本人身份证，如是外来居民须持有本人身份证及公安部门发的暂住证；企事业单位，须持有《营业执照》；非企事业单位的其他组织，如机关、团体、部队等须有县以上人民政府批准设立的有效证件。房地产租赁当事人必须符合上述资格限制，才能签订租赁合同。

2. 标的物，即租赁的房屋。在合同中须写明房屋所在位置即地址、面积、四至范围、装修及设施状况。对承租人而言，租房的目的即是利用房屋的使用价值即使用与收益房地产，房屋处于适于使用的状态是对房屋的最基本要求之一，因此订立合同时必须订明房地产交付使用时的基本状况，这是因房屋不符合使用要求发生纠纷时区分双方责任的前提。不但如此，一旦房屋在租期内的毁损或第三人侵害以致妨碍了承租人依约使用房屋时，出租人有义务修缮房屋，排除妨碍，这些补救措施的标准通常应为合同中定明的房屋状况。

3. 租赁用途。即承租人租赁房屋的目的。租赁用途一旦定明，则承租人不得擅自改变用途，尤其不得用房屋从事非法活动。同时，明确了房屋的使用用途后，只要承租人依约用房，则正常范围内的房屋损耗出租人不得要求赔偿。并且，租赁用途不同，房屋的租赁价格也不同，因此，租赁用途对于双方当事人来说都是须定清写明的问题。

4. 租赁期限。租赁有期限限制，这是房屋租赁与房屋转让的重要区别。明确的租赁期限有下列法律意义：①期限届满，承租人有义务将原房屋退还出租人；②如果出租人提前收回住宅的，应当有"必须收回"的理由，并且征得承租人的同意，赔偿承租人的损失，做好承租人住宅安置工作；③因买卖、赠与或继承而发生房屋所有权转移的，如原租赁合同未到期，则原合同对承租人与新房主继续有效；④承租人为一人时，如其在租期内死亡，共同居住人可以要求合同继续履行，办理更名手续。

5. 租金。即租赁价格，是承租人取得房屋租期内的使用、占有、收益权利而支付给出租人的对价。租金的确定依房屋用途不同而不同：①住宅用房，租金的标准应执行国家和房屋所在地城市人民政府的租赁政策；②从事生产、经营活动的用房，租金由承租人与出租人协商议定。对私有住宅租金，一般以当事人双方自愿协商来确定。

6. 修缮责任。对于修缮责任，《商品房屋租赁管理办法》、《合同法》均作了规定，但略有不同。《合同法》一方面为上位法，效力高于行政法规和部门规章，另一方面亦生效较晚，故应以《合同法》的规定为准。《合同法》第220条规定："出租人应当履行租赁物的维修义务，但当事人另有约定的除外。"因此，原则上，修缮房屋是出租人的一项义务，但双方当事人可以通过约定予以排除。

在没有特殊约定的情况下，出租人在整个出租期间对房屋有进行必要的修缮的义务。因为出租人有义务保证租赁房屋在整个租赁期限内符合合同约定的使用目的。若因除承租人之外的原因导致房屋毁损，出租人应当予以修缮，履行自己的保证义务。所谓必要即指：房屋必须使承租人能够依双方约定使用房屋并收益。修缮的范围包括：房屋自身及其附属设施，以及其他属于出租人修缮范围的设备。

7. 转租的规定。转租行为有合法与非法之分，其根本区别是：合法转租经出租人同意，非法转租则是承租人擅自转手出租房屋，其不具房屋所有人身份。转租条款可以作为租赁合同一部分，也可在租赁合同订立之后另行约定。转租条款亦必须定明：①转租期限；②转租用途；③转租房屋损坏时的赔偿与责任承担；④转租收益的分成；⑤转租期满后，原房屋租赁关系的处理原则；⑥违约责任。

8. 变更与解除合同的条件。我国法律明确规定了房屋租赁合同的变更与解除的法定条件。有下列情形之一的，房屋租赁当事人可以变更或者解除租赁合同：①符合法律规定或者合同约定可以变更或解除合同条款的；②因不可抗力致使合同不能继续履行的；③当事人协商一致的。

房屋租赁合同一经签订，租赁双方就必须严格遵守，但承租人有下列行为之一的，出租人可以终止租赁合同：①将承租的房屋擅自转租的；②擅自转让、转借他人或擅自调换使用的；③将承租的房屋擅自拆改结构或擅自改变房屋用途的；④拖欠房屋租金累计6个月以上或违反租赁合同约定的租金缴纳条款的；⑤公有住宅用房无正当理由闲置6个月以上的；⑥利用承租房屋进行非法活动的；⑦故意损坏承租房屋的；⑧擅自买卖公有房屋使用权的；⑨法律、法规规定其他可以收回的。

9. 违约责任。双方当事人可以在合同中约定违约金的计算方法或其他承担违约责任的方式，且双方当事人的约定具有法律上的约束力。

（三）房地产租赁合同的登记备案制度

房屋租赁双方签订房屋租赁合同之后，应向房地产管理部门登记备案。

1. 登记申请。房屋租赁当事人应当在租赁合同签订后 30 日内，持有关规定的文件到直辖市、市、县人民政府房地产管理部门办理登记备案手续。申请房屋租赁登记备案应当提交下列文件：①书面租赁合同；②房屋所有权证书；③当事人的合法证件；④城市人民政府规定的其他文件。出租共有房屋，还须提交其他共有人同意出租的证明；出租委托代管房屋，还须提交委托代管人授权出租的证明。

2. 主管部门对租赁合同进行审核。审核的内容主要包括：①合同主体资格是否合格，即出租人与承租人是否具备相应的条件；②合同客体是否合格，即出租的房屋是否是法律、法规允许出租的房屋；③审查租赁合同的内容是否齐全、完备；④审查租赁行为是否符合国家及房屋所在地人民政府的租赁政策；⑤审查当事人是否已缴纳了有关税费。

3. 房屋租赁申请经直辖市、市、县人民政府房地产管理部门审查合格后，颁发《房屋租赁证》。如果所租用的房屋是从事生产、经营活动的，《房屋租赁证》可作为经营场所合法的凭证；如果所租用的房屋是用于居住的，《房屋租赁证》可作为公安部门办理户口登记的凭证之一。

房屋租赁登记备案制度可以防止出租人自由、自发和非法出租房屋，扰乱国家房屋租赁市场，同时也可以保证国家税费的征收，这是政府对房地产租赁市场进行监管的制度，但房屋租赁登记备案不应被视为房地产租赁关系成立的要件。当事人未进行备案的，可以由有关机关进行行政处罚，不应影响租赁合同的效力。

四、租赁双方的主要权利与义务

（一）出租人的权利

出租人享受如下权利：

1. 依照合同约定向承租人收取租金。出租人有权按照合同约定的时间和方式收取租金。承租人不按约定支付租金的，出租人有权向其加收违约金，承租人无正当理由拖欠租金累计 6 个月以上或违反租赁合同约定的租金缴纳条款的，出租人有权解除合同。

2. 对承租人用房情况进行监督。出租人监督的内容主要包括：①监督承租人是否按合同约定的用途和方式使用房屋，如果合同对此未约定，则有权监督承租人的使用是否符合合同目的或房屋性质；②监督承租人是否将承租的房屋擅自转租、转让、转借或擅自调换使用；③监督承租人是否利用承租房屋进行违法活动；④监督承租人是否有故意损坏承租房屋的行为，如是否乱搭乱盖违章建筑，是否损坏房屋的附属设备。出租人发现承租人有上述行为的，有权依法制止，要求其将房屋恢复原状，并有权终止合同，收回房屋。若因此遭受损失的，则有权要求承租人给予赔偿。

3. 法定解约权。依据《合同法》和《商品房屋租赁管理办法》等规定，出租人在下列情况下享有法定合同解除权，遭受损失的，还有赔偿损失请求权：①承租人擅自将承租的房屋转租；②承租人未按照约定的方法或房屋的性质使用房屋，致使房屋受到损失；③承租人无正当理由未支付或迟延支付房租，经出租人催告，在合理期限内仍未支付。如属于不定期租赁合同，出租人有随时解除权。

4. 期满收回原房的权利。

（二）出租人主要义务

出租人须承担如下义务：

1. 按约交付房屋，并使之达到合同约定的使用状况。出租人的该项义务包括以下三个方面：

（1）出租人必须按租赁合同约定的期限将房屋的占有、使用权现实地转移给承租人。如合同对交房期限没有约定或约定不明，依《合同法》第62条规定，出租人可以随时交付房屋，承租人也可以随时要求其交付房屋，但都应当给对方必要的准备时间。

（2）出租人交付的房屋应当符合合同约定的使用要求。如合同对房屋的坐落位置、面积、结构、装修及设施状况或者租赁用途作了明确约定，则交付的房屋应当符合该要求或适于该用途。例如合同约定租赁房屋目的是从事生产经营，则出租人就不能交付仅适合于居住的房屋。

（3）出租人交付房屋后，仍应使房屋在租赁期限内处于适合使用的状态。一方面，不得妨碍承租人对房屋的正常、合法使用，另一方面，遇有他人侵害房屋时，出租人有义务要求其停止侵害、排除妨碍。

2. 修缮房屋的义务。出租人承担修缮义务的情况下，承租人在租赁物需要修缮时可以要求出租人在合理期限内修缮。出租人未修缮的，承租人可以自行修缮，修缮费由出租人负担。出租人确实无力修缮的，可以和承租人合修，承租人付出的修缮费可以折抵租金或由出租人分期偿还。修缮标准应是房屋回复至符合合同约定状态、承租人能够正常使用为止。无论谁实际修缮，因修缮房屋影响承租人使用的，应相应减少租金或延长租期。

3. 瑕疵担保义务。出租人的该项义务包括质量担保义务和权利担保义务。质量担保义务是指出租人应向承租人保证其提供的房屋在物理上符合合同约定的要求。

即使瑕疵是在房屋交付后才发生的，出租人仍然不能免责；另外，即使承租人在合同成立时已经知道存在瑕疵，只要房屋瑕疵危及承租人的安全和健康，承租人就有权随时解除合同。权利担保义务是指若承租人所承租的房屋被第三者主张权利，影响了承租权的，承租人有权要求解约并要求赔偿损失。

4. 纳税义务。在没有特殊约定的情况下，出租人应当承担依法纳税的义务。纵然双方约定由承租人承担该项义务，出租人亦不能据此对抗相关主管机关的权力。当征收税费的机构如税务部门、土地管理部门、保险公司等向出租人征收有关税费时，出租人不得以合同约定由承租人负担为由拒缴。[1]

（三）承租人的权利

承租人享有如下权利：

1. 在合同约定租期内占有、使用房屋，并取得合法收益。

2. 优先购买权，即租期未满时，出租人出卖房屋，承租人有权在同等条件下优先购买。对于承租人的优先购买权，我国《合同法》虽有规定，但未对其法律性质予以明确。最高人民法院《关于审理城镇房屋租赁合同纠纷案件具体应用法律若干问题的解释》第21条规定，出租人出卖租赁房屋未在合理期限内通知承租人或者存在其他侵害承租人优先购买权情形，承租人请求出租人承担赔偿责任的，人民法院应予支持。但请求确认出租人与第三人签订的房屋买卖合同无效的，人民法院不予支持。

3. 优先承租权，即租期届满时，出租人继续租房的，承租人在同等条件下有权优先承租。

需要注意的是，对于该权利，我国法律法规并没有明文规定，因此，承租人享有优先承租权的先决条件是双方对此有明确的约定。

4. 催告房主修缮房屋的权利。若租赁合同中没有特殊约定，则房屋的修缮责任归于出租人。当房屋出现质量瑕疵，影响承租人的使用时，出租人应当予以修缮。承租人的该项权利正是相对于此而言的。

（四）承租人主要义务

承租人须承担如下义务：

1. 依约交纳租金。承租人应当按照租赁合同约定的租金数额、支付期限和支付方法向出租人支付租金，以实现出租人的收益权；如果合同对支付期限没有约定或约定不明，依据《合同法》第226条，租赁期间不满1年的，应当在租赁期间届满时支付；租赁期间1年以上的，应当在每届满1年时支付，剩余期间不满1年的，应当在租赁期间届满时支付。承租人无正当理由未支付或者迟延支付租金的，出租人

---

〔1〕 乔燕主编：《租赁合同》，人民法院出版社2000年版，第136~137页。

可以要求承租人在合理期限内支付，承租人逾期不支付的，出租人可以解除合同。

2. 依约使用房屋。房屋租赁合同约定了房屋使用方式或房屋用途的，承租人应当严格按照该方式或符合该用途的方式使用房屋；若合同对此没有约定或约定不明确，承租人应当按照房屋的性质使用房屋。在依约或正当使用房屋的情况下致使房屋损耗的，承租人不承担损害赔偿责任，使用不符合约定或不当致房屋受损的，出租人可以解除合同并要求赔偿。

3. 保管房地产，即合理地利用房屋。在租赁期间，作为租赁房屋的合法占有人，承租人负有依法妥善保管房屋的义务，使房屋免受自然力或第三人的不当影响。这里对承租人的要求是尽到一个善良管理人的注意义务，并且，遇有第三人对房屋主张权利，或房屋有修缮的必要，承租人应及时通知出租人，并采取措施防止损失的扩大，否则应承担相应的赔偿责任。如《合同法》第222条规定："承租人应当妥善保管租赁物，因保管不善造成租赁物毁损、灭失的，应当承担损害赔偿责任。"

4. 非经出租人许可不得转租。

5. 租赁终止后返还原房。

五、房屋租金

（一）房屋租金的概念

房屋租金是房屋承租人为取得一定时期内房屋的占有、使用、收益权利而向出租人支付的对价。现代社会，房屋租金的表现形式是货币，并且在市场经济条件下主要以市场机制调节为主。以下以《房地产管理法》的规定为例对房屋租金构成进行分析。

（二）房屋租金的构成

《房地产管理法》第55条对房屋租金的构成作了原则性的规定："住宅用房的租赁，应当执行国家和房屋所在城市人民政府规定的租赁政策。租用房屋从事生产、经营活动的，由租赁双方协商议定租金和其他租赁条款。"

房屋租金的构成，应包括生产和流通过程的全部费用和盈利，其构成一般应包括折旧费、维修费、管理费、税金、保险费、利息、利润和地租八项因素。

1. 折旧费。所谓折旧费，从房屋的价值形态而言，就是按房屋的耐用年限，计算逐渐收回建房的投资。因为房屋的长期使用，由于自然耗损和人为耗损等原因会使房屋的价值逐渐减少，而承租人依约对房屋行使占有、使用权，必然应给予价值的补偿。

2. 维修费。维修费就其性质而言，应属于生产性流通费用，因为这项费用的投入发生在房屋进入流通领域之后，是由于房屋使用价值的运动过程所耗费的劳动所引起的，是生产过程之后在流通领域继续追加的投资。这是房屋租金必需的、不可缺少的组成部分，只有这样，才能延长和维持房屋的使用价值。维修费又包括房屋的经常维修和正常大修所需的费用。

3. 管理费。管理费就其性质来说，也是房屋流通过程中的一种费用，包括对出租房屋进行必要的经营管理的费用，为住户服务的工作人员的工资及办公业务开支等费用。

4. 税金。这是房屋经营管理部门向社会提供积累的方式和义务。城市房管部门出租的公房，大部分是以租征税，即按租金收入的一定比例计征。

5. 保险费。这是房屋所有者为了使自己的房产免受意外损失，而向房屋承保单位支付的费用，这也是为了保证承租人更好地使用房屋，因而作为房租的构成因素。

6. 利息。利息是国民收入再分配的一种形式，城市房屋经营管理的租金中，除逐年收回其房屋建造投资外，还应在租金中收取建造和经营管理投资的利息。

7. 利润。这是在流通过程中，房产经营收入减去支出部分，它是房屋建筑工人和房管工人在房屋流通过程中所创造的纯收入的一部分，是通过房产经营活动所获取的经济价值。房租中的利润部分，应大体相当于社会上的平均利润水平，这有利于加强企业的经济核算，改进经营管理，提高经济效益。

8. 地租。这是土地使用者向土地所有者提供的土地使用报酬。这是实行土地有偿使用制度、土地所有权和使用权分离的必然结果。同时，还应该按房屋建筑的地段位置，征收级差地租，级差地租是由土地生产力决定的，由土地使用者交给土地所有者的一笔超额利润。同时，也要考虑在建造房屋的过程中所支付的征地补偿费用等。

根据上述房屋租金构成，如果按八项因素计算，即能获得社会平均利润的价格，其价格等于价值，称理论价格或商品租金。商品租金能准确反映房屋价值构成，能维持房产经营部门住宅的简单再生产和扩大再生产，保证资金的正常循环和周转。

如果按折旧费、修缮费、管理费和税金四项因素计算，即能构成成本价格或成本租金，这也能维持住宅原规模的简单再生产，也不失为稳定住宅价格的基本措施。如果国家规定的房租价格低于价值，不足部分由政府给予补贴，则称为决策价格或福利租金。我国传统的公有房产住宅租金标准，基本上仅包括修缮费和管理费，修缮费不足部分由政府给予补贴，这种体制弊端较多。所以，一般的房屋租金应该以市场调节为基础，而低收入群体的住房问题由廉租住房制度或公共租赁住房制度解决。

六、房屋租赁关系的终止

下列法律事实的发生引起房屋租赁关系终止：①租赁合同期满的；②房屋遇不可抗力、意外事故、人为因素而损毁；③当事人协议解约；④出现法定解约事实，当事人一方解除合同；⑤其他情况，如房屋被征用、公房租赁中承租人死亡而无同居亲属继承等。

物业服务市场监管法律制度

第一节　物业服务概述

一、物业与物业管理

（一）物业

物业和物业管理均是改革开放以后兴起的新名词新事物。"物业"一词原是粤港地区对房地产的俗称，现正成为规范化的术语。一般认为，"物业"是指已经建成并竣工验收投入使用的各类房屋建筑及其所属配套设施与场地。[1] 业主是物业的所有权人，业主对建筑物内的住宅、经营性用房等专有部分享有所有权，对专有部分以外的共有部分享有共有和共同管理的权利。

物业由四部分构成：①供居住或非居住的建筑物本体，包括建筑物自用部位和共用部位。以居住物业为例，自用部位指一套住宅内部，由住宅的业主、使用人自用的卧室、客厅、厨房、卫生间、阳台、天井、庭园和室内墙面等部位；共用部位指一幢住宅内部，由整幢住宅的业主、使用人共同使用的门厅、楼梯间、水泵间、电表间、电梯间、电话分线间、电梯机房、走廊通道、传达室、内天井、房屋承重结构、室外墙面、屋面等部位。②配套附属设备，同样包括自用设备和共用设备。自用设备指由建筑物内部业主、使用人自用的门窗、卫生洁具和通向总管的供水、排水、燃气管道、电线等设备；共用设备指建筑物内部全体业主共同使用的供水、排水、落水管道、照明灯具、垃圾通道、电视天线、水箱、水泵、电梯、邮政信箱、避雷装置、消防器具等设备。③配套公共设施，指物业区域内业主、使用人共有共

---

〔1〕　黄安永、叶天泉主编：《物业管理辞典》，东南大学出版社2004年版，第89页。

用的设施，如道路、绿地、草坪、停车场库、照明管道、排水管道等设施。④建筑地块，指物业所占用的场地。

物业范围可大可小，可以是单体建筑物，也可以是群体建筑物。物业管理一般以物业区域为单位进行。物业区域由一栋或多栋建筑物及附属设备设施组合而成，又称为物业管理区域、物业小区或物业辖区。物业区域是业主实现自治管理与委托专业管理的基本单位。一个物业区域成立一个业主委员会，委托一个物业服务企业负责管理。物业区域的划分应当考虑物业的共用设施设备、建筑物规模、社区建设等因素。物业区域按功能可分为居住型、非居住型、综合型三类。

"物业"、"房地产"、"不动产"是三个紧密联系的概念，"物业"作为习惯称呼，一般与"房地产"、"不动产"表达同一概念，但又有所区别：

1. 所指对象不同。房地产是抽象的整体集合概念，表示一个国家或地区所有的全部房产和地产，一般不作量的区分；物业则是具体的可分概念，表示某一项具体的房地产，物业可大可小，大物业可分为小物业。概而言之，房地产是宏观概念，物业是微观概念。

2. 适用环节不同。房地产适用于房地产的投资、开发、建设、销售、售后管理整个流程；物业仅仅适用于房地产的交易和售后服务阶段，一般已经建成并竣工验收。未经开发的地产，不能称之为物业。

3. 称谓领域不同。不动产是民法惯常使用的词汇；房地产是经济法、行政法及实务中常用的词汇；物业则专指单元性的房地产。

（二）物业管理

2003年6月8日国务院公布的《物业管理条例》（2007年8月26日修订）对物业管理所作的定义是"业主通过选聘物业服务企业，由业主和物业服务企业按照物业服务合同约定，对房屋及配套的设施设备和相关场地进行维修、养护、管理，维护物业管理区域内的环境卫生和相关秩序的活动"。

《物业管理条例》所指的物业管理，仅指业主通过选聘物业服务企业对物业进行管理这种方式；其所规范的物业管理活动，也限于业主选聘物业服务企业所进行的物业管理服务活动。业主采用其他方式对建筑物管理服务的活动，《物业管理条例》不予规范，而且业主和物业服务企业必须通过订立物业服务合同的方式来明确双方的权利义务关系，物业服务合同是物业管理活动产生的基础。

二、物业管理的起源与兴起

现代意义的物业管理作为一种不动产管理模式起源于19世纪60年代的英国。当时英国开始工业革命，伴随工业发展，大量农村人口涌入工业城市，城市原有房屋设施满足不了人口激增的需求，住房空前紧张。

由于房荒，一些开发商相继修建一批简易住宅以低廉租金租给工人家庭居住，但因住宅设施简陋，居住环境恶劣，如此不仅租金拖欠严重，而且人为破坏时有发生，严重影响业主的经济收益。1880～1886年，英国有位叫奥克维亚·希尔（Octavia Hill）的女士为其名下出租的物业制定了规范租户行为的管理办法，要求租户严格遵守，从而改善居住环境，并使业主和使用人的关系变得友善。这一行之有效的办法开创了物业管理的先河，造就了新型的不动产管理模式，并渐为人效仿，推广至世界各地。

物业管理兴起并流行于国际，成为现代化城市的朝阳产业，具有两方面的因素：

1. 城市化的发展，多层建筑与居住小区的出现使物业管理成为必要。城市人口骤增，土地资源短缺，适逢现代建筑技术日新月异，于是建筑物不断向高空方向发展，多层建筑成为各国解决住房紧张的对策。多层建筑产权归属众多区分所有权人，各区分所有权人习惯有异、要求不一，纠纷势必层出不穷，所以由业主组成管理团体进行自治管理与委托的专业管理机构从事专业管理对高层建筑维修养护、区分所有权人共同生活秩序维持极为重要。现代城市的另一特征是住宅小区的出现。现代城市划分为若干功能区并由各个功能区合理有机地结合而成。住宅小区是城市居民生活居住区域，被称为"城市社会的缩影"，是集居住、社会、服务、经济功能于一体的"小社会"。住宅小区业主使用人众多，产权归属错综交错，结构功能繁杂，其管理更为困难。如此物业管理更担当创造舒适安全的小区环境，保障人民群众安居乐业的重责。此外，物业管理也能使物业发挥最大价值和经济效益。

2. 社会分工，所有权与管理权的分离加速物业管理发展。物业业主作为物业所有人，其享有的所有权不仅仅是一单项权利，而是权利集合或权利束，拥有多项功能，即占有、使用、收益及处分等。各项权利可以不同形式组合，也可相互分离单独行使。例如，业主得自己占有使用，亦可租赁他人使用，甚或出售、抵押物业以获收益。同样，业主拥有自己物业的管理权，但业主知识技能有限，自行从事物业管理难以胜任；而且时间珍贵，业主更不能事无巨细地过问。所以业主并不直接行使管理权，而是通过委托合同将其授予物业服务企业。物业所有权与管理权"两权分离"为物业管理提供了法律的制度保障。

三、我国物业管理的沿革

1949年以后，在计划经济体制下，我国城市土地收归国有，房产绝大部分转为公有；住宅基本由政府投资建设，并作为福利分配；房地产管理由政府机构负责，行使业主和管理者双重权力。这个传统体制的特征是分配福利性，管理行政性，产权属国家，使用权归住房人，以租养房，租金低廉。如此，造成了"国家建房、分房、修房、管房，百姓等房、要房"的局面；在此情况下，房屋建成分配后，因租金不足，房产管理依赖国家补贴，结果投资建房愈多，费用包袱愈重，导致房屋管理"一年、二年、三年破了无钱修"的局面。

改革开放后，伴随市场经济体制建立，房屋管理体制开始变化。1981年3月，深圳市第一家专业物业管理公司——深圳市物业管理公司成立，开市场化物业管理先河。1993年建设部房地产业司在广州和深圳召开第一届全国物业管理研讨会和深圳市物业管理协会的成立，标志着我国物业管理进入全面推广期。1994年3月颁布新中国成立以来物业管理的第一个规章——《城市新建住宅小区管理办法》，确立了物业管理在房地产业中的独立地位。1995年物业管理上升到城市管理体制改革的高度。1997年物业管理开始在广度上从新建区到建成区延伸，从深度上向市场化方向发展。2003年9月1日起开始实施的《物业管理条例》是我国颁行的第一部关于物业管理的行政法规，从此结束中国物业管理行业无法可依的局面。2007年10月1日起实施的《物权法》中"业主的建筑物区分所有权"的规定进一步为物业管理提供了法律依据。

住宅市场化以来，我国物业行业得到较大的发展。到2012年年底，我国物业管理面积约为145.3亿平方米，覆盖了各种物业管理业态。全国物业服务企业7.1万余家，从业人员约612.3万人，主营业务收入超过3000亿元。截至2013年年底，全国共有5万余人获得了物业管理师资格。

第二节　物业管理法律关系

一、物业管理法律关系概述

法律关系是法律规范调整一定社会关系过程中所形成的人们之间的权利义务关系。物业管理关系是法律关系的一种，是法律规范调整人们在物业管理过程中形成的权利与义务关系。物业管理关系是随着房地产业及物业管理的发展而出现的新型法律关系。物业管理法律关系由主体、客体、内容三要素构成。

现代物业管理是复杂的系统工程，涉及的法律关系错综交错。在物业管理领域中，主要存在着民事法律关系和行政监管法律关系。

1. 物业管理民事法律关系，是指物业管理活动中业主、使用人、开发商、物业服务企业、其他专业服务机构由一系列合同规约而发生的民事法律关系，主要包括：①物业区域全体业主、非业主使用人之间物业共有及相邻关系；②业主与非业主使用人关于物业的租赁及其他关系；③业主与开发商间因销售合同而产生的物业保修等民事关系；④开发商与物业服务企业因前期物业管理而产生的委托关系；⑤业主与物业服务企业因物业管理合同而产生的委托关系；⑥物业服务企业与其他服务机构就物业区域相关服务订立合同而产生的承包关系。

2. 物业管理行政监管法律关系，是指物业管理活动中相关政府机构与有关当事人发生的服从与被服从、管理与被管理、监督与被监督的法律关系，主要包括：①行政机关对开发商及物业服务企业的管理关系；②行政机关对物业小区内业主、非业主使用人相关行为的管理关系。

二、物业管理法律关系主体

（一）业主、非业主使用人、开发商

1. 业主。《物业管理条例》规定业主为房屋的所有权人，《物权法》继续沿用"业主"这一称谓，明确了业主的建筑物区分所有权。统而言之，业主是物业所有权人，按其拥有的物业所有权状况，又可分为独立所有权人和区分所有权人。[1]独立所有权是典型的传统不动产所有权形态，严格遵循"地上物属于土地所用人"的原则，土地上的建筑物专属于某一业主。区分所有权是19世纪以来因城市多层建筑兴起始出现的新型权利，指数人区分一幅土地上同一建筑物而各有其专有部分所有权，并拥有成员权的复合型权利。现代物业区域各业主的权利形态一般是区分所有权。如此，各业主间共同之关系复杂已超出传统民法相邻关系，于是全体业主通过召开业主大会，选举业主委员会实施自治管理。

在房地产的实践活动中，还常常出现所谓"小业主"的说法，在进行业主概念的分析时，有必要明确一下"小业主"的含义。在房地产二级市场中，房地产开发商和建筑单位先进行房屋的开发兴建工作，基于其对房地产开发的投资，在房产建成后由他们先取得房产的所有权，成为第一业主。开发商在房产建成后将其出售（预售或者现房出售）给各购买人，或者是各购买者再在三级市场上对房地产进行再转让等，这些购买人及受转让人在取得房地产产权证时，成了小业主。简言之，物业的购买人，即物业的所有权人为各小业主。由于第一业主与小业主各有所指，身份并不相同，所以有不同的权利和义务。

2. 非业主使用人。非业主使用人，是指物业的承租人和其他实际使用物业的人。非业主使用人未与开发商、物业服务企业有直接关系，不是物业销售合同的当事人，也不是物业管理合同的委托方；非业主使用人不是物业管理区域的区分所有权人，不具成员权，一般不参加业主大会与业主委员会。但非业主使用人是现代物业管理区域的重要成员，无论是居住或非居住型物业，业主常将物业出租以获收益；另外，还有其他多种合法占有使用物业但不拥有所有权的情形。为了能约束非业主使用人

---

〔1〕 王青兰、齐坚、顾志敏编著：《物业管理理论与实务》，高等教育出版社2006年版，第51页。

的行为，保障非业主使用人的权益，物业管理立法中均明确肯定非业主使用人独立存在的地位。所以非业主使用人的权利义务不仅源自其与业主间租赁等合同的约定，而且也源自法律法规和管理规约的规定。

3. 开发商。开发商又称发展商，即房地产开发企业。依据《房地产管理法》的规定，房地产开发企业是以营利为目的，从事房地产开发和经营的企业。开发商作为物业的投资建设单位，原始取得物业的所有权；在物业销售前，是物业唯一所有权人，因此被称为第一业主。

根据《商品住宅实行住宅质量保证书和住宅使用说明书制度的规定》，开发商须在法定及约定的期限内对其销售的商品住宅及其他住宅和非住宅的商品房屋承担保修责任，在保修范围内涉及物业管理的责任最终由开发商承担。开发商作为第一业主，物业开始出售后的一段时期内仍持有较多所有权比例，因此有第一次选择物业服务企业的优先权与便利。开发商常直接以自己作为委托方，签订前期物业管理合同，并作为住宅等物业出售合同的附件。

（二）物业服务企业

物业服务企业根据合同接受业主或者业主委员会的委托，依照法律或合同约定，对物业进行专业化管理，是物业管理法律关系的重要主体。

《物业管理条例》第 32 条规定"从事物业管理活动的企业应当具有独立的法人资格"。在实践中，从事物业管理活动的企业，有的具有独立法人资格，如按照公司法组建的物业管理公司；有的不具备法人资格，如房地产开发企业内设的物业管理部门、物业管理分支机构；有的名义上具有法人资格，实质上不能独立行使权力和承担责任，如一些房地产开发商设立的子公司。而物业管理企业属于从事经营活动的市场主体，作为市场主体，应当享有完全的民事权利能力和行为能力，能够独立承担民事责任，否则，与其进行交易的相对人的合法权益难以得到有效保障。

目前，在物业建设和管理的衔接上出现的众多问题，很大一部分原因就在于房地产开发企业和物业服务企业属于"一家人"、"父子兵"，这种"建"、"管"不分的体制决定了物业管理从属于、依附于房地产开发。当开发项目出现问题时，处于不平等地位的物业管理公司和房地产开发公司不可能进行正常的承接验收。很多应由房地产开发公司解决的矛盾和问题，推给下属的物业管理公司；物业管理公司解决不了，必然导致对业主的投诉相互推诿，矛盾和问题得不到及时解决。有鉴于此，《物业管理条例》明确规定，从事物业管理活动的企业，必须是独立的法人。[1]

物业服务企业是物业管理合同的一方当事人，与业主是平等的民事主体，双方

---

〔1〕　国务院法制办农业资源环保法制司：《物业管理条例释义》，知识产权出版社 2008 年版，第 85 ~ 86 页。

存在服务与被服务、委托与被委托的关系。物业服务企业在向业主提供服务的同时，也承担了部分政府对城市管理的职能，例如，物业区域内的环保、卫生、治安、交通等。物业服务企业一般须经工商行政管理部门的核准登记并颁发营业执照，而且物业服务企业还由房地产管理部门进行资质管理。物业服务企业的资质管理是行业归口管理，以便对全行业各个不同规模、不同经营能力、不同性质、不同所有权形式的物业服务企业的监控引导，从而促进物业管理行业有序发展，提高物业管理的整体水平。

根据建设部2007年11月26日颁布实施的《物业管理企业资质管理办法》，物业服务企业划分为一级、二级、三级三个资质等级。不同级别的企业从事相应的物业管理项目。资质管理实行分级审批制度，国务院建设主管部门负责一级物业服务企业资质证书的颁发和管理。省、自治区人民政府建设主管部门负责二级物业服务企业资质证书的颁发和管理，直辖市人民政府房地产主管部门负责二级和三级物业服务企业资质证书的颁发和管理，并接受国务院建设主管部门的指导和监督。设区的市的人民政府房地产主管部门负责三级物业服务企业资质证书的颁发和管理，并接受省、自治区人民政府建设主管部门的指导和监督。

《物业管理企业资质管理办法》规定各资质等级物业服务企业的条件如下：

一级资质：

1. 注册资本人民币500万元以上。

2. 物业管理专业人员以及工程、管理、经济等相关专业类的专职管理和技术人员不少于30人。其中，具有中级以上职称的人员不少于20人，工程、财务等业务负责人具有相应专业中级以上职称。

3. 物业管理专业人员按照国家有关规定取得职业资格证书。

4. 管理两种类型以上物业，并且管理各类物业的房屋建筑面积分别占下列相应计算基数的百分比之和不低于100%：①多层住宅200万平方米；②高层住宅100万平方米；③独立式住宅（别墅）15万平方米；④办公楼、工业厂房及其它物业50万平方米。

5. 建立并严格执行服务质量、服务收费等企业管理制度和标准，建立企业信用档案系统，有优良的经营管理业绩。

二级资质：

1. 注册资本人民币300万元以上。

2. 物业管理专业人员以及工程、管理、经济等相关专业类的专职管理和技术人员不少于20人。其中，具有中级以上职称的人员不少于10人，工程、财务等业务负责人具有相应专业中级以上职称。

3. 物业管理专业人员按照国家有关规定取得职业资格证书。

4. 管理两种类型以上物业，并且管理各类物业的房屋建筑面积分别占下列相应计算基数的百分比之和不低于100%：①多层住宅100万平方米；②高层住宅50万平方米；③独立式住宅（别墅）8万平方米；④办公楼、工业厂房及其它物业20万平方米。

5. 建立并严格执行服务质量、服务收费等企业管理制度和标准，建立企业信用档案系统，有良好的经营管理业绩。

三级资质：

1. 注册资本人民币50万元以上。

2. 物业管理专业人员以及工程、管理、经济等相关专业类的专职管理和技术人员不少于10人。其中，具有中级以上职称的人员不少于5人，工程、财务等业务负责人具有相应专业中级以上职称。

3. 物业管理专业人员按照国家有关规定取得职业资格证书。

4. 有委托的物业管理项目。

5. 建立并严格执行服务质量、服务收费等企业管理制度和标准，建立企业信用档案系统。

一级资质物业服务企业可以承接各种物业管理项目。二级资质物业服务企业可以承接30万平方米以下的住宅项目和8万平方米以下的非住宅项目的物业管理业务。三级资质物业服务企业可以承接20万平方米以下住宅项目和5万平方米以下的非住宅项目的物业管理业务。

此外，《物业管理条例》还规定"从事物业管理的人员应当按照国家有关规定，取得职业资格证书"。"从事物业管理的人员"，主要是指物业管理经营管理人员和技术工种人员。

（三）行政管理部门

《物业管理条例》第5条对物业管理中相关行政机构规定："国务院建设行政主管部门负责全国物业管理活动的监督管理工作。县级以上地方人民政府房地产行政主管部门负责本行政区域内物业管理活动的监督管理工作。"

三、物业管理法律关系客体

（一）概述

法律关系客体，是指法律关系主体权利义务共同指向的对象，包括物、行为和非物质财富。物业管理法律关系客体，是指物业管理法律关系主体权利义务指向的对象，同样分为物、行为和非物质财富。"物"指物业，即建筑物本体、附属设备、公共设施及相关场地；物业是业主所有权、物业服务企业管理权指向的对象。"行为"指物业管理中各方主体，即业主、开发商、物业服务企业和政府主管部门的活动；物业管理合同规约如管理规约、业主委员会章程、前期及正式物业管理合同均以各方主体的一定行为作为客体。"非物质财富"即智力活动成果，包括精神文化财富，如物业小区的荣誉称号、规划设计、营销方式等均可成为物业管理各方主体权利义务的客体。

（二）物业的专有部分和共有部分

物业由建筑物本体、附属设备、配套设施、相关场地四部分构成。但作为业主所有权及物业管理权指向的对象，依据其所有权归属一般划分为专有部分和共有部分。

1. 专有部分是指物业中具有构造和使用上独立性的部分，专有部分与其他专有部分或共有部分以墙壁、天花板、地板相间隔。例如，《上海市住宅物业管理规定》第85条定义，居住物业的专有部分指"在构造上及利用上具有独立性，则单个业主独立使用、处分的物业部位"。

业主对专有部分所有权的性质是单独所有权，对专有部分可以自由占有、使用、收益、处分。由于物业管理合同中业主委员会对物业服务企业的委托授权一般不涉及专有部分，所以就专有部分的有关物业管理事项，业主须与物业服务企业另行约定。

2. 共有部分是指物业中除去专有部分由全体或多数业主共同拥有和使用的部分。共有部分由物业的共用部位、共用设备、公共设施组成。

业主对共有部分依享有专有部分比例享有所有权。但业主对共有部分的使用，不得妨碍其他业主的权益，而且共有部分的重大事项须经业主大会或业主委员会决议批准。共有部分的维修管理是物业管理合同的主要内容，也是物业服务企业管理权指向的主要对象。

（三）物业管理关系主体的行为

1. 业主及非业主使用人的行为。对人的管理是物业管理重要的一方面，业主及非业主使用人的行为因此是物业管理法律关系的客体。不仅管理规约、物业服务合同等民事契约中可对物业业主的行为有所约束，而且物业管理行政机关也可依职权对业主的行为进行管理。《物业管理条例》规定"物业管理区域内按照规划建设的公共建筑和共用设施，不得改变用途"，"业主依法确需改变公共建筑和共用设施用途的，应当在依法办理有关手续后告知物业服务企业"，"业主需要装饰装修房屋的，应当事先告知物业服务企业"等。

2. 物业服务企业的行为。物业服务企业的行为在物业管理中占主导地位，而且涉及业主权益，因此是物业管理合同与立法着重调整的对象。

《物业管理条例》规定"物业服务企业确需改变公共建筑和共用设施用途的，应当提请业主大会讨论决定同意后，由业主依法办理有关手续"；同时，《物业管理条例》对物业服务企业聘用未取得物业管理职业资格证书的人员从事物业管理活动的行为，物业服务企业将一个物业管理区域内的全部物业管理一并委托给他人的行为，物业服务企业挪用专项维修资金的行为，未经业主大会同意、物业服务企业擅自改变物业管理用房的用途的行为都给予了相应的规制，对于其中情节严重、构成犯罪的行为，依法追究责任人的刑事责任。

四、物业管理法律关系内容

法律关系的内容即主体享有的权利和承担的义务，法律关系的实质即主体的权利和义务关系。物业管理法律关系的内容主要包括业主及物业服务企业的权利义务。

（一）业主权利义务

1. 业主的权利。业主不论作为单独所有权人或建筑物区分所有权人，拥有物业的所有权。业主的其他权利来源于他对物业的所有权。

《物业管理条例》规定，业主在物业管理活动中，享有下列权利：①按照物业服务合同的约定，接受物业服务企业提供的服务；②提议召开业主大会会议，并就物业管理的有关事项提出建议；③提出制定和修改管理规约、业主大会议事规则的建议；④参加业主大会会议，行使投票权；⑤选举业主委员会成员，并享有被选举权；⑥监督业主委员会的工作；⑦监督物业服务企业履行物业服务合同；⑧对物业共用部位、共用设施设备和相关场地使用情况享有知情权和监督权；⑨监督物业共用部位、共用设施设备专项维修资金的管理和使用；⑩法律、法规规定的其他权利。

2. 业主的义务。业主共同生活于物业区域，为全体业主生活之共同利益，业主权利的行使受民法相邻关系制度的限制，而且管理规约、物业管理合同得作进一步的约束。

《物业管理条例》规定，业主在物业管理活动中，履行下列义务：①遵守管理规约、业主大会议事规则；②遵守物业管理区域内物业共用部位和共用设施设备的使用、公共秩序和环境卫生的维护等方面的规章制度；③执行业主大会的决定和业主大会授权业主委员会作出的决定；④按照国家有关规定交纳专项维修资金；⑤按时交纳物业服务费用；⑥法律、法规规定的其他义务。

（二）物业服务企业的权利义务

1. 物业服务企业的权利。物业服务企业是物业管理合同的受托方，物业服务企业享有的权利主要是由业主在合同授予，以及法律明确规定的物业管理权。

《物业管理条例》规定物业服务企业的权利包括：依照物业管理合同和有关规定收取物业管理费、可以将物业管理区域内的一部分专项服务业务委托给专业性服务企业、可以根据业主的委托提供物业服务合同约定以外的服务项目，并收取服务报酬等。

物业服务企业的权利具体包括：①根据有关规定，结合实际情况，制定小区管理办法，并报房地产行政主管部门备案；②依照物业管理办法和物业管理合同对住宅小区实施管理；③依照物业管理合同和有关规定收取管理费；④制止违反规章制度的行为；⑤有权选聘专业机构，承担专业管理业务；⑥有权要求业主委员会协助管理；⑦可以实行多种经营，以其收益补充小区管理经费。

2. 物业服务企业的义务。物业服务企业的管理权经合同授予由业主所有权分离而取得，故其首要义务即是接受委托方的监督。

《物业管理条例》规定"物业服务企业应当按照物业服务合同的约定，提供相应的服务"；"对物业管理区域内违反有关治安、环保、物业装饰装修和使用等方面法律、法规规定的行为，物业服务企业应当制止，并及时向有关行政管理部门报告"；"物业服务企业应当协助做好物业管理区域内的安全防范工作。发生安全事故时，物业服务企业在采取应急措施的同时，应当及时向有关行政管理部门报告，协助做好救助工作"。

物业服务企业的义务可以具体分为：①履行物业管理合同，依法经营；②接受业主委员会和住宅小区居民的监督；③重大管理措施应当提交业主委员会审议批准；④接受房地产行政主管部门、有关行政主管部门及住宅小区所在地人民政府的监督指导。

第三节　物业管理业务监管

一、物业接管验收

（一）接管验收的概念、意义及标准

物业接管验收，是指物业服务企业在承接物业时，进行以物业的主体结构安全和满足使用功能为主要内容的再检验，同时接受图纸、说明文件等物业资料，从而着手实施物业管理。《物业管理条例》规定"物业服务企业承接物业时，应当对物业共用部位、共用设施设备进行查验"。

目前，我国大约有1/3的物业服务企业是从开发商派生出来的"父子关系"企业，这种"建"、"管"不分的体制决定了物业管理从属于、依附于、受制于房地产开发，当开发项目存在问题时，处于不平等位置的物业服务企业和建设单位不可能进行正常的承接验收，有的甚至连合同都不签，很多应由建设单位解决的矛盾和问题，诸如质量缺陷、配套设施不完善、基础资料不齐、产权纠纷、不切实际的承诺等，推给下属的物业服务企业，而物业服务企业也解决不了，造成物业服务企业和建设单位对业主的投诉相互推诿，矛盾和问题得不到及时解决。对此，通过接管验收程序，既可以尽量避免物业质量问题对以后管理的不良影响，又维护了业主的利益。接管验收的意义具体体现在：①明确建设单位、业主、物业服务企业的责、权、利，维护各自的合法权益。②促使建设单位提高建设质量，加强物业建设与管理的衔接，提供开展物业管理的必备条件，确保物业的使用安全和功能，保障物业买受人享受物业管理消费的权益。③着力解决日趋增多的物业管理矛盾和纠纷，规范物业管理行业有序发展，提高人民群众居住水平和生活质量，维护社会安定。[1]

具体的接管验收程序与标准应当按照建设部 1991 年 7 月 1 日发布的《房屋接管验收标准》执行。从该标准看，物业服务企业对物业承接验收的对象为房屋的主体结构、外墙、屋面、楼地面、装修、电气、水、卫、消防、采暖、电梯、附属工程等物业的共用部位、共用设施设备。

（二）物业资料的移交

物业资料是物业服务企业对物业实施管理的重要基础，物业服务企业只有接收了相关的物业资料才能掌握有关物业的基本情况并进行现场查验。《物业管理条例》规定，物业承接验收时，建设单位向物业服务企业移交下列物业资料：①竣工验收资料，包括竣工总平面图，单体建筑、结构、设备竣工图，配套设施、地下管网工程竣工图等资料。②技术资料，包括设备设施的安装、使用和维护保养等资料。③物业质量保修文件和物业使用说明文件。④物业管理所必需的其他资料，如物业的规划、建设的有关资料；有关房屋产权权属的资料；工程验收的各种签证、记录、证明；等等。

同时，《物业管理条例》还规定，当业主成立业主大会以后，若业主委员会与新选聘的物业服务企业签订的物业服务合同生效，前期物业管理合同终止，原物业服务企业应当在前期物业服务合同终止时将上述资料移交给业主委员会，由业主委员会将物业资料移交给新选聘的物业管理企业。

（三）接管验收应注意的若干问题

1. 注意检查一些影响物业使用的各种细节问题，重点检查使用功能。物业虽然是经过竣工验收为合格的工程，但这并不意味着工程不存在问题。实际上，竣工验收是从大的方面把握质量关，许多将会在以后严重影响物业使用的问题一般并不在竣工验收质量范围内，如坐便器漏水、浴箱安装位置不当、开关插座不在一个水平线上、墙线不直、墙面不平、门窗损坏、玻璃破裂、卫生间地漏排水不畅等。物业公司应该站在业主的立场上，对物业进行严格验收，认真仔细检查每个房间的每项设备和各个关键部位，以维护业主利益。这同时有利于物业公司对物业的管理，避

---

[1] 国务院法制办农业资源环保法制司：《物业管理条例释义》，知识产权出版社 2008 年版，第 78 页。

免和减少关于物业质量问题的纠纷。对房屋使用功能的检查验收要有一套合理的程序和科学的方法，有专业人员。

2. 验收中的问题应逐一列明，督促开发商整改。要有检查的记录和解决处理问题的意见，明确甲（开发）、乙（施工）、丙（物业）各方的责任和交用的标准。

3. 房屋的接管验收资料要完整，技术档案资料管理要严谨科学。房屋接管验收资料是房产管理的基础和依据，除要检查验收房屋的使用功能外，还要检查房屋的技术资料和其他有关现场条件是否齐备。在房屋接管过程中，随着技术档案资料的不断到位，要切实加强技术档案管理，建立严格科学的档案管理制度，专人负责收集整理、分类建档。有条件的要输入计算机进行科学管理。建立完整的档案资料，既有利于管理查询，方便维修，也有利于为业主提供必要的产权资料。

二、前期物业管理

（一）前期物业管理时间的界定

1. 关于开始的时间。前期物业管理，是指物业出售后至业主入住前的物业管理。《物业管理条例》规定"在业主、业主大会选聘物业服务企业之前，建设单位选聘物业服务企业的，应当签订书面的前期物业服务合同"。通常情况下，物业服务合同是在物业服务企业与业主大会之间签订的，但在物业建成之后，业主大会成立之前，就需要进行物业管理活动。因此，只能由建设单位选聘物业管理企业对物业实施管理服务。这种要求符合实际需要，因为业主不能在没有物业管理的情况下入住，而必须有前期物业管理为其准备必要的入住条件。如果前期物业管理和业主入住同时开始或者晚于业主入住，无疑将给业主正常使用物业带来极大不便。

2. 关于终止的时间。《物业管理条例》规定"前期物业服务合同可以约定期限；但是，期限未满、业主委员会与物业服务企业签订的物业服务合同生效的，前期物业服务合同终止"。为了便于物业服务企业统筹安排工作，降低交易成本费用，防范经营风险，维护物业管理的秩序，前期物业服务合同可以约定期限。同时，前期物业服务合同是一种附终止条件的合同，即虽然期限未满，一旦业主组成了代表和维护自己利益的业主大会，选聘了物业服务企业，进入了正常的物业管理阶段，则前期物业管理就不再有存在的必要，自动终止。终止的时间以业主委员会与物业管理企业签订的物业服务合同生效时为准。

（二）前期物业管理的招标投标

《物业管理条例》规定"国家提倡建设单位按照房地产开发与物业管理相分离的原则，通过招投标的方式选聘具有相应资质的物业服务企业"。在物业管理发展初期，我国许多城市对物业管理项目实行"谁开发，谁管理"的模式。在此模式下，由于"建"、"管"之间界限模糊，缺乏明确的交接验收手续，建设单位前期开发过程中遗留的大量问题往往被掩盖下来，这些问题在特定管理的阶段暴露出来，从而加大了物业管理的难度，容易引发纠纷。招投标制度的推行，打破了旧有的管理模式，增加了前期物业管理的透明性，为物业服务企业创造了公平、公正、公开的市场竞争环境。

应当注意的是，针对我国目前物业管理的实际情况，《物业管理条例》并未作出"一刀切"的规定，而是要求，住宅物业的建设单位，应当以招投标的方式选聘物业服务企业，而非住宅物业是否以招投标的方式选聘物业服务企业，目前不作强制性要求。同时，《物业管理条例》又作了例外的规定，对于投标人少于3个或规模较小的住宅物业，建设单位可以采用协议的方式选聘物业管理企业，但应当经过物业所在地的区、县房地产行政主管部门的批准。

（三）前期物业管理的内容

前期物业管理的内容和正常时期的物业管理基本一致，包括了房屋共用部位的维护和管理、房屋共用设施设备及其运行的维护和管理、环境卫生、保安、交通秩序与车辆停放、房屋装饰装修管理等。

但是，前期物业管理毕竟是在一个过渡时期进行的，因此具有其特殊内容：①管理机构的设立和人员的配备。②物业服务企业对房屋进行接管验收。③制定和公布管理制度。④对业主入住进行管理，又称为"进户管理"。"进户"是指业主或使用人收到书面通知书并在规定期限内办理完结相应手续并实际入住。从物业管理公司的角度讲，就是将物业正式交付业主或使用人使用。⑤建立健全物业管理档案资料。档案资料包括业主（或使用人）的资料和物业的资料。⑥装修搬迁管理。向业主宣传装修的有关法律法规；加强对业主装修的监督管理。⑦在前期物业管理协议终止时，如果原管理企业不再进行管理，必须与业主委员会选聘的物业服务企业办理物业管理移交手续，物业管理移交手续须经业主委员会确认。

（四）前期物业管理物业的保修责任

前期物业管理一般处于建设单位的物业保修期内，1998年《城市房地产开发经营管理条例》规定"房地产开发企业应当对其开发建设的房地产开发项目的质量承担责任"。为了区别物业管理企业和建设单位对物业的维修的不同责任，《物业管理条例》明确规定"建设单位应当按照国家规定的保修期限和保修范围，承担物业的保修责任"。保修期限与范围以外的物业维修、保养由物业服务企业按照物业服务合同的约定承担。

自1998年9月1日起，根据建设部《商品住宅实行住宅质量保证书和住宅使用说明书制度的规定》，房地产开发企业在向用户交付销售的新建商品住宅时，必须提供《住宅质量保证书》和《住宅使用说明书》。

房地产开发企业应当按《住宅质量保证书》的约定，承担保修责任。商品住宅出售后，委托物业管理公司等单位维修的，应在《住宅质量保证书》明示所委托的单位。

（五）前期物业管理的费用分担

前期物业管理的期限从物业出售至业主委员会选聘物业管理机构之时。在此之前，开发商自行从事相关管理或委托物业管理机构进行前期介入工作，这期间发生的费用均由开发商承担。在物业交付业主使用后，相关费用则应由开发商与入住业主共同承担。对此，《物业管理条例》规定"已竣工但尚未出售或者尚未交给物业买受人的物业，物业服务费用由建设单位交纳"。

三、物业管理服务

（一）物业管理区域统一管理原则

在物业管理实践中，存在多家物业管理公司共同管理一个物业管理区域的现象。例如，建设单位选出的物业服务企业和业主委员会选聘的物业服务企业同时为同一物业管理区域内的业主提供物业管理服务；同一物业管理区域内，成立了2个或者2个以上的业主委员会，这些业主委员会分别选聘物业服务企业进行管理。实践证明，多家管理往往存在严重的利益冲突，从而很难保证业主的正当利益，而且多家管理也会造成资源浪费，将增加业主的负担。针对于此，《物业管理条例》规定"一个物业管理区域由一个物业服务企业实施物业管理"。

物业管理涉及事项多，专业性强，一个物业服务企业很难全方面配备各种专业人员，也不可能自身承担物业管理区域内的全部服务业务。对此，《物业管理条例》作了灵活规定，即"物业服务企业可以将物业管理区域内的专项服务业务委托给专业性服务企业，但不得将该区域内的全部物业管理一并委托给他人"。所谓专项服务业务，是指保安、保洁、绿化、电梯等共用设施设备的维护等服务业务。

值得注意的是，在专项服务业务委托之后，物业服务企业和业主之间，仍然是物业服务合同关系；物业服务企业和专业服务企业之间，属于委托服务合同关系。专业服务企业在履行委托服务合同时，应当遵守物业管理区域内的规章制度，不得侵害业主的合法权益。物业管理企业就专业服务企业提供的服务向业主负责。又因为物业服务合同带有一定的人合性色彩，业主是根据物业服务企业的条件认定物业服务企业能够为之提供其所需的服务来选择某一个物业服务企业的，因此，《物业管理条例》规定，物业服务企业不得将物业管理区域内全部物业管理一并委托给他人。

（二）物业服务合同的内容

《物业管理条例》规定"业主委员会应当与业主大会选聘的物业服务企业订立书面的物业服务合同"。物业服务合同是确立业主和物业服务企业在物业管理活动中的权利义务的法律依据。物业服务合同的当事人中，物业服务企业与业主之间是平等的民事主体关系，不存在领导与被领导、管理与被管理的关系。双方的权利义务关系，体现在物业服务合同的具体内容中。

《物业管理条例》规定，物业服务合同应当具备以下主要内容：

1. 物业管理事项，主要包括：①物业共用部位的维护与管理；②物业共用设备设施及其运行的维护和管理，主要包括电梯、水泵、电视监控系统、有线对讲系统、电视接收系统、避雷、消防、污水处理系统等设备设施及其运行的维护和管理；③环境卫生、绿化管理服务，也称为保洁服务，一般包括楼道、走道、门厅、屋顶、天台等部位的定时清扫，内墙壁的除尘，公共门窗的擦洗，绿化，园地、路面的清扫，生活垃圾和建筑垃圾的管理，灭害洒药等服务；④物业管理区域内公共秩序、消防、交通等协助管理事项的服务；⑤物业装饰装修管理服务，包括房屋装修的安全、垃圾处理等各项管理工作；⑥专项维修基金的代管服务；⑦物业档案资料的管理。

2. 服务质量。在实践中，许多物业服务合同的纠纷均因服务质量问题而产生，而一旦产生了纠纷，服务质量是很难定量衡量的。为了避免不必要的纷争，物业服务合同当事人应当就物业服务质量作全面、具体的约定。

3. 服务费用。当事人需在合同中明确约定物业服务费用的收费项目、收费标准、收费办法等内容。物业服务费用的支付人，可以是业主，也可以是使用人。

4. 双方的权利义务。

5. 专项维修资金的管理和使用。专项维修资金主要用于物业共用部位和共用设施设备的维修养护。从产权上讲，专项维修资金属于物业管理区域内的业主所有，而在实践中，大都由物业服务企业代管。为了发挥维修资金的作用，需要当事人在国家规定的基础上，对专项维修资金的管理和使用规则、程序等作出具体约定。

6. 物业管理用房。

7. 合同期限。物业服务合同的期限条款应当尽量明确、具体，或者明确规定计算期限的方法。

8. 违约责任。

此外，《物业管理条例》还对特约服务作出了规定，即"物业服务企业可以根据业主的委托提供物业服务合同约定以外的服务项目，服务报酬由双方约定"。特约服务属于派生服务的范畴，并不是物业服务企业的法定义务，物业服务企业与业主可以按照契约自由的原则，就特约服务的事项进行约定，并由业主支付相应的报酬。

对于公用事业单位收费，《物业管理条例》也作出了明确的规定，"物业管理区域内，供水、供电、供气、供热、通信、有线电视等单位应当向最终用户收取有关费用"；"物业服务企业接受委托代收前款费用的，不得向业主收取手续费等额外费用"。业主与以上各公用事业单位之间，是一种合同关系，作为合同当事人，业主和各公用事业单位应当按照法律规定和合同约定来行使权利并履行义务。物业服务企业并不是合同的当事人，没有义务向公用事业单位支付这些费用，如果物业服务企业接受公用事业单位的委托，代其向业主收取相关费用时，没有任何法律依据得以手续费、管理费、劳务费等名目向业主收取额外的费用。

（三）物业服务企业的义务和责任

1. 履行物业服务合同的义务。《物业管理条例》规定"物业服务企业应当按照物业服务合同的约定，提供相应的服务"；"物业服务企业未能履行物业服务合同的约定，导致业主人身、财产安全受到损害的，应当依法承担相应的法律责任"。

在实践中，在实施了物业管理的区域内，业主的人身和财产受到损害的情况也时有发生。比如，业主存放在车库中的车辆被盗；小偷进入业主家中盗窃甚至伤人、杀人等。在界定各方责任时，不能简单地认为：既然实施了物业管理，物业服务企业就应当保障业主的财产和人身安全；对业主在物业管理区域内受到的人身和财产的损害，物业服务企业就应当承担完全的法律责任（主要是民事赔偿责任）。按照《物业管理条例》的规定，物业服务企业就业主受到的人身和财产损害承担责任有一个前提条件，就是物业服务企业未能履行物业服务合同的约定，存在违约行为，包括根本不履行合同义务和不完全履行合同义务。也就是说，如果物业管理企业完全遵守了法律法规的规定和物业服务合同的约定，即使业主人身、财产在物业管理区域内受到损害，物业服务企业也不一定因此而承担法律责任。[1]

2. 物业服务合同终止时的义务。《物业管理条例》规定"物业服务合同终止时，物业服务企业应当将物业管理用房和资料交给业主委员会"；"物业服务合同终止时，业主大会选聘了新的物业服务企业的，物业服务企业之间应当做好交接工作"。

3. 对违法行为的制止和报告义务。《物业管理条例》规定"对物业管理区域内违反有关治安、环保、物业装饰装修和使用等方面法律、法规规定的行为，物业服务企业应当制止，并及时向有关行政管理部门报告"。

从《物业管理条例》的规定来看，对于物业管理区域内发生的违法行为，物业服务企业有制止和报告的义务，但并不意味着物业服务企业因此而获得了行政执法权。对于"制止"的理解，更多的是一种义务而不是权利，同时，物业服务企业的制止义务是有限度的，对于一些轻微的违法违规行为，如入室盗窃行为，物业服务企业可能能够制止，对于一些严重的违法违规行为，物业服务企业可能无法制止，因为没有相应的手段。这时，物业服务企业就应当及时向有关主管部门报告。

4. 安全防范义务。《物业管理条例》规定"物业服务企业应当协助做好物业管

---

〔1〕　国务院法制办农业资源环保法制司：《物业管理条例释义》，知识产权出版社2008年版，第99～100页。

理区域内的安全防范工作。发生安全事故时，物业服务企业在采取应急措施的同时，应当及时向有关行政管理部门报告，协助做好救助工作"。

物业服务企业的安全防范义务直接出自《物业管理条例》的规定而不是物业服务合同的约定，是因为物业服务企业所从事的物业服务活动，属于提供公共产品的活动。物业服务的这一特性决定了物业服务企业还需承担一定的社会责任；在发生安全事故时，物业服务企业负有采取紧急措施、报告和协助救助义务。例如，小区内发生火灾时，在消防人员赶到前，物业服务企业应当尽快疏散人群，尽可能地救人、灭火，同时将火灾情况及时报告消防部门，并协助消防人员开展灭火和救助工作。

物业管理公司在对物业小区进行管理时，往往要雇请保安人员。在实践中，物业保安方面出现的问题较多，各方面反应比较强烈。有物业保安人员不履行或者不按照合同约定履行保安职责，导致业主的人身、财产受到不必要的损失的；也有物业保安人员滥用"职权"，殴打业主的。为了解决物业保安中出现的种种问题，《物业管理条例》从物业服务企业、保安人员角度对物业保安进行了规定"物业服务企业雇请保安人员的，应当遵守国家有关规定。保安人员在维护物业管理区域内的公共秩序时，应当履行职责，不得侵害公民的合法权益"。

5. 告知义务。《物业管理条例》规定"业主需要装饰装修房屋的，应当事先告知物业服务企业。物业服务企业应当将房屋装饰装修中的禁止行为和注意事项告知业主"。

装饰装修房屋是业主的权利，但这一权利的行使应以不损害他人利益和社会公共利益为前提。在一个存在多业主的物业管理区域内，业主装饰装修房屋的行为有可能会对其他业主造成影响。考虑到业主对相关法律法规并不一定很了解，对房屋装饰装修中的禁止行为和注意事项并不一定都很清楚，《物业管理条例》规定物业服务企业在知道业主装修后应当将相关禁止行为和注意事项告知业主，以便于帮助业主更好地装饰装修房屋，并可以起到预防作用，避免出现违法装修或者装修扰民的情况。

第四节　物业管理合同规约

一、物业管理契约网络

计划经济时代，一切经济活动的开展依赖行政指令，各经济实体作为全国一盘棋的棋子、国家大工厂的车间，无任何独立自主性可言，所谓意思自治与合同自由更无存在的空间。市场经济时代，市场成为经济运作的平台，各经济实体独立自主、平等竞争、优胜劣汰，传统私法的意思自治与契约自由原则成为市场经济的制度基石。如此，合同连接各个市场主体，明确各方权利义务，是市场经济运作的重要媒介；一系列合同组成的契约网络更是现代经济开展的根本渠道。

市场经济下的物业管理改变了旧有的行政管理模式，遵循意思自治与契约自由两大原则，建立在一系列契约网络之上。各物业区域业主实施自治管理，召开业主大会，制定管理规约，并选举业主委员会；业主委员会选聘并与物业服务企业订立委托性质的物业管理合同；物业服务企业受托后又可进一步与其他专业服务机构签订承包合同。上述一系列合同规约组成了契约网络，明确各方权利义务，规定物业管理事项，从而实现专业化、市场化、社会化的现代物业管理。

总之，物业管理合同规约等一系列契约既是物业管理开展的媒介，更是引起物业管理法律关系产生、变更的原因。

二、管理规约

（一）临时管理规约

通常情况下，管理规约由业主大会筹备组草拟，经首次业主大会会议审议通过，但在实践中，物业建成后，业主的入住是一个渐进的过程，业主大会并不能立即成立，而这时却有制定业主共同遵守准则的需要，否则，物业的使用、维护、管理可能处于混乱无序的状态。因此，《物业管理条例》规定"建设单位应当在销售物业之前，制定临时管理规约，对有关物业的使用、维护、管理，业主的共同利益，业主应当履行的义务，违反临时管理规约应当承担的责任等事项依法作出约定"。由此可见，临时管理规约的制定主体是建设单位，这是因为建设单位在物业销售之前是物业的唯一业主，即第一业主，但它并不一定能够完全体现全体业主的意志，因此具有过渡性质，称之为"临时管理规约"。

临时管理规约的内容与正式的管理规约的内容基本相同，即对有关物业的使用、维护、管理，业主的共同利益，业主应当履行的义务，违反规约应当承担的责任等事项依法作出约定。

同时，为了避免建设单位出于对自己有利的动机，利用制定临时管理规约的机会在规约中加入不公正的条款，从而损害物业买受人的利益，《物业管理条例》对临时管理规约的内容进行了原则上的限制，规定建设单位制定的临时管理规约，不得侵害物业买受人的合法权益，并且要求建设单位制定的临时管理规约，应当在物业销售之前向物业买受人明示，对临时管理规约的主要内容，向物业买受人陈述，并就容易导致购房人混淆的地方进行解释说明，以使物业买受人准确理解未来自己的权利义务。

为了进一步强化和保护物业买受人的合法权益,《物业管理条例》还规定"物业买受人在与建设单位签订物业买卖合同时,应当对遵守临时管理规约予以书面承诺"。实践中的做法是建设单位将临时管理规约作为物业买卖合同的附件,或者在物业买卖合同中明确规定要求物业买受人遵守临时管理规约的条款,让物业买受人在物业买卖合同上签字确认。

（二）管理规约

管理规约,是指业主承诺的,对全体业主具有约束力的有关使用、维护物业及其管理等方面权利义务的自治性行为守则。

业主成立业主大会以后,业主通过业主大会会议表达自己的意志,决定制定新的管理规约,或者修改临时管理规约,也可以继续保持临时管理规约,但此时的临时管理规约经过业主大会的审议通过后,已经转化成为正式的管理规约了。

《物业管理条例》规定管理规约的主要内容是:①有关物业的使用、维护、管理。如业主使用其自有物业和物业管理区域内共用部分、共用设备设施与相关场地的约定;业主对物业管理区域内公共建筑和共用设施使用的有关规程;业主对自有物业进行装饰装修时应当遵守的规则等。②业主的共同利益。如对物业共用部位、共用设施设备使用和保护,利用物业共用部位获得收益的分配;对公共秩序、环境卫生的维护等。③业主应当履行的义务。如遵守物业管理区域内物业共用部位和共用设施设备的使用、公共秩序和环境卫生的维护等方面的规章制度;按照国家有关规定交纳专项维修资金;按时交纳物业服务费用;不得擅自改变建筑物及其设施设备的结构、外貌、设计用途,不得违反规定存放易燃、易爆、剧毒、放射性等物品;不得违反规定饲养家禽、宠物;不得随意停放车辆等。④违反规约应当承担的责任。业主不履行管理规约义务要承担民事责任,其以支付违约金和赔偿损失为主要的承担责任方式。管理规约的效力范围当然涉及全体业主,同时对物业使用人和物业继受人也发生法律效力。

三、业主大会

（一）业主大会的组成与宗旨

《物业管理条例》规定"物业管理区域内全体业主组成业主大会","业主大会应当代表和维护物业管理区域内全体业主在物业管理活动中的合法权益"。业主大会是基于物业管理区域内物业在构成、权利归属及使用上不可分离的共同关系而产生的,物业管理区域内的合法的物业所有人均享有参加业主大会、对物业共同事项进行管理的权利,因此,业主大会应由物业管理区域内的全体业主组成。业主大会成立以后,入住的业主将自动成为业主大会的成员。业主大会成立的宗旨不仅在于通过开会对有关的共同事项作出决定,更重要的是使业主通过它来维护自己在物业管理活动中的合法权益。

（二）物业管理区域的划分

鉴于一个物业管理区域内的物业共用部位、共用设施设备和相关场地在构造和权利归属上的整体性，《物业管理条例》规定"一个物业管理区域内成立一个业主大会"。对于物业管理区域的划分，《物业管理条例》规定"应当考虑物业的共用设施设备、建筑物规模、社区建设等因素。具体办法由省、自治区、直辖市制定"。在实践中，物业管理区域有的按照一个自然的街坊、有的按照一个封闭的小区、有的按照建筑物的规模大小等来划定，包括居住区、大厦区、工业区等。由于我国不同地区物业管理发展水平差异性很大，《物业管理条例》未对物业管理区域作出统一并具体的规定，只规定物业管理区域划分的具体办法由省、自治区、直辖市根据各个地方的实际情况制定，但在划分物业管理区域时应当考虑物业的设施设备、建筑物规模、社区建设等因素，以便于在物业管理区域内实施统一的物业管理。[1]

（三）业主大会的成立

业主大会成立的主体应当是业主。《物业管理条例》规定"同一个物业管理区域内的业主，应当在物业所在地的区、县人民政府房地产行政主管部门或者街道办事处、乡镇人民政府的指导下成立业主大会，并选举产生业主委员会"。《物业管理条例》的这一规定未采用我国有些地方对于业主大会的成立都规定在物业销售面积（或入住率）达到一定比例或者物业销售满一定年限的条件下，由建设单位或者物业服务企业或者政府房地产行政主管部门组织召开的做法。之所以这样规定，意在避免建设单位和政府部门对业主大会的不正当干预，因此，将成立业主大会的权利交由业主来行使。区、县人民政府房地产行政主管部门只负责业主大会成立的指导工作。这种指导主要体现在业主向政府房地产行政主管部门咨询召开业主大会的法规政策，报告业主大会的筹备情况，邀请政府房地产行政主管部门参加首次业主大会会议等方面。同时，对于只有一个业主，或者业主人数较少的情况，《物业管理条例》允许业主根据自身的实际情况，可自行或通过全体协商一致同意的方式对共同事项作出决定，没有必要成立业主大会。

（四）业主大会投票权数的确定

《物权法》出台前，对于业主在业主大会会议上的投票权，各个地方在实践中已形成自己的做法。有些地方按住宅套数确定，有的地方按住宅面积确定，有的地方针对不同的物业类型分别采取这两种方式。由于各种方法各有利弊，2003 年公布的《物业管理条例》对业主的投票权只作了原则性的规定，即"根据业主拥有物业的建

---

〔1〕　国务院法制办农业资源环保法制司：《物业管理条例释义》，知识产权出版社 2008 年版，第 44 ~ 45 页。

筑面积、住宅套数等因素确定。具体办法由省、自治区、直辖市制定"。[1]

《物权法》结合建筑物面积与业主人数对业主投票权作出了规定。2007 年 8 月 26 日国务院依据《物权法》的规定对《物业管理条例》进行了修订,规定除决定筹集和使用专项维修基金,以及改建、重建建筑物及其附属设施,应当经专有部分占建筑物总面积 2/3 以上的业主且占总人数 2/3 以上的业主同意外,其他事项应当经专有部分占建筑物总面积过半数的业主且占总人数过半数的业主同意。

(五)业主大会例会及临时大会的召开

《物业管理条例》规定"业主大会会议分为定期会议和临时会议"。"业主大会定期会议应当按照业主大会议事规则的规定召开。经 20% 以上的业主提议,业主委员会应当组织召开业主大会临时会议"。

对于业主大会临时会议的召开,《物业管理条例》规定的条件为经 20% 以上的业主提议应当及时召开,这种情况一般发生在有重大事故或紧急事件需要处理时,或者管理规约中规定的召开业主大会临时会议情况发生。

(六)业主大会决议的通过

根据《物业管理条例》的规定,"业主大会会议可以采用集体讨论的形式,也可以采用书面征求意见的形式;但是,应当有物业管理区域内专有部分占建筑物总面积过半数的业主且占总人数过半数的业主参加"。因故不能参加的业主"可以委托代理人参加业主大会会议"。应当注意的是,物业管理区域内有过半数的业主出席大会并非有效,因为业主过半数并不等于其专有部分占建筑物总面积一定超过半数,尤其是对于商业大厦,不同业主拥有面积差距很大。由于物业管理费是以业主拥有物业的建筑面积计算,不是以业主的人数计算的,大业主拥有物业面积大,所交的管理费多,因而其投票权数大。因此,必须是有 50% 以上投票权数(即业主总人数过半数且其专有部分占建筑物总面积过半数)的业主参加的业主大会才符合法律规定的要求。

为保障业主大会有关决定能够真正地代表全体业主的整体利益,避免少数业主滥用权利侵犯多数业主利益的情况发生,《物业管理条例》规定业主大会作出决定,必须经专有部分占建筑物总面积过半数的业主且占总人数过半数的业主同意。业主大会作出筹集和使用专项维修资金、改建、重建建筑物及其附属设施的决定,必须经专有部分占建筑物总面积 2/3 以上的业主且占总人数 2/3 以上的业主同意。

(七)业主大会的职责

《物业管理条例》规定,业主大会履行下列职责:①制定和修改业主大会议事规

---

[1] 国务院法制办农业资源环保法制司:《物业管理条例释义》,知识产权出版社 2008 年版,第 47 ~ 48 页。

则；②制定和修改管理规约；③选举业主委员会或者更换业主委员会成员；④选聘和解聘物业服务企业；⑤筹集和使用专项维修资金；⑥改建、重建建筑物及其附属设施；⑦有关共有和共同管理权利的其他重大事项。

四、业主委员会

业主委员会是物业管理区域内全体业主对物业实施自治管理的组织，在现代物业管理中占有重要地位，发挥关键作用。业主委员会由业主大会选举产生，是业主大会的常设执行机构，对业主大会负责。

（一）业主委员会的产生

《物权法》第75条规定"地方人民政府有关部门应当对设立业主大会和选举业主委员会给予指导和协助"。《物业管理条例》规定"同一个物业管理区域内的业主，应当在物业所在地的区、县人民政府房地产行政主管部门或者街道办事处、乡镇人民政府的指导下成立业主大会，并选举产生业主委员会"。

业主委员会的委员应当由业主担任，非业主的使用人和其他人员没有被选举为业主委员会委员的资格。房地产行政主管部门、街道办事处及乡镇人民政府、房屋的开发经营单位、前期的物业管理公司应协助业主做好首届业主委员会候选人的酝酿、推选工作，征求各业主小组（如果已设立的）的意见，把遵纪守法、具有一定的物业管理法律知识、热心公益事业、责任心强、具有一定组织能力的业主作为业主委员会的候选人，提请第一次业主大会选举。业主委员会的人数应根据物业管理区域规模决定，通常应为5~15人。

业主委员会的成员不得兼任本物业区内物业管理公司的工作；物业管理公司的成员同为物业管理区域内的业主的，也不得担任业主委员会的委员；业主委员会主任、副主任在业主委员会委员中推选产生。

（二）业主委员会的核准

《物业管理条例》规定"业主委员会应当自选举产生之日起30日内，向物业所在地的区、县人民政府房地产行政主管部门和街道办事处、乡镇人民政府备案"，备案的一般包括业主委员会的成员基本情况、管理规约、业主大会议事规则等主要内容。

需要说明的是，目前在我国一些地方的物业管理法规中，规定业主委员会实行登记制度，即业主委员会成立后要到房地产行政主管部门进行登记审核。这样做的目的是强化对业主委员会的管理，但容易造成政府对业主委员会的成立与运作进行一些不正当的干预，而且业主委员会是业主自律的一种形式，政府不宜干预过多、介入太深。政府的作用应该体现在指导、帮助、协调、监督业主委员会的成立及运作上。因此，《物业管理条例》明确对业主委员会的成立实行备案制度区别于审批制度。

（三）业主委员会的职责

《物业管理条例》规定，业主委员会是业主大会的执行机构，履行以下职责：①召集业主大会会议，报告物业管理的实施情况；②代表业主与业主大会选聘的物业服务企业签订物业服务合同；③及时了解业主、物业使用人的意见和建议，监督和协助物业服务企业履行物业服务合同；④监督管理规约的实施；⑤业主大会赋予的其他职责。

（四）业主委员会的义务

1. 应当依法履行职责。依法履行职责是对业主委员会最根本的要求。《物业管理条例》规定"业主大会、业主委员会应当依法履行职责，不得作出与物业管理无关的决定，不得从事与物业管理无关的活动"；同时规定了房地产行政主管部门及街道办事处、乡镇人民政府对业主大会、业主委员会的活动的监督管理职责。

2. 支持并配合相关部门的工作。《物业管理条例》规定，业主大会、业主委员会应当配合公安机关，与居民委员会相互协作，应当积极配合相关居民委员会依法履行自治管理职责，支持居民委员会开展工作，并接受其指导和监督。

3. 做好物业区域内业主的宣传、协调工作。业主委员会应向业主公布、宣传各项管理规约，督促业主自觉遵守管理规约及规章，促使业主理解有关的管理收费，并使其按规定缴纳管理费及其他应分摊的费用。

五、前期物业服务合同

（一）概念

前期物业服务，指物业出售后至业主委员会成立并选聘物业服务企业这一段期间内的物业服务。前期物业服务阶段，开发商或业主与物业服务企业间的物业服务合同即前期物业服务合同。

前期物业服务合同有两种模式：

1. 物业开发商作为唯一委托方签订前期物业服务合同。开发商作为第一业主，签订前期物业服务合同的委托行为既是对未出售的自己尚存物业所有权的行使，也是对新住业主区分所有权的代理行使，因此开发商须在其他文件，如房屋销售合同或物业管理规约中得到新住业主订立前期物业服务合同的委托授权。

2. 各位业主即每个购房者均以直接作为委托方的形式分别鉴定前期物业服务合同。该合同一般在业主与开发商签订购买合同时一并签署生效。由于业主刚入住，不具备相应的能力条件，该模式中的物业管理企业一般亦先由开发商提供指定。

（二）特征

1. 前期物业服务合同具有过渡性。前期物业服务合同的期限存在于业主、业主大会选聘物业服务企业之前的过渡时间内，一旦业主大会成立或者全体业主选聘了物业服务企业、业主委员会代表业主与物业服务企业签订的合同发生效力，就意味着前期物业管理阶段结束，进入了通常情况下的物业管理阶段。

2. 前期物业服务合同由建设单位与物业服务企业签订。这是因为首次业主大会尚未召开，业主还不能形成统一意志来决定选聘物业服务企业，而此时已有实施物业管理的现实需要；而且，建设单位是物业的第一业主，享有第一次选聘物业服务企业的优先权，能够签订前期物业服务合同。这就存在一个买受人在购买物业时如何知道和决定是否接受前期物业服务合同的问题。在实践中，发生的一些业主不满物业服务企业提供服务的纠纷，究其原因，并不一定全是由于物业服务企业不按照合同提供服务，而是由于业主缺乏对物业服务合同内容的了解，双方对提供服务的内容理解不一致。鉴于此，《物业管理条例》规定"建设单位与物业买受人签订的买卖合同应当包含前期物业服务合同约定的内容"以保障物业买受人的合法权益。

3. 前期物业合同是要式合同。由于前期物业管理涉及广大业主的公共利益，《物业管理条例》要求前期物业服务合同以书面的形式签订。

（三）前期物业管理的费用责任分担

前期物业管理的期限从物业出售至业主委员会选聘物业管理机构之时。在此之前，开发商自行从事相关管理或委托物业管理机构进行前期介入工作，这期间发生的费用均由开发商承担。在物业交付业主使用后，相关费用则应由开发商与入住业主共同承担。对此，《物业管理条例》规定"已竣工但尚未出售或者尚未交给物业买受人的物业，物业服务费用由建设单位交纳"。

前期物业管理一般尚处于开发商的保修期间内，保修范围内的有关物业管理事项由开发商承担责任及费用支出。根据建设部《商品住宅实行住宅质量保证书和住宅使用说明书制度的规定》，开发商应按《住宅质量保证书》约定，承担保修责任；商品住宅出售后，委托物业管理企业维修的，应在《住宅质量保证书》明示所委托的单位。

住宅保修期从开发商将竣工验收的住宅交付用户使用之日起计算，最低法定期限为：屋面防水 3 年；墙面、厨房和卫生间地面、地下室、管道渗漏 1 年；墙面、顶棚抹灰层脱落 1 年；地面空鼓开裂、大面积起砂 1 年；门窗翘裂、五金件损坏 1 年；管道堵塞 2 个月；供热供冷系统和设备 1 个采暖期或供冷期；卫生洁具 1 年；灯具、电器开关 6 个月。其他部位、部件的保修期限，由房地产开发企业与用户自行约定；房地产开发企业可以延长上述保修期限。

但是，用户验收后自行添置、改动的设施设备，由用户自行承担维修责任。用户违反《住宅使用说明书》的合理使用提示，使用不当或擅自改动结构、设备位置和不当装修等造成的质量问题，开发企业不承担保修责任。由上述原因引起的房屋质量受损和其他用户损失，由责任人承担相应责任。

六、物业服务合同

（一）概念

物业服务合同，指业主委员会成立后由其代表全体业主与业主大会选聘的物业服务企业所签订的合同。物业服务合同作为业主委员会与物业服务企业双方意思表示一致的协议，是市场经济中物业管理开展的协议基础。物业服务企业与业主是平等民事主体，物业服务企业的物业管理权来自业主的委托授权，这种授权便通过物业管理合同进行，因此物业服务合同是现代物业管理开展的前提。

物业服务合同一般应采取书面形式，物业服务合同如采取格式合同形式，应遵守合同法中有关格式条款的规定。物业服务合同是非典型合同，我国现行《合同法》中未单设该类型合同，其性质应属提供服务中的委托合同，业主委员会与物业服务企业形成委托与受委托的关系。

（二）特征

1. 物业服务合同实现所有权与管理权分离。现代城市的发展与社会分工的深化使得专业化物业管理成为必要。物业所有权人并不享有行使其拥有的管理权。物业服务合同促成实现了物业所有权与管理权的分离，是现代物业管理得以进行的重要前提。根据物业服务合同的委托授权，物业服务企业成为业主的"管家"，不仅负责对物的管理，即物业的维修、养护、利用、处分；而且负责对人的管理，即业主和使用人日常行为的约束或不当行为的制止。

2. 物业服务合同受到较多国家干预。物业服务合同遵循合同自由、双方平等的原则，但因其关系百姓生活、城市管理，所以物业服务合同的签订、履行受国家较多干预：①合同主体资格方面，委托方是业主委员会，受托方是物业服务企业。前者经法定程序选举产生；后者实施资质管理。②合同的具体内容方面，有关物业管理服务事项、收费，以及业主与物业服务企业的权利义务，立法均有明确规定，物业服务合同的订立不得违背。

（三）内容

《物业管理条例》规定，物业服务合同应当具备以下主要内容：

1. 物业管理事项。物业服务合同双方当事人一般约定下列物业管理服务事项：①物业共用部位的维护与管理；②物业共用设备设施及其运行的维护和管理；③环境卫生、绿化管理服务；④物业管理区域内公共秩序、消防、交通等协助管理事项的服务；⑤物业装饰装修管理服务；⑥专项维修资金的代管服务；⑦物业档案资料的管理。

2. 服务质量。现在国家正在推行物业管理服务标准，当事人可以参照服务标准来约定服务质量，根据服务质量来约定相应的服务费用。

3. 服务费用。物业服务收费应当遵循合理、公开，以及费用与服务水平相适应的原则，区别不同物业的性质和特点，由业主和物业服务企业按照国务院价格主管部门会同国务院建设行政主管部门制定的物业服务收费办法执行。目前收费标准主要有两种计算方式：一是按照每平方米多少元来计算；二是按照每户多少元来计算。物业服务费用的支付人是业主，业主与物业使用人约定由物业使用人交纳物业服务费用的，从其约定，业主负连带交纳责任。

4. 合同双方权利义务。业主和物业服务企业需要将双方在物业管理活动中的权利义务约定清楚。物业服务合同属于双务合同的范畴，一方的权利就是另一方的义务。例如，享受物业服务是业主的权利，而提供物业服务则是物业服务企业的义务；收取物业服务费用是物业服务企业的权利，而支付物业服务费用则是业主的义务。双方当事人的权利义务界定越明晰，合同的履行就越简单，发生纠纷的概率也就越小。

5. 专项维修资金的管理和使用。专项维修资金主要是针对住宅物业而言的。专项维修资金大都由物业服务企业代管，为了发挥维修资金的作用，需要当事人在国家规定的基础上，对专项维修资金的管理和使用规则、程序等作出具体的约定。

6. 物业管理用房。《物权法》明确了物业服务用房作为共有部分属于业主共有。《物业管理条例》也规定"物业管理用房的所有权依法属于业主"；物业管理用房包括物业办公用房、物业清洁用房、物业储藏用房、业主委员会活动用房等。其所有权依法属于业主，物业服务企业实施物业管理的，可以使用物业管理用房，但无权改变物业管理用房的用途。

实践中，有些物业服务企业认为本物业管理区域内的物业管理用房面积有余，于是自行决定改作商铺经营，以经营收入补贴物业服务费用的不足。实际上，这是一种严重的侵权行为，因为业主是物业管理用房的所有权人，只有业主才能行使对其的处分权。鉴于此，《物业管理条例》规定"未经业主大会同意，物业服务企业不得改变物业管理用房的用途"。

7. 合同期限。物业服务合同一般属于在较长期限内履行的合同，因此当事人应当对合同的期限进行约定。

8. 违约责任。物业服务合同一旦生效将对当事人产生法律约束力，当事人应当按照合同全面、严格履行合同义务，任何一方当事人不履行合同义务的，均应向对方承担违约责任。

第五节　物业的使用与维护及物业管理服务收费

一、物业的使用与维护

（一）公共建筑和共用设施的使用

绿地变成了停车场，沙盘上看到的应该是幼儿园的地方却变成了对外出租的"办公用房"，小区的主干道上有人在摆摊设点，公用道路、场地、建筑随意改变用途等侵犯全体业主合法权益的事情屡见不鲜。不仅仅是物业公司，一些业主也容易出现这方面的问题，尤其是在个人房屋装修的时候。《物业管理条例》关于"物业的使用和维护"明确规定"物业管理区域内按照规划建设的公共建筑和共用设施，不得改变用途。业主依法确需改变公共建筑和共用设施用途的，应当在依法办理有关手续后告知物业服务企业；物业服务企业确需改变公共建筑和共用设施用途的，应当提请业主大会讨论决定同意后，由业主依法办理有关手续"。

（二）道路、场地设施的使用和维护

《物权法》规定"建筑区划内的道路，属于业主共有，但属于城镇公共道路的除外。建筑区划内的绿地，属于业主共有，但属于城镇公共绿地或者明示属于个人的除外。建筑区划内的其他公共场所、公用设施和物业服务用房，属于业主共有"。实践中由于个别业主、物业服务企业私自占用、挖掘道路场地，影响了小区的交通秩序，污染了小区的环境卫生，侵犯了小区内大多数业主的合法权益，对此，《物业管理条例》规定"业主、物业服务企业不得擅自占用、挖掘物业管理区域内的道路、场地，损害业主的共同利益"。但由于物业管理区域内物业维修、管线检修、道路修整等客观需要或公共利益需要，可以占用、挖掘道路、场地，但业主或物业管理企业进行这些行为，业主"应当征得业主委员会和物业服务企业的同意"，物业服务企业"应当征得业主委员会的同意"；为了防止业主、物业服务企业借维修物业之机或者以公共利益之名，出于私利长期占用、挖掘道路、场地或者在使用完毕后草草处理影响广大业主的正常使用，《物业管理条例》规定"业主、物业服务企业应当将临时占用、挖掘的道路、场地，在约定期限内恢复原状"。

（三）相关管线和设施设备的维修养护

在物业管理实践中，物业管理区域内供水、供电、供气、供热、通信、有线电视管线和相关设施设备的维修养护责任的承担是一个存有争议的问题，为此《物业管理条例》明确规定"供水、供电、供气、供热、通信、有线电视等单位，应当依法承担物业管理区域内相关管线和设施设备维修、养护的责任"；这些"单位因维

修、养护等需要，临时占用、挖掘道路、场地的，应当及时恢复原状"。

（四）房屋的装饰和装修

装饰装修房屋是业主的权利，但这一权利的行使应以不损害他人利益和社会公共利益为前提。在住宅小区中，住宅单体间存在共用部位，如主体结构承重部位，包括内外承重墙体、柱、梁、楼板等；单幢楼或小区内有共用设施设备，如电梯、水、暖、照明、煤气、消防等。在一个存在多业主的物业管理区域内，不当的房屋装饰装修活动会导致共用部位、共用设施设备的损坏，影响相邻业主的生命财产安全。物业服务企业对物业及其共用部位、共用设施设备的结构、功能、使用等情况是了解的，因此《物业管理条例》规定"业主需要装饰装修房屋的，应当事先告知物业服务企业。物业服务企业应当将房屋装饰装修中的禁止行为和注意事项告知业主"。如果业主在装修过程中出现违规的情况，物业公司可报房屋行政主管部门对其进行处罚。

（五）物业共用部位、共用设施设备的经营

在屋顶上、电梯内、绿地上做广告，把公共建筑出租他人，其收益物业公司有权独吞吗？这个问题并非空穴来风。实践中，不少小区的物业公司与业主在协议中约定："屋顶、公共墙体的使用权归物业。"物业公司就把经营后的所得理所当然地装进了自己的腰包。

而事实上，屋顶等公共建筑的产权归全体业主享有，物业公司凭什么用全体业主的财产赚自己的钱呢？针对此侵权行为，《物业管理条例》明确规定"利用物业共用部位、共用设施设备进行经营的，应当在征得相关业主、业主大会、物业服务企业的同意后，按照规定办理有关手续"。对于经营所得收益的使用，《物业管理条例》规定"应当主要用于补充专项维修资金"，同时，为尊重全体业主的意愿和特殊使用需要，还规定"业主所得收益也可以按照业主大会的决定使用"。

（六）物业存在安全隐患时的维修养护

物业在使用过程中由于人为、自然或突发事件等因素的作用会出现潜在的结构、使用等方面的危险，物业的安全隐患往往会影响到公共利益和他人的合法权益。因此《物业管理条例》明确规定"物业存在安全隐患，危及公共利益及他人合法权益时，责任人应当及时维修养护，有关业主应当给予配合"；"责任人不履行维修养护义务的，经业主大会同意，可以由物业服务企业维修养护，费用由责任人承担"。

需要说明的是，这里所说的责任人主要是指房屋的产权人或者是按照合同约定承担相关部位维修责任的单位和个人，还包括由于历史特殊原因形成的房屋的实际使用者或维修责任的承担者。

（七）物业管理维修资金

1. 维修资金的概念与缴交范围。物业管理维修资金，是指专项用于物业共用部位、共用设施、设备保修期满后的维修和更新、改造的资金。共用部位指根据法律、法规和房屋买卖合同，由单幢住宅内业主或者单幢住宅内业主及与之结构相连的非住宅业主共有的部位，一般包括住宅的基础、承重墙体、柱、梁、楼板、屋顶，以及户外的墙面、门厅、楼梯间、走廊通道等。共用设施设备指根据法律、法规和房屋买卖合同，由住宅业主或者住宅业主及有关非住宅业主共有的附属设施设备，一般包括电梯、天线、照明、消防设施、绿地、道路、路灯、沟渠、池、井、非经营性车场车库、公益性文体设施和共用设施设备使用的房屋等。

《物业管理条例》规定"住宅物业、住宅小区内的非住宅物业或者与单幢住宅楼结构相连的非住宅物业的业主，应当按照国家有关规定交纳专项维修资金"。根据建设部的《住宅专项维修资金管理办法》规定，商品住宅的业主、非住宅的业主按照所拥有物业的建筑面积交存住宅专项维修资金，每平方米建筑面积交存首期住宅专项维修资金的数额为当地住宅建筑安装工程每平方米造价的 5% ~ 8%；公有住房售后的维修资金来源有两部分，业主按照所拥有物业的建筑面积交存住宅专项维修资金，每平方米建筑面积交存首期住宅专项维修资金的数额为当地房改成本价的 2%，售房单位按照多层住宅不低于售房款的 20%、高层住宅不低于售房款的 30%，从售房款中一次性提取住宅专项维修资金。

2. 维修资金的权属与用途及法律责任。《物权法》规定"建筑物及其附属设施的维修资金，属于业主共有。经业主共同决定，可以用于电梯、水箱等共有部分的维修。维修资金的筹集、使用情况应当公布"。《物业管理条例》规定"专项维修资金属于业主所有，专项用于物业保修期满后物业共用部位、共用设施设备的维修和更新、改造，不得挪作他用"。

对于违反《物业管理条例》规定，挪用专项维修资金的，《物业管理条例》规定了相应的行政处罚措施，即"由县级以上地方人民政府房地产行政主管部门追回挪用的专项维修资金，给予警告，没收违法所得，可以并处挪用数额 2 倍以下的罚款"；对于物业服务企业挪用专项维修资金的行为，《物业管理条例》专门规定了一项处罚，即"情节严重的，由颁发资质证书的部门吊销资质证书；构成犯罪的，依法追究直接负责的主管人员和其他直接责任人员的刑事责任"。

3. 维修资金的收取、使用和管理。对于维修资金的收取、使用和管理办法，《物业管理条例》未作具体规定，而是授权国务院建设行政主管部门会同国务院财政部门制定。

在实践中，有些地方的做法是在业主办理房屋权属证书时，商品住房销售单位应当将代收的维修基金移交给当地房地产行政主管部门代管。业主委员会成立后，经业主委员会同意，房地产行政主管部门将维修资金移交给物业服务企业代管。物业服务企业代管的维修资金，应当定期接受业主委员会的检查与监督。

业主委员会成立前，维修资金的使用由售房单位或售房单位委托的管理单位提出使用计划，经当地房地产行政主管部门审核后划拨。业主委员会成立后，维修资金的使用由物业管理企业提出年度使用计划，经业主委员会审定后实施。维修资金应在银行专户存储，专款专用。为了保证维修资金的安全，维修资金闲置时，除可以用于购买国债或者法律法规规定的其他范围外，严禁挪作他用。

二、物业管理服务收费

目前物业管理市场发育还不完善，完全由市场形成价格的机制还没有形成，需要国家对普通住宅的物业费给予必要的指导和规范，《物业管理条例》对此作出了原则性规定。《物业管理条例》规定"物业服务收费应当遵循合理、公开以及费用与服务水平相适应的原则，区别不同物业的性质和特点，由业主和物业服务企业按照国务院价格主管部门会同国务院建设行政主管部门制定的物业服务收费办法，在物业服务合同中约定"。

（一）物业管理服务收费的概念

物业管理服务收费，是指物业服务企业接受业主委托对物业管理区域内的房屋建筑及附属设备、公共设施、绿化、卫生、交通、治安和环境容貌等项目开展日常维护、修缮、整治服务及提供其他与居民生活相关的服务所收取的费用。物业管理服务收费中有以下三类特殊费用：

1. 公共性服务费。这是指为房屋所有人、使用人提供的公共卫生、清洁、公用设施、公用部位的维修保养和保安、绿化等费用。

2. 特约服务费用。业主个人自用部位、自用设备或毗邻部位的维修养护及其他特约服务一般不属物业管理合同涉及的范围，须由业主与物业服务企业另行约定。物业管理服务收费一般按建筑面积收取，但业主个人费用则按实际发生费用单独向物业服务企业交纳。

3. 代收代缴费用。业主的水电费、煤气费、有线电视费、电话费可约定由物业服务企业代收代缴。这部分费用亦不包含在统一的服务收费中，由业主按实际发生费用委托物业服务企业交纳。物业服务企业接受委托代收这些费用的，不得向业主收取手续费等额外费用。

（二）物业管理服务收费的定价

《物业服务收费管理办法》规定，物业管理服务收费应当根据所提供服务的性质、特点等不同情况，分别实行政府定价、政府指导价和市场调节价。

1. 政府定价或政府指导价。政府定价，指政府即价格主管部门或者其他有关部门，按照定价权限和范围制定的价格。政府指导价，指政府价格主管部门或者其他有关部门，按照定价权限和范围规定基准价及其浮动幅度，指导经营者制定的价格。

政府定价或者政府指导价一般运用于关系群众切身利益的公用事业、公益性价格、自然垄断经营的商品的制定。从目前国家和地方的有关规定来看，对涉及老百姓日常生活的普通住宅的物业服务费用，实行政府定价或政府指导价。物业服务收费实行政府指导价的，有定价权限的人民政府价格主管部门应当会同房地产行政主管部门根据物业管理服务等级标准等因素，制定相应的基准价及其浮动幅度，并定期公布。具体收费标准由业主与物业管理企业根据规定的基准价和浮动幅度在物业服务合同中约定。

为物业业主、使用人提供的公共卫生清洁、公用设施的维修保养和保安、绿化等具有公共性的服务收费实行政府定价或政府指导价。政府定价或政府指导价的物业管理服务收费标准，由物业管理单位根据实际提供的服务项目和各项费用开支情况，向物价部门申报，由物价部门征求物业管理行政主管部门意见后，以独立小区为单位核定。实行政府指导价的物业管理服务收费，物业管理单位可在政府指导价格规定幅度内确定具体收费标准。物价部门在核定收费标准时，应充分听取物业管理单位、业主委员会或业主、使用人的意见，既要有利于物业管理服务的价值补偿，也要考虑业主、使用人的经济承受能力，以物业管理服务所发生的费用为基础，结合物业管理单位的服务内容、服务质量、服务深度核定。物价部门对核定的物业管理收费标准，应根据物业管理费用的变化适时进行调整。

2. 市场调节价。市场调节价是指由经营者自主制定或由业主与物业服务企业在物业服务合同中约定，通过市场竞争形成的价格。市场调节价一般适用于特约服务收费，指为满足房屋所有人和使用人专门需要提供的个别服务而收取的费用，包括房屋自用部分的维修、看护儿童、代购商品、家电维修、住户室内卫生打扫等。

经营者实行的收费标准由物业管理单位与业主委员会或业主与使用人代表协商议定，并在物业服务合同中约定。

（三）物业管理服务收费的形式

业主与物业服务企业可以采取包干制或者酬金制等形式约定物业服务费用。包干制是指由业主向物业服务企业支付固定物业服务费用，盈余或者亏损均由物业服务企业享有或者承担的物业服务计费方式。酬金制是指在预收的物业服务资金中按约定比例或者约定数额提取酬金支付给物业服务企业，其余全部用于物业服务合同约定的支出，结余或者不足均由业主享有或者承担的物业服务计费方式。

实行物业服务费用包干制的，物业服务费用的构成包括物业服务成本、法定税费和物业服务企业的利润。实行物业服务费用酬金制的，预收的物业服务资金包括物业服务支出和物业服务企业的酬金。

（四）物业管理服务收费公开与监督

经物价部门核定的或由物业管理单位与业主委员会或业主、使用人代表协商议定的收费项目、收费标准和收费办法应在物业管理合同中明文约定。

物业管理服务收费实行明码标价，收费项目和标准及收费办法应在经营场所或收费地点公布。物业管理单位应当定期（一般为 6 个月）向住户公布收费的收入和支出账目；公布物业管理年度计划和小区管理的重大措施，接受业主委员会或业主、使用人的监督。

物业管理单位应当向住户提供质价相称的服务，不得只收费不服务或多收费少服务。当业主已向物业管理单位缴纳服务费用后，其他部门和单位不得再行重复征收性质和内容相同的费用。县级以上人民政府主管部门会同同级以上房地产行政主管部门进行物业服务收费的监督检查。

政府物价部门负责处理物业管理服务收费纠纷并有权处罚物业服务企业下列违规行为：①越权定价、擅自提高收费标准；②擅自设立收费项目、乱收费用；③不按规定实行明码标价；④提供服务质价不符的；⑤只收费不服务或多收费少服务的；⑥其他违规行为。

对于业主违反物业服务合同的约定，逾期不交纳物业服务费用的，《物业管理条例》明确规定"业主委员会应当督促其限期交纳；逾期仍不交纳的，物业服务企业可以向人民法院起诉"。

第九章

房地产消费者保护法律制度

在本书中，我们提出"善待投资者，保护消费者"的理念。制定房地产消费保护法律的关键在于准确区别房地产投资者和消费者。

第一节　房地产消费者的理论

一、消费者的权利

消费者是为生活消费需要购买、使用商品或者接受服务的人。消费者是与生产经营者相对应的一方，市场主要是由经营者和消费者组成，一方代表供应方，另一方代表需求方。在自由竞争的资本主义时代，供需双方的矛盾没有那么突出，经营者和消费者的法律地位是平等的，双方都由民法进行调整。随着社会的发展，专业分工越来越细，产品越来越复杂，所包含的风险也越来越大，消费者的权利越来越容易受到侵害。在面对跨国公司，财力雄厚的股份制企业，消费者在市场中往往处于弱者的状态。因此，需要制定特别的法律对消费者，这也体现了政府对市场的适当干预。

我国在 1993 年制定了《消法》，2009 年及 2103 年分别对该法进行了两次修订，新修订的《消法》自 2014 年 3 月 15 日起施行。我国《消法》规定的消费者的权利主要如下：

1. 安全权。即消费者在购买、使用商品和接受服务时享有人身、财产安全不受损害的权利。安全权包括两方面内容：一是人身安全权；二是财产安全权。为了能使这一权利得到实现，消费者有权要求生产经营者提供的商品或服务符合保障人身、财产安全的要求。换句话说，有国家标准、行业标准的，消费者有权要求商品和服务符合该国家标准、行业标准，对于没有国家标准、行业标准的，必须符合社会普遍公认的安全、卫生要求。

2. 知情权。即消费者享有知悉其购买、使用的商品或者接受的服务的真实情况的权利。随着社会经济的发展，特别是现代科学技术的广泛应用，新的消费品品种日益增多，一些商品的使用要求越来越复杂，消费者有权根据商品或者服务的不同情况，要求经营者提供商品的价格、产地、生产者、用途、性能、规格、等级、主要成分、生产日期、有效期限、检验合格证明、使用方法说明书、售后服务，以及服务的内容、规格、费用等有关情况。

3. 自主选择权。即消费者享有自主选择商品或者接受服务的权利。消费者权根据自己的消费愿望、兴趣、爱好和需要，自主地、充分地选择商品或者服务。自主选择权的主要内容有：①有权自主选择经营者；②有权自主选择商品品种或服务方式；③有权自主决定是否购买或接受服务；④自主选择商品或服务时，有权进行比较、鉴别和挑选。

4. 公平交易权。即消费者享有公平交易的权利。消费者的公平交易权主要表现在：①有权获得公平交易条件，如有权获得质量保障、价格合理、计量正确等交易条件；②有权拒绝经营者的强制交易行为，如强迫消费者购物或接受服务、强迫搭售等。

5. 求偿权。即消费者享有依法获得赔偿的权利。消费者在购买、使用商品或接受服务时，既可能是人身权受到侵害，也可能是财产权受到侵害。人身权受到的侵害，包括生命健康权，人格方面的姓名权、名誉权、荣誉权等受到侵害。财产权受到的损害，包括财产上的直接损失和间接损失。享有求偿权的主体，是指因购买、使用商品或者接受服务的受害者。受害者包括：①购买者，即购买商品为己所用的消费者；②商品的使用者，即不是直接购买商品为己所用的消费者；③接受服务者；④第三人，即在别人购买、使用商品或接受服务的过程中受到人身或财产损害的其他消费者。

6. 结社权。消费者享有依法成立维护自身合法权益的社会组织的权利。虽然我国有很多政府机关从不同的侧面履行保护消费者权益的职责，但是消费者依法成立维护自身合法权益的社会组织仍有不可替代的重要作用。在我国，保护消费者的社会组织主要是中国消费者协会和地方各级消费者协会（或消费者委员会）。

7. 受教育权。即消费者享有获得有关消费和消费者权益保护方面的知识的权利。消费者行使获得有关知识的权利，有利于提高消费者的自我保护能力，而且也是实现消费者其他权利的重要条件。

8. 人格尊严受尊重、个人信息受保护权。即消费者在购买、使用商品和接受服务时，享有其人格尊严、民族风俗习惯得到尊重，个人信息得到保护的权利。

9. 监督权。即消费者享有对商品和服务，以及保护消费者权益工作进行监督的权利。消费者监督具体表现为：①有权检举、控告侵害消费者权益的行为；②有权检举、控告消费者权益的保护工作者的违法失职行为；③有权对保护消费者权益的工作提出批评、建议。

房地产消费者无疑具有一般消费者的特性。本书认为房地产消费者是以房地产产品用于生活消费，是以非盈利为目的而购买住房并接受服务的人。

二、房地产消费者保护的必要性

（一）保护消费者的需要

虽然从我国目前的消法来看，主要是侧重于动产的保护，但商品房，特别是用于居住的普通商品房属于消费者的基本权利，也是生活需要。随着我国步入小康社会，住房成为越来越多家庭的主要资产。随着房价的攀升，住房消费在所有生活消费的比例也越来越高，因此，保护住房消费者显得尤为重要。

根据中消协2015年2月2日发布的《2014年全国消协组织受理投诉情况分析》，2014年全年共受理消费者投诉619 415件，解决543 970件，投诉解决率87.82%，为消费者挽回经济损失92 002万元。其中，因经营者有欺诈行为得到加倍赔偿的投诉7299件，加倍赔偿金额1500万元。全年，各级消协组织支持消费者起诉1462件，接待消费者来访和咨询92万人次。2014年，全国消费者协会共受理房屋及建材类投诉24 599件，房屋中介服务投诉1069件。排名在所有投诉热点的第六名。房屋类投诉原因复杂，往往涉及群体性投诉。房屋类相关投诉主要集中在以下几方面：一是房屋质量问题，主要集中在漏水、渗水问题，外墙面脱落，以及墙壁裂痕、空调布局不合理等。二是交易合同纠纷，主要集中在合同附加条款、期房和现房不相符、周边环境不一样、配套不完善、交房延误、有关定金的纠纷等。三是房屋面积欺诈，主要集中在实际面积和交付面积存在较大误差、交易双方对政策法规理解有偏差等。四是物业服务纠纷，主要是遇到房屋质量问题后，确定责任主体时，物业与开发商之间的扯皮现象比较多。五是房产中介纠纷，主要集中在二手房的实际年份、具体面积存在问题，二手房交易过程中的落户人员、物业费用没有缴清、中介方推诿责任等问题。例如，2013年2月12日消费者安某在青海省海东市民和县某房地产公司买了一套商品房，价格38万元，合同规定：房子于2014年5月1日前交付使用，如不按时交付，开发商赔偿违约金2万元。到了2014年8月15日，房子还未交付；2014年8月21日，投诉至青海省海东市民和县消协，要求赔偿违约金2万元。接到投诉后，青海省海东市民和县消协工作人员到该房地产公司进行调查了解，指出开发商未履行合同协议，未向购房户告知延迟交房的义务，违约责任在开发商。经调解，双方达成协议，由开发商赔偿违约金1.6万元。

从中消协的统计情况来看，消费者对住房及相关服务的投诉还是比较多的，社会关注度高，涉及群体广。因此，保护好住房消费者的权益有助于整体消费者的权益保护。

（二）房地产市场健康发展的需要

房地产虽然兼具消费属性和投资属性，但房地产产品最终还是用来消费的。如果房地产的消费需求不足，供过于求，房屋空置率高，房地产投机盛行，最终会引发房地产危机，这样也不利于房地产市场的健康发展。我国房地产市场中存在的房屋质量问题、房子面积缩水、房产证难办、虚假房地产广告、经营者肆意违约等都体现了消费者利益没有得到很好的保护。房地产消费者权益保护不力的问题不解决，房地产市场就难以摆脱卖楼难的困境，也无法扩大内需，房地产业也就不能健康发展。

（三）有助于建立企业诚信的商业伦理道德

诚信是诚实、信用、真实、无妄的总称。人无信而不立，诚信是一般人的行为准则；在商业社会，诚信是对市场主体的最基本要求。人们在诚信的道德约束下或诚信习惯的遵从中，实现生产的目的，维持着社会的平衡和稳定。伦理关系与道德关系相辅相成，现实生活中人们经常将伦理道德联合起来使用。市场经济是法治经济，更是道德经济，发达的市场经济必须由商业伦理道德来作为支撑。如中消协投诉情况分析所揭示的部分房地产经营者出现的损害消费者利益的行为，都是不诚信和不讲商业伦理道德的行为，也是没有履行企业社会责任的表现。

三、房地产消费者保护的基本原则

（一）区分住房消费与商品房投资的原则

由于商品房兼具消费和投资的性质，所以房地产消费者的身份很难确定。笔者试提出以下几个参考标准：

1. 房屋的用途。房屋可以用于居住、办公、商业、娱乐等多方面的用途，一般情况下用于居住者为消费者。

2. 消费者主体。从消费者主体来看，有个人消费者和单位消费者之分，房地产消费者的主体应该确定为个人消费者。

3. 拥有房屋的数量。在全国范围内，只要拥有 2 套以上的房屋，那么以经常居住地（即连续居住 1 年以上）所在的房屋为消费品，其余的房屋可以确定为用做投资的房地产。

4. 持有房屋的时间。一般情况下持有房屋 5 年以上者为消费性的房屋，5 年内即转让的房地产为投资性房地产。

（二）方便消费者维权的原则

一般而言，房地产产品为复杂性产品，经过勘察设计、施工建设、装修装饰等诸多流程，在任何环节都可能出现质量方面的问题，因此，消费者维权时存在举证方面的困难。法律应作出有利于消费者的规定，比如房屋质量举证责任的倒置、简便房屋质量检测和面积测量流程、完善投诉受理机制等。

（三）行政机关综合保护的原则

一般的消费者权益保护主要由工商行政管理局机关进行处理，涉及产品质量问题可能会加上技术监督部门。但房地产涉及诸多行业，应该由相关行政机关进行综合保护。例如，涉及房屋质量问题、装修装饰、房地产中介、物业管理等，主要由住建部门进行处理；涉及个人住房贷款纠纷，应由银监部门进行处理；个人按揭贷款还有可能购买保险，因保险纠纷还可以要求保监部门进行处理。

第二节　保护房地产消费者的法律规定

一、《消法》的规定

1.《消法》是专门针对消费者权益保护的法律，当然适用于房地产消费者权益的保护。

2. 房地产消费者权益保护的专门立法。例如福建省人大常委会 2000 年 11 月 21 日颁布的《保护条例》，该条例是国内首部专门针对房地产消费者权益保护的地方法规，也是我国迄今为止唯一一部专门保护房地产消费者的地方性立法。

二、相关房地产法律、行政法规和规章的规定

1.《房地产管理法》是房地产法律体系当中最主要的法律。其主要是维护房地产市场秩序，加强政府对房地产市场的管理，但也同时保护房地产权利人（包括房地产消费者）的合法权益。该法第 45 条规定了商品房预售的条件、预售合同应当登记备案以及商品房预售所得款项，必须用于有关的工程建设。第 55 条规定住宅用房的租赁，应当执行国家和房屋所在城市人民政府规定的租赁政策。以上规定保护了期房购买者及承租人的权利。

2.《建筑法》也是房地产法的重要法律之一。其主要是维护建筑市场秩序，加强政府对建筑活动的监管，保证建筑工程的质量和安全。该法主要是从房屋质量和安全方面维护消费者的权益。例如该法第六章"建筑工程质量管理"共有 12 个条文涉及保证工程质量的规定。该法第 80 条规定，在建筑物的合理使用寿命内，因建筑工程质量不合格受到损害的，有权向责任者要求赔偿。

3.《城市房地产开发经营管理条例》是为了促进和保障房地产业的健康发展，加强对城市房地产开发经营行为的监管而制定的。条例从规范房地产开发经营行为的角度来保护消费者权益。例如第26条规定，房地产开发企业不得进行虚假广告宣传，商品房预售广告中应当载明商品房预售许可证明的文号。第27条规定，房地产开发企业预售商品房时，应当向预购人出示商品房预售许可证明。第31条规定，房地产开发企业应当在商品房交付使用时，向购买人提供住宅质量保证书和住宅使用说明书。住宅质量保证书应当列明工程质量监督单位核验的质量等级、保修范围、保修期和保修单位等内容。房地产开发企业应当按照住宅质量保证书的约定，承担商品房保修责任。保修期内，因房地产开发企业对商品房进行维修，致使房屋原使用功能受到影响，给购买人造成损失的，应当依法承担赔偿责任。第32条规定，商品房交付使用后，购买人认为主体结构质量不合格的，可以向工程质量监督单位申请重新核验。经核验，确属主体结构质量不合格的，购买人有权退房；给购买人造成损失的，房地产开发企业应当依法承担赔偿责任。第33条规定，预售商品房的购买人应当自商品房交付使用之日起90日内，办理土地使用权变更和房屋所有权登记手续；现售商品房的购买人应当自销售合同签订之日起90日内，办理土地使用权变更和房屋所有权登记手续。房地产开发企业应当协助商品房购买人办理土地使用权变更和房屋所有权登记手续，并提供必要的证明文件。

4.《建设工程质量管理条例》第3条规定，建设单位、勘察单位、设计单位、施工单位、工程监理单位依法对建设工程质量负责。第16条规定，建设工程经验收合格的，方可交付使用。该条例第六章共有4条规定了建设工程质量保修制度。

5.《商品房销售管理办法》第23条规定，房地产开发企业应当在订立商品房买卖合同之前向买受人明示《商品房销售管理办法》和《商品房买卖合同示范文本》；预售商品房的，还必须明示《城市商品房预售管理办法》。第30条规定，房地产开发企业应当按照合同约定，将符合交付使用条件的商品房按期交付给买受人。未能按期交付的，房地产开发企业应当承担违约责任。第32条规定，销售商品住宅时，房地产开发企业应当向买受人提供《住宅质量保证书》、《住宅使用说明书》。第33条规定，房地产开发企业应当对所售商品房承担质量保修责任。在保修期限内发生的属于保修范围的质量问题，房地产开发企业应当履行保修义务，并对造成的损失承担赔偿责任。第35条规定，商品房主体结构质量不合格的，买受人有权退房；给买受人造成损失的，房地产开发企业应当依法承担赔偿责任。

6.《城市商品房预售管理办法》第9条规定，开发企业进行商品房预售，应当向承购人出示《商品房预售许可证》。售楼广告和说明书应当载明《商品房预售许可证》的批准文号。第12条规定，开发企业应当协助承购人办理权属登记手续，并提供必要的证明文件。

7. 针对商品房面积"缺斤短两"的消费者投诉热点，建设部制定了《商品房销售面积计算及公用建筑面积分摊规则》，国家质量技术监督局也制定了《商品房销面积测量与计算》，对商品房的建筑面积、套内建筑面积及应合理分摊的公用建筑面积，销售面积的测量方法，计算及测量偏差都作了相应规定。最新颁布的《商品房销售管理办法》与《商品房买卖合同示范文本》均规定商品房可以按照套内建筑面积或建筑面积计价。商品房建筑面积是指层高在 2.20 米（含 2.20 米）以上的房屋外墙水平投影面积。套内建筑面积由套（单元）内的使用面积、套内墙体面积、阳台建筑面积三部分组成。

三、司法解释的规定

1. 2003 年 6 月 1 日起施行的最高人民法院《关于审理商品房买卖合同纠纷案件适用法律若干问题的解释》，是专门针对商品房买卖合同纠纷案件的司法解释。该司法解释对于住房消费者比较有利的规定主要有：

（1）如果商品房的销售广告和宣传资料就商品房开发规划范围内的房屋及相关设施所作的说明和允诺具体确定，并对商品房买卖合同的订立以及房屋价格的确定有重大影响的，该说明和允诺即使未载入商品房买卖合同，亦应当视为合同内容，当事人违反的，应当承担违约责任。

（2）因商品房买卖合同订立后，出卖人如有未告知买受人又将该房屋抵押给第三人；又将该房屋出卖给第三人；故意隐瞒没有取得商品房预售许可证明的事实或者提供虚假商品房预售许可证明；故意隐瞒所售房屋已经抵押的事实；故意隐瞒所售房屋已经出卖给第三人或者为拆迁补偿安置房屋的事实上述五种情形任一情形，导致商品房买卖合同目的不能实现的，无法取得房屋的买受人可以请求解除合同、返还已付购房款及利息、赔偿损失，并可以请求出卖人承担不超过已付购房款一倍的赔偿责任。

（3）因房屋主体结构质量不合格不能交付使用，或者房屋交付使用后，房屋主体结构质量经核验确属不合格，买受人请求解除合同和赔偿损失的，法院应予支持。因房屋质量问题严重影响正常居住使用，买受人请求解除合同和赔偿损失的，法院应予支持。交付使用的房屋存在质量问题，在保修期内，出卖人应当承担修复责任；出卖人拒绝修复或者在合理期限内拖延修复的，买受人可以自行或者委托他人修复。修复费用及修复期间造成的其他损失由出卖人承担。

（4）出卖人交付使用的房屋套内建筑面积或者建筑面积与商品房买卖合同约定面积不符，合同有约定的，按照约定处理；合同没有约定或者约定不明确的，按照以下原则处理：（面积误差比绝对值在 3% 以内（含 3%），按照合同约定的价格据实结算，买受人请求解除合同的，不予支持；（面积误差比绝对值超出 3%，买受人请求解除合同、返还已付购房款及利息的，应予支持。买受人同意继续履行合同，房屋实际面积大于合同约定面积的，面积误差比在 3% 以内（含 3%）部分的房价款由买受人按照约定的价格补足，面积误差比超出 3% 部分的房价款由出卖人承担，所有权归买受人；房屋实际面积小于合同约定面积的，面积误差比在 3% 以内（含 3%）部分的房价款及利息由出卖人返还买受人，面积误差比超过 3% 部分的房价款由出卖人双倍返还买受人。当事人可以请求解除合同，出卖人应当将收受的购房款本金及其利息或者定金返还买受人。

（5）商品房买卖合同约定或者《城市房地产开发经营管理条例》第 33 条规定的办理房屋所有权登记的期限届满后超过 1 年，由于出卖人的原因，导致买受人无法办理房屋所有权登记，买受人请求解除合同和赔偿损失的，法院应予支持。

（6）商品房买卖合同约定，买受人以担保贷款方式付款，因当事人一方原因未能订立商品房担保贷款合同并导致商品房买卖合同不能继续履行的，对方当事人可以请求解除合同和赔偿损失。因不可归责于当事人双方的事由未能订立商品房担保贷款合同并导致商品房买卖合同不能继续履行的，当事人可以请求解除合同，出卖人应当将收受的购房款本金及其利息或者定金返还买受人。

2. 2009 年 5 月 15 日最高人民法院公布的《关于审理物业服务纠纷案件具体应用法律若干问题的解释》中也有一些对消费者（业主）比较有利的规定：

（1）符合下列情形之一，业主委员会或者业主请求确认合同或者合同相关条款无效的，人民法院应予支持：（物业服务企业将物业服务区域内的全部物业服务业务一并委托他人而签订的委托合同；（物业服务合同中免除物业服务企业责任、加重业主委员会或者业主责任、排除业主委员会或者业主主要权利的条款。

（2）物业服务企业不履行或者不完全履行物业服务合同约定的或者法律、法规规定以及相关行业规范确定的维修、养护、管理和维护义务，业主请求物业服务企业承担继续履行、采取补救措施或者赔偿损失等违约责任的，人民法院应予支持。物业服务企业公开作出的服务承诺及制定的服务细则，应当认定为物业服务合同的组成部分。

（3）物业服务企业违反物业服务合同约定或者法律、法规、部门规章规定，擅自扩大收费范围、提高收费标准或者重复收费，业主以违规收费为由提出抗辩的，人民法院应予支持。业主请求物业服务企业退还其已收取的违规费用的，人民法院应予支持。

第三节　完善我国房地产消费者法律保护的建议

房地产消费权益还应该有层次上的区别。例如，有研究者指出，房地产消费者生命和财产安全的价值应当是最高的消费者权益，法律的保护应当最为严格，对侵害房地产消费者这一权益的行为应当予以最严厉的制裁。例如因房屋质量问题对消费者人身或财产安全造成损害的，不应当适用民法的实际损失赔偿原则，而应当借鉴国外消费者保护的有关规定，予以严厉的惩罚性高额赔偿；其次是房地产消费者公平交易的价值，法律对房地产消费者这方面权益保护的严格程度仅次于生命和财产安全方面的权益，特别是对经营者故意损害消费者公平交易权益的行为应予以制裁，例如对用欺诈方式损害消费者权益者，予以双倍赔偿的惩罚性制裁措施；最后为消费者福利价值，例如中介服务、售后服务和物业管理服务等主要体现了房地产消费者的此种利益。在不直接涉及前两种消费者权益法律价值的前提下，消费者保护法在实体法上与民法等一般法区别不太大，但在程序上要有利于使消费者权益及时、合理而又经济地得到保护。[1]

本书认为，在现行法律框架下，完善我国房地产消费者的立法主要有三个途径：

一、修改《消法》，在《消法》中作出特别的规定

消费保护立法的发展状况，已经成为衡量一个国家社会文明发展程度和法制建设完善程度的一个重要标志。[2]

针对网购欺诈、投诉集中的现实情况，新修订的《消法》对通过网络、电话等购买商品的消费者作出了特别的保护规定，即无理由退货权。《消法》第25条规定，经营者采用网络、电视、电话、邮购等方式销售商品，消费者有权自收到商品之日起7日内退货，且无需说明理由，但下列商品除外：①消费者定作的；②鲜活易腐的；③在线下载或者消费者拆封的音像制品、计算机软件等数字化商品；④交付的报纸、期刊。除前款所列商品外，其他根据商品性质并经消费者在购买时确认不宜退货的商品，不适用无理由退货。消费者退货的商品应当完好。经营者应当自收到退回商品之日起7日内返还消费者支付的商品价款。退回商品的运费由消费者承担；经营者和消费者另有约定的，按照约定。

因此，可以参照网购立法，在《消法》中专门对房地产消费者作出一些特别的规定。

二、完善房地产监管法律规定

我国在房地产监管方面的法律已基本完备，并且各项处罚措施也足够严厉，但近几年我国建筑质量问题仍然特别突出。有专家指出，在我国，违法发包、转包、违法分包和挂靠（即借用资质）都是法律明确禁止的违法行为，但在市场操作中，

---

〔1〕 周珂："论房地产消费者权益保护"，载道客巴巴网，http://www.doc88.com/p-2901007157885.htm，访问时间：2015年7月4日。

〔2〕 李昌麒、许明月编著：《消费者保护法》，法律出版社2005年版，第20页。

这些法律明文禁止的行为长期存在，屡禁不止。在利益的驱动之下，一些建设工程经过违法发包、转包及违法分包后往往落入不具备相应资质条件、相应施工技术和管理能力的"公开"包工队之手，由于缺乏相应的施工技术和组织管理，难以保证工程施工质量并引发一系列的重大安全质量事故，如上海闵行莲花河畔景苑的"楼脆脆"倒塌事故，"11·15上海静安区高层住宅大火"事故，这些给人民生命和财产造成重大的损失，产生恶劣的社会影响。违法发包、转包、违法分包和挂靠等违法行为已成为建设领域管理混乱和重大工程安全质量事故的"万恶之源"。[1]

以上仅仅是出现问题的一方面原因。我国目前房地产方面的法律都冠以"管理"，因此，从这点来看，我国的房地产法是管理法，非权利法。纵观我国的房地产监管法律规定，存在以行政管理为导向的模式，这种以行政为主导的立法存在"重管理、轻保护"、"重发展、轻民生"等立法弊端。

此外，很多房地产方面的法律、行政法规还冠以"城市"。照这种思路，法律只保护城市消费者的权益，不用考虑农村消费者的问题。其实，农村消费者和低收入消费者属于"弱者"当中的"弱者"，是社会的最底层，其权利最容易受到侵害，应得到法律的特别关注。早在1985年，联合国《保护消费者准则》第26条对此已有明确规定。[2]

完善我国房地产监管方面的规定要考虑以消费者权利保护作为立法的主要目的之一，淡化行政机关在促进房地产投资方面的责任，强化质量监管和市场秩序监管，创造良好、公平的竞争环境。

三、各地制定专门的房地产消费者保护地方法规

虽然我们无法考证福建省制定《保护条例》对福建的房地产市场起到积极的推动作用，但我们也没有收到《保护条例》的制定对当地房地产造成负面影响的消息。《保护条例》至少重视了房地产消费者的权利，是社会文明进步的表现。具体来说，《保护条例》的亮点如下：

1.《保护条例》虽然没有直接给房屋消费者下定义，但规定了房屋开发者、销售者和拆迁人（以下统称经营者），并且将因旧房被拆迁与拆迁人调换房屋产权的消费者纳入保护范围。

2.《保护条例》突破消法关于消费者保护的主管政府部门的界定，规定地方各级人民政府建设、房地产行政主管部门、工商行政管理部门和其他有关行政管理部

---

〔1〕 朱树英主编：《建筑工程施工转包违法分包等违法行为认定查处管理办法（试行）适用指南》，法律出版社2014年版，第9页。

〔2〕 罗晋京："论我国消费者保护立法体例的完善"，转自张守文主编：《经济法研究》第10卷，北京大学出版社2012年版，第219页。

门应当在各自的职责范围内，维护房屋消费者的合法权益。各级消费者委员会、大众传播媒介、其他组织和个人有权对损害房屋消费者合法权益的行为进行监督。

3. 《保护条例》规定了房屋消费者的知情权包括：消费者在获得房屋前，有权知悉房屋及其相关物业的真实情况。经营者向消费者销售（预售）房屋时，应当告知消费者或者明示房屋的下列情况：①房屋的坐落位置、设计环境、建筑结构、质量、用地性质及使用年限；②期房的预售许可证明或者现房的合格证明，受托销售的书面委托书；③房屋的面积构成、计价内容及与房屋有关费用的承担情况；④房屋设定抵押或者其他使房屋权利受限制的情形；⑤房屋交付使用时的装修标准、设施配套和物业服务情况。经营者不得以售楼广告、设计说明、实物样楼或者其他方式对房屋质量、售后服务、环境状况作不实表示，不得误导和欺诈消费者。

4. 针对房屋面积缩水、未按时交房、办证难、房屋质量差等"老大难"问题，《保护条例》都作了详细规定：

（1）房屋面积问题。《保护条例》规定，交付房屋时经营者应当保证其交付消费者使用的房屋符合安全要求和约定的质量标准，并向消费者提供房屋面积测量的证明文件；消费者认为房屋面积不足、分摊的共有面积不合理时，可以委托房屋测量机构检验测定；房屋面积允许误差未约定，不足部分超过6‰的，经营者应当加倍予以补偿，并承担房屋面积的测量费用和消费者因此而受到的其他损失。

（2）房屋交付问题。《保护条例》规定，经营者应当保证其交付消费者使用的房屋符合安全要求和约定的质量标准，并向消费者提供下列文件：①房屋的质量保证书、使用说明书；②房屋面积测量的证明文件（附件）；③房屋权属登记的证明文件；④其他与房屋有关的凭证。经营者应当按质量保证书列明的保修范围、保修期和保修单位，承担对房屋的保修责任；经营者与消费者未约定保修期的，保修期不得低于法定年限，自房屋交付消费者使用之日起计算。因保修影响房屋使用，给消费者造成损失的，经营者应当依法承担赔偿责任。消费者以预付款方式购买房屋，或者与经营者调换房屋产权的，经营者未能按照约定期限提供房屋的，消费者可以要求经营者限期履行约定，并按约定支付违约金；未约定违约金的，自逾期之日起按预付款的日33‰~5‰计付违约金，并承担消费者应当支付的其他合理费用；逾期满1年未能交付使用的，消费者有权要求经营者退还预付款，并赔偿消费者受到的损失。

（3）办证问题。《保护条例》规定，房屋预售合同签订后，应当办理预售合同的备案登记；房屋交付消费者使用后，应当依法办理房地产权属登记手续。因房屋权利受限制或者其他原因，致使房屋权属在1年内无法登记确认的，除房屋买卖合同中另有规定者外，消费者可以要求经营者予以退房或者换房，并可以要求经营者赔偿损失。

（4）房屋质量问题。《保护条例》规定，经营者提供的房屋经法定的工程质量检测机构检验测定，地基基础体结构质量不合格，消费者要求退房或者换房的，经营者必须予以退房或者换房，并承担消费者装修、搬迁、检测等费用。在保修期内，因房屋出现渗漏、开裂等质量缺陷（除因消费者装修或使用不当造成外），或者房屋设施不符合法律法规规定、合同约定的，消费者可以要求经营者承担修理、重作、更换或者赔偿损失的责任；经营者不予修理，或者连续修理、重作、更换两次仍不合格或者不合约定的，消费者有权要求经营者退房或者换房。消费者在购买、使用房屋时，因房屋质量原因使其合法权益受到损害的，可以要求经营者赔偿。损害的发生是由于施工或者其他非经营者原因造成的，经营者与责任单位或者个人应当承担连带责任。

（5）欺诈消费者的法律责任。《保护条例》规定，经营者有下列欺诈行为之一的，消费者有权请求人民法院或者仲裁机构变更或者撤销合同，并可以要求经营者加倍赔偿损失：①将违法建设的房屋销售给不知情的消费者的；②将同一房屋销售给不同消费者的；③故意隐瞒房屋权利受限制的情况，诱使消费者购买的；④以虚假承诺诱骗消费者签订购房合同的；⑤其他欺诈消费者的行为。

由于房地产具有区位固定性，各房地产市场也不尽相同，但通过地方法规对房地产消费者权益进行保护不失为有效的途径。因此，笔者建议其他省市可以参照福建省的做法，尽快制定保护房地产消费者的地方性立法。

小　结

　　本编主要从市场监管的角度对房地产的运行进行探究。具体来说是从城乡规划法律秩序的角度、从建设用地秩序的角度、从房地产开发秩序的角度、从房地产交易秩序的角度、从房地产租赁秩序的角度、从物业管理秩序的角度来进行分析。虽然本书强调政府在房地产市场的角色应该是有效监管，但现状是政府仍偏向于直接管理。

　　管理机关制定了很多市场准入条件（即资质等级），但是否就达到监管的目的？是否仅重视审批环节而忽视了对市场主体、市场行为的动态监管？

　　在如今的房地产市场里，人们不禁要问：是否破除了市场垄断、土地囤积、捂盘惜售等现象。如何纠正开发商与消费者、房产中介与消费者、开发商与政府及金融机构之间的信息不对称现象？如何有效防止土地和房产的投机？

　　虽然我们制定出很多管理的法律、法规，但为何还无法有效执行？根据住建部网站公布的消息[1]，住房城乡建设部近日通报的全国建筑施工转包违法分包行为查处情况显示，2015 年 4 月、5 月，全国共排查出存在各类市场违法行为的项目数量分别为 1650 个、1481 个，其中存在"未领施工许可证先行开工"等其他各类市场违法行为的项目数量分别为 1227 个、1164 个，分别占总数的 74.3%、78.6%。

　　根据各地上报数据，2015 年 4 月，全国共有在建工程项目 231 203 个；各地排查项目 48 298 个，涉及建设单位 34 670 家、施工单位 37 172 家，分别比上月增加11.3%、11.4%、13.5%。5 月，全国共有在建工程项目 230 046 个；各地排查项目50 179 个，涉及建设单位 35 243 家、施工单位 37 804 家，数量与上月基本持平。

---

　　〔1〕　http：//www. mohurd. gov. cn/zxydt/201507/t20150706 __222788. html.

　　从各地查处违法行为情况看，2015 年 4 月，全国共排查出 1650 个项目存在各类市场违法行为，比上月增加 32%。其中，存在违法发包行为的项目 152 个，占总数的 9.2%；存在转包行为的项目 82 个，占总数的 5%；存在违法分包行为的项目 87 个，占总数的 5.3%；存在挂靠行为的项目 102 个，占总数的 6.2%；存在未领施工许可证先行开工等其他各类市场违法行为的项目 1227 个，占总数的 74.3%。5 月，全国共排查出 1481 个项目存在各类市场违法行为，比上月减少 10.2%。其中，存在违法发包行为的项目 126 个，占总数的 8.5%；存在转包行为的项目 50 个，占总数的 3.4%；存在违法分包行为的项目 67 个，占总数的 4.5%；存在挂靠行为的项目 74 个，占总数的 5.0%；存在未领施工许可证先行开工等其他各类市场违法行为的项目 1164 个，占总数的 78.6%。

　　2015 年 1~6 月，全国共发生房屋市政工程生产安全事故 168 起、死亡 219 人，比去年同期事故起数减少 75 起、死亡人数减少 68 人，同比分别下降 30.86% 和 23.69%。虽然事故起数及死亡人数在下降，但 200 多条鲜活生命的失去对家庭、对社会的负面影响不可轻视！

　　由此看来，对房地产市场的监管仍是任重道远！

第三编

房地产宏观调控法

社会总需求和社会总供给是国民经济发展的主要经济总量指标，社会总需求是指一定时期内（通常为 1 年）社会消费需求与投资需求的总和，即对各种商品和服务的有支付能力的总和。社会总供给是指一定时期内（通常为 1 年）全社会生产的可供使用的产品（包括服务）的价值总和。一般说来，社会总需求和社会总供给的平衡是国民经济正常运行的基本前提，也是国民经济健康运行的一种标志。

当社会总供给超过社会总需求时，一部分产品就不能实现，造成社会资源的浪费，还会引起经济衰退和失业增加；当社会总需求超过社会总供给时，则因供给不足造成通货膨胀，引发经济乃至社会的动荡。

国家经济宏观调控的主要任务是保持经济总量的基本平衡，促进经济结构的优化，保障国民经济持续、健康发展。宏观调控的目标应该是：经济稳定增长，经济结构优化，物价基本稳定，提高就业水平，社会分配公平，国际收支平衡等。

具体到房地产宏观调控，主要的调控目标应该是保持房地产总供给和总需求的基本平衡，优化产业结构，稳定房价，房地产产品分配公平，实现房地产市场的稳定、健康发展。

自 1998 年住房制度改革以来，我国进行了多轮房地产宏观调控，主要表现如下：

2003 年 4 月，中国人民银行下发《关于进一步加强房地产信贷业务管理的通知》，规定对购买高档商品房、别墅或第二套以上（含第二套）商品房的借款人，适当提高首付款比例，不再执行优惠住房利率规定。

2003 年 8 月 12 日，国务院发布《关于促进房地产市场持续健康发展的通知》，将房地产业定位为拉动国家经济发展的支柱产业之一。

2005 年 3 月，国务院办公厅出台《关于切实稳定住房价格的通知》（简称"国八条"）。一是高度重视稳定住房价格；二是将稳定房价提高到政治高度，建立政府负责制；三是大力调整住房供应结构，调整用地供应结构，增加普通商品房和经济住房土地供应，并督促建设；四是严格控制被动性住房需求，主要是控制拆迁数量；五是正确引导居民合理消费需求；六是全面监测房地产市场运行；七是积极贯彻调控住房供求的各项政策措施；八是认真组织对稳定住房价格工作的督促检查。

2005 年 5 月，国务院办公厅发出通知，转发建设部等 7 部委《关于做好稳定住房价格工作的意见》（简称"新国八条"）。

2006 年 5 月 24 日，国务院办公厅下发《关于调整住房供应结构稳定住房价格的意见》（简称"国六条"）：①切实调整住房供应结构；②进一步发挥税收、信贷、土地政策的调节作用；③合理控制城市房屋拆迁规模和进度；④进一步整顿和规范房地产市场秩序；⑤有步骤地解决低收入家庭的住房困难；⑥完善房地产统计和信息披露制度。

2006 年 5 月 24 日，国务院办公厅出台《关于调整住房供应结构稳定住房价格的意见》（简称 9 部委"十五条"），对"国六条"进一步细化，而且在套型面积、小户型所占比率、新房首付款等方面做出了量化规定，提出 90 平方米、双 70% 的标准。

2009 年 12 月 14 日，"国四条"出台。个人住房转让营业税征免时限由 2 年恢复到 5 年，收紧住房消费若干优惠政策。

2010 年 1 月 7 日，国务院出台"国十一条"，严格二套房贷款管理，规定首付不得低于 40%。

2010 年 4 月 17 日，国务院下发《关于坚决遏制部分城市房价过快上涨的通知》，确立政府问责制，并再次要求开发商一次性公开全部房源。通知对于个人购置多套房的限制提到了重要位置："商品住房价格过高、上涨过快、供应紧张的地区，商业银行可根据风险状况，暂停发放购买第三套及以上住房贷款；对不能提供 1 年以上当地纳税证明或社会保险缴纳证明的非本地居民暂停发放购买住房贷款。"

2011 年 1 月 26 日，"新国八条"出台。中央要求地方政府合理确定本地区年度新建住房价格控制目标，并于第一季度向社会公布。对贷款购买第二套住房的家庭，首付款比例不低于 60%，贷款利率不低于基准利率的 1.1 倍。要求各直辖市、计划单列市、省会城市和房价过高、上涨过快的城市，在一定时期内，要从严制定和执行住房限购措施。

2013 年 2 月 20 日，国务院推出"新国五条"：①完善稳定房价工作责任制。②坚决抑制投机投资性购房。严格执行商品住房限购措施，已实施限购措施的直辖市、计划单列市和省会城市要在限购区域、限购住房类型、购房资格审查等方面，按统一要求完善限购措施。③增加普通商品住房及用地供应。2013 年住房用地供应总量原则上不低于过去五年平均实际供应量。④加快保障性安居工程规划建设。全面落实 2013 年城镇保障性安居工程基本建成 470 万套、新开工 630 万套的任务。⑤加强市场监管。加强商品房预售管理，严格执行商品房销售明码标价规定，强化企业信用管理，严肃查处中介机构违法违规行为。

不敢说国务院的以上调控措施全部沦为"空调"，但显而易见的是，房价越调越高，国务院甚至不惜采用"限购令"这样的行政强制措施来干预一般的商品房买卖。值得深思的是，2014 年以来，国家再也没有出台新的房地产调控措施，不但多数城市已相继解除"限购令"，而且还反过来采取所谓的房地产"救市"措施。

房地产产业政策法律制度

房地产业是国民经济的重要产业，2013 年我国 GDP 达到 56.88 万亿元，不计算钢铁、水泥等建材行业，房地产业增加值和建筑业增加值分别占到 GDP 的 5.85% 和 6.86% 。当年全国固定资产投资 43.65 万亿元，房地产业占到 25.53% 。

一、我国最近几年的国民经济与社会发展计划（规划）对房地产业的规定

我国并没有专门制定固定资产投资法或房地产投资规模控制方面的法律，对于房地产产业的政策规定散见于国务院相关文件及人大通过的国民经济和社会发展计划或规划中。

1998 年 7 月 3 日国务院发布了《关于进一步深化城镇住房制度改革加快住房建设的通知》（以下简称 1998 年房改通知），拉开房地产市场化的序幕。1998 年房改通知提出使住宅业成为新的经济增长点，停止住房实物分配，逐步实行住房分配货币化。对不同收入家庭实行不同的住房供应政策。最低收入家庭租赁由政府或单位提供的廉租住房；中低收入家庭购买经济适用住房；其他收入高的家庭购买、租赁市场价商品住房。调整住房投资结构，重点发展经济适用住房（安居工程）。

《国民经济和社会发展"九五"计划（1996 ~ 2000）和 2010 年远景目标纲要》中提出，从保持合理的投资规模出发，"九五"固定资产投资率按 30% 来把握。五年全社会固定资产投资总规模为 13 万亿元，年均增长 10% 。房地产投资重点放在城镇居民住宅建设上。

《国民经济和社会发展第十个五年（2001 ~ 2005）计划纲要》中提出，"积极发展建筑业，改进设计规范，提高设计、施工和监理水平，改革、整顿、规范建设市场，确保工程质量。落实住房分配货币化政策，发展以居民住宅为重点的房地产业和装修装饰业，规范发展物业管理业。将全社会固定资产投资率调控在 35% 左右。

《国民经济和社会发展第十一个五年（2006 ~ 2010）规划纲要》提出，调整住房

供应结构，重点发展普通商品住房和经济适用住房，严格控制大户型高档商品房。按照保障供给、稳定房价的原则，加强对房地产一、二级市场和租赁市场的调控，促进住房梯次消费。

《国民经济和社会发展第十二个五年（2011～2015）规划纲要》提出，坚持政府调控和市场调节相结合，加快完善符合国情的住房体制机制和政策体系，逐步形成总量基本平衡、结构基本合理、房价与消费能力基本适应的住房供需格局，实现广大群众住有所居。值得注意的是"十二五"规划设专章提到住房保障问题。

从效力来看，国民经济和社会发展总体规划是土地利用总体规划和城乡规划的基础。

二、对外商投资房地产的规定

1990年5月19日国务院发布了《外商投资开发经营成片土地暂行管理办法》，鼓励外资在取得国有土地使用权后，依照规划对土地进行综合性的开发建设，平整场地、建设供排水、供电、供热、道路交通、通信等公用设施，形成工业用地和其他建设用地条件，然后转让土地使用权、经营公用事业；或者进而建设通用工业厂房以及相配套的生产和生活服务设施等地面建筑物，并对这些地面建筑物从事转让或出租。不过该办法仅在经济特区、沿海开放城市和沿海经济开放区范围内施行。

对外商投资房地产的鼓励或限制规定主要体现在《外商投资产业指导目录》中。

1995年6月20日，国家计委、国家经贸委、对外贸易经济合作部发布了《指导外商投资方向暂行规定》和《外商投资产业指导目录》，《指导外商投资方向暂行规定》规定，国家计划委员会会同国务院有关部门根据本规定和国家经济技术发展情况，定期编制和适时修订《外商投资产业指导目录》，经国务院批准后公布。《外商投资产业指导目录》是指导审批外商投资项目的依据。外商投资项目分为鼓励、允许、限制和禁止四类。鼓励类、限制类和禁止类的外商投资项目，列入《外商投资产业指导目录》。不属于鼓励类、限制类和禁止类的外商投资项目，为允许类外商投资项目。1995年的《外商投资产业指导目录》将房地产列为限制类外商投资项目（不允许外商独资），限制的产业包括高档宾馆、别墅、高级写字楼；高尔夫球场。

1997年12月国家计划经济委员会、国家经济贸易委员会、对外贸易经济合作部对《外商投资产业指导目录》进行了第一次修订，房地产仍为限制外商投资类产业（不允许外商独资），将高档宾馆、别墅、高档写字楼、国际会展中心；高尔夫球场；土地成片开发；大型旅游、文化、娱乐公园及人造景观；国家级旅游区建设、经营列入限制外商投资的范围。

2002年3月11日，国家计划发展委员会、国家经济贸易委员会、对外贸易经济合作部对《外商投资产业指导目录》进行了第二次修订，将普通住宅的开发建设列为鼓励类外商投资项目。将土地成片开发（限于合资、合作）；高档宾馆、别墅、高档写字楼和国际会展中心的建设、经营列为限制类外商投资项目。

2004 年 11 月 30 日，国家发展和改革委员会、商务部对《外商投资产业指导目录》进行了第三次修订，将普通住宅的开发建设列为鼓励类外商投资项目。限制类的房地产项目包括：①土地成片开发（限于合资、合作）；②高档宾馆、别墅、高档写字楼和国际会展中心的建设、经营；③大型主题公园的建设、经营。

2007 年 10 月 31 日，国家发展和改革委员会、商务部对《外商投资产业指导目录》进行了第四次修订，将房地产业从鼓励类剔除，限制类的房地产项目包括：①土地成片开发（限于合资、合作）；②高档宾馆、别墅、高档写字楼和国际会展中心的建设、经营；③房地产二级市场交易及房地产中介或经纪公司。

2011 年 12 月 24 日，国家发展和改革委员会、商务部对《外商投资产业指导目录》进行了第五次修订，限制类房地产项目包括：①土地成片开发（限于合资、合作）；②高档宾馆、高档写字楼和国际会展中心的建设、经营；③房地产二级市场交易及房地产中介或经纪公司。禁止类项目包括高尔夫球场、别墅的建设、经营。

2015 年 3 月 10 日，国家发展和改革委员会、商务部对《外商投资产业指导目录》进行了第六次修订，将房地产业从限制类的目录中删除，禁止类项目为高尔夫球场、别墅的建设。即除了禁止外商从事高尔夫球场、别墅的建设以外，其他的房地产业均属允许。

三、产业政策的效力和影响

在十一五规划之前，我国使用的是五年发展计划，虽然计划后来分为指令性计划和指导计划，国家计划无疑是有法律约束力的。1986 年《民法通则》第 58 条规定，经济合同违反国家指令性计划的无效。而随着我国市场经济的发展，该条规定已被废止。经济法学界曾经认为计划法是我国经济法的龙头。

至于国民经济和社会发展规划（以下简称总体规划）的法律效力，《十二五规划》指出，本规划经过全国人民代表大会审议批准，具有法律效力。需要对本规划进行调整时，国务院要提出调整方案，报全国人民代表大会常务委员会批准。总体规划的法律约束力体现在以下方面：

1. 总体规划对政府有约束力。总体规划确定的约束性指标和公共服务领域的任务，是政府对人民群众的承诺。主要约束性指标要分解落实到有关部门和各省、自治区、直辖市。

2. 总体规划对其他规划的统领作用。以总体规划为统领，以主体功能区规划为基础，以专项规划、国土规划和土地利用规划、区域规划、城市规划为支撑，形成各类规划定位清晰、功能互补、统一衔接的规划体系。

3. 总体规划对地方各级总体规划及国家年度规划有约束力。地方各级规划要贯彻国家战略意图，结合地方实际，突出地方特色。地方规划与总体规划提出的发展战略、主要目标和重点任务的协调，特别要与约束性指标的衔接。国家年度计划与总体规划衔接，对主要指标应当设置年度目标，充分体现总体规划提出的发展目标和重点任务。国家年度计划报告要分析总体规划的实施进展情况，特别是约束性指标的完成情况。

对于外商投资而言，《外商投资产业指导目录》显然属于部门规章，也是我国法律的渊源之一，必须得到遵守。

虽然现在强调市场机制发挥基础性作用，国家提出的发展规划对市场主体没有直接的法律约束力，但国家制定的产业政策对行业的影响是显而易见的，对于鼓励类的行业，政府会在金融、财政税收、土地使用等方面给予倾斜政策；而对于限制或禁止发展的行业，不仅没有政策的扶持，还会面临比较高的税负、用地方面的限制、无法得到商业贷款等不利发展环境。

房地产金融法律制度

　　房地产金融是指与房地产开发生产、流通、消费相联系的资金融通活动和金融资产的投资活动。我们可以把房地产金融简称为房地产货币资金的融通。房地产金融的具体业务，包括房地产企业存贷款、生产性开发贷款、证券（股票、债券）融资、住房消费信贷即购房抵押贷款、住房公积金和房地产保险等方面的资金融通活动，它是整个金融业的重要组成部分。[1]

　　房地产金融相关法律法规主要有：《中国人民银行法》、《商业银行法》、《银行业监督管理法》、《物权法》、《担保法》、《贷款通则》、《住房置业担保管理试行办法》、《城市房地产抵押管理办法》、《商业银行房地产贷款风险管理指引》、《个人住房贷款管理办法》、《信贷资产证券化试点管理办法》、《中国人民银行关于进一步加强房地产信贷业务管理的通知》、《中国人民银行、中国银行业监督管理委员会关于加强商业性房地产信贷管理的通知》等。

第一节　房地产开发企业的商业贷款

　　房地产业属于资金密集型产业，并且房地产开发周期长、资金周转慢、回收期长，房地产企业（开发商）自身的资金有限，需要从外部融资和筹资，通过商业银行及其他金融机构进行贷款是其主要的融资渠道。

　　从目前我国房地产开发企业的资金构成来看，企业自筹资金一般占30%～40%，商业银行贷款占20%左右，还有一些是开发企业预收款及个人住房贷款等，这些主

---

　　[1]　刘亚臣主编：《房地产经济学》，大连理工大学出版社2009年版，第224页。

要也来自商业银行，因此，银行资金占房地产开发费用的比例可以高达50%～60%。

有研究者提出我国目前房地产金融产品的状况如下表：[1]

项目	资金来源	目前状况
1	银行房地产贷款	主要靠银行，要求提高，难度加大
2	房地产公司上市	近几年直接国内 IPO 和借壳上市的很少
3	房地产债券	极少（公司债券已进入试点）
4	房地产信托	有一定规模，但难度加大
5	房地产股权投资基金	可以运作、发展较快
6	海外房地产资金	不鼓励（部分限制）
7	房产典当	规模较小
8	房地产投资信托基金	快要进入试点
9	房地产保险资金	进入试点

开发商的商业贷款类型可以大致分为土地开发贷款、房屋开发贷款和流动资金贷款。土地开发贷款主要是用来支付土地出让金、土地征收补偿、土地基础设施建设等费用；房屋开发贷款主要用于商品房、保障性住房等房屋的建造费用；流动资金贷款一般不与具体项目相联系，主要用于开发商的正常周转，以及为土地、房地产项目开发提供配套资金。目前，调整房地产开发企业商业贷款的法律主要有《商业银行法》、《合同法》、《物权法》、《担保法》、《贷款通则》等国家法律和行政法规及各商业银行的内部规定。

一、房地产开发的贷款条件

以 1998 年中国工商银行总行发布的《中国工商银行商品房开发贷款管理暂行办法》（以下简称贷款办法）为例，贷款办法规定商品房开发贷款（以下简称贷款）系指贷款人向借款人发放的用于商品房及其配套设施建设的贷款。借款人应当是经工商行政管理机关（或主管机关）核准登记的企（事）业法人、其他经济组织。借款人向银行申请商品房开发贷款，应符合以下基本条件：①有法人营业执照或有权部门批准设立的证明文件、建设部门核准的资质证明；②经营管理制度健全，财务状况良好；③信用良好，具有按期偿还贷款本息的能力；④有贷款证，并在我行开立基本帐户或一般帐户；⑤经工商行政管理部门核准登记并办理年检手续；⑥有贷款人认可的有效担保；⑦贷款项目已纳入国家或地方建设开发计划，其立项文件合

---

〔1〕 张健：《房地产基金》，中国建筑工业出版社 2012 年版，第 78 页。

法、完整、真实、有效；⑧借款人已经取得《国有土地使用权证》、《建设用地规划许可证》、《建设工程规划许可证》、《建设工程开工证》；⑨贷款项目实际用途与项目规划相符，符合当地市场的需求，有规范的可行性研究报告；⑩贷款项目工程预算报告合理真实；⑪借款人计划投入贷款项目的自有资金不低于银行规定的比例，并能够在使用银行贷款之前投入项目建设；⑫企业信用等级和风险度符合贷款人的要求；⑬贷款人规定的其他条件。

二、贷款种类、利率与期限

贷款办法规定的商品房开发贷款有：①住房开发贷款，系指用于建造商品住房的贷款；②商业用房开发贷款，系指用于建造符合国家规定的商业性用房的贷款；③其他商品房开发贷款，系指用于商品房必要的配套设施建设贷款。

贷款利率按照中国人民银行有关规定执行。贷款期限一般不超过 3 年。

三、贷款担保方式

商品房开发贷款采取担保贷款的方式；①抵押贷款，系指以借款人或第三人的财产作为抵押物发放的贷款；②质押贷款，系指以借款人或第三人的动产或权利作为质物发放的贷款；③保证贷款，系指以第三人承诺在借款人不能偿还贷款时，按约定承担连带责任而发放的贷款。

四、贷款程序

1. 借款人申请。借款人申请借款时，应首先填写《借款申请书》，并按贷款人提出的贷款条件和要求提供有关资料。

2. 贷前调查。贷款人受理借款人申请后，应按银行规定程序，指定调查人员调查借款人是否符合贷款条件；核实抵押物、质物、保证人情况；对工程项目的可行性和概预算情况进行评估，测定贷款的风险度；提出贷与不贷、贷款额度、期限、利率和担保方式等意见。

3. 贷款审查。银行审查人员应当对调查人员提供的调查报告、评估报告及所依据的资料、文件进行审查核实，提出审查意见。

4. 贷款审批。在调查、审查的基础上，由银行有权人审批贷款。商品房开发贷款的审批权限，按照总行颁布的有关中长期贷款授权规定执行。

5. 签订贷款合同及办理担保手续。贷款人同意贷款的，应当根据《贷款通则》的规定与借款人签订《借款合同》，并依据有关法律法规和《中国工商银行贷款担保管理办法》的规定，严格审查担保的合法性、有效性和可靠性，并办理有关手续。

6. 贷款抵押物保险。借款人取得贷款之前，借款人应为贷款项目办理有效的建筑工程保险；以房屋作为贷款抵押的，借款人在偿还全部贷款本息之前，应当逐年按不低于抵押金额的投保金额向保险公司办理房屋意外灾害保险，投保期至少要长于借款期半年。保险合同中要明确贷款人为保险的第一受益人。

7. 发放贷款。贷款人应根据项目进度情况，分期、分批将贷款划入借款人帐户。

8. 贷款跟踪检查。贷款发放后，贷款人应对借款人执行借款合同情况、贷款使用情况及借款人的经营情况进行跟踪调查和检查，并建立贷款台帐。借款人应按月或按季向贷款人报送有关项目进度、贷款使用情况以及单位财务状况的报表和资料；项目竣工后，应向贷款人提交工程决算报告。

第二节　个人住房抵押贷款

一、个人住房抵押贷款的概念及种类

个人住房贷款也称为个人消费住房贷款。根据原中国人民银行1998年5月9日发布的《个人住房贷款管理办法》第2条的规定，个人住房贷款（以下简称贷款）是指贷款人向借款人发放的用于购买自用普通住房的贷款。贷款人发放个人住房贷款时，借款人必须提供担保。借款人到期不能偿还贷款本息的，贷款人有权依法处理其抵押物或质物，或由保证人承担偿还本息的连带责任。

个人住房贷款基本上要求以所购住房抵押为条件，故个人住房贷款基本上等同于个人住房抵押贷款。广义的个人住房贷款还包括个人住房商业性贷款、个人住房公积金贷款、个人住房组合贷款、住房按揭贷款、个人二手房贷款、个人商业用房贷款、个人住房装修贷款等类型。目前法律规定，个人住房贷款不得用于购买豪华住房。

1999年，工、农、中、建四家国有商业银行个人住房贷款余额为1260亿元，个人住房贷款占各项贷款的比重为2%，占GDP的比重为1.5%。到2003年9月，个人住房贷款余额为12 000亿元，个人住房贷款占各项贷款的比重为10%，占GDP的比重为17%。2012年全国金融机构个人住房贷款余额7.5万亿元，比2011年同期增长12.9%。2012年个人住房贷款占各项贷款的比重为10.3%，占GDP的比重为14%。

二、个人住房抵押贷款的对象和条件

贷款对象应是具有完全民事行为能力的自然人。借款人须同时具备以下条件：①具有城镇常住户口或有效居留身份。②有稳定的职业和收入，信用良好，有偿还贷款本息的能力。③具有购买住房的合同或协议。④不享受住房补贴的以不低于所购住房全部价款的30%作为购房的首期付款；享受住房补贴的以个人承担部分的30%作为购房的首期付款。⑤有贷款人认可的资产作为抵押或质押，或有足够代偿能力的单位或个人作为保证人。⑥贷款人规定的其他条件。

借款人应向贷款人提供下列资料：①身份证件（指居民身份证、户口本和其他有效居留证件）。②有关借款人家庭稳定的经济收入的证明。③符合规定的购买住房合同意向书、协议或其他批准文件。④抵押物或质物清单、权属证明以及有处分权人同意抵押或质押的证明；有权部门出具的抵押物估价证明；保证人同意提供担保的书面文件和保证人资信证明。⑤申请住房公积金贷款的，需持有住房公积金管理部门出具的证明；⑥贷款人要求提供的其他文件或资料。

三、贷款期限与利率

1. 贷款期限。贷款人应根据实际情况合理确定贷款期限，但最长不得超过 20 年。

2. 贷款利息及利率。

（1）利息的计算。借款人应与贷款银行制定还本付息计划，贷款期限在 1 年以内（含 1 年）的，实行到期一次还本付息，利随本清；贷款期限在 1 年以上的，按月归还贷款本息。

（2）利率的执行。用信贷资金发放的个人住房贷款利率按法定贷款利率（不含浮动）减档执行。即，贷款期限为 1 年期以下（含 1 年）的，执行半年以下（含半年）法定贷款利率；期限为 1~3 年（含 3 年）的，执行 6 个月~1 年期（含 1 年）法定贷款利率；期限为 3~5 年（含 5 年）的，执行 1~3 年期（含 3 年）法定贷款利率；期限为 5~10 年（含 10 年）的，执行 3~5 年（含 5 年）法定贷款利率；期限为 10 年以上的，在 3~5 年（含 5 年）法定贷款利率基础上适当上浮，上浮幅度最高不得超过 5%。

用住房公积金发放的个人住房贷款利率在 3 个月整存整取存款利率基础上加点执行。贷款期限为 1~3 年（含 3 年）的，加 1.8 个百分点；期限为 3~5 年（含 5 年）的，加 2.16 个百分点；期限为 5~10 年（含 10 年）的，加 2.34 个百分点；期限为 10~15 年（含 15 年）的，加 2.88 个百分点；期限为 15~20 年（含 20 年）的，加 3.42 个百分点。

个人住房贷款期限在 1 年以内（含 1 年）的，实行合同利率，遇法定利率调整，不分段计息；贷款期限在 1 年以上的，遇法定利率调整，于下年初开始，按相应利率档次执行新的利率规定。

四、房屋保险

以房产作为抵押的，借款人需在合同签订前办理房屋保险或委托贷款人代办有关保险手续。抵押期内，保险单由贷款人保管。抵押期内，借款人不得以任何理由中断或撤销保险；在保险期内，如发生保险责任范围以外的因借款人过错的毁损，由借款人负全部责任。

五、办理抵押手续及抵押物的处分

1. 办理抵押手续。贷款抵押物应当符合《担保法》第 34 条的规定。《担保法》第 37 条规定不得抵押的财产，不得用于贷款抵押。借款人以所购自用住房作为贷款抵押物的，必须将住房价值全额用于贷款抵押。以房地产作抵押的，抵押人和抵押权人应当签订书面抵押合同，并于放款前向县级以上地方人民政府规定的部门办理抵押登记手续。抵押合同的有关内容按照《担保法》第 39 条的规定确定。

借款人对设定抵押的财产在抵押期内必须妥善保管，负有维修、保养、保证完好无损的责任，并随时接受贷款人监督检查。对设定的抵押物，在抵押期届满之前，贷款人不得擅自处分。抵押期间，未经贷款人同意，抵押人不得将抵押物再次抵押或出租、转让、变卖、馈赠。抵押合同自抵押物登记之日起生效，至借款人还清全部贷款本息时终止。抵押合同终止后，当事人应按合同的约定，解除设定的抵押权。以房地产作为抵押物的，解除抵押权时，应到原登记部门办理抵押注销登记手续。

2. 抵押物的处分。借款人在还款期限内死亡、失踪或丧失民事行为能力后无继承人或受遗赠人，或其法定继承人、受遗赠人拒绝履行借款合同的，贷款人有权依照《担保法》的规定处分抵押物或质物。处分抵押物或质物，其价款不足以偿还贷款本息的，贷款人有权向债务人追偿；其价款超过应偿还部分，贷款人应退还抵押人或出质人。拍卖划拨的国有土地使用权所得的价款，在依法缴纳相当于应缴纳的土地使用权出让金的款项后，抵押权人有优先受偿权。

第三节　房地产抵押和按揭法律制度

一、房地产抵押的概念

房地产抵押，是指抵押人以其合法的房地产以不转移占有的方式向抵押权人提供债务履行担保的行为。债务人不履行债务时，抵押权人有权依法以抵押的房地产拍卖所得的价款优先受偿。债的行为中的债权人就是抵押权人；抵押人，一般是债务人，也可以是债务人之外的第三人；抵押权人就拍卖抵押的房地产所得价款优先受偿的权利就是抵押权。

房地产抵押除具有一般抵押所共有的特征，如从属性、价值性、不可分性、物上代位性等。

二、房地产抵押权设定的条件

（一）抵押权设定的形式要件

双方当事人首先应当签订书面合同，并到土地和房地产管理部门履行登记手续，具备了这两个形式要件，房地产抵押权才能有效设立并受到法律保护。对此，《房地产管理法》规定"房地产抵押时，应当向县级以上地方人民政府规定的部门办理抵押登记"；"房地产抵押，抵押人和抵押权人应当签订书面抵押合同。"

房地产抵押合同是债权合同的从合同，它必须遵守法律关于合同的一般规定；其特殊之处在于：作为抵押合同一方当事人的抵押人既可以是债务人自身，也可以是为债务人提供担保的第三人；抵押合同既可以单独订立，也可以以抵押条款的形式在债权合同中体现。一般而言，抵押合同除具有一般合同的必备条款之外，还应具有：①房地产名称、编号、处所、面积、四至及数量、权属；②所担保的债务内容、范围、数量、质量、期限、履行方式、履行地点及与该债务内容相关的其他事项；③房地产的作价及抵押率；④房地产的保管维护、风险责任、处分方式、处分费用的承担、受偿方式等；⑤抵押权消灭的条件；⑥其他应规定的内容。

房地产抵押登记，内容上包括抵押权设立登记、抵押权变更登记及抵押权注销登记。抵押权设立登记是抵押权设立的必要条件，是指在抵押合同成立后，当事人凭土地使用权证书及房屋所有权证书到房地产管理机关办理的确认抵押权合法有效成立的行为，没有办理这项登记的，抵押权不受法律保护。抵押权设立之后，如抵押合同发生变更，涉及登记事项的，则须办理抵押权变更登记。而抵押权注销登记是抵押权因抵押人如期履行债务或其他原因消灭后当事人进行的登记。

另外，房屋所有权证书与土地使用权证书是登记必备的证件。

（二）房地产抵押权设定的限制条件

1. 抵押人的条件。在房地产抵押行为中的抵押人条件问题，各国规定各异。我国规定的也与国外不一致。

（1）如果房地产抵押是自然人：①必须是完全民事行为能力人。这是抵押民事法律行为有效的前提条件。根据《民法通则》的有关规定精神，无行为能力或限制行为能力的公民，不能作为房地产抵押人。②必须是房地产的所有人或使用人。一方面必须是持有合法房地产所有权证或使用权证，或者已订立房屋预购合同并支付了部分房款的人；另一方面，抵押人除拥有作为抵押的房地产外，还应有一定的基本生活条件，这主要是为了保证抵押的现实性和执行性。

（2）如果房产抵押人是法人，则要求：①必须具有工商行政管理部门颁发的营业执照并由法定代表人出具证明。②必须是房地产的所有人或使用人。"使用人"在这里目前主要指国有企业，因为对国有企业的房产而言，其产权归国家所有，但企业依法享有经营管理权和一定的处分权，其抵押关系比较特殊。

尤其要明确的是，无论抵押人是自然人还是法人，通过抵押房地产而取得的银行贷款，必须有明确的用途，而且在一般情况下，这部分贷款只能用于正当的房地产开发经营活动或银行所要求的目的。

这里需要特别指出的是，我国对个人申请住房抵押贷款有明确的条件规定：具有当地城镇户口，年满 20 周岁的居民；有购建住房的合同、协议或其他证明文件；在借款银行有相当于购建住房款一定比例的公积金或 1 年以上的住房储蓄存款，并以此作为购建住房的首期付款；有稳定的经济收入和归还贷款本息的能力；同意办理房产或有价证券抵押；具备代为归还贷款本息能力的单位提供全额担保。

2. 抵押权人的条件。抵押权人一般指债权人，随着债务形式的变化，债权人主要是贷款者，贷款者一般是具有发放贷款资格和贷款能力的金融机构和其他金融机构。债务人在办理抵押贷款时，可根据抵押物种类及贷款种类选择不同的开户银行作为债务银行。

3. 抵押物的条件。作为抵押物的房地产，必须是抵押人（包括债务人或第三人）拥有所有权或使用权的房地产，且这些权利能由抵押人所支配，否则，抵押人无权在标的物上设定抵押权。同时，根据《物权法》第 184 条规定的精神，以下房地产不得设定抵押：①土地所有权；②耕地、宅基地、自留地、自留山等集体所有的土地的使用权，但法律规定可以抵押的除外；③属于学校、幼儿园、医院等以公益为目的的事业单位、社会团体的用作教育设施、医疗卫生设施和其他社会公益设施的房产；④所有权、使用权不明或有争议的房地产；⑤依法被查封、扣押、监管的房地产；⑥法律、法规规定不得抵押的其他房地产。

三、房地产抵押权的效力

房地产抵押一经设定，即产生相应的法律效力，不仅在当事人之间设定了相应的权利义务，且对抵押物及与其有关的其他财产权也有影响。根据房地产抵押效力的对象，可将其划分为对内效力和对外效力。房地产抵押的对内效力即对房地产抵押当事人的权利义务的影响，是抵押权的主要的基本的效力；房地产抵押的对外效力即房地产抵押对抵押关系外部的、有关房地产的其他财产权的影响，是抵押权的次要的派生的效力，是房地产抵押对内效力的保障。

（一）房地产抵押权的对内效力

房地产抵押权的对内效力，简而言之，即房地产抵押权人有就受担保的债权对抵押的房地产优先受偿的权力。具体包括两个方面，即对被担保债权范围的效力和对作为抵押标的物的房地产的效力。

1. 房地产抵押权担保的债权范围。

（1）主债权。主债权又称为原债权、本债权，是抵押权存在的基础，也是抵押权担保的重要内容。

（2）利息。利息包括法定利息和约定利息两种。法定利息由于被视为主债权的一部分，自然属于担保范围之列。对于约定利息，各国和各地区规定不一。德国规定，与主债权一起登记的约定利息视同法定利息，未经登记的约定利息不受担保。日本则规定，约定利息虽属于担保范围，但不具有优先受偿权，不得对抗第三人。我国台湾地区则规定，不论法定利息或约定利息，均为抵押权担保的范围。我国大陆地区法律未区分法定利息和约定利息，而是规定抵押担保的范围包括利息（见《担保法》第46条）。可见，在我国，约定利息和法定利息均属于房地产抵押担保的范围。

（3）迟延利息。迟延利息是指由于债务人迟延履行而导致的利息。迟延利息是法定的附随性债权，因此不必经当事人特别约定或登记，即属于房地产抵押的担保范围。

（4）违约金。当事人在合同中约定了违约金的，违约金属于担保的范围。现行《合同法》并没有明确规定违约金的比例，实践中违约金一般不能超过合同的总价款，根据《合同法》的规定，若违约方认为违约金过高，可以请求法院予以适当调节。但无论如何，有效的违约金包含在抵押权的担保范围之内。

（5）损害赔偿金。这里的损害赔偿金是指债务人由于在履行主合同中的过失给债权人造成损害而应给予债权人的赔偿。根据《担保法》第46条的规定，抵押合同没有特别约定的，损害赔偿金属于抵押担保的范围。

（6）实现抵押权的费用。实现抵押权的费用是指抵押权人为实现其抵押权而支付的费用，具体包括申请费、拍卖费、评估费、保全费等。实现抵押权的费用只要是合理的，不必进行登记即可从抵押物中优先获得清偿，且优先于房地产抵押所担保的其他债权。

2. 房地产抵押权所涉及的物的范围。

（1）房地产自身。以房地产作抵押的，根据其标的物可以大致划分为两种：土地使用权抵押和房屋所有权抵押。以土地使用权作抵押的，其地上建筑物、其他附着物随之抵押；如果以房屋所有权作抵押的，则其占用范围内的土地使用权也同时抵押。关于此点，《物权法》、《城镇国有土地使用权出让和转让暂行条例》、《房地产管理法》、《担保法》都有明确规定。之所以这样规定，是因为如果仅以土地使用权或房屋所有权作抵押，则债权人行使抵押权对抵押物进行拍卖，将使土地使用权和房屋所有权分属两个主体，造成土地使用权人和房屋所有权人行使权利的不便，从而降低土地使用权或房屋所有权拍卖的价格，不利于保障债权人的利益。

（2）新增房屋。《物权法》、《房地产管理法》和《担保法》均规定，城市房地产抵押合同签订后，土地上新增的房屋不属于抵押物。原因有如下几点：

第一，尽管我国立法对房地产转让采取"连动"原则，但仍将二者视为独立的不动产。房地产抵押权设定时，该房屋还未动工，当事人是以当时已存在的房地产为抵押标的签订抵押合同，新增房屋不属于抵押物的范围是符合当事人当时的意思表示的。

第二，将新增房屋列入房地产抵押标的的范围有损抵押人的利益。设定抵押权的房地产虽然不转移占有，抵押人仍对其拥有使用、收益和处分权，但毕竟给抵押人行使这些权利带来不便。例如抵押人将设定了抵押权的房地产进行转让必须通知抵押权人和受让人，程序上比较繁琐，而且由于受让人往往不愿接受设定了抵押权的房地产，导致设定抵押权的房地产难以进入市场。因此，新增房屋列入房地产抵押标的的范围既扩大了抵押房地产的价值额，也增加了抵押人的负担。

第三，从房地产抵押担保债权的实现的目的来看，也没有必要将新增房屋列入房地产抵押标的的范围。《担保法》第35条第1款规定："抵押人所担保的债权不得超出其抵押物的价值。"那么，在房地产抵押合同签订时，作为抵押标的房地产已足以担保债权的实现，而无须以新增房屋再对其进行担保。

虽然新增房屋不属于抵押物，但为了便于抵押权的实现，《物权法》、《房地产管理法》和《担保法》均规定：需要拍卖该抵押的房地产时，可以依法将该土地上新增的房屋与抵押物一同拍卖，但对拍卖新增房屋所得，抵押权人无权优先受偿。

（3）在建房屋。房地产抵押权设定时土地上的在建房屋是否为抵押权效力所及，需要区分情况加以确定。如果在建房屋是永久性建筑，且具有经济上的使用价值，就应将在建房屋与土地使用权视为一体，房地产抵押的效力就及于该在建房屋。如果该在建房屋并非永久性建筑，仅为开发房地产而建的临时性建筑，如建筑工地上的临时仓库等，则房地产抵押权的效力是否及于它，应由抵押合同双方约定。抵押合同没有明确约定的，房地产抵押权的效力不及于该在建房屋。另外，根据《物权法》第180条的规定，正在建造的建筑物可以抵押。所以，在建房屋的抵押效力也以办理抵押登记为准。

（4）附属物。附属物即从物，是与主物相对而言的。主物和从物是两个相互独立的物，同时二者又相互结合。主物是在其中起主要作用的物，从物是其中处于附属地位起辅助和配合作用的物。在法律或合同没有相反规定时，主物的所有权转移，从物也随之转移。因此，在房地产抵押中，如果法律或合同没有特别规定，则抵押权的效力不仅及于房地产自身，还及于房地产的附属物；不仅及于设定抵押权时已存在的附属物，还及于设定抵押权后产生的附属物。房地产的从物既包括动产，也包括不动产，如房前屋后的少许树木，房屋里的门、窗、取暖设施、照明设施、通信设施等。

（5）从权利。房地产的从权利，如相邻权等，因从属于房地产并使房地产具有必要的效能而为房地产抵押权的效力所及。

（6）孳息。房地产抵押的效力及于抵押权开始进入实现阶段后到抵押标的处分为止房地产所产生的孳息。房地产抵押不转移对作为抵押标的物的房地产的占有，这样既维护了债权人的权益，又充分发挥了抵押物的使用价值。在抵押权实现前，抵押人有权使用房地产并获取利益，房地产所产生的孳息由抵押人享有。抵押权开始进入实现阶段后，作为抵押物的房地产由人民法院扣押或以其他方式保全，抵押权人有权将该房地产拍卖或变价优先受偿，当然有权收取抵押物的孳息，并以其偿还债权。房地产抵押权的效力不仅及于房地产的天然孳息，如果树所结的果实等，而且及于房地产的法定孳息如房租等。《物权法》第197条规定，债务人不履行到期债务或者发生当事人约定的实现抵押权的情形，致使抵押财产被人民法院依法扣押的，自扣押之日起抵押权人有权收取该抵押财产的天然孳息或者法定孳息，但抵押权人未通知应当清偿法定孳息的义务人的除外。前款规定的孳息应当先充抵收取孳息的费用。

（二）房地产抵押权的对外效力

房地产抵押权的对外效力指房地产抵押权对抵押关系外部的有关抵押物的其他财产权的影响，具体则包括对房地产的用益权、其他抵押权和租赁关系的影响。

1. 房地产抵押权对用益权的影响。房地产抵押是以房地产的交换价值为债权提供担保，抵押物的使用价值对其没有影响，因此无论是在抵押权设定前或设定后，抵押人均可在抵押的房地产上设定用益物权，但房地产抵押权对用益权的影响则视用益权设定的时间不同而有变化。在房地产抵押权设定之前已存在用益权的，用益权人不仅在抵押权设定后拥有用益物权，并且其用益权如经登记，还可对抗房地产抵押权，即用益权人根据其与抵押人合同约定的方式、期限等在抵押权实现后仍可继续拥有用益权。在房地产抵押权后设定的用益权则不能对抗抵押权，对此有的国家有明文规定，如《日本民法》规定，新设用益权不得对抗受益人。

2. 房地产抵押权对其他抵押权的影响。房地产由于价值巨大，往往足以担保数个债权。同时抵押是以不转移对抵押物的占有为条件，也有可能在同一个房地产上设定数个抵押权。为了充分发挥房地产的经济效益，各国一般均规定在房地产的价值范围内，允许在同一个房地产上设定数个抵押权，我国《担保法》第35条第2款即规定，财产抵押后，该财产的价值大于所担保债权的余额部分，可以再次抵押。因此，先设定的房地产抵押权不影响新抵押权的设定，但先设定的房地产抵押权，其担保的债权优先于后设定的房地产抵押权所担保的债权受偿。即当一个房地产上设有数个抵押权时，其担保的债权按抵押权设定的先后顺序受偿，顺序相同的则按债权比例受偿。抵押的房地产拍卖后的价值不足以偿还所有担保的债权的，则未受清偿的抵押债权不享有对普通债权的优先权。

3. 房地产抵押权对房屋租赁关系的影响。与设定用益权一样，抵押人可以在已出租的房屋上设定抵押权，也可以将已设定抵押权的房屋出租。在房屋租赁关系存在于抵押之前的，根据"买卖不破租赁"原则，房地产抵押权的效力不及于租赁关系，即抵押的房地产拍卖后，原租赁合同对房地产的受让者继续有效。如《担保法》第 48 条规定："抵押人将已出租的财产抵押的，应当书面告知承租人，原租赁合同继续有效。"如果将已设定抵押权的房屋出租的，则房地产抵押权的效力及于该租赁关系。抵押权实现时，租赁关系即解除。

（三）影响房地产抵押权效力的情形

已设定抵押权的房地产被查封、扣押或者采取其他强制措施的，是否影响房地产抵押权的效力呢？这需要根据采取强制措施的目的区别确定。如果对已设定抵押权的房地产采取强制措施的目的是偿付其他无担保的债权，则由于抵押权人享有优先受偿权，抵押的房地产变价后应优先清偿抵押权人的债权，该强制措施不影响房地产抵押权的效力。如果对已设定抵押权的房地产采取强制措施的目的是实现房产管理部门的行政处罚权，则该强制措施可以影响房地产抵押权的效力。例如《房地产管理法》第 68 条规定："违反本法第 45 条第 1 款的规定预售商品房的，由县级以上人民政府房产管理部门责令停止预售活动，没收违法所得，可以并处罚款。"如果受到罚款处罚的当事人不缴纳罚款，则房地产管理部门有权对有关的房地产采取强制措施直到拍卖并以所得价款优先缴付罚款。如果在该房地产上设有抵押权，则抵押权人应在缴付罚款后的拍卖所得价款中优先受偿。也就是说，房地产管理部门的行政处罚权应优先于房地产抵押权。因此，抵押权人应当对抵押人占有、使用、收益和处分抵押的房地产进行监督。抵押的房地产由于抵押人的不当行为被房地产管理部门采取强制措施致使房地产抵押权受到影响，也是对抵押权人怠于行使权力的一种惩罚。基于同样的原因，如果抵押人没有在规定的时间内对土地进行开发或不按规定的用途使用土地，被国家处以无偿收回土地使用权的处罚时，房地产抵押权人也不能以抵押权对抗行政处罚权，而只能要求抵押人另行提供担保。

在无偿划拨的土地使用权上设定房地产抵押权的，土地使用权出让金的缴纳优先于房地产抵押权的实现。首先，在无偿划拨的土地使用权上设定房地产抵押权的，应当先依法签订土地使用权出让合同，有偿取得土地使用权，否则，抵押合同无效。其次，在实现抵押权时，必须先交纳土地使用权出让金后，方能用于清偿债务。

四、房地产抵押权的实现

（一）房地产抵押权实现的条件

房地产抵押权的实现，即当债务人不能履行债务时，房地产抵押权人行使其抵押权将抵押的房地产变价以满足其债权得到优先清偿的过程。房地产抵押权的实现是债权实现的一种方式。

房地产抵押权人有权在债务人不履行债务时行使其抵押权，故房地产抵押权的实现以债务人不履行债务为必要条件。根据《城市房地产抵押管理办法》的规定，抵押权人可以在以下几种情形发生时，要求实现抵押权：①债务履行期满，抵押权人未受清偿的，债务人又未能与抵押权人达成延期履行协议的；②抵押人死亡，或者被宣告死亡而无人代为履行到期债务的；或者抵押人的合法继承人、受遗赠人拒绝履行到期债务的；③抵押人被依法宣告解散或者破产的；④抵押人违反本办法的有关规定，擅自处分抵押房地产的；⑤抵押合同约定的其他情况。

（二）流抵押条款的禁止

流抵押条款是当事人在设立抵押时便约定，如果债务人不履行到期债务时，抵押物直接归债权人所有的合同条款。《物权法》第186条规定，抵押权人在债务履行期届满前，不得与抵押人约定债务人不履行到期债务时抵押财产归债权人所有。所以，在实现房地产抵押权时，债权人不能以流抵押条款的规定来直接主张对所抵押房地产的所有权。

（三）房地产抵押权实现的方式

一般的抵押权，其实现的方式有折价、变卖和拍卖等，当事人可以通过协商选择采取哪种方式实现抵押权，若协商不能达成一致，抵押权人可以向法院提起诉讼，请求法院帮助实现抵押权。《城市房地产抵押管理办法》第41条明确规定："本办法第40条规定情况之一的，经抵押当事人协商可以通过拍卖等合法方式处分抵押房地产。协议不成的，抵押权人可以向人民法院提起诉讼。"

目前，实践中多以拍卖的方式实现抵押权。

（四）实现抵押权所得金额的分配

处分抵押房屋后的所得金额，应依下列顺序分配：①支付处分抵押房屋的费用；②扣除抵押房屋应交纳的税款；③偿还抵押权人本息及支付违约金；④清偿由债务人违反合同而对抵押权人造成的损害；⑤剩余金额交还抵押人。

处分抵押房屋所得金额不足以支付债务和违约金、赔偿金时，抵押权人有权向债务人追索不足部分。

五、房地产抵押权的消灭

1. 因主债务履行而消灭。房地产抵押合同从属于债务合同，债务合同为房地产抵押合同的主合同。因此，房地产抵押合同的效力随主合同的消灭而消灭。当主合同由于债务履行而消灭时，房地产抵押权也自然消灭。

2. 因房地产抵押权实现而消灭。房地产抵押权实现的方式为拍卖方式，已如前述。

3. 因抵押的房地产灭失且无替代物而消灭。由于房地产抵押权具有物上代位性，因此，当房地产灭失时，如果有赔偿金或保险金等，房地产抵押权及于该赔偿金或保险金等，并不消灭。只有当房地产灭失且没有替代物时，房地产抵押权方消灭。

4. 因抵押的房地产归抵押权人所有而消灭。

六、房地产按揭概述

房地产按揭是指购房者向银行贷款来支付房款，并就所购房屋为贷款设定担保的行为。房地产按揭业务虽然由香港传入内地，但由于香港与内地实行两套不同的法律体系，到目前为止，内地尚无明确的规范按揭制度的法律。中国人民银行曾于1997年4月28日颁布《个人住房担保贷款管理试行办法》，但该办法在1998年7月30日便被宣告废止。1998年5月9日，中国人民银行颁布了《个人住房贷款管理办法》。按揭在被内地法律制度容纳过程中发生了一些变化，不完全等同于香港的做法。同时按揭这个词也仅是作为商业术语来使用，而不是一个法律术语。实务中则用"个人住房担保贷款"或"住房抵押贷款"等称谓来代替"按揭"。

按揭最早起源于英国，即英美法中的 Mortgage，它是英国普通法中的一种以转移担保物所有权于债权人为特定物的担保制度。至于按揭这个词，则是 Mortgage 的粤语的音译，并由香港传入内地。

目前，我国内地的房地产按揭实际上包括了楼花按揭（期房按揭）及现房按揭。

我国商品房按揭的主要流程如下：开发商与贷款银行达成项目合作协议——买受人与开发商签订商品房买卖合同书——买受人准备相关材料，向银行申请按揭贷款——银行审查买受人（借款人）是否符合贷款条件——符合按揭贷款条件后，银行同意发放贷款——买受人在贷款银行设立专户，通过贷款银行专户向开发商支付购房首付款，拟定授权委托书，委托贷款银行从还款账户中划支应该归还银行的贷款本息——买受人到银行指定的保险公司办理住房按揭贷款保险——买受人与开发商、贷款银行共同签订《商品房贷款按揭合同》——办理按揭登记——贷款银行将买受人的贷款划入开发商的专门账户。

七、现房按揭

现房按揭是指购房者以所购现房向贷款银行设定物的担保，在还款期限届满而购房者不能返还贷款时，贷款银行得以行使抵押权而使其债权获实现的融资购房方式。

就其过程而言，先由银行代为交付约定数额的房款，然后开发商即与购房人办理产权过户手续，接着购房者与银行办理产权抵押登记，该房产证经背书记载抵押事项后，交银行保管。可见，购房者是以其拥有所有权的现有房产为其债务提供担保的，实质上是我国担保法所规定的抵押行为。在这个过程里，发生了三个法律关系：一是购房者与银行之间的借贷法律关系；二是购房者与开发商之间的买卖法律关系；三是购房者与贷款银行间的担保法律关系。这三个法律关系既独立又存在联系，只有共同存在才能促成房产交易的实现。借贷法律关系解决了购房者的资金困难，为房产买卖关系的成立提供了条件。买卖过程中房屋产权的转移使得担保法律关系成为可能，担保法律关系的成立降低了银行的贷款风险，反过来又促成了借贷法律关系的发生。

以房屋为标的物设定担保物权的还有传统的房地产抵押，但两者是不尽相同的。首先，现房按揭仅发生在购房过程中，它所担保的是银行借贷给购者的购房款项，它所担保的债权在时间上先于债务人之房屋产权存在。传统的房地产抵押担保的债权的发生一般与房主取得房屋产权的行为无关，并且房主对房屋的产权先于债权而存在。其次，目前我国经营住房按揭贷款业务的组织仅限于商业银行，故按揭权人（抵押权人）限于商业银行。传统的房地产抵押中，抵押权人不限于银行，自然人、法人或其他组织皆可能成为抵押权人。最后，按揭业务中，必须由贷款者作为按揭人（抵押人）在自己所购房屋上设定按揭权（抵押权），而在一般的借贷关系中，可由借款人之外的第三人以自己的房地产为借款人的债务提供担保。

八、楼花按揭

（一）楼花按揭的概念及法律特征

所谓的楼花按揭，是指银行、预购人、开发商在商品房预售中共同参加的一种融资活动，即由预购人依约向开发商支付部分房款，其余房款以银行贷款垫付，同时预购人就房屋所有权的请求权设定担保，并于房屋建成后在该房屋上设定抵押权而代原担保的融资购房方式。

在楼花按揭中，先后存在两种担保制度。在实际操作中，可将其分为两个阶段。在第一阶段，预购人依其与开发商签订的《商品房预售合同》交付首期房款后，即与银行办理按揭贷款手续，以该款项垫付剩余房款，其后，预购人在《商品房预售合同》上背书设定担保（实质上是质押担保）并将该背书事项于房管部门备案，然后将合同之影印件交由贷款银行保有。在第二阶段，房屋竣工后，由开发商协助预购人去当地房地产主管部门办理产权过户手续，以便购房人及时取得《土地使用权证书》和《房屋产权证书》，并与银行办理房屋抵押手续。这两种不同的担保方式以房屋竣工、办理产权过户登记为界，并且按照我国内地实践中的做法，房屋一旦建成，应当在房产上设定抵押担保。而原来的质押担保，在预购人取得房屋所有权，造成房屋所有权之期待权消灭的事实后，已没有存在的可能。就法律关系而言，楼花按揭中存在着三个主体、三种法律关系。即开发商与预购人之间的房屋买卖关系、预购人与银行间的借贷法律关系、预购人与开发商之间的贷款担保关系，这三种关系相互联系，共同构成完整的楼花按揭法律关系。

楼花按揭具有如下特征：

1. 是一种要式法律行为。要式法律行为，是指其意思表示须依一定方式的行为。楼花按揭中涉及的法律关系错综复杂，应当以书面形式来明确当事人之间的权利义务关系。

2. 须登记备案。依照《房地产管理法》，商品房预售合同应采取书面形式，并报县级以上民政房产管理部门和土地管理部门登记备案。在我国实践中，开发商、银行、预购人往往在楼宇按揭合同中一并规定各方的权利义务，这个合同亦须采取书面形式并登记备案。

3. 既有诺成性的法律行为又有实践性的法律行为。其中，开发商与预购人签订的《商品房预售合同》具有诺成性。另外，按照以上分析，按揭过程中第一阶段的担保方式实为质押担保，即以房产所有权的期待权设定担保，这实质上是质押中的权利质押。质押的显著特征是要转移质物的占有。预购人在担保贷款时，须转移债权证书（商品房预售合同）的占有。

（二）楼花按揭的法律属性

如前所述，按揭作为英美法系中的一种担保制度，我国找不到与其相对应的制度。目前我国还没有调整房地产按揭的专门法律，只有中国人民银行的《个人住房贷款管理办法》、最高人民法院《关于审理商品房买卖合同纠纷案件适用法律若干问题的解释》、各个商业银行的内部规定、相关的房屋销售或预售合同、抵押贷款合同或按揭贷款合同及保险合同在支撑着这项庞大的房地产金融业务。实务中楼花按揭这种方式普遍存在，发生的纠纷不少，在这种情况下，对楼花按揭的性质进行研究，争取用我国现有的担保理论对其进行整合与吸纳，是很有意义的。

关于楼花按揭，已有一些法律工作者尝试着对其进行定性。有人认为楼花按揭与抵押基本相同，并未超出抵押的范围，是一种不动产抵押方式，也有人认为它更符合权利质押的特征。如前所述，实践中楼花按揭是分两阶段对银行债权进行担保的，其中在第二阶段，由于购房者已取得房屋的产权，并办理了抵押登记手续，这完全符合我国《担保法》关于不动产抵押权的规定，将其认定为抵押当属无疑。所以问题是在楼花按揭的第一阶段，对银行债权所采取的担保究竟是不动产抵押还是权利质押。

依我国现行法律制度，不宜将楼花按揭中房屋未竣工前之担保方式视为不动产抵押。依抵押权理论，抵押权支配的是抵押物的交换价值，抵押权依法通过折价或拍卖、变卖抵押物并以其价款优先受偿的方式实现。所以，抵押物至少应符合两个条件：具有交换价值及属于可流通物。在房屋建成前，房屋不具有物的形态，无交换价值可言，债权人（银行）亦无实现价值受偿之可能，从这个角度看，此时尚不能以抵押方式设定担保。我国《物权法》第180、187条规定，债务人或者第三人可以用有权处分的正在建造中的建筑物来作为债务的抵押，但这种抵押应办理抵押登记，抵押权自登记时设立。《物权法》所规定的不动产统一登记制度还未最终确定，但《物权法》及相关登记制度实施后，无疑将对楼花按揭制度产生较大的影响。

在楼花按揭过程中，预购人依《商品房预售合同》履行完主要义务后，享有要求开发商依约按期按质交付房屋的请求权，即享有商品房所有权之请求权。这种请求权属于债权，因而在房屋所有权之请求权上，虽不能设立抵押担保，却可以设定债权质权。

关于债权上可否设定质权，我国《担保法》没有明确将债权列举为质物，但有许多学者将《担保法》第75条第4款"依法可以质押的其他权利"中之"其他权利"解释为包括债权在内。另外，法国、德国等大陆法系国家和深受其影响的日本，以及我国台湾地区的民法上也认为原则上债权上可设立质权。再者，随着社会经济的发展，允许在债权上设定质押，也是有利于充分利用财产，加快其流通。鉴于上述几点，本书认为债权可成为质押的标的。

在楼花按揭实践中，预购人在将《商品房预售合同》登记备案后，在其上背书记载担保事项并经有关部门登记备案后，将该合同之影印件（债权凭证）交由贷款银行保有，应视为设定了债权质押。若购房者未能依按揭贷款之约定偿还贷款时，银行有权直接收取债权，向开发商请求移交房屋，并得于取得房屋所有权后为所有权人之种种处分行为。所以说，在楼花按揭中，可以认为以房屋产权移转为界，在这之前设定的是质押担保，在这之后设定的是抵押担保。这也就使得按揭这种由香港传入的房地产融资方式，在我国现行法律制度下能够合理地存在。相应地，法院在处理楼花按揭纠纷时，可以分别适用《担保法》中关于质押和抵押的规定。

需要注意的是，按揭与抵押存在诸多相同之处，但并不完全相同，它们之间还是存在十分明显且重要的区别的，分析如下：

1. 担保标的物的范围不同。根据《担保法》第34条的规定，可以设定抵押权的标的物为抵押人依法所有的不动产、特定的动产以及依法有权处分的不动产、特定动产和土地使用权等用益物权。此外，最高人民法院《关于适用〈中华人民共和国担保法〉若干问题的司法解释》第47条也规定依法获准尚未建造或者正在建造的房屋或者其他建筑物，如当事人办理了抵押物登记，也可以认定抵押有效。而按揭担保的标的物的范围较抵押而言，更为宽泛。原则上，一切可以转让的财产及财产性权利均可以设定按揭。具体言之，包括动产、不动产和各种财产性权利，其中财产性权利既包括债权、票据权利，也包括股份债权及商标权、专利权、著作权中的财产性权利部分，以及尚在形成过程中的权利。

2. 担保物的占有使用形态不同。在抵押权中，抵押物的占有使用并不转移到抵押权人手中。而在按揭中，担保物的占有使用虽然绝大部分仍由按揭人享有，但并非禁止按揭权人对担保物行使占有。

3. 设定方式不同。在抵押中，抵押人将其依法享有所有权或者处分权的抵押物的交换价值的支配权转让给抵押权人。抵押权的效力在于一旦经过依法设定就对抵押人就抵押物的权利行使产生限制。在按揭中，按揭人是将担保标的物的权利转移给按揭权人，而保留在完全履行债务后的赎回权。如果按揭人怠于清偿债务，则按揭权人确定地取得担保物的权利。

4. 实现方式不同。抵押权的实现方式主要是通过拍卖等程序就抵押物变价而使抵押权人得到优先受偿。而在按揭中，按揭权的实现方式更为灵活，既可以通过变价以价款来优先受偿，也可以通过就担保物估价而使按揭权人取得担保物权利的方式实行。

5. 是否能够订立流担保约款不同。流担保约款在抵押中成为流抵押约款，在质押中成为流质押约款。在典型担保物权中均禁止流担保约款。根据《担保法》第40条的规定，禁止当事人订立流抵押约款。但在按揭中，因其设定方式与抵押迥然不同，所以对流担保约款并无禁止。[1]

（三）楼花按揭法律关系的内容

1. 购房者的权利和义务。购房者的权利和义务主要规定于《商品房预售合同》和《房地产按揭贷款协议》或按揭担保条款之中。购房者的权利主要有：①如约取得房屋所有权的权利。②依约从贷款银行处获得约定数额的贷款的权利。③在取得房屋所有权后，占有、使用及出租等以所有权人身份所为的处分权，但受抵押权限制的处分权除外，如购房人转让房产的，须依照《担保法》的规定通知抵押权人（贷款银行）并将所得价款提前清偿所担保的债权或向与抵押权人约定的第三人提存。

购房者须承担的义务有：①依约向开发商交付首期房款。②在获得银行的贷款后，不可撤销地授权银行将贷款本金转入开发商专用账户。③按时按金额向银行还本付息，缴纳按揭手续费。④房屋建成后，协助银行办理抵押登记。⑤妥善使用房屋。购房者应在房屋建成后承担抵押人的义务，因其行为致房屋价值减少，贷款银行有权要求其恢复抵押物的价值或者提供与减少的价值相当的担保。⑥实践中，贷款银行为了避免作为抵押物之房屋因意外事故毁损、灭失的风险，要求购房者为房屋投保的，购房者须以贷款银行为第一保险受益人，向银行指定的保险公司投保。

2. 开发商的权利义务。开发商的权利和义务规定于《商品房预售合同》及其与按揭银行签订的《按揭贷款协议》之担保条款中。开发商主要享有下列这些权利：①依约收取售房价款的权利。此项价款包括购房人支付的首期房款及按揭银行转入开发商专用账户的贷款。②购房者未交付首期房款或未能获得银行贷款时，开发商有拒绝履行建房及交付义务，有权解除《商品房预售合同》，并要求购房者支付违约

---

[1] 最高人民法院民事审判第一庭编：《商品房买卖合同司法解释问答》，法律出版社2003年版，第176~177页。

金。③实践中，按揭银行往往要求开发商对购房者的贷款承担第三方保证责任，这种保证责任，性质上属于《担保法》中规定的保证。这样，房屋竣工后，在银行债权上存在人保（保证）和物保（抵押）。那么，在购房者违约而按揭银行直接要求购房者承担保证责任时，开发商有权依据《担保法》第28条提出抗辩。依第28条第1款关于"同一债权既有保证又有物的担保的，保证人对物的担保以外的债权承担保证责任"之规定，开发商有权要求银行先对购房者设定担保的房产进行处分，予以拍卖、变更等，只有在给上述处分银行债权仍不获实现时，银行才可要求开发商履行还款责任。④开发商在履行保证责任后，有权就清偿数额向购房者行使追偿权。

开发商承担的义务有：①依约按期按质交付房屋。②对购房者贷款本息的偿还向银行承担第三方保证责任。实践中也有按揭银行要求开发商承担无条件的、不可撤回的回购责任，即在购房者无力偿本付息时，由开发商向购房者购回房屋，并以回购价款代为偿本付息。银行要求开发商承担此种责任，目的是转嫁贷款风险。此种做法虽属双方约定，但开发商并未因此享有相对应权利，所以，这种做法亦有不公平之嫌。③保证将专用账户中的贷款款项用于建造购房者的房屋，不挪作他用的义务。④协助购房者办理产权过户手续以及协助银行与购房者办理按揭（抵押）登记手续。

3. 按揭银行的权利与义务。按揭银行的权利有：①依约按期收回贷款本息的权利。②对购房者使用房屋进行监督的权利。因作为抵押物的房屋关涉银行债权的实现，银行对房屋价值的保持较为关心。监督检查有利于银行及时采取措施来保全抵押物权的价值。③在购房者违约时，行使房屋所有权之请求权，取得房产权的权利，或就已建成并设定抵押的房屋变价或以拍卖、变卖所得的价款优先受偿的权利。

按揭银行承担如下义务：①依约提供贷款的义务；②根据购房者授权及银行与开发商签订的协议书将贷款款项以购房款的名义转入开发商在本银行开立的账户的义务。

第四节　住房公积金法律制度

一、住房公积金概述及法律特征

（一）住房公积金概述

1. 住房公积金的定义。住房公积金是指国家机关、国有企业、城镇集体企业、外商投资企业、城镇私营企业及其他城镇企业、事业单位、民办非企业单位、社会团体（即城镇用人单位）及其在职职工缴存的长期住房储金。

从以上定义来看，住房公积金一共分为两部分：一部分是用人单位按一定比例缴存的住房公积金；另一部分是在职职工个人缴存的部分。根据《住房公积金管理条例》第 3 条的规定，职工个人缴存的住房公积金和职工所在单位为职工缴存的住房公积金，属于职工个人所有。所以，存在银行专户当中的住房公积金的所有权是属于职工个人的，但这种资金所有权又受到一定条件的限制。

2. 住房公积金制度的含义。住房公积金制度指根据相关法律的规定，对住房公积金管理、缴存、使用等一整套运行机制的总称。住房公积金制度属于住房保障制度的内容，但它属于从资金筹集方面对建设保障性住房或公民改善住房提供支持，故本书将其纳入房地产金融的范畴。

（二）住房公积金制度的法律特征

1. 社会保障性。住房公积金制度属于住房保障制度的一个组成部分，通过城镇用人单位及其在职职工每月缴存一定数量的住房公积金，积少成多，建立起解决和改善职工住房问题的建设基金，使得每一个职工都有机会购买或租赁到自己满意的住房。此外，其社会保障性还表现在用人单位为其职工的住房提供了福利补贴，因为除了职工个人缴纳一定比例的金额，用人单位也要缴纳相应比例的金额，两者都归职工个人所有。

2. 普遍适用性。1994 年国务院《关于深化城镇住房制度改革的决定》中，已要求"所有行政和企事业单位及其职工均应按照'个人存储、单位资助、统一管理、专项使用'的原则交纳住房公积金，建立住房公积金制度"。《住房公积金管理条例》已将住房公积金的适用对象扩大到私营企业、外商投资企业、民办非企业单位、社会团体及其职工，基本上涵盖了城镇所有的单位及其职工。所以，住房公积金具有广泛的适用性。

3. 互助互利性。住房公积金制度的互助互利性体现在不管是有房户还是无房户（包括已解决职工住房问题的单位和尚未解决职工住房问题的单位），都得按规定比例缴纳住房公积金。住房公积金重点解决无房户的住房问题，也可以为有房户将来改善居住条件提供资金支持。

4. 强制缴纳性。住房公积金的缴纳根据法律的明确规定，它是城镇用人单位和在职职工个人必须履行的法定义务，没有协商的余地。所有用人单位及其个人不得逾期缴存或者少缴，单位不办理住房公积金缴存登记或者不为本单位职工办理住房公积金账户设立、逾期缴存或者少缴住房公积金的，都将受到相应的处罚，承担一定的法律责任。

5. 住房融资性。住房融资性指住房公积金只能用在与职工个人住房相关的项目，并且缴存了住房公积金的职工可以申请住房公积金贷款。住房融资性不同于社会保障性，社会保障性主要是针对住房困难户，而住房融资性既包括为低收入住房困难户提供资金支持，还包括为其他收入人群提供住房改善的资金支持。例如，可以利用住房公积金来购买普通的商品房，而不仅限于经济适用住房或房改房等保障型、政策性住房。

（三）住房公积金制度的历史沿革

1991 年上海借鉴新加坡的经验开始了住房公积金制度的试点工作。1994 年国务院《关于深化城镇住房制度改革的决定》中明确提出建立我国的住房公积金制度。1996 年 7 月成立《住房公积金管理条例》起草领导小组和起草办公室，开始住房公积金立法工作。1998 年建设部形成《住房公积金管理条例（送审稿)》。国务院 1999年 3 月 17 日通过了《住房公积金管理条例》，1999 年 4 月 3 日起实施。2002 年 3 月24 日国务院对《住房公积金管理条例》进行了修订。

二、住房公积金的管理和监督

（一）住房公积金的管理体系

住房公积金的管理体系包括其管理机构、管理原则和运行机制等。其中，管理机构主要指决策机关、执行机关等单位。

住房公积金的决策机关主要指住房公积金管理委员会。《住房公积金管理条例》第 8、9 条规定，直辖市和省、自治区人民政府所在地的市以及其他设区的市（地、州、盟），应当设立住房公积金管理委员会，作为住房公积金管理的决策机构。住房公积金管理委员会的成员中，人民政府负责人和建设、财政、人民银行等有关部门负责人与有关专家占 1/3，工会代表和职工代表占 1/3，单位代表占 1/3。住房公积金管理委员会主任应当由具有社会公信力的人士担任。

住房公积金管理委员会在住房公积金管理方面履行下列职责：①依据有关法律、法规和政策，制定和调整住房公积金的具体管理措施，并监督实施；②根据本条例第18 条的规定，拟订住房公积金的具体缴存比例；③确定住房公积金的最高贷款额度；④审批住房公积金归集、使用计划；⑤审议住房公积金增值收益分配方案；⑥审批住房公积金归集、使用计划执行情况的报告。

住房公积金的执行机构包括住房公积金管理中心和受托银行两个单位。根据《住房公积金管理条例》第 10、11 条的规定，直辖市和省、自治区人民政府所在地的市以及其他设区的市（地、州、盟）应当按照精简、效能的原则，设立一个住房公积金管理中心，负责住房公积金的管理运作。县（市）不设立住房公积金管理中心。前款规定的住房公积金管理中心可以在有条件的县（市）设立分支机构。住房公积金管理中心与其分支机构应当实行统一的规章制度，进行统一核算。住房公积金管理中心是直属城市人民政府的不以营利为目的的独立的事业单位。

住房公积金管理中心履行下列职责：①编制、执行住房公积金的归集、使用计划；②负责记载职工住房公积金的缴存、提取、使用等情况；③负责住房公积金的核算；④审批住房公积金的提取、使用；⑤负责住房公积金的保值和归还；⑥编制住房公积金归集、使用计划执行情况的报告；⑦承办住房公积金管理委员会决定的其他事项。

受托银行应该是具有办理住房公积金金融业务的商业银行，受托银行接受住房公积金管理中心的委托，办理住房公积金贷款、结算等金融业务和住房公积金专门账户的管理，住房公积金缴存、归还等手续。住房公积金管理中心应当与受委托银行签订委托合同。

（二）住房公积金的监督

我国的住房公积金监督呈现出多头监督的状况：一是行政监督。即建设（住房保障）主管部门、中国人民银行等金融监管部门有权对住房公积金的管理法规、政策执行情况进行总体上的监督。二是财政监督，主要体现在：住房公积金管理中心在编制住房公积金当年归集使用计划，住房公积金管理委员会审批住房公积金归集使用计划和执行情况报告等，必须有当地财政部门参与。财政部门还负责审批住房公积金管理中心的管理费用，住房公积金管理中心应当定期向财政部门报送财务报表等。三是银行监督。银行主要通过住房公积金专用账户的管理，住房公积金存贷款和结算活动，对住房公积金资金运用活动进行监督。四是审计监督。《住房公积金管理条例》第33条规定，住房公积金管理中心应当依法接受审计部门的审计监督。对住房公积金管理中心的审计应该是政府审计，并且属于法定的强制审计。五是社会监督，即住房公积金的缴存、提取，归集、使用，保值、增值等，都应接受单位、职工和社会各界的最广泛监督，以保证住房公积金的安全和正确使用。

三、住房公积金的缴存和使用

（一）住房公积金专户

《住房公积金管理条例》第13条规定，住房公积金管理中心应当在受委托银行设立住房公积金专户。所以，设立住房公积金专户是住房公积金管理中心的法定义务，也是住房公积金接受银行监督、维护职工住房公积金安全的有效途径。

（二）住房公积金缴存登记

单位应当到住房公积金管理中心办理住房公积金缴存登记，经住房公积金管理中心审核后，到受委托银行为本单位职工办理住房公积金账户设立手续。每个职工只能有一个住房公积金账户。新设立的单位应当自设立之日起30日内到住房公积金管理中心办理住房公积金缴存登记，并自登记之日起20日内持住房公积金管理中心的审核文件，到受委托银行为本单位职工办理住房公积金账户设立手续。

（三）住房公积金的转移和封存

单位合并、分立、撤销、解散或者破产的，应当自发生上述情况之日起30日内由原单位或者清算组织到住房公积金管理中心办理变更登记或者注销登记，并自办妥变更登记或者注销登记之日起 20 日内持住房公积金管理中心的审核文件，到受委托银行为本单位职工办理住房公积金账户转移或者封存手续。

单位录用职工的，应当自录用之日起 30 日内到住房公积金管理中心办理缴存登记，并持住房公积金管理中心的审核文件，到受委托银行办理职工住房公积金账户的设立或者转移手续。单位与职工终止劳动关系的，单位应当自劳动关系终止之日起 30 日内到住房公积金管理中心办理变更登记，并持住房公积金管理中心的审核文件，到受委托银行办理职工住房公积金账户转移或者封存手续。

（四）住房公积金的代扣、代缴和缓缴

职工个人缴存的住房公积金，由所在单位每月从其工资中代扣代缴。单位应当于每月发放职工工资之日起 5 日内将单位缴存的和为职工代缴的住房公积金汇缴到住房公积金专户内，由受委托银行计入职工住房公积金账户。单位应当按时、足额缴存住房公积金，不得逾期缴存或者少缴。

对缴存住房公积金确有困难的单位，经本单位职工代表大会或者工会讨论通过，并经住房公积金管理中心审核，报住房公积金管理委员会批准后，可以降低缴存比例或者缓缴；待单位经济效益好转后，再提高缴存比例或者补缴缓缴。

（五）住房公积金的提取及其程序

《住房公积金管理条例》第 24 条规定，职工有下列情形之一的，可以提取职工住房公积金账户内的存储余额：①购买、建造、翻建、大修自住住房的；②离休、退休的；③完全丧失劳动能力，并与单位终止劳动关系的；④出境定居的；⑤偿还购房贷款本息的；⑥房租超出家庭工资收入的规定比例的。

依照前款第二、三、四项规定，提取职工住房公积金的，应当同时注销职工住房公积金账户。职工死亡或者被宣告死亡的，职工的继承人、受遗赠人可以提取职工住房公积金账户内的存储余额；无继承人也无受遗赠人的，职工住房公积金账户内的存储余额纳入住房公积金的增值收益。

职工提取住房公积金账户内的存储余额的，所在单位应当予以核实，并出具提取证明。

职工应当持提取证明向住房公积金管理中心申请提取住房公积金。住房公积金管理中心应当自受理申请之日起 3 日内作出准予提取或者不准提取的决定，并通知申请人；准予提取的，由受委托银行办理支付手续。

四、住房公积金贷款制度

（一）住房公积金贷款的概念

指根据《住房公积金管理条例》的规定，已按时足额缴存住房公积金的借款人，在购买自有住房时，申请以住房公积金为资金来源的住房贷款。

与一般的个人住房贷款相比，住房公积金贷款有如下的特点：

1. 申请住房公积金贷款的借款人必须是按照《住房公积金管理条例》规定正常缴存住房公积金的职工。例如，根据《上海市住房公积金个人购房贷款管理办法》的规定，借款人申请前连续缴存住房公积金的时间不少于 6 个月、累计缴存住房公积金的时间不少于 2 年。不实现住房公积金制度的离退休人员、无工作的城镇居民及不正常缴存住房公积金的职工均不能申请个人住房公积金贷款。

2. 住房公积金贷款的用途只能是用于职工个人购买自用普通住宅。自用普通住宅包括商品住房、经济适用住房、房改房和二手房等，但不包括豪华住宅。

3. 住房公积金贷款的资金来源只能是职工个人和所在单位为其缴存的住房公积金。

4. 住房公积金贷款属于委托贷款形式。即有借款人申请，住房公积金管理中心对借款人的申请进行审核，批准之后再委托商业银行和申请人办理住房公积金贷款手续。

（二）住房公积金贷款的申请

《住房公积金管理条例》第 26 条规定，缴存住房公积金的职工，在购买、建造、翻建、大修自住住房时，可以向住房公积金管理中心申请住房公积金贷款。该条规定是职工申请住房公积金贷款的法律根据，根据该条规定，申请住房公积金贷款应满足以下几个条件：

1. 贷款人必须是已经缴存了住房公积金的职工，并且属于正式职工，非临时工。

2. 贷款的用途只能用于购买、建造、翻建、大修自住住房，即住房公积金贷款属于解决职工住房消费的专项贷款，不能挤占、挪用。

3. 贷款的来源只能是由住房公积金管理中心暂管、由职工缴存的住房公积金，而不是商业银行的自用资金。

（三）住房公积金贷款的程序

贷款的一般程序是：职工向住房公积金管理中心提出贷款申请，住房公积金管理中心受理申请后进行审核，并且应当自受理申请之日起 15 日内作出准予贷款或者不准贷款的决定，并通知申请人；准予贷款的，由受委托银行办理贷款手续。

《住房公积金管理条例》第 10 条规定，住房公积金管理中心是直属城市人民政府的不以营利为目的的独立的事业单位。根据《商业银行法》、《贷款通则》等金融法律法规的规定，作为事业单位的住房公积金管理中心不能直接向职工发放住房公积金贷款。因此，住房公积金管理中心应委托相关商业银行办理住房公积金贷款的手续。亦即住房公积金贷款是一种委托贷款。委托贷款是指由政府部门、企事业单位及个人等委托人提供资金，由贷款人（即受托人）根据委托人确定的贷款对象、用途、金额、期限、利率等代为发放、监督使用并协助收回的贷款，贷款人（即受托人）只收取手续费，不承担贷款风险（《贷款通则》第7条）。

第五节　住房贷款保险法律制度

调整住房贷款保险的法律主要有《保险法》、《贷款通则》、《担保法》及保险公司的内部规定等。

一、住房贷款保险的概念和种类

保险是指投保人根据合同约定，向保险人支付保险费，保险人对于合同约定的可能发生的事故因其发生所造成的财产损失承担赔偿保险金责任，或者当被保险人死亡、伤残、疾病或者达到合同约定的年龄、期限等条件时承担给付保险金责任的商业保险行为。我国保险分为人身保险和财产保险两大类。

住房贷款保险是银行为了降低信贷风险要求借款人在贷款购买住房时所购买的保险。就贷款所购买的住房进行投保，这已成为房地产抵押贷款中的一个重要法律关系。因合同中一般规定有抵押、保险、保证等条款，所以实践中，在签订住房贷款合同的同时，要在房屋产权部门以所购房屋作为抵押物办理抵押登记；购房人作为投保人和被保险人按照银行要求向保险公司投保，保险金额应不得低于贷款金额并且保险期限应覆盖贷款期限，保单正本由银行收执。

我国住房抵押贷款保险的品种主要有：一是个人抵押住房综合保险，包括原财产保险和还贷保证保险，即被保险人在保险期限内因意外伤害事故所致死亡或伤残，而丧失全部或部分还贷能力，造成连续3个月未履行或未完全履行还贷责任，由保险人承担贷款本金的全部或部分还贷责任。二是抵押贷款履约保险。借款人将房屋抵押给银行，同时购买履约保险，当借款人连续一定期限不还款时，保险公司代为清偿剩余贷款本息，银行将抵押权转移给保险公司。值得注意的是，目前我国的住房贷款保险种类是分别针对不同的保险责任范围而发展起来的。其中，传统的住房贷款财产保险的保险责任范围主要是房屋财产的毁损、灭失等自然风险；抵押住房综合保险条款所涉及的还贷保证保险则主要针对购房者的人身意外伤害导致还款不能所带来的风险；而抵押贷款履约保险则保险责任范围最为彻底和广泛，涉及对购房者的履约能力即资信能力的保险。

二、住房贷款保险的主要内容

我国目前住房贷款保险的内容主要参照中国人民银行、贷款银行及保险公司的规定：

（一）贷款银行的规定

《中国工商银行商品房开发贷款管理暂行办法》第 16 条规定，借款人取得贷款之前，借款人应为贷款项目办理有效的建筑工程保险；以房屋作为贷款抵押的，借款人在偿还全部贷款本息之前，应当逐年按不低于抵押金额的投保金额向保险公司办理房屋意外灾害保险，投保期至少要长于借款期半年。保险合同中要明确贷款人为保险的第一受益人。

《中国农业银行个人住房贷款管理办法实施细则（试行）》第 27 条规定，作为贷款抵押物的财产，借款人需在合同签订前办理保险或委托经办行代办有关保险手续。投保金额不得低于抵押物评估价值，时间不短于贷款期限。抵押期内，保险单由经办行保管。第 28 条规定，抵押期内，借款人不得以任何理由中断或撤销保险，否则，经办行应代其续保，发生的费用由借款人承担；在保险期内，如发生保险责任范围以外的毁损，由借款方负全部责任。如发生保险责任范围以内损失，抵押人必须以保险理赔款偿还相应的贷款本息。对理赔款不足以归还相应贷款本息的，由抵押人负责弥补。

（二）保险公司的规定

本书暂以中国人民保险公司的规定为例来说明。根据《中国人民财产保险股份有限公司个人贷款抵押房屋综合保险条款（2009 版）》的规定，被保险人为以房屋作抵押向商业银行申请贷款购房的具有完全民事行为能力的借款个人。保险包括财产损失保险、还贷保证保险和通用条款三个部分。

1. 财产损失保险。

（1）保险责任。在保险期间内，由于下列原因造成保险财产的损失，保险人按照本保险合同的约定负责赔偿：①火灾、爆炸；②暴风、暴雨、台风、洪水、雷击、泥石流、雪灾、雹灾、冰凌、龙卷风、崖崩、突发性滑坡、地面突然塌陷；③空中运行物体坠落以及外来不属于被保险人所有或使用的建筑物和其他固定物体的倒塌。

（2）责任免除。下列损失、费用，保险人不负责赔偿：①保险财产因设计错误、原材料缺陷、工艺不善、建筑物沉降等原因以及自然磨损、正常维修造成的损失和费用；②被保险人擅自改变房屋结构引起的任何损失和费用；③房屋贬值或丧失使用价值；④保险财产遭受保险事故引起的各种间接损失。

（3）保险金额。保险金额由投保人按照以下方式自行确定，并在保险合同中载明，但保险金额不得小于相应的抵押借款本金：①成本价；②购置价；③市价；④评估价；⑤借款额；⑥其他方式。

（4）赔偿处理。保险财产遭受保险责任范围内的损失时，保险人按以下约定进行赔偿：①实际损失等于或高于保险金额，按保险金额赔偿；②实际损失小于保险金额，保险人赔偿使受损保险财产恢复到原来状态的费用，该项费用以保险金额为限。

2. 还贷保证保险。

（1）保险责任。被保险人在保险期间内因意外伤害事故所致死亡或伤残，以及被保险人失踪后被人民法院宣告为死亡，而丧失全部或部分还贷能力，造成连续3个月未履行或未完全履行个人房屋抵押借款合同约定的还贷责任的，由保险人按本保险合同的约定承担还贷保证保险事故发生时被保险人应承担的全部或部分还贷责任。

（2）责任免除。由于下列原因导致被保险人死亡或伤残而丧失全部或部分还贷能力的，保险人不承担还贷保证保险责任：①被保险人的疾病；②被保险人的自杀、自伤、饮酒过度、滥用药物、吸食或注射毒品、殴斗等违法犯罪行为；③被保险人从事探险、滑雪、试驾交通工具、赛车、赛马、登山、攀岩、潜水、蹦极、特技表演等高风险活动；④被保险人酒后驾驶或驾驶时无相应的驾驶资格，或者驾驶无有效行驶证的交通工具。

（3）责任限额。在保险期间内，还贷保证保险责任项下每次保险事故的责任限额以该事故发生时被保险人应承担的贷款本金余额为限；累计责任限额以第一次发生还贷保证保险事故时的贷款本金余额为限。

（4）赔偿处理。涉及与本保险财产关联的借款合同项下的借款人多于一人时，保险人按照被保险人应承担的债务比例承担赔偿责任。

3. 通用条款。以下通用条款的所有内容同时适用于第一部分财产损失保险和第二部分还贷保证保险。

（1）责任免除。下列原因造成的损失、费用，保险人不负责赔偿：①战争、类似战争行为、恐怖活动、军事行为、武装冲突、罢工、暴动、民众骚乱；②核子辐射或各种放射性污染；③行政行为或司法行为；④地震、海啸及其次生灾害所造成的一切损失；⑤被保险人及其家庭成员、寄宿人员、雇佣人员的违法、犯罪或故意行为。

（2）保险期间。保险期间自约定起保日零时起至个人房屋抵押借款合同约定的借款期限终止次日24时止。

（3）保险费。保险费以基准费率为基础，根据相应的趸交保费系数计算。

（4）赔偿处理。保险事故发生时，被保险人对保险财产不具有保险利益的，不得向保险人请求赔偿保险金。发生财产损失保险责任范围内的事故时，根据被保险人和贷款银行达成的有关约定，由保险人一次性将保险赔款支付给贷款银行或被保险人。发生还贷保证保险责任范围内的事故时，被保险人同意保险人将赔款直接支付给贷款银行。

三、我国住房贷款保险法律制度存在的问题

虽然住房贷款保险伴随着住房制度改革而诞生，对推动个人住房抵押（按揭）

贷款起到了积极的作用，但住房贷款保险有时被认为是"强制保险"、"霸王行为"。

从法律关系来分析，保险合同属于民商法的范畴，应贯彻契约自由和当事人意思自治的原则，但住房贷款抵押保险合同毕竟跟一般的保险合同不一样，里面涉及政府的干预，那么，政府干预的限度在哪里？应该如何进行干预就很值得研究。本书提倡政府应加强对住房消费者的保护，营造公平的市场竞争环境，制止银行和保险公司的垄断或不正当竞争行为，为促进房地产消费信贷创造良好的市场环境。

第六节　房地产信托法律制度

我国目前调整房地产信托业务的法律主要有《信托法》、《合伙企业法》、《信托公司管理办法》、《信托公司集合资金信托计划管理办法》、《信托公司净资本管理办法》等。

一、房地产信托

（一）房地产信托的定义及分类

根据我国《信托法》第 2 条的规定，信托是指委托人基于对受托人的信任，将其财产权委托给受托人，由受托人按委托人的意愿以自己的名义，为受益人的利益或者特定目的，进行管理或者处分的行为。

房地产信托（Real Estate Investment Trust，简称 REIT）的实质就是信托投资公司发挥专业理财优势，通过实施信托计划筹集资金，用于房地产开发项目，为委托人获取一定的收益的制度安排。其包括了两个方面的含义：一是不动产信托就是不动产所有权人（委托人），为受益人的利益或特定目的，将所有权转移给受托人，使其依照信托合同来管理运用的一种法律关系；二是房地产资金信托，是指委托人基于对信托投资公司的信任，将自己合法拥有的资金委托给信托投资公司，由信托投资公司按委托人的意愿、以自己的名义，为受益人的利益或特定目的，将资金投向房地产业并对其进行管理和处分的行为。

我国还没有关于房地产信托的正式法律规定，主要根据《信托法》、《合同法》和《合伙企业法》进行运作。其他一些规定主要是银监会的监管文件，比如：2008 年 10 月 28 日中国银监会办公厅《关于加强信托公司房地产、证券业务监管有关问题的通知》、2009 年 9 月 3 日中国银监会《关于信托公司开展项目融资业务涉及项目资本金有关问题的通知》、2010 年 2 月 5 日中国银监会《关于加强信托公司结构化信托业务监管有关问题的通知》、2010 年 2 月 11 日中国银监会办公厅《关于加强信托公司房地产信托业务监管有关问题的通知》等。

（二）房地产信托的业务内容及作用

房地产信托经营业务内容较为广泛，按其性质可分为：

1. 委托业务，如房地产信托存款、房地产信托贷款、房地产信托投资、房地产委托贷款等业务。

2. 代理业务，如代理发行股票债券、代理清理债权债务、代理房屋设计等业务。

3. 金融租赁、咨询、担保等业务。

也有研究者将我国目前的房地产信托融资的现实运作模式分为：信托贷款的方式、股权注入方式、组合信托方式、财产信托方式、收益权转让方式、融资租赁信托方式、租赁权信托方式、销售融资方式、夹层融资方式、土地信托方式、基金运作方式等。[1]

相对银行贷款而言，房地产信托计划的融资具有降低房地产开发公司整体融资成本、募集资金灵活方便及资金利率可灵活调整等优势。由于信托制度的特殊性、灵活性，以及独特的财产隔离功能与权益重构功能，得以财产权模式、收益权模式和优先购买权等模式进行金融创新，使其成为最佳融资方式之一。

我国房地产业融资过度依赖银行贷款。投资领域，用于房地产开发的银行信贷逐年上升，据中国人民银行统计，1997 年以来，房地产开发资金来源中银行贷款的比重高达 55% 以上。房地产开发资金的三大来源分别为房屋销售"定金和预收款"、开发企业自筹资金与银行贷款，分别占全部资金来源的 43%、30% 和 18%。但实际上，考虑到房地产自筹资金主要来源于房屋销售收入，按首付 30% 计算，自筹资金中有 70% 来自购房者的银行按揭贷款；此外，"定金和预收款"中也有 30% 的资金来自银行贷款。因此，开展我国房地产信托业务有利于增加房地产开发的融资渠道，满足投资人的投资需求，分散融资风险，是我国房地产金融发展的主要方式之一。

（三）我国房地产信托产品的发展规模

我国第一个比较接近国际标准的房地产投资信托产品为 2002 年 7 月 28 日由上海国际信托投资公司推出的新上海国际大厦项目资金信托，10 天内 2.3 亿元额度全部售出，反应空前热烈。然而，市场上的房地产信托产品主要集中在市政建设项目、危改小区项目等基础建设项目上，纯房地产项目的信托产品很少。

2004 年全国约有 31 家信托投资公司共计发行约 83 个房地产信托产品，募集金额约 122 亿元，而平均募集资金仅为 1.47 亿元。2007 年全国成立房地产信托 60 只，募集金额 118 亿元；2007～2009 年房地产信托都有较快的发展，2010 年房地产信托有 592 只，募集资金 1845 亿元；2011 年房地产信托增长到 1031 只，募集资金高达

---

〔1〕刘大志：《房地产企业融资：业务匹配、金融支持与策略调整》，中山大学出版社 2012 年版，第 120～132 页。

2840 亿元!

根据相关研究机构的研究，2012 年 12 月，中融信托、中信信托等旗下产品爆出兑付危机，均涉及房地产项目。各信托公司对房地产投资信托仍然采取慎重发行的态度，但是房地产市场的回暖对于房地产信托无疑是一个不可忽略的利好消息。根据有关数据显示，2013 年 10 月，房地产集合信托产品发行数量当年累计 865 个，发行规模累计 29 254 788 万元，平均规模 33 820.56 万元。[1]

二、房地产信托投资基金

（一）房地产信托投资基金的概念及分类

房地产投资信托基金（Real Estate Investment Trusts, REITs）是一种以发行收益凭证的方式汇集特定多数投资者的资金，由专门投资机构进行房地产投资经营管理，并将投资综合收益按比例分配给投资者的一种信托基金。房地产信托投资基金是房地产证券化的重要手段。房地产证券化就是把流动性较低的、非证券形态的房地产投资，直接转化为资本市场上的证券资产的金融交易过程。房地产证券化主要包括房地产项目融资证券化和房地产抵押贷款证券化两种基本形式。REITs 既可以封闭运行，也可以上市交易流通，类似于我国的开放式基金与封闭式基金。

对 REITs 有多种不同的分类方法，常见的分类方法有以下几种：[2]

1. 根据组织形式，REITs 可分为公司型以及契约型两种。公司型 REITs 以《公司法》为依据，将通过发行 REITs 股份所筹集起来的资金用于投资房地产资产，REITs 具有独立的法人资格，自主进行基金的运作，面向不特定的广大投资者筹集基金份额，REITs 股份的持有人最终成为公司的股东。

契约型 REITs 则以信托契约成立为依据，将通过发行受益凭证筹集的资金投资于房地产资产。契约型 REITs 本身并非独立法人，仅仅属于一种资产，由基金管理公司发起设立，其中基金管理人作为受托人接受委托对房地产进行投资。

二者的主要区别在于设立的法律依据与运营的方式不同，因此契约型 REITs 比公司型 REITs 更具灵活性。公司型 REITs 在美国占主导地位，而在英国、日本、新加坡等地契约型 REITs 则较为普遍。

2. 根据投资形式的不同，REITs 通常可被分三类：权益型、抵押型与混合型。权益型 REITs 投资于房地产并拥有所有权，权益型 REITs 越来越多地开始从事房地

---

〔1〕 中国科学院大学中国产业研究中心、中国科学院预测科学研究中心：《2014 中国房地产市场回顾与展望》，科学出版社 2014 年版，第 113 页。

〔2〕 "房地产信托投资基金"，载百度百科，http://baike.baidu.com/link? url = e7qOh53dVZzpiZ1 - OmYLWllJPWQaWDO1yGnccHZkf0NiT - wAcg3urujxAO58UfA9Orw8XPnrqucDgMGaemEKca，访问时间：2014 年 8 月 17 日。

产经营活动，如租赁和客户服务等，但是 REITs 与传统房地产公司的主要区别在于，REITs 主要目的是作为投资组合的一部分对房地产进行运营，而不是开发后进行转售。

抵押型 REITs 是投资房地产抵押贷款或房地产抵押支持证券，其收益主要来源是房地产贷款的利息。

混合型 REITs 顾名思义是介于权益型与抵押型 REITs 之间的，其自身拥有部分物业产权的同时也在从事抵押贷款的服务。市场上流通的 REITs 中绝大多数为权益型。

3. 根据运作方式的不同，有封闭型和开放型两种 REITs。封闭型 REITs 的发行量在发行之初就被限制，不得任意追加发行新增的股份；而开放型 REITs 可以随时为了增加资金投资新的不动产而追加发行新的股份，投资者也可以随时买入，不愿持有时也可随时赎回。封闭型 REITs 一般在证券交易所上市流通，投资者不想持有时可在二级市场上转让卖出。

4. 根据基金募集方式的不同，REITs 又被分为公募型与私募型。私募型 REITs 以非公开方式向特定投资者募集资金，募集对象是特定的，且不允许公开宣传，一般不上市交易。公募型 REITs 以公开发行的方式向社会公众投资者募集信托资金，发行时需要经过监管机构严格的审批，可以进行大量宣传。私募型 REITs 与公募型 REITs 的主要区别在于：①在投资对象方面，私募型基金一般面向资金规模较大的特定客户，而公募型基金则不定；②在投资管理参与程度方面，私募型基金的投资者对于投资决策的影响力较大，而公募型基金的投资者则没有这种影响力；③在法律监管方面，私募型基金受到法律与规范的限制相对较少，而公募型基金受到的法律限制和监管通常较多。

（二）房地产信托投资基金的作用

国内目前有几十家信托基金，其中约一半投资于房地产，或采取借贷形式，或直接参与投资开发。但这些都不是通常所说的符合国际定义的房地产投资信托基金，在派息比例、免税政策上都没有明确清晰的定义，都只是房地产投资信托基金的一种最初级的阶段。

REITs 的价值，还在于它对整个房地产市场起到了一个平衡器的作用。在房价过低的时候，它通过一个公共的资本品，形成一个价值标杆，传递出房价过低的信号，并显现套利机会；如房价过高，REITs 的定价模式和产品本身也能有一个定价标杆的作用，提示投资型的投资者，甚至投机型的投资者，现在价格太高。REITs 的发展，将会对房地产资产的定价模式产生深远影响。

（三）我国关于房地产信托投资基金的试点

但这种对房地产业健康持续发展具备如此重要意义的 REITs，在国内一直难产。2005 年开始，极具本土特色的"中国式 REITs"已开始尝试。近两年全国保障性住房建设规划规模巨大，需要数万亿元的资金投入，如此巨大的财政投入，各地政府完成规划的能力有限，利用 REITs 方式引入社会资本参与保障房的建设亦成为政府的考虑之一。以下以中国建设银行所发行的"建元 2005 – 1"个人住房抵押贷款支持证券进行介绍：[1]

"建元 2005 – 1"个人住房抵押贷款支持证券（以下称建元证券）是由中国建设银行在借鉴国际资产证券化运作模式的基础上，基于中国现行法律框架设计出的切合我国当前实际的个人住房抵押贷款证券化产品，是一项开国内住房抵押贷款证券化先河的重要金融创新业务。加入该资产池的贷款有 15 162 笔，本金余额 3 016 683 138 元，合同金额 3 721 203 071 元，加权平均贷款年利率 5.31%，加权平均贷款合同期限 205 个月，加权平均贷款剩余期限 172 个月。截至 2013 年 6 月 30 日，该住房抵押贷款支持证券运行良好，A 级资产支持证券已于 2013 年 2 月 26 日全部偿还完毕。

继"建元 2005 – 1"个人住房抵押贷款支持证券之后，建行又推出了"建元 2007 – 1"个人住房抵押贷款支持证券。2013 年，"建元 2007 – 1" RMBS 产品整体运作情况良好，证券本息兑付正常，信息披露和资金划转未出现延迟和误差。

目前国内的 REITs 试点，有两种模式，分别由人民银行和证监会牵头。2009 年，人民银行颁布了《银行间债券市场房地产信托受益券发行管理办法》（征求意见稿），人民银行版的 REITs 方案为偏债券型，委托方为房地产企业，受托方为信托公司，通过信托公司在银行间市场发行房地产信托受益券。受益券为固定收益产品，在收益权到期的时候，委托人或者第三方应该按照合同的要求收购受益券，作为结构性产品，可以按照资产证券化的原理，通过受益权分层安排，满足风险偏好不同的委托人与受益人。

而证监会版 REITs 则是以股权类产品的方式组建房地产投资信托基金，将物业所有权转移到 REITs 名下并分割出让，房地产公司与公众投资者一样通过持有 REITs 份额间接拥有物业所有权，REITs 在交易所公开交易，并且机构投资者和个人投资者均可参与。

目前，北京、天津、上海、广东等地区的 REITs 试点将主要投向保障性住房建设，但是试点工作均未真正开始。北京将以政府持有的廉租房、公租房资产和房租收益委托设立房地产信托，在银行间债券市场发行受益券的方式进行融资；天津版 REITs 试点方案或仍采取"以售养租"的政府补贴方式；上海杨浦区已经开始通过海通证券房地产信托基金进行试点；广东省政府印发《关于加快发展公共租赁住房的实施意见》，提到要积极创造条件支持以开展政府出资与社会筹资相结合的公共租

---

[1] 中国科学院大学中国产业研究中心、中国科学院预测科学研究中心：《2014 中国房地产市场回顾与展望》，科学出版社 2014 年版，第 120 ~ 123 页。

赁住房股权信托基金融资试点，探索运用房地产投资信托基金加快推进公共租赁住房建设等。

第七节　住房抵押贷款资产证券化

一、资产证券化的概念及发展历史

（一）资产证券化和住房抵押贷款证券化的概念

资产证券化是指将缺乏流动性，但具有未来的现金流的资产进行组合组成资产池，对该资产池产生的现金流进行结构性重组，并以该现金流为支撑发行在资本市场上可以流通的证券，从而实现金融互通的过程。[1]

《信贷资产证券化试点管理办法》第 2 条规定，信贷资产证券化是银行业金融机构作为发起机构，将信贷资产信托给受托机构，由受托机构以资产支持证券的形式向投资机构发行受益证券，以该财产所产生的现金支付资产支持证券收益的结构性融资活动。

资产证券化是一种金融创新。可以进行证券化的资产包括银行的不良资产、银行的住房抵押贷款、特许收入、信用卡应收款等。住房抵押贷款是最为常见，也最重要的可证券化资产。因此，所谓的住房抵押贷款证券化，就是把金融机构发放的住房抵押贷款转化为抵押贷款证券（主要是债券），然后通过在资本市场上将这些证券出售给市场投资者，以融通资金，并使住房贷款的风险分散为众多投资者承担。

证券化资产按照资产证券化历史发展的过程可以分为两大类：一是按揭资产；二是非按揭银行信用和非银行信用资产，主要包括银行的商业贷款和企业之间的商业信用。在美国前者被习惯称为按揭证券化（Mortgage Backed Securities，MBS），后者被称为资产证券化（Asset Backed Securities，ABS）。[2]

（二）资产证券化的发展历程

20 世纪 60 年代在美国兴起的房地产投资信托（REIT）是资产证券化的最早萌芽，其后经历了迅速发展、衰落、复苏、稳定发展的过程。1960 年，美国国会在内地税则中批准了房地产投资信托业务，其目的是使投资大众分享不动产投资收益，避免财团垄断；同时建立起房地产资本市场，使房地产市场与资本市场有效地融合。此后，日本、英国等国家争相效仿。

住房抵押贷款证券化在美国发展的标志性立法，是 1968 年美国国会通过的《住

---

〔1〕　王小莉：《信贷资产证券化法律制度》，法律出版社 2007 年版，第 1 页。
〔2〕　王小莉：《信贷资产证券化法律制度》，法律出版社 2007 年版，第 6~7 页。

宅与城市发展法》（Housing and Urban Development Act），该法授予政府国民按揭协会（The Government National Mortgage Association）有权购买及收集住房抵押贷款，并且有权出售由这些抵押贷款组合的股份给公共投资者。在此前已有另外两家政府投资机构开始从事按揭的证券化业务，一家是联邦国民按揭协会（The Federal National Mortgage Association，中文名为房利美），另一家是联邦住房贷款按揭公司（The Federal House Loan Mortgage Corporation，中文名为房地美）。1970 年美国国会又通过了《紧急住宅融资法》（Emergency Housing Financing Act），美国房地产抵押贷款证券化制度不断健全，债券品种增多。1977 年，美国银行（Bank of America）作为第一家私营机构向公众投资者发行了由传统按揭组合支持的证券。1988 年，美国通过公募和私募方式进行的证券化的交易额已超过 4800 亿美元。1992 年，美国住房抵押市场上的债券规模达到 1.4 万亿美元，成为仅次于美国国债的第二债券。

住房抵押证券化在美国发源后，很快传播到世界各地，在亚洲，日本是住房抵押证券化发行最多的国家。而我国的香港和台湾地区都制定了专门的法律规制，规范住房抵押证券化活动。

2014 年 9 月 29 日中国人民银行、银监会下发了《关于进一步做好住房金融服务工作的通知》，鼓励银行业金融机构通过发行住房抵押贷款支持证券（MBS）、发行期限较长的专项金融债券等多种措施筹集资金，专门用于增加首套普通自住房和改善型普通自住房贷款投放。银行业金融机构在防范风险的前提下，合理配置信贷资源，支持资质良好、诚信经营的房地产企业开发建设普通商品住房，积极支持有市场前景的在建、续建项目的合理融资需求。扩大市场化融资渠道，支持符合条件的房地产企业在银行间债券市场发行债务融资工具。积极稳妥开展房地产投资信托基金（REITs）试点。

我国目前 MBS 与 ABS 的现实比较如下表所示[1]

	MBS	ABS
监管主体	中国人民银行和银监会	证监会
产品发行依据	《信贷资产证券化试点管理办法》等	《证券公司客户资产管理业务管理办法》等
SPV	信托计划	专项资产管理计划

---

[1] 刘大志：《房地产企业融资：业务匹配、金融支持与策略调整》，中山大学出版社 2012 年版，第 149 页。

续表

	MBS	ABS
资产类型	信贷资产	各类能产生稳定现金流的财产权利，包括债权和收益权
原始受益人	银行等金融机构	各类机构（也可以包括银行）
流动性市场	银行间市场	交易所大宗交易系统

二、资产证券化的操作流程及住房抵押贷款证券化的流程

（一）资产证券化的操作流程

确定可以进行资产证券化的资产（例如住房抵押贷款、汽车抵押贷款、不良贷款、特许收入等）——设立特殊目的机构（Special Purpose Vehicle，简称 SPV）——将拟证券化的资产真实地出售给特殊目的机构（SPV），将资产汇集成为资产池——对资产池中的资产进行信用评级和增级——特殊目的机构（SPV）通过投资银行发售证券。

在这一流程中，涉及多方面的参与机构。除了政府审批和监管部门，主要有原始受益人，亦即设立 SPV 的委托方，通常是银行或拥有基础资产的企业；SPV，负有实现资产真实出售和破产隔离的职能，也是证券化产品的发行人，通常由信托公司或有限合伙企业担当；信用提升机构通过担保、保险，提升信用等级，这类机构通常由保险公司、银行、政府支持机构等担当；流动性提供机构，主要为 SPV 提供流动性支持，主要由银行担当；资产服务机构，负责基础资产的处置、回购等，主要由原始权益人或专业资产服务公司担当；评级机构，对拟发行证券化产品出具信用评级报告，主要由专门的评级公司担当；律师则负责起草证券化产品发行文件和相关法律合同，协助解决法律结构问题。

（二）住房抵押贷款证券化的流程

国外住房抵押贷款证券化的操作分为欧美型和日本信托型。

1. 欧美型住房抵押贷款证券化的操作程序：资产特定化与证券化设计——信用增级——证券发行和交易。

2. 日本信托型住房抵押贷款证券化的操作流程：资产特定化与信托转移——信托财产的证券化——受益证券的偿付。

三、我国发展住房抵押贷款证券化的必要性

（一）分散金融机构发放住房抵押贷款的风险

从我国金融机构所发放的住房抵押贷款的期限来看，一般为 10 年以上，最长可达 20 年。贷款期限越长则贷款风险越大，随着房地产市场的调整、消费需求的变化，

甚至是人口结构的变化等都会影响到贷款的全额回收问题。因此，通过住房抵押贷款证券化，金融机构可以出售住房抵押贷款资产，提前收回贷款，降低风险。

（二）扩大金融机构住房贷款的资金来源

据统计，2014年我国金融机构的个人住房贷款总额已经达到10万亿元，但这些资产存放在银行缺乏流动性，银行无法从这些资产中回收资金来发放新的贷款。如果这些住房抵押贷款总额的一半进行证券化，银行将可以回收4万亿~5万亿的资金，相当于市场获得相应的流动性。这对于银行、企业和个人来说是多方共赢。

（三）增加证券市场的投资工具

住房抵押贷款债券作为一种风险介于国债和企业债券之间的金额投资品种，其收益高于国债而信用评级却高于企业债券。如果能够大力发展住房抵押贷款证券化可以为投资者提供了风险相对较低而收益相对较高的债券投资途径，也为我国证券市场提供新的交易品种，有利于活跃债券交易。

（四）支持保障性住房的建设

我国在保障性住房建设的投入方面主要是国家财政资金，由于保障性住房资金投入大、回收期长、经济效益低，目前已面临资金短缺的瓶颈。纵观国外的情况，很多是通过金融市场来筹集保障性住房的建设资金。在美国，住房抵押贷款证券化在完成利率市场化之后快速发展，MBS余额从1980年的111亿美元大幅增长至2007年的9.3万亿美元，同期住房抵押贷款的资产证券化率也从7.6%上升至64%，极大推动了美国住房市场的发展并解决了中低收入家庭的住房困难问题。在2014年9月29日中国人民银行、银监会下发的《关于进一步做好住房金融服务工作的通知》中，提出加大对保障性安居工程建设的金融支持，鼓励银行业金融机构按照风险可控、财务可持续的原则，积极支持符合信贷条件的棚户区改造和保障房建设项目。对公共租赁住房和棚户区改造的贷款期限可延长至不超过25年。进一步发挥开发性金融对棚户区改造支持作用；对地方政府统筹规划棚户区改造安置房、公共租赁住房和普通商品房建设的安排，纳入开发性金融支持范围，提高资金使用效率。

四、完善住房抵押贷款证券化的法律制度

总结现有的相关制度，我国发展住房抵押贷款证券化面临着以下困境：

（一）立法缺位

目前我国住房抵押贷款证券化的相关法律规定主要有：2005年4月20日中国人民银行、银监会发布的《信贷资产证券化试点管理办法》、2005年4月27日中国人民银行发布的《全国银行间债券市场金融债券发行管理办法》、2000年4月30日中国人民银行发布的《全国银行间债券市场债券交易管理办法》、2005年6月13日中国人民银行发布的《资产支持证券信息披露规则》、2005年11月7日银监会发布的

《金融机构信贷资产证券化监督管理办法》、2006 年 2 月 20 日财政部、国家税务总局发布的《关于信贷资产证券化有关税收政策问题的通知》等，这些规定主要是中国人民银行、银监会、财政部和国家税务总局的部门规章或文件规定，法律位阶较低，无法适应住房抵押证券化的发展要求，更无法为资产证券化提供充分的法律依据。

（二）监管错位

住房抵押贷款证券化涉及金融机构、特殊目的机构、信用评级机构、投资银行等诸多部门，从目前我国对住房抵押贷款证券化的监管机构来看，有人民银行、银监会、证监会等部门，到底是以谁为主还是联合进行监管？并无定论。而且，目前存在着监管的交叉和错位，这也不利于我国住房抵押贷款证券化的健康发展。

（三）信用增级的问题

住房抵押贷款证券化的信用增级分为内部信用增级和外部信用增级，内部信用增级是由发起人自己完成的，主要包括保留直接追索权、资产储备和超额抵押等方法，外部信用增级主要是由第三方为住房抵押贷款支持证券提供金融担保，从而增加住房抵押贷款支持证券的信用等级。专家建议我国可以组建一个或几个有政府背景的住房抵押贷款担保机构，一方面可以推进住房抵押贷款证券化，另一方面也能够给商业银行开展住房贷款业务提供源源不断的资金。但是由于我国担保法明确禁止国家充当担保人，因此，目前由政府对住房抵押贷款证券化直接提供信用增级是有困难的，需要对相关法律进行一定的修改或者解释。[1]

（四）税收与会计的问题

财政部、国家税务总局发布的《关于信贷资产证券化有关税收政策问题的通知》中对住房抵押证券化过程中涉及的印花税、营业税和所得税进行了规定。而财政部2005 年 5 月 16 日发布的《信贷资产证券化试点会计处理规定》对发起机构、特殊目的信托、受托机构、资金保管机构、贷款服务机构、投资机构的会计问题都作出了规定，但 2011 年 2 月 21 日，财政部又废止了《信贷资产证券化试点会计处理规定》。目前，还未见有新规定出台。如果住房抵押贷款证券化相关的会计制度不完善，势必影响到税收的核算，而税收障碍也会阻滞住房抵押贷款证券化的正常发展。

---

〔1〕 王小莉：《信贷资产证券化法律制度》，法律出版社 2007 年版，第 160 页。

第十二章

房地产价格法律制度

价格是价值的货币表现形式，在商品经济当中的作用是至关重要的，它是反映市场供求关系和资源配置状况的基本信号。市场正常运行需要供求机制、竞争机制、激励机制、价格机制、风险机制等共同发挥作用，其中价格机制是市场运行的核心。

在存在价格失灵的情况下，政府可以对价格进行适度干预，政府对价格的干预主要从价格形成、价格运行、价格宏观调控等方面进行干预。

第一节 我国《价格法》的发展及房价构成

一、我国《价格法》的发展

自新中国成立以来，我国由于实行计划经济，对一切产品都实行国家按计划生产和分配，各种商品和服务的价格也由国家统一制定，因此，价格无法反映供求关系和对社会资源进行有效配置。1979 年开始，我国便对价格体制进行改革，改革的目标也就是要充分发挥价格的信号作用。伴随着价格改革，我国制定了一系列法律法规，主要有：1982 年 8 月 6 日国务院通过的《物价管理暂行条例》、1987 年 9 月 11 日国务院颁布的《价格管理条例》和 1997 年 12 月 29 日全国人大常委会通过的《价格法》。

不可否认，自《价格法》颁布实施以来，对我国社会主义市场经济经济的健康发展起到了积极的推动作用，广大消费者也能从中获益，并且增强了一般民众的民主意识和法治观念。例如，对火车春运提价的质疑和随之进行的价格听证会，终于导致自 2002 年以来实行的火车春运票价浮动制度于 2007 年开始停止实行。又如，民众对广州洛溪大桥的收费期限提出质疑（包括人大代表的提案），引发社会对路桥收费问题的关注，也最终导致洛溪大桥的收费如期停止，从而提高了民众的参政意识和法制观念。

对于价格法的经济法属性，学界基本上没有异议，但对于价格法属于经济法当中的市场监管法还是宏观调控法颇有争议。即应规范经营者的价格竞争行为还是应从宏观调控的角度来规范企业的经营行为？经济法学界有认为其属于宏观调控法的组成部分，也有的学者认为其属于市场规制的内容，甚至还认为价格法是经济法中跨市场规制法和宏观调控法的子部门法。[1]

从政府对价格的干预形式来看，对价格形成和价格运行的干预属于市场监管法的内容，对价格的宏观调控的干预则属于宏观调控法的内容。出于研究的需要，本书暂且将政府对房地产价格的干预列入房地产宏观调控法的内容进行分析。

二、房价的构成要素

有研究者提出，房地产价格可分解为：土地出让金、建筑安装费用、期间费用（包括财务费用、销售费用和管理费用）、税收和利润。根据《中国统计年鉴2010》的统计数据，按全国平均水平来计算，土地出让金占房价的13.2%，建筑安装工程费占66.8%，期间费用占7.3%，利润占8.6%，税收占1.8%，应付职工各项费用占2.3%。[2]

也有研究者认为，住房价格由两部分组成，即土地价格和房屋价格。二者相互联系、相互影响，共同形成一个有机整体。从构成来看，住宅商品房价格一般包括土地开发费、房屋开发费、各种配套费及税费、开发商利润等组成。[3]

以上所提到的房地产价格仅仅是房地产的成本，现实中的房地产价格受到成本因素、经济因素、社会因素、政府行为、供求关系等多方面的影响。

有研究者指出，土地成本高的城市房价也高；居民的工资收入越高，对房屋的需求越高，从而推动房价上涨；规模越大的城市其人口密度也越高，也是导致房价上涨的因素之一；经济适用房建设水平对商品房价格影响尚未观察到。[4]

三、政府对城市房地产交易价格的管理

1994年12月1日原国家计委制定了《城市房产交易价格管理暂行办法》，其第4条规定，国家对房产交易价格实行直接管理与间接管理相结合的原则，建立主要由市场形成价格的机制。保护正当的价格竞争，禁止垄断、哄抬价格。第5条规定，房产交易价格及经营性服务收费，根据不同情况分别实行政府定价和市场调节价。向居民出售的新建普通商品住宅价格、拆迁补偿房屋价格及房产交易市场的重要的经

---

〔1〕 肖江平：《中国经济法学史研究》，人民法院出版社2003年版，第451页。

〔2〕 樊明等：《房地产买卖行为与房地产政策》，社会科学文献出版社2012年版，第128~129页。

〔3〕 张农科编：《政府住房价格干预理论研究》，中国经济出版社2012年出版，第5页。

〔4〕 樊明等：《房地产买卖行为与房地产政策》，社会科学文献出版社2012年版，第135页。

营性服务收费实行政府定价。房产管理部门统一经营管理的工商用房租金，由当地人民政府根据本地实际情况确定价格管理形式。其他各类房屋的买卖、租赁价格，房屋的抵押、典当价格及房产交易市场的其他经营性服务收费实行市场调节。

虽然，该暂行办法还规定实行政府定价的房产交易价格和经营性服务收费，由政府价格主管部门会同有关部门按照价格管理权限制定和调整，实行政府定价的房产交易价格和经营性服务收费，政府价格主管部门应根据房屋价值、服务费用、市场供求变化及国家政策要求合理制定和调整。对实行市场调节的房产交易价格，城市人民政府可依据新建商品房基准价格、各类房屋重置价格或其所公布的市场参考价格进行间接调控和引导。必要时，也可实行最高或最低限价。但是，在实践中，政府已对所有的新建普通商品住宅实行全面放开政策，甚至也没有按照市场调节的价格来进行间接调控和引导，换句话说，并没有将《价格法》的相关规定落到实处。这是房地产价格监管方面存在的问题，下面我们再来探讨政府对房价的调控。

第二节　政府对房价的调控问题

一、政府对房价调控的实践

自 2003 年开始，我国的房地产市场开始出现持续发展过热的趋势，尤其是北京、上海、广州、深圳等大城市房价持续攀升，房价上涨过快，很多年轻人和工薪阶层都相继变成"房奴"，民众对这些地方的房价感到不满。在这种背景下，2005 年 5 月 9 日，国务院办公厅下发"国八条"，"国八条"出台后，北京、上海、广州等一些大城市的房地产价格持续上涨的趋势并没有得到有效的遏制，市场以实际行动宣告"国八条"沦为"空调"。

接下来的"国六条"、"新国十条"、"新国八条"，也都没有产生有效控制房价的预期效果。

2013 年 2 月 20 日的"新国五条"规定稳定房价工作责任制。各直辖市、计划单列市和除拉萨外的省会城市要按照保持房价基本稳定的原则，制定并公布年度新建商品住房价格控制目标。建立健全稳定房价工作的考核问责制度。

从最近十年我国对房地产宏观调控的实践来看，基本上是围绕着"房价"这个中心来展开的，但收效甚微，甚至是越调越涨。

二、政府适度干预房价的建议

政府为了弥补市场价格机制的失灵，防止房地产经济过热，提高资源配置效率和维护公平竞争的环境，需要对房地产价格进行适度干预，但应依法进行。

有研究者指出，在我国中央和上海市地方政府的宏观调控实践中，金融政策、财政政策、土地政策成为房地产宏观调控的三大手段。另外，房地产就业政策、行政手段等在短期内对房地产的发展及其价格波动起到不可忽视的作用。[1]还有提出促进房价回调的政策建议：①建立住房租赁管理体系是许多后高房价时代大都市政府的当务之急；②规范房地产信贷市场，严格按揭贷款发放；③强化土地资源管理，改革土地出让制度；④建立完善的房地产信息系统，提高信息透明度；⑤调整房地产税收制度，有效抑制投机需求；⑥拓宽投资渠道，合理引导投资行为；⑦加快保障性住房建设，加大规划控制力度。[2]

从法律的角度进行考察，政府干预房价至少要从以下几方面进行考虑：

1. 干预的类型。是金融类型的干预、税务类型，还是价格类型？不同类型的干预应该适用不同的法律规制。

2. 干预的条件。法律应明确规定政府启动干预的条件，最好预设一些具体的指标或指标体系。笔者认为应改变以前粗放式管理的局面，尽量引用一些量化的指标。例如，衡量房价是否处于正常的运行区间，是否需要启动房价调控可以参考房价收入比、房屋空置率、房地产开发投资与全社会固定资产投资的比例、房地产价格增长率与 GDP 增长率的比例、房地产投资占 GDP 的比例、房地产价格增长率与 CPI 增长率等比例情况。

（1）房价收入比。根据世界银行的标准，一般认为发展中国家合理的房价收入比在 3～6 倍。

（2）房屋空置率。发展中国家的商品房空置率应控制在 4%～5%。

（3）房地产开发投资与全社会固定资产投资的比例。该比例最好保持在 10% 左右。

（4）房地产价格增长率与 GDP 增长率的比例。一般认为，如果房地产价格增长率不超过 GDP 的增长率，则房价增长还是处于健康的状态，如果大于 2 倍则表明房地产市场存在较大泡沫。

（5）房地产投资占 GDP 的比例。一般认为该比例处于 3%～8% 为合理区间。

（6）房地产价格增长率与 CPI 增长率的比例。通常认为，房地产价格增长率超过 10%，并且房地产价格增长率与 CPI 增长率的比率超过 4 倍时，就可以判断房地产市场已经出现泡沫了。

3. 干预的程序。笔者认为房地产宏观调控或者说是房价的调控应属于政府的重大决策，应遵循政府作出重大决策的程序性规定。

---

〔1〕 张农科编：《政府住房价格干预理论研究》，中国经济出版社 2012 年出版，第 110 页。

〔2〕 施继元等：《房奴、房价及其治理：国际经验和中国道路》，上海财经大学出版社 2011 年版，第 90～92 页。

第十三章

房地产税费法律制度

　　房地产业涉及房产、地产的开发、经营、管理和服务，是经济发展的基础产业、先导产业，同时亦是国民经济的支柱产业之一。在市场经济条件下，房地产业又是一种高附加值产业，是市场经济主体良好的投资对象。房地产不仅是一种重要的生产要素，也是城市居民生活的必需品。建立和健全房地产税费制度，可以有效地防止国有土地收益的流失，为国家财政开辟重要来源，保障房地产市场健康有序地发展。

　　我国房地产税费制度是随着经济的发展而逐渐确立和完善的。1950年1月，政务院颁布《全国税政实施要则》，统一全国税收，对房产税、地产税和印花税实行分开征收。1951年8月，国务院颁布了《城市房地产税暂行条例》，将房产税和地产税合二为一在城市中合并征收，统称为城市房地产税。从1950年直至1956年，我国征收的有关房地产的不动产税只有两种，即房地产增值税和印花税。1956年我国完成对生产资料的社会主义改造，按照"基本上在原有税负的基础上简化税制"的方针对工商税业收制度进行了改革，除统一征收城市房地产税外又设立了房地产契税。1973年进一步变革工商税制度，把对国内企业征收的房地产税合并到工商税中统一征收，而城市房地产税只对管理部门和个人，以及外侨征收。党的十一届三中全会后，国家对税制进行了全面改革，一方面改革工商税收制度和农业税收制度。另一方面着重抓国有企业利改税，以法治税，逐步建立一套具有中国特色的税收体系和税法制度，房地产也逐步地予以完善。1984年10月，国务院决定对国有企业实行第二步利改税，恢复征收房地产税，并正式将房地产税从城市房地产税中划分出来，更名为房产税和城镇土地使用税，确立一个单独的新税种，即把城市房地产税分为房产税和城镇土地使用税两种。1986年9月，国务院颁布了《房产税暂行条例》，规定房产税征收范围为城市、县城、建制镇和工矿区，并规定了具体征收办法。国务院于1987年颁布了《耕地占用税条例》。为了贯彻产业政策，1991年国务院颁布了

《固定资产投资方向调节税暂行条例》（2013 年 1 月 1 日起废止），废止了《建筑税暂行条例》，并改革城市维护建设税和调整城镇土地使用税，计划把城市维护建设扩大到城乡并更名为城乡维护建设税，同时计划适当提高土地使用税的税额。1990 年以后的税制改革中，房地产税收中又增设了土地增值税和土地使用权转让及建筑物出售营业税。至此，我国房地产税费制度逐成规模、渐成体系。房地产税费制度的改革与完善，对优化组合和合理配置土地资源，充分发挥国有土地资源的效益，防止国有土地收益的流失，改善投资环境，抑制房地产投机炒卖，以及增加国家财政收入等方面都具有重要的意义。

第一节　房地产税收法律制度概述

一、房地产税概述

税收是国家为了实现其职能，依照税法规定，凭借国家的政治权力参与国民收入的分配和再分配，取得财政收入的一种形式，具有强制性、无偿性和固定性的特征。房地产税是指以房产和地产为课税客体的税赋，具体而言，是指直接以房地产为计税依据或主要以房地产开发经营流转行为为计税依据的税赋。房地产税收是国家税务机关或其委托的机关向纳税人征收房地产税的行为。

房地产税作为国家的重要税源之一，对国民经济和社会发展发挥着举足轻重的作用：

1. 财政职能。这是包括房地产税在内的整个税收制度的首要职能。审视政府取得财政收入的诸多方式，税收以其强制性、无偿性和固定性的特点而成为其中最直接、最稳定和最有效的手段，是当前各国财政收入的支柱。而房地产税以不动产作为课税对象，无疑又成为重中之重。

2. 经济职能。作为国家在国民经济管理过程中进行宏观调控的一种经济杠杆，税收可以通过规定采取重税、轻税或适度征税等方式影响和改变各纳税人之间，以及各纳税地区之间的收入分配的比例和格局。具体到房地产税收上，就是合理调节房地产法律关系各方主体的经济利益，加强国家对房地产市场的宏观调控，完善房地产开发与经营机制，引导资金流向，优化产业结构，发挥房地产业在国民经济中的龙头作用。

3. 监督职能。一方面，房地产税收要发挥以上功能，就必须掌握和了解相关情况，对社会经济生活进行广泛而有效的监督。而房地产税收的指数与变动情况正好能为国家宏观调控决策收集必要的信息，提供充分的依据。另一方面，国家通过与房地产税收相照应配套的税收法制督促纳税人依法及时足额地纳税，同时制裁惩戒各种违法行为。

二、我国现行的房地产税收制度

根据我国现行税制，房地产企业在开发和经营中涉及的主要有十三个税和一个费，包括：营业税、增值税、城建税、教育费附加、企业所得税、个人所得税、土地增值税、城镇土地使用税、房产税、车船税、印花税、契税、车辆购置税、耕地占用税等。

以房地产开发企业为例，房地产企业在开发与经营中大致涉及四个环节：①公司设立环节，主要税种有：契税、土地增值税、印花税等。②房地产开发建设环节，主要税种有：耕地占用税、城镇土地使用税、营业税、增值税、城建税、教育费附加、印花税等。③房地产销售环节，主要税种有：营业税、城建税、教育费附加、印花税、土地增值税、企业所得税、个人所得税等。④房地产使用环节，主要税种有：营业税、城建税、教育费附加、印花税、房产税、城镇土地使用、企业所得税、个人所得税等。

按照征税客体性质的不同，可将房地产税收划分为流转税（包括营业税、城市维护建设税和土地增值税）、所得税（包括企业所得税和个人所得税）、财产税（包括房产税、契税、城镇土地使用税、耕地占用税）和行为税（包括印花税）四类。本书根据征税客体进行探讨。

第二节　房地产流转税

房地产流转税是以房地产流转额为征税对象课征的一种税赋，主要包括营业税、土地增值税和城市维护建设税三种。

一、土地使用权转让及建筑物销售营业税

土地使用权转让及建筑物销售营业税是对在中华人民共和国境内转让土地使用权或者销售不动产的单位和个人，就其营业额按率计征的一种税，征收土地使用权转让及建筑物销售营业税的根据是国务院 1993 年 12 月 13 日颁布、2008 年 11 月 10 日修订的《营业税暂行条例》，以及财政部 1993 年 12 月 25 日发布、2008 年 12 月 15 日和 2011 年 10 月 28 日修订的《营业税暂行条例实施细则》，依据以上规定，土地使用权转让及不动产销售营业税的主要内容是：

1. 纳税主体。土地使用权转让及不动产销售营业税的纳税主体为在中国境内转让土地使用权或者销售不动产的单位和个人。转让土地使用权或者销售不动产是指

有偿转让土地使用权或者有偿转让不动产所有权的行为。《营业税暂行条例实施细则》第5条规定,纳税人有下列情形之一的,视同发生应税行为:①单位或者个人将不动产或者土地使用权无偿赠送其他单位或者个人;②单位或者个人自己新建(以下简称自建)建筑物后销售,其所发生的自建行为;③财政部、国家税务总局规定的其他情形。

2. 征税对象和计税依据。土地使用权转让及不动产销售营业税的征税对象是转让土地使用权或者销售不动产的营业额,包括纳税人向对方收取的全部价款和一切价外费用(包括向对方收取的手续费、基金、集资费、代收款项、代垫款项及其他各种性质的价外收费)。计税依据是计算应纳营业税税额的法定收入额,分为两种情况:①全税计税依据。即营业税以营业收入额为计税依据,包括纳税人向对方收取的全部价款和一切价外费用,不得从中扣除任何成本和费用。②以税务机关核定的营业额为计税依据。针对纳税人转让土地使用权或销售不动产、个人自建建筑后销售价格偏低而无正当理由的,以及单位将不动产无偿赠与他人的,由主管税务机关按下列顺序核定其营业额:一是按纳税人当月销售的同类不动产的平均价格核定;二是按纳税人最近时期销售的同类不动产的平均价格核定;三是按下列公式核定计税价格:

计税价格 = 营业成本或工程成本 × (1 + 成本利润率) / (1 - 营业税率)

公式中的成本利润率,由省、自治区、直辖市人民政府所属税务机关核定。

3. 税率。土地使用权转让及不动产销售营业税税率是比例税率,均为5%,但是土地所有者出让土地使用权和土地使用者将土地使用权归还给土地所有者的行为,不征收营业税;在销售不动产时连同不动产所占用土地的使用权一并转让的行为,比照销售不动产征税;以不动产投资入股,参与接受投资方利润分配,共同承担投资风险行为,不征营业税,但转让该项股权的是例外。

4. 纳税期限和纳税地点。土地使用权转让及不动产销售营业税纳税义务发生的时间是纳税人收讫营业收入款项和索取营业收入款项凭据的当天,并且:①纳税人转让土地使用权或销售不动产,采用预收款方式的,其纳税义务发生时间为收到预收款的当天。②纳税人发生自建行为的,其自建行为的纳税义务发生时间为其销售自建建筑物并收取营业额或索取营业额凭据的当天。③纳税人将不动产无偿赠与他人,其纳税义务发生的时间为不动产所有权转移的当天。土地使用权转让及不动产销售营业税纳税期限分别为5日、10日、15日、1个月或者1个季度。纳税人的具体纳税期限,由主管税务机关根据纳税人应纳税额的大小分别核定;不能按照固定期限纳税的,可以按次纳税。纳税人以1个月或者1个季度为一个纳税期的,自期满之日起15日内申报纳税;以5日、10日或者15日为一个纳税期的,自期满之日起5日内预缴税款,于次月1日起15日内申报纳税并结清上月应纳税款。土地使用权转让及不动产销售营业税纳地点是：①纳税人转让土地使用权，应当向土地所在地主管税务机关申报纳税。②纳税人销售不动产，应当向不动产所在地主管税务机关申报纳税。

5. 1999 年自今个人住房转让营业税的政策变化。根据财政部、国家税务总局 1999 年 7 月发布的《关于调整房地产市场若干税收政策的通知》（财税字［1999］210 号）精神，具有下列情形之一的自通知发布之日起减免营业税：①对个人购买并居住超过 1 年的普通住宅，销售时免征营业税。个人购买并居住不足 1 年的普通住宅，销售时营业税按销售价减去购入原价后的差额计征。②个人自建自用住房，销售时免征营业税。③对企业、行政事业单位按房改成本价、标准价出售住房的收入，暂免征收营业税。④1998 年 6 月 30 日以前建成的至今尚未售出的积压商品房其销售时应缴纳的营业税在 2000 年底前予以免税优惠。⑤对出售有住房并拟在现住房售后 1 年内按市场价重新购房的纳税人，可以视其重新购房的价值全部或部分免税。

2006 年 5 月 24 日国务院办公厅转发建设部等 9 部门的《关于调整住房供应结构稳定住房价格的意见》，从 2006 年 6 月 1 日起，对购买住房不足 5 年转手交易的，销售时按其取得的售房收入全额征收营业税；个人购买普通住房超过 5 年（含 5 年）转手交易的，销售时免征营业税；个人购买非普通住房超过 5 年（含 5 年）转手交易的，销售时按其售房收入减去购买房屋的价款后的差额征收营业税。

2008 年 12 月 29 日，财政部、国家税务总局发布了《关于个人住房转让营业税政策的通知》，规定自 2009 年 1 月 1 日～12 月 31 日，个人将购买不足 2 年的非普通住房对外销售的，全额征收营业税；个人将购买超过 2 年（含 2 年）的非普通住房或者不足 2 年的普通住房对外销售的，按照其销售收入减去购买房屋的价款后的差额征收营业税；个人将购买超过 2 年（含 2 年）的普通住房对外销售的，免征营业税。

2009 年 12 月 22 日，财政部、国家税务总局发布了《关于调整个人住房转让营业税政策的通知》，规定自 2010 年 1 月 1 日起，个人将购买不足 5 年的非普通住房对外销售的，全额征收营业税；个人将购买超过 5 年（含 5 年）的非普通住房或者不足 5 年的普通住房对外销售的，按照其销售收入减去购买房屋的价款后的差额征收营业税；个人将购买超过 5 年（含 5 年）的普通住房对外销售的，免征营业税。

2011 年 1 月 27 日，财政部、国家税务总局修订了《关于调整个人住房转让营业税政策的通知》，规定自 2011 年 1 月 27 日起，个人将购买不足 5 年的住房对外销售的，全额征收营业税；个人将购买超过 5 年（含 5 年）的非普通住房对外销售的，按照其销售收入减去购买房屋的价款后的差额征收营业税；个人将购买超过 5 年（含 5 年）的普通住房对外销售的，免征营业税。

2015 年 3 月 30 日，财政部、国家税务总局再次修订了《关于调整个人住房转让营业税政策的通知》，规定自 2015 年 3 月 31 日起，个人将购买不足 2 年的住房对外销售的，全额征收营业税；个人将购买 2 年以上（含 2 年）的非普通住房对外销售的，按照其销售收入减去购买房屋的价款后的差额征收营业税；个人将购买 2 年以上（含 2 年）的普通住房对外销售的，免征营业税。

二、土地增值税

土地增值税是指对转让国有土地使用权、地上建筑物及其附着物并取得收入的单位和个人，就其所得的增值额计征的一种税赋。征收此税的法律依据是国务院 1993 年 12 月 13 日颁布、2011 年 1 月 8 日修订的《土地增值税条例》和 1995 年 1 月 27 日财政部颁布的《土地增值税条例实施细则》。土地增值税的主要纳税要素有：

1. 纳税主体。凡转让国有土地使用权及其地上建筑物和附着物并取得收入的单位和个人，都是土地增值税的纳税义务人，但是通过继承、赠与等方式没有取得营利到收入的转让行为不在征税之列。

2. 计税依据。土地增值税的计税依据是纳税人转让房地产所得的增值额。所谓"增值额"，是指纳税人转让房地产的收入（包括货币收入、实物收入和其他收入）减除税法所规定扣除项目后的余额。计算增值额的扣除项目有：

（1）取得土地使用权所支付的金额，即纳税人为取得土地使用权所支付的地价款和按国家统一规定交纳的有关费用。

（2）开发土地和新建房屋及配套设施的成本和费用，或者旧房及建筑物的评估价格。其中"成本"指纳税人房地产开发项目实际发生的成本，包括土地征收及拆迁补偿费、前期工程费，建筑安装工程费、基础设施费、公共配套设施费和开发间接费用。"费用"是指与房地产开发项目有关的销售费用、管理费用和财务费用。旧房及建筑物的评估价格是指在转让已经使用的房屋及建筑物时，由政府批准设立的房地产评估机构评定的重置成本价乘以成新度折扣率后的价格。此价格须经当地税务机关确定。

（3）与转让房地产有关的税金。这是指在转让房地产时缴纳的营业税、城市维护建设税和印花税。因转让房地产交纳的教育费附加，也可视同税金予以扣除。

（4）财政部规定的其他扣除项目。根据此条规定，对从事房地产开发的纳税人可按取得土地使用权支付的金额和开发土地、新建房屋及配套设施的成本之和，加计 20% 的扣除。

此外，对纳税人有下列情形之一的，由税务机关按照房地产评估价格计征：①隐瞒、虚报房地产成交价格的；②提供扣除项目金额不实的；③转让房地产成交价格低于房地产评估价格又无正当理由的。

3. 税率。土地增值税实行四级超率累进税率：①增值额未超过扣除项目金额 50%

的部分，税率为 30%；②增值额超过扣除项目金额 50%、未超过扣除项目金额 100% 的部分，税率为 40%；③增值额超过扣除项目金额 100%、未超过扣除项目金额 200% 的部分，税率为 50%；④增值额超过扣除项目金额 200% 的部分，税率为 60%。

4. 纳税期限和纳税地点。纳税人应当自转让房地产合同签订之日起 7 日内向房地产所在地主管税务机关办理纳税申报，并在税务机关核定的期限内缴纳土地增值税。土地增值税由税务机关征收，土地管理部门、房产管理部门应当向税务机关提供有关资料，并协助税务机关依法征收土地增值税。纳税人未按规定缴纳土地增值税的，土地管理部门、房产管理部门不得办理有关的权属变更手续。纳税人因经常发生房地产转让而难以在每次转让后申报的，经税务机关审核同意后，可以定期进行纳税申报，具体期限由税务机关依情况确定。

5. 减税免税。下列情况免征土地增值税：①纳税人建造普通标准住宅出售，增值额未超过扣除项目 20% 金额的。②因国家建设需要，依法征收、收回的房地产的。③因城市实施规划，国家建设的需要而搬迁，由纳税人自行转让房地产的。④个人因工作调动或改善居住条件而转让原自用住房，经向税务机关申报核准，凡居住满 5 年的，免予征收土地增值税，居住满 3 年未满 5 年的，减半征收土地增值税。居住未满 3 年的，按规定计征土地增值税。⑤对居民个人拥有的普通住宅（根据财政部、国家税务总局〔2006〕21 号《关于土地增值税若干问题的通知》，"普通住宅"或"普通标准住宅"是按各省、自治区、直辖市人民政府根据《国务院办公厅转发建设部等部门关于做好稳定住房价格工作意见的通知》（国发〔2005〕26 号）制定并对社会公布的"中小套型、中低价位普通住房"的标准执行），其转让时暂免征收土地增值税；财政部、国家税务总局：《关于调整房地产市场若干税收政策的通知》（1999 年 7 月 29 日发布）。⑥1994 年 1 月 1 日以前已签订房地产开发合同或已立项，并已按规定投入资金进行开发的，其在 2000 年底前首次转让所应缴纳的土地增值税暂予免交。1994 年 1 月 1 日前签订的房地产转让合同，不论何时转让均免征土地增值税。财政部、国家税务总局：《关于对 1994 年 1 月 1 日前签订开发及转让合同的房地产免征土地增值税的通知》（1995 年 1 月 17 日发布）和《关于土地增值税优惠政策延期的通知》（1999 年 12 月 24 日发布）。根据财政部、国家税务总局〔2006〕21 号《关于土地增值税若干问题的通知》，要求全国各地税务机关自 2006 年 3 月 2 日起进一步完善土地增值税预征办法，根据本地区房地产业增值水平和市场发展情况，区别普通住房、非普通住房和商用房等不同类型，科学合理地确定预征率，并适时调整。工程项目竣工结算后，应及时进行清算，多退少补。对未按预征规定期限预缴税款的，应根据《税收征管法》及其实施细则的有关规定，从限定的缴纳税款期限届满的次日起，加收滞纳金。对已竣工验收的房地产项目，凡转让的房地产的建筑面积占整个项目可售建筑面积的比例在 85% 以上的，税务机关可以要求纳税人按照转让房地产的收入与扣除项目金额配比的原则，对已转让的房地产进行土地增值税的清算。

三、城市维护建设税

城市维护建设税是对缴纳消费税、增值税、营业税的单位和个人，就其实缴的消费税、增值税、营业税税额为计税依据而征收的一种税赋。征收城市维护建设税的法律依据是国务院于 1985 年 1 月 1 日颁布并实施、2011 年 1 月 8 日修订的《城市维护建设税暂行条例》。城市维护建设税的主要内容是：

1. 纳税主体。凡是缴纳消费税、增值税和营业税的单位和个人，都是城市维护建设税的纳税人。城市维护建设税是缴纳消费税、增值税、营业税的单位和个人，按其实际缴纳的税额的一定比例所征收的一种附加税。

2. 计税依据。城市维护建设税，以纳税人实缴的增值税、营业税、消费税税额为计税依据，分别与增值税、营业税、消费税同时缴纳。

3. 税率。城市维护建设税的税率是比例税率，共有三档：①纳税人所在地在市区的，税率为 7%；②纳税人所在地在县城、镇的，税率为 5%；③纳税人所在地不在市区、县城或镇的，税率为 1%。

4. 纳税期限和纳税地点。城市维护建设税与增值税、消费税、营业税同时征收，其具体纳税环节、征收管理，比照增值税、消费税、营业税的有关规定办理。

5. 减免税与退税。城市维护建设税以实缴的增值税、消费税、营业税同时同地计征，本不应予以减税、免税，但对个别纳税确有困难的，可由省、自治区、直辖区人民政府酌情予以减税、免税照顾。对出口产品退还消费税、增值税的，不退还已缴纳的城市维护建设税；对由于减免增值税、消费税、营业税而发生的退税，同时退还已缴纳的城市维护建设税。城市维护建设税应专款专用，由当地人民政府统一安排用于城市的公用事业和公共设施的维护和建设。

第三节　房地产所得税

房地产所得税是指对纳税人就转让、出租土地使用权和其他不动产的收入所得征收的一种税赋。根据纳税主体的不同，可分为企业所得税和个人所得税。

一、企业所得税

根据 2007 年 3 月 16 日的《企业所得税法》的规定，房地产企业所得税法主要涉及以下几个方面：

1. 纳税主体。在中华人民共和国境内，企业和其他取得收入的组织为企业所得税的纳税人，但个人独资企业、合伙企业不缴纳企业所得税。纳税企业分为居民企业和非居民企业；居民企业，是指依法在中国境内成立，或者依照外国（地区）法律成立但实际管理机构在中国境内的企业；非居民企业，是指依照外国（地区）法律成立且实际管理机构不在中国境内，但在中国境内设立机构、场所的，或者在中国境内未设立机构、场所，但有来源于中国境内所得的企业。

2. 征税对象和计税依据：①租赁所得。其计税依据为纳税人出租土地使用权的其他不动产取得的租金收入。② 转让所得。其计税依据为纳税人有偿转让各类房地产取得的收入。

3. 税率。企业所得税的税率为25%，适用于：居民企业应当就其来源于中国境内、境外的所得缴纳企业所得税，或非居民企业在中国境内设立机构、场所的，应当就其所设机构、场所取得的来源于中国境内的所得，以及发生在中国境外但与其所设机构、场所有实际联系的所得缴纳企业所得税。如果非居民企业在中国境内未设立机构、场所的，或者虽设立机构、场所但取得的所得与其所设机构、场所没有实际联系的，应当就其来源于中国境内的所得缴纳企业所得税，适用税率为20%。

4. 纳税期限和纳税地点。房地产所得税按年计算，分月或分季向所在地主管税务机关预缴，预缴期限为月份或季度终了后15日内。

二、个人所得税

依据2011年6月30日修订的《个人所得税法》及其实施条例，房地产个人所得税法主要涉及以下几个方面：

1. 纳税主体。即取得收入所得的个人。与企业所得税一样，个人所得税的纳税主体也可以分为居民纳税义务人和非居民纳税义务人。居民纳税义务人指在中国境内有住所或者无住所而在境内居住满1年的个人，其承担无限纳税义务，就其从境内和境内取得的有关房地产的所得收入征收个人所得税。非居民纳税义务人是指在中国境内无住所又不居住或者无住所而在境内居住不满1年的个人。其承担有限纳税义务，仅就其从中国境内取得的有关房地产的所得收入征收个人所得税。

2. 征税对象和计税依据：①租赁所得。即指个人出租建筑物、土地使用权的租金收入。每次收入不超过4000元的，其计税依据为每次所得收入减去800元后的余额；每次收入超过4000元的，其计税依据为每次所得收入扣除20%的余额。②转让所得。即指个人转让建筑物及土地使用权的所得收入。其中个人出售自有住房的应纳税所得额，按下列原则确定：其一，个人出售除已购公有住房以外的其他自有住房，其应纳税所得额按个人所得税法的原则确定；其二，个人出售已购公有住房，其应纳税所得额为个人出售公房的销售价减除住房面积标准的经济适用房价款、原支付超过住房面积标准的房价款、向财政或原产权单位交纳的所得收益，以及税法规定的合理费用后的余额；其三，职工以成本价或标准价出资的集资合作住房、安居工程住房、经济适用房、拆迁安置房，比照已购公有住房确定应纳税所得额。

3. 税率。租赁所得和转让所得的个人所得税税率均为 20%。

4. 纳税期限和纳税地点。有关房地产的个人所得税应于每次取得应税所得的 7 日内向所得取得地的税务机关申报缴纳。在中国境内有 2 处或 2 处以上取得所得地的，可以由纳税人选择其中 1 处作为纳税地点。从中国境外取得所得的，其中申报纳税地点由纳税人选定。

第四节　房地产财产税

房地产财产税是以法定财产（指房地产）为征税对象，根据财产占有或者财产转移的事实加以征收的一种税赋，主要包括房产税、契税、城镇土地使用税和耕地占用税。

一、房产税

房产税是以房屋为征税对象，按照房屋的评估价值向产权所有人或使用人征收的一种税赋。征收房产税的法律依据是国务院 1986 年 9 月 15 日颁布、自 1986 年 10 月 1 日起施行的《房产税暂行条例》（2011 年 1 月 8 日修订）。目前，我国房产税的征收范围仅限于城乡的生产经营性用房。而对广大城市居民用于自己居住的房屋不予征税。房产税的主要内容有：

1. 纳税主体。房产税的纳税人是房屋的产权所有人，其中产权属于全民所有的，纳税人为产权的经营管理者；产权出典的，纳税人为承典人；产权所有人、承典人不在房产所在地，或者产权未确定及租典纠纷未解决的，由房产的代管人或者使用人缴纳。房产税的征收范围限定在城市、县城、建制镇和工矿区。

2. 征税对象和计税依据。房产税以在我国境内用于生产经营的房屋为征税对象，按照房屋的计税余值（房产原值一次减除 10%～30% 的扣除比例后的余值）或租金收入为计税依据。

3. 税率。从价计征：税率为 1.2%；从租计征：税率为 12%；对个人按市场价格出租的居民住房，用于居住的，暂减按 4% 税率征收房产税。

4. 纳税期限和纳税地点。房产税实行按年计征，分期缴纳，具体纳税期限由省、自治区和直辖市人民政府规定。纳税人应如实向税务机关申报纳税，并根据规定在房产所在地纳税，如纳税人拥有多处房产的，应分别在房产所在地纳税。

5. 减税免税。依据税法规定，以下房产可免征房产税：①国家机关、人民团体、军队自用的房产；②由国家财政部门拨付事业经费的单位自用的房产；③宗教寺庙、公园、名胜古迹自用的房产；④个人所有非营业用的房产；⑤经财政部批准免税的其他房产，包括各类学校、医院、托儿所自用的房产，作营业用的地下人防设施，毁损不堪的房屋和危险房屋，大修停用期间的房屋，微利企业和亏损企业的房屋。除此以外，纳税人确有困难的，可由省、自治区和直辖市人民政府确定给予定期减征和免征房产税。

二、契税

契税是指由于土地使用权出让、转让，房屋买卖、赠与或交换发生房地产权属转移时向产权承受人征收的一种税赋。1950 年 4 月，政务院公布了《契税暂行条例》，对契税征收作了规范。1997 年 7 月 7 日，国务院通过了新的《契税暂行条例》。新《契税暂行条例》自 1997 年 10 月 1 日起施行，原《契税暂行条例》同时废止。契税的主要内容是：

1. 纳税主体。契税的纳税人是房地产权转移的承受人，包括土地使用权受让人、房屋的买方、受赠人和交换人。

2. 计税依据。契税的计税依据依房地产权属转移的方式不同而不同：①国有土地使用权出让、土地使用权出售、房屋买卖，为成交价格；②土地使用权赠与、房屋赠与，由征收机关参照土地使用权出售、房屋买卖的市场价格核定；③土地使用权交换、房屋交换，为所交换的土地使用权、房屋的价格的差额。成交价格明显低于市场价格并且无正当理由的，或者所交换土地使用权、房屋的价格的差额明显不合理并且无正当理由的，由征收机关参照市场价格核定。

3. 税率。契税的税率是比例税率，为 3% ~ 5%，其适用税率由省、自治区、直辖市人民政府在该幅度内按照本地区的实际情况确定，并报财政部和国家税务总局备案。

4. 纳税期限与纳税地点。契税的纳税义务发生时间，为纳税人签订土地、房屋权属转移合同的当天，或者纳税人取得其他具有土地、房屋权属转移合同性质凭证的当天。纳税人应当自纳税义务发生之日起 10 日内，向土地、房屋所在地的契税征收机关办理纳税申报，并在契税征收机关核定的期限内缴纳税款。

5. 减税免税。①国家机关、事业单位、社会团体、军事单位承受土地、房屋用于办公、教学、医疗、科研和军事设施的，免征。②城镇职工按规定第一次购买公有住房的，免征。③因不可抗力灭失住房而重新购买住房的，酌情准予减征或者免征。④个人购买自用普通住宅，且该住房属于家庭（成员范围包括购房人、配偶以及未成年子女，下同）唯一住房的，减半征收契税。对个人购买 90 平方米及以下普通住房，且该住房属于家庭唯一住房的，减按 1% 税率征收契税。⑤1998 年 6 月 30 日以前建成尚未售出的积压商品房销售时应缴纳的契税在 2000 年底前予以免税优惠。

三、城镇土地使用税

土地不仅是一种自然资源，也是公有财产，因而对土地开征的城镇土地使用税和耕地占用税应属于资源税，隶属于财产税系。西方学者也一直把土地税归为不动产税或个别财产税中。

城镇土地使用税是对在城市、县城、建制镇和工矿区范围内使用土地的单位和个人所征收的一种税赋。征收城镇土地使用税的法律依据是国务院于 1988 年 9 月 27 日颁布并于同年 11 月 1 日起施行，再经 2007 年 12 月 31 日、2013 年 12 月 7 日两次修订的《城镇土地使用税暂行条例》。城镇土地使用税的主要内容是：

1. 纳税主体。城镇土地使用税的纳税义务人是在城市、县城、建制镇、工矿区范围内使用土地的单位和个人。拥有土地使用权的纳税人不在土地所在地的由代管人或实际使用人纳税；土地使用权未确定或者权属纠纷未解决的，由实际使用人纳税；土地使用权共有的由共有各方按其实际使用的土地面积占总面积的比例分别纳税。

2. 计税依据。城镇土地使用税的计税依据是纳税人实际占用的土地面积，按照规定的税额计征。

3. 税率。城镇土地使用税实行从量定额税率，以每平方米年税额为单位，按大、中、小城市和县城、建制镇、工矿区分别确定税额，由省级人民政府根据市政建设情况、经济繁荣等条件，确定所辖地区适用税额的幅度，市、县人民政府制定相应的适用税额标准，报省级人民政府批准执行。土地使用税每平方米年税额为：①大城市 1.5 元 ~30 元；②中等城市 1.2 元 ~24 元；③小城市 0.9 元 ~18 元；④县城、建制镇、工矿区 0.6 元 ~12 元；⑤经济不发达地区的税额标准可以适当降低，但降低额不得超过规定的最低税额的 30%，经济发达地区的税额标准可以适当提高，但须报经财政部批准。

4. 纳税期限和纳税地点。城镇土地使用税实行按年计算、分期缴纳，纳税期限由省级人民政府决定，纳税地点是土地所在地的税务机关。使用土地不属于同一省、自治区、直辖市管辖范围的，由纳税人分别向土地所在地税务机关缴纳，在同一省、自治区、直辖市管辖范围内纳税人跨地区使用的土地，纳税地点由省级税务局确定。纳税人新征用的土地，属于耕地的，自批准征用之日起满 1 年时开始纳税；属于非耕地的，自批准征用的次月起纳税。

5. 减税免税。使用下列土地免纳城镇土地使用税：①国家机关、人民团体、军队自用的土地；②由国家财政部门拨付事业经费的单位自用的土地；③宗教寺庙、公园、名胜古迹自用的土地；④市政街道、广场、绿化地带等公共用地；⑤直接用于农、林、牧、渔业的生产用地；⑥开山填海整治的土地和改造的废弃土地，从使用的月份起免缴土地使用税5～10年；⑦财政部门规定免税的能源、交通、水利设施用地和其他用地。对于以下情况加收土地使用税：①逾期不使用所征土地的，加倍征税；②用地超过批准限额的，对超过限额部分的土地，在规定限额部分内的3～5倍范围内加收。

四、耕地占用税

耕地占用税是指对占用耕地建房或从事其他非农业建设的单位和个人，按其占用耕地面积征收的一种税赋。征收耕地占用税的法律依据是国务院1987年4月1日发布、2007年12月1日修订的《耕地占用税暂行条例》。耕地占用税的主要内容是：

1. 纳税主体。耕地占用税的纳税人是占用耕地建房或从事其他非农业建设的单位和个人。

2. 耕地的范围。此处所讲之耕地是指种植农作物的土地。被占用前3年内曾用于种植农作物的土地，亦视为耕地，另外还包括：①种植粮食作物、经济作物的土地。②菜地，包括城市郊区种植蔬菜的土地。国家建设征用城市郊区菜地的，用地单位除按照当地政府的规定缴纳新菜地开发建设基金外，还要按照《耕地占用税暂行条例》的规定，缴纳耕地占用税。③园地，包括苗圃、花园、果园、茶园和其他种植经济林木的土地。④鱼塘。⑤其他农用土地。

3. 计税依据。耕地占用税的计税依据是纳税人占用的耕地面积。

4. 税率。耕地占用税实行定额税率，按人均占用耕地的多少分别规定不同的税额，具体规定是以县为单位，人均耕地在1亩以下（含1亩）的地区，每平方米10元～50元；人均耕地在1亩～2亩（含2亩）的地区，每平方米8元～40元；人均耕地在2亩～3亩（含3亩）的地区，每平方米6元～30元；人均耕地在3亩以上的地区，每平方米5元～25元。

5. 纳税期限和纳税地点。耕地占用税由被占用耕地所在地乡财政机关负责征收，纳税人在被县级以上土地管理部门批准占用耕地后，应在批准之日起30日内持批准文件向财政机关申报纳税并缴纳税款，土地管理部门凭纳税收据和批准文件划拨用地。

五、遗产税立法前瞻[1]

遗产税是对被继承人或财产所有人死亡时所遗留的财产课征的一种税。从遗产税的实质来看，其课征客体是死亡人所遗留的财产，也就是继承人所继承的财产，因而对遗产征税本质上就是对财产征税，遗产税应属于财产税的一种。

---

〔1〕 刘剑文主编：《财税法教程》，法律出版社1995年版，第337～339页。

遗产起源较早，其历史可追溯到古埃及和古罗马时代，当时对死亡人的遗产征收 10% 的税作为支付老弱士兵的养老金。近代遗产税于 1598 年诞生于荷兰，此后英国于 1694 年、法国于 1703 年、意大利于 1865 年、德国于 1900 年、美国于 1916 年也先后建立了各自的遗产税制度。

目前，遗产税已风靡全球，据不完全统计，世界上有 100 多个国家和地区开征了遗产税，西方发达国家几乎全部开征了此税。我国的遗产税始于北洋政府时期，1915 年北洋政府拟订了《遗产税征收条例》，但未实施。1929 年国民党政府也曾制定了《遗产税条例》及实施细则，最终也未施行。直到 1940 年国民党政府才正式征收遗产税，但施行情况未尽人意。新中国成立后，政务院于 1950 年 1 月发布的《全国税政实施要则》中规定了遗产税，后因各种原因未予开征。党的十一届三中全会以后，改革开放以来，社会经济飞速发展，人民生活水平稳步提高。随着个人财富的积累，两极分化和地区差异日益明显，同时对这种分化和差异的调节也渐渐被提上议事日程，而开征遗产税无疑是其中重要的调控手段之一。1994 年税制改良时，国务院已明确要开征遗产税，并将其划归地税体系。但从 1994 年至今已 20 年过去，遗产税立法还是未能如愿出台。由于房地产是遗产的主要组成部分，所以遗产税的开征与房地产税收制度息息相关。

现阶段开征遗产税对我国国民经济的健康发展有着重大的立法意义：首先，开征遗产税能开辟新税源，增加财政收入，促进社会经济的发展。其次，开征遗产税有利于减缓资本和财富集中的趋势和速度，有利于缩小贫富差距，防止两极分化和地区差异的进一步扩大。最后，开征遗产税有利于减少浪费，在全社会树立一种劳动所得光荣的观念，反对不劳而获。鉴于我国目前的经济水平和社会发展程度，我国遗产税立法宜早不宜晚。[1]

1. 坚持社会效应第一，不以增加财政收入为目的。我国遗产税立法，应从调节社会收入分配、构建公平社会的角度出发，将征收遗产税的社会意义和作用置于第一位，避免把遗产税变成全民税。

2. 免征额标准应全国统一。特别是对房地产价差造成的区域间财富不平衡，不宜过度关照。

3. 税制设置上，应采用总遗产税制和超额累进税率，并配合征收赠与税。

4. 尽早开放，立法先行。

5. 加强配套制度建设。

---

〔1〕　金鹏辉："遗产税立法宜早"，载中国税网，http://www.ctaxnews.com.cn/lilun/caishuill/201501/t20150114_52621.htm，访问时间：2015 年 8 月 20 日。

六、我国房产税试点

2011 年 1 月 28 日开始，我国在上海和重庆两地开始了房产税的试点。两市房产税征收对象均主要面向个人新购住房，其中，上海人均住房面积 60 平方米以下（包括新购房及存量房面积）免征，按应纳税住房市场交易价格的 70% 缴纳，税率最高为 0.6%；重庆征收对象为交易价格超过当地均价 2 倍的新房，只对独栋住宅核实存量，税率最高为 1.2%。

上海市 2011 年征得房产税 73.66 亿元，同比增加 18.2%，房产税占地方税收的 2.3%；2012 年征得房产税 92.56 亿元，同比增加 25.6%，房产税占地方税收的 2.7%；2013 年征得房产税 93.05 亿元，同比增加 0.5%，房产税占地方税收的 2.5%。从以上数据中可以看出，改革试点以来上海房产税收入并未大幅上升。

房地产税在重庆市试点的部分效果是：开发商建造高档住宅的积极性明显下降，90 平方米以下房屋开发量增加 20%，高档房、大户型住宅的建设量下降。从销售量和价格来看，高档房的销售量下降 30%，价格也下降了 10%。一些大型开发商把原本投入到高档住房开发领域的 3 成资金抽离出来投入到中、小户型的开发上。

上海和重庆房产税试点情况对比表

基本要素	上海侧重点	重庆侧重点
实施范围	实施范围比较大，是上海市所管辖的行政区域，基本覆盖全市。	由于发展不平衡，试点实施范围相对来说比较小，仅集中在重庆主城区九区。
征收对象	注重人均，不对存量房征税。仅对新购住房作为主要征税对象。	看中档次；对存量房，增量房都征税。主要针对高档住房为主要增税对象。而放过了新购普通住房。
税率	分为 0.4% 和 0.6% 两档，基本税率暂定为 0.6%，比较低。	分为 0.5%、1%、1.2% 三个档次，比较高。
计算均价	参考的是上一年度全市新建商品住宅成交均价。	参照的是上两年度主城区新建商品房建筑面积成交均价的算术平均，即取前两年的均价相加再除以 2。
计税依据	按应缴房产税的 70% 缴纳，相当于对应税房产打 7 折后再扣计税。	采取全额缴纳的方式，不存在相应折扣比率。
减免标准	按人均面积来算，人均平均 60 平方米为起征点。	按户口面积来算，考虑的是一个家庭的住房总面积来扣除免税面积，分为每户 100 平方米和 180 平方米两种起征点。

上海和重庆的房产税试点工作并没有取得预期的效果，主要表现在：①房产税税收占所有的税收比例很小，对政府财政收入贡献不大；②没有证据证明征收房地产税以后起到调控房价的明显作用；③房产税的收入去向很值得公众关注。

中共中央十八届三中全会《关于全面深化改革若干重大问题的决定》提出加快房地产税立法并适时推进改革，这里所指的房地产税并不等同于房产税，房地产税包括房产税、土地增值税、土地使用税、耕地占用税等。

其实，房产税和遗产税都属于房地产的保有、交易环节所征收的税种，其好处是国家可以增加财政收入和缩小贫富差距，但也存在其弊端：这些税都属于"劫富济贫"的税种，一旦开征将导致富人（包括企业家）移民，财富和资本流出，对整个国民经济发展不利，对于当前我国经济下行压力加大的状况无异于雪上加霜。

第五节　房地产行为税

房地产行为税是就特定行为的发生，依据法定计税依据和标准，对行为人征收的税赋。我国目前的房地产行为税主要指房地产印花税。固定资产投资方向调节税曾根据1991年4月16日的《固定资产投资方向调节税暂行条例》开征，但为了贯彻国家宏观调控政策，扩大内需，鼓励投资，国务院决定从1999年7月1日起减半征收固定资产投资方向调节税，根据财政部、国家税务总局、国家发展计划委员会1999年12月17日发布的《关于暂停征收固定资产投资方向调节税的通知》精神，对原固定资产投资方向调节税的纳税义务人，其固定资产投资应税项目自2000年1月1日起新发生的投资额，暂停征收固定资产投资方向调节税。2012年11月9日，国务院公布了《关于修改和废止部分行政法规的决定》，自2013年1月1日起施行，该决定废止了1991年4月16日由第82号国务院令发布的《固定资产投资方向调节税暂行条例》。

房地产印花税是指对在经济活动中或经济交往中书立的或领受的房地产凭证征收的一种税赋。征收房地产印花税的法律依据是国务院于1988年8月6日颁布并于同年10月1日起施行的《印花税暂行条例》（2011年1月8日修订）。房地产印花税的主要内容是：

1. 纳税主体。房地产印花税的纳税人是在我国境内书立、领受应税房地产凭证的单位和个人，以及在国外书立、受我国法律保护、在我国境内适用的应税房地产凭证的单位和个人。具体而言，产权移转书据的纳税义务人是立据人，即书立产权移转书据的单位和个人，如果该项凭证是由两方或两方以上单位或个人共同书立的，各方都是纳税义务人；权益许可证照的纳税义务人是领受人，即领取并持有该项凭证的单位和个人；房屋租赁合同的纳税义务人是立合同人，房产购销合同的纳税义务人是合同订立人。

2. 计税依据。房地产印花税的征税对象是特定行为，而其计税依据则是该种行为的所负载的资金量或实物量，其中房地产权转移书据印花税的计税依据是书据所载金额；房地产权利证书（包括房屋产权证和土地使用证）印花税的计税依据则是按件计收；房屋租赁合同印花税的计税依据是租赁金额；房产购销合同的计税依据是购销金额。

3. 税率。房地产印花税的税率有两种：①比例税率，适用于房地产产权转移书据，税率为 0.5‰，同时适用于房屋租赁合同，税率为 1‰，房产购销合同，税率为 0.3‰；②定额税率，适用于房地产权利证书，包括房屋产权证和土地使用证，税率为每件 5 元。

4. 纳税期限和纳税地点。房地产印花税纳税人根据税法规定自行计算应纳税额，购买并一次贴足印花税票（即贴花），即纳税人在书据的立据时和证照的领受时，纳税义务即发生，即应贴花，而不是指凭证的生效日期。印花税实行"三自"缴纳办法，即纳税人按照应税凭证的类别和适用的税目税率自行计算应纳税额、自行购花（即自行纳税，一般在当地税务机关或其他出售印花税票的处所购花）自行贴花；对有些凭证一次贴花数额较大和贴花次数频繁的，经税务机关批准，可采用汇贴、汇缴办法纳税，汇缴期限由税务机关根据应纳税额的大小予以指定，但最长不超过 1 个月。

5. 减税免税。下列凭证免纳房地产印花税：①已缴纳印花税的凭证的副本或者抄本，但以副本或者抄本视同正本使用的，应另贴印花；②财产所有人将财产赠给政府、社会福利单位、学校所立的书据。

第六节　房地产税收筹划案例

税收筹划是指纳税人在遵守法律法规的前提下，通过事先合理地安排与筹划企业的经营活动、投融资行为、收入分配等涉税事项，谋求税收负担最小化、经济效益最大化的一种涉税管理活动。

一、按经营环节进行筹划

（一）前期准备阶段的税种

房地产公司在前期准备阶段需要缴纳的税种较少，主要是耕地占用税和契税。

在房地产开发中如果占用了耕地，就必须在土地管理部门批准占用耕地之日起 30 日内按每平方米税额从 5 元 ~ 50 元不等的金额一次性缴纳耕地占用税，购买土地时要按 3% ~ 5% 的税率缴纳契税。

（二）融资与开发建设阶段涉及的税种

主要税种有印花税、土地使用税、营业税、城建税及教育费附加。房地产建设环节的营业税主要是对建设单位按照 3% 的税率征收营业税，城建税及教育费附加作为营业税的附加，纳税义务同时产生。

（三）销售阶段涉及的税种

1. 营业税。对房地产出售方适用"销售不动产"税目的规定，以房屋售价的 5% 的税率缴纳营业税；针对房屋租赁而言的，房产租赁业适用营业税中的"服务业"税目，统一执行 5% 的比例税率。

2. 城建税及教育费附加。城建税及教育费附加作为营业税的附加，与营业税纳税义务同时发生。

3. 土地增值税。土地增值税实行超税率累进税率，增值多的多征，增值少的少征，无增值的不征，最低税率为 30%，最高税率为 60%。

4. 印花税。房地产销售阶段的印花税是在房地产交易中，针对房地产交易额，适用"产权转移书据"税目，按照 0.05% 税率征收。

5. 企业所得税。对房地产企业而言，如果其转让或出租房地产产生了净收益，就要将其收益并入企业利润总额，按照 25% 的税率缴纳企业所得税。

6. 房产税。房地产开发企业建造的商品房，在出售前，不征收房产税，但对出售前房地产企业使用或出租、出借的商品房应按规定征收房产税。房产税采用比例税率，依据房产余值计征，税率为 1.2%；依据房产租金收入计征的，税率为 12%。

二、按项目合作框架进行筹划

假设有 A 公司和 B 两个公司：

A 公司有以下合作条件：①以公开拍卖的形式取得一块土地的使用权；②土地成本为 3000 万；③现该土地使用权评估价为 4600 万元。

B 公司有以下合作条件：①具有相应资质的房地产开发公司；②缺少现成的项目；③有一定的开发资金。

1. 双方可以采取转让土地使用权的方式进行合作，即 A 公司将土地使用权以 4600 万元转让给 B 公司。

A 公司税费分析（暂不考虑城建税、教育费附加和印花税）：

（1）营业税：（4600 - 3000）× 5% = 80 万。

（2）土地增值税：（4600 - 3080）× 40% - 3080 × 5% = 454 万。

（3）所得税：（4600 - 3000 - 80 - 454）×25% = 266.5万。

以上税负合计80 + 454 + 266.5 = 800.5万元。

2. 投资入股。A公司将土地使用权以4600万元投资入股进B公司。

A公司税费分析（暂不考虑城建税、教育费附加和印花税）：

（1）营业税：0。

（2）土地增值税：（4600 - 3000）×40% - 3000×5% = 490万。

（3）企业所得税：（4600 - 3000 - 490）×25% = 277.5万。

以上税负合计0 + 490 + 277.5 = 767.5万元。

假设A公司没有办理土地使用权的转移手续，B房地产开发公司也没有办理注册资本和股东的变更登记手续。则A公司以土地投资的形式入股B房地产开发公司将被认定为虚假投资行为，其实质就是土地使用权转让。税负应按土地转让的情形来计算，即A应承担800.5万元。

3. 合作建房：一方出地，另一方出资金。

（1）假设双方约定A以土地使用权，B以货币资金合股，成立合营企业，合作建房，房屋建成后双方采取风险共担，利润共享的分配方式。则A应承担的税负为：

第一，营业税：0元。

第二，土地增值税计算要区分建成后的房屋是否用于房地产开发销售：

非房地产开发：0元。

房地产开发：（4600 - 3000）×40% - 3000×5% = 490万。

第三，所得税：

非房地产开发：（4600 - 3000）×25% = 400万元。

房地产开发：（4600 - 3000 - 490）×25% = 277.5万元。

以上税负合计：

非房地产开发：0 + 0 + 400 = 400万元。

房地产开发：0 + 540 + 265 = 805万元。

（2）假设双方约定A出地，B出钱，合作建房，但约定A在房屋建成后采取按销售收入的一定比例提成的方式参与分配，或者提取固定利润。则A应承担的税负为：

第一，营业税：（4600 - 3000）×5% = 80万。

第二，土地增值税：（4600 - 3080）×40% - 3080×5% = 454万。

第三，所得税：（4600 - 3000 - 80 - 454）×25% = 266.5万。

以上税负合计80 + 454 + 266.5 = 800.5万元。从税负情况来看，相当于A转让了土地使用权。

（3）假设双方约定A出地，B出钱，合作建房，房屋建成后双方按一定比例分配房屋。则 A 应承担的税负为：

第一，营业税：核定征收。

第二，土地增值税：免。

第三，所得税：交。

第七节 房地产收费法律制度

一、房地产费概述

房地产费是指在房地产市场活动中所产生的各种费用。房地产费与房地产税有着本质区别，主要表现在：

1. 征收依据不同。房地产税的征收依据是国家税收法律，而收取房地产费的依据有些是国家法律，有些是政策、地方性规章，甚至有些是收缴主体的自行规定。因此，征收房地产税的依据效力高，而收取房地产费的依据效力一般较低。

2. 征收主体不同。房地产税只能由国家征收，包括中央政府和地方政府，具体由国家税务机关征收或国家税务机关委托的行政管理机关代收，而房地费由有关行政机关、事业单位等收取。

3. 征收目的不同。征收房地产税的直接目的是增加财政收入，同时房地产税作为经济杠杆，可以调节社会经济关系，而收取房地产费主要是为了填补行政事业单位的经费支出。

4. 征纳双方的地位不同。在房地产税中，国家始终是接受方，征纳方向是固定不变的，而在房地产费中，国家有时需作为交纳方向相对人交费，如安置补偿费等。

我国房地产市场结构分为三级：一级市场，即土地使用权的出让；二级市场，即土地使用权出让后的房地产开发经营；三级市场，即投入使用后的房地产交易。针对一级市场主要由土地所有者（即国家）向土地使用者收取土地使用费；同时对于整个房地产市场，由有关行政机关、事业单位向房地产市场的当事人所收取的各种管理费用和服务费用，因此，目前我国的房地产费主要有三种：土地使用费、房地产行政性收费和房地产事业性收费。

二、土地使用费

土地使用费是指取得国有土地使用权的单位和个人，按照规定向国家交付的使用土地的费用。土地使用费的收费对象是一切使用国有土地的单位和个人。1990 年 5月 19 日国务院发布施行《城镇国有土地使用权出让和转让暂行条例》，把收取土地使用费改为收取土地使用权出让金，即国家以土地所有者的身份将土地使用权在一定年限内让与土地使用者，由土地使用者向国家支付土地使用权出让金。

土地使用费的征收标准，因取得土地使用权方式的不同而有所不同。我国土地使用权的取得方式有两种：一是以出让方式取得土地使用权；二是以划拨方式取得土地使用权。

以出让方式取得土地使用权的，即通过协议、招标、拍卖方式有偿取得土地使用权的，土地使用者须向国家即土地所有者支付的土地收益，是一定时期内的地租，但在实践中，土地使用权出让金的价格构成除地租外，尚包括出让前国家对土地的开发成本，以及有关的征地、拆迁、补偿、安置等费用：①地租。地租是土地所有权在经济上的表现，它包括因土地位置因素而形成的级差地租和垄断地租，也包括使用最差土地所需缴纳的绝对地税。土地使用费的实质是定期交纳地租。②国家对土地的开发成本。即国家进行基础设施、房屋建设所耗费的成本。③征收耕地的土地补偿费，为该耕地被征收前3年平均年产值的6~10倍。被征收土地上的附着物和青苗的补偿标准，由省、自治区、直辖市规定。④安置补助费。征收耕地的安置补助费，按照需要安置的农业人口数计算。需要安置的农业人口数，按照被征收的耕地数量除以征地前被征收单位平均每人占有耕地的数量计算。每一个需要安置的农业人口的安置补助费标准，为该耕地被征收前3年平均年产值的4~6倍。但是，每公顷被征收耕地的安置补助费，最高不得超过被征收前3年平均年产值的15倍。征收其他土地的土地补偿费和安置补助费标准，由省、自治区、直辖市参照征收耕地的土地补偿费和安置补助费的标准规定。如果按以上标准支付的土地补偿费和安置补助费尚不能使需要安置的农民保持原有生活水平的，经省、自治区、直辖市人民政府批准，可以增加安置补助费。但是，土地补偿费和安置补助费的总和不得超过土地被征收前3年平均年产值的30倍。《物权法》实施后，根据该法第42条的规定，只有为了公共利益的需要，才能征收集体所有的土地。征收集体所有的土地，应当依法足额支付土地补偿费、安置补助费、地上附着物和青苗的补偿费等费用，安排被征地农民的社会保障费用，保障被征地农民的生活，维护被征地农民的合法权益。

以划拨方式取得土地使用权的，其土地使用费按照《土地管理法》、《房地产管理法》和《城镇国有土地使用权出让和转让暂行条例》的相关规定执行。

土地使用费的缴纳人一般为使用土地的单位和个人，但以土地投资入股与地方兴办合资、合作、联营企业的，合资、合作或联营企业为缴纳人，但合同另有规定的按合同办理；土地权属没有转移，提供土地的一方为缴纳人；土地使用权转让的，受让方为缴纳人；租赁房屋的，房屋所有人为缴纳人；经营土地开发的，在土地使用权转让前，经营开发单位为缴纳人，土地使用权转让后，受让方为缴纳人；农村工商用地和宅基地，以工商企业、宅基地使用人为缴纳人；共有的土地，以"房地产证"或"土地使用证"登记的权利人为缴纳人。

三、房地产行政性收费

房地产行政性收费是指房地产行政管理机关或其授权机关，履行行政管理职能管理房地产业所收取的费用。房地产行政性收费是房地产行政管理机关在房地产市场中管理职能的体现，有利于加强对房地产市场的监督与管理，促进整个房地产市场健康有序的发展。

房地产行政性收费主要有以下几项：

1. 房地产权管理收费，主要包括登记费、勘丈费、权证费和手续费。

（1）登记费。登记费具体包括：①总登记费，按土地实际面积和房屋建筑面积计取，由权利人缴付；财政拨款的行政事业单位和商品住房减半计收。②转移登记费，凡持有原产权证办理换证登记，只收取换证手续费，由权利人缴付。

（2）勘丈费。按土地面积或建筑面积平方米计收。

（3）权证费。对于房地产权证件，按件计收权证费。

（4）手续费。对于办理房地产权属登记的，应向房地产管理部门交纳手续费，具体包括：①房地产买卖，按实际成交价向买卖双方各收1%的手续费；②上首白契，即上首没有登记纳税的契约，按实际成交价、向买契人收1%的手续费；③凡办理房地产继承、分析、分割、赠与等手续的，按房屋估价向承受人收取1%的手续费。

2. 房屋租赁管理收费。房屋租赁管理制度，包括房屋租赁登记费和房屋租赁手续费。

（1）房屋租赁登记费是向房管部门办理租赁登记时收取的费用。

（2）房屋租赁手续费，又称房屋租赁监证费，一般按照年租金额的一定比例收取。

四、房地产事业性收费

房地产事业性收费是指房地产行政管理机关及其所属事业单位为社会或个人提供特定服务所收取的费用，主要包括：

1. 拆迁管理收费。即承办房屋拆迁的单位向建设单位收取的费用。由于没有统一规范，各地区的收费标准、收费方法有所不同，一般按照拆迁费总额的一定比例收取。

2. 房屋估价收费。即房屋管理部门对房屋进行估价，向产权人或委托人收取的费用。对于房屋估价收费，全国尚无统一标准，一般也是按照估价金额的一定比例收取费用。

第八节　我国房地产税费法律制度评价

房地产税费的重要性自不待言，房地产税费制度的规范化，对于房地产税费的合理征收，其重要性亦是不言而喻，因此房地产税费制度的规范化，对于房地产市场规范发展意义重大。本节拟对房地产税费制度的改革与完善，作理论上的探讨，力求切合实际。

一、土地使用费与城镇土地使用税的取舍

国有土地必须有偿使用。起初，部分城市政府向土地使用者收取土地使用费；自 1988 年《城镇土地使用税暂行条例》公布后，政府则向土地使用者收取土地使用税；1990 年《城镇国有土地使用权出让和转让暂行条例》则规定对于以出让方式取得土地使用权的土地使用者收取土地使用费（即土地使用权出让金），对于以划拨方式取得土地使用权的土地使用者收取土地使用税；1994 年施行并于 2007 年修改的《房地产管理法》则再次明确规定对土地使用权出让，土地使用者须向国家支付土地使用费（即土地使用权出让金），因此房地产市场中税费杂乱重复，界定不清，究竟是以税代费（即以土地使用税代替土地使用费）、以费代税（即以土地使用费代替土地使用税），还是税费并举（即同时征收土地使用税和土地使用费）或是税费分流（即对出让方式取得土地使用权的土地使用者收取土地使用费，对划拨方式取得土地使用权的土地使用者收取土地使用税），这先要从理论上加以澄清。

国有土地的有偿使用是国家保有土地所有权，而将土地使用权出让给土地使用人，土地使用人取得国有土地的使用权。从法学的角度观之，土地使用权属于传统之地上权之一种。地上权作为物权之一种出现于罗马共和国末期，在古罗马，国家所有的土地多租给私人使用以建筑房屋，从而收取地租，但是依照罗民法的添附原则，在他人土地上建筑房屋应当由土地所有人取得其所有权，而不是由原建筑人（即使用人）取得，极大地抑制了土地使用人的积极性，罗马共和国末期针对土地所有人与土地使用人的土地利用关系作出修改：如果土地使用人向土地所有人支付地租，即可享有对其建筑的房屋的所有权。在罗马法上，地上权是指利用他人土地营造建筑物、其他定作物及竹木而取得所有权的一种权利。地上权是添附原则的一项例外，其最大特征在于排除了土地所有人依添附原则取得营造物的所有权，使地上权人单独拥有营造物的所有权。地上权的取得，可以有偿也可以无偿，地上权人有偿取得地上权时，须向土地所有人按期支付约定地租。反映到我国国有土地的有偿使用上，土地使用人取得土地使用权，须向土地所有人（即国家）支付土地使用费（地租的表现形式，土地使用费的本质就是地租）。

以经济学的角度观之，市场经济条件下，土地要作为一种生产要素进入市场，则要求国家以所有者的身份而不是以管理者的身份、以产权主体的身份而不是以政权主体的身份进入市场。马克思提出："不论地租有什么独特的形式，它的一切类型有一个共同点：地租的占有是土地所有权借以实现的经济形式，而地租又是以土地

所有权，以某些个人对某些土地的所有权为前提。"由此可见，地租是土地所有权在经济上的表现，而土地使用权（即地上权之一种）则是在经济上实现土地所有权的中介，是社会主义土地商品化经营的需要。土地商品化经营，要求土地所有权在经济上的自我实现，客观上也就要求土地使用权与土地所有权分离，由土地使用人取得土地使用权而向土地所有人支付地租，即土地使用费。土地使用费是使用土地的代价，亦即土地使用权的市场价格。在市场经济条件下，土地所有者与土地使用者仍是具有独立利益的主体，他们之间仍存在利益差别，他们要在市场上实现各自的经济利益，就须以平等主体的身份参加市场经济关系。作为土地所有者的国家，以取得地租为代价而让渡土地使用权，作为土地使用者，以支付地租为代价而取得了土地使用权。商品经济是平等者之间的交换，交换确立了一切市场主体的平等性，以土地使用权为中介，使土地所有者与土地使用者之间确立了平等主体的关系，从而实现了土地的商品化经营。

以土地使用权为中介，亦可明确国家拥有土地所有权，用地者享有土地使用权，从而产权明晰。按照产权经济学的观点，只有在产权界定的条件下，才可能产生将外部性成本与收益内化的激励机制，才能使土地利用的效益得到最大化。国有土地有偿使用的前提是产权界定和使用范围的核定，城镇国有土地使用权出让和转让实质上是在产权界定的前提下，国家按照土地产权与使用权分离的原则，通过市场交易，由土地使用者有偿取得一定期限内的国有土地使用权，凡有偿取得国有土地使用权者可免交土地使用税。土地使用税是非市场性的，但土地使用权的出让金是以合同形式确定的，通过市场交易，由受让人付给出让人，它反映交易双方对土地价值的评估和土地使用效益的预测，出让金与地价及利用效益成正比。

所以，土地使用税则是非市场性的，它是国家凭借政治权力强行介入房地产市场的产物，此时国家以政权主体的面目出现，不利于房地产一级市场的建立与完善。为规范和健全房地产市场，应当采取市场机制配置土地资源，只有在不能够采用市场机制配置土地资源的情况才应采用划拨方式。国有土地使用权出让是我国土地使用制度的主要方式，集体所有的土地须经征收转化为国有方可出让，土地使用权的划拨只是局限于在确属必需的情况下才能采用，因此，土地使用费应是土地收益的表现形式，而土地使用税一则以出让方式取得土地使用权的土地使用者已经交纳了土地使用权出让金，故其可免交土地使用税，不应使其承受双重经济负担；二则以划拨方式取得土地使用权的土地使用者亦是土地使用税的免税者。综上所述，土地使用税实无存在之必要。所需加强的是对划拨土地使用权范围和审批权限的严格控制。

从2014年8月开始，国家审计署开始对2008～2013年的土地出让收支、土地征收、储备、供应、整治、耕地保护及土地执法等情况进行大规模全国性审计，调查涉及国土、财政、城建等部门和单位。其中地方政府约15万亿元的土地出让金，也是此次审计的重点之一。此次审计被指是国家审计机关成立以来规模最大、人员最多、时间最长的一次审计，也被外界看作是针对全国各地土地管理领域工作的全面"体检"。

预计审计结果应该在 2014 年年底之前公布，但截至 2015 年 6 月底，审计结果还无法公布。据参与审计的人士向媒体解释称，迟迟未公布，是因为审计结果复杂程度远超预期，不少情况需要核查。而审计结果之所以如此复杂，则是因为在土地出让金的收支管理、使用等方面发现了诸多问题。

当前不少城市的土地出让金收入已经占到了地方财政的 60% 以上，然而实际上是一笔"糊涂账"。由于很多地方土地从一级开发、收储、出让、抵押融资等环节的收支情况基本都处于"半封闭"状态，此外地方各个部门都还有"自留地"，这些土地和房产的处置、收支很多都是内部循环，这也使得土地出让金变成监督外资金，成了一些政府部门的"小金库"。

二、我国房地产税收的宏观调控功能分析

税收一向是各国政府用来调控国民经济的主要手段之一，其既能反映一国一段时期内经济的大体状况，同时税收政策工具的运用也往往暗含着政府主体对市场走势的期望。因此税收不仅是市场"晴雨表"，更是经济稳定器。

如前文所述，我国的房地产税收制度是随着经济体制的改革而逐步完善的。1973 年进一步变革工商税制度，1984 年对国有企业实行第二步"利改税"，1994 年又进行全国税制改革。尤其是在 20 世纪 90 年代初，我国曾出现房地产热。在当时高通胀和基础设施重复建设的大前提下，采取适度从紧的财政政策（包括提高税收负担）对治理当时的经济环境功不可没。但以 1996 年 5 月开始的一系列降息政策为标志，治理通胀过程告一段落，我国经济步入相对平稳的发展阶段，要求启动经济的呼声日益高涨。1997～1998 年的东南亚金融危机进一步把我国经济推入了通货紧缩的谷底——消费不足、产品供大于求，企业盈利减少，商品价格下跌。具体到房地产业上表现为泡沫沉淀，购买力下滑，商品房大量积压，浪费增大。从 1997 年开始，国家果断采取积极措施，调整房地产税收政策，力图为房地产业的发展注入一支强心剂。这些立法新动向主要表现在以下两个方面：一是出台鼓励消费的税收政策，对一般性商品房、普通住宅的消费不征税或减免税。例如 1999 年 7 月国家税务总局、财政部联合下发《关于调整房地产市场若干税收政策的通知》，其目的就是配合国家住房制度改革，启动房地产市场，减轻购房者的经济负担。同时促进积压空置商品房的销售，积极培育新的经济增长点。其中涉及减免的税收有：营业税、契税和土地增值税。类似政策将来视经济发展的需要会随时作出调整。二是扩大内需，鼓励投资，对限制投资或不利于投资的税种作出调整，暂停征收或取消。例如固定资产投资方向调节税，国家决定从 1999 年 7 月 1 日起减半征收，2000 年起停止征收。随

着住房制度改革步伐的加快，消费政策的调整和税收优惠政策的实施，从 1999 年下半年起，我国房地产市场的销售情况已明显好转。

从 2004 年开始，我国出现房地产投资规模过大、增长速度过快，部分城市房价持续攀升的态势。2006 年还出现了住房供应性结构矛盾突出，部分居民存在超前消费和过度消费现象，另外，房地产开发、交易和中介等企业行为不规范等问题也比较突出。所以，国务院办公厅分别在 2005 年 5 月 9 日和 2006 年 5 月 24 日发布《关于做好稳定住房价格工作意见的通知》（"国八条"）和《关于调整住房供应结构稳定住房价格的意见》（"国六条"），国家不断加大对房地产市场的调控力度，同时也加大了房地产税收的征管力度。

调控中的税收措施主要有："国八条"规定，自 2005 年 6 月 1 日起，对个人购买住房不足 2 年转手交易的，销售时按其取得的售房收入全额征收营业税；个人购买普通住房超过 2 年（含 2 年）转手交易的，销售时免征营业税；对个人购买非普通住房超过 2 年（含 2 年）转手交易的，销售时按其售房收入减去购买房屋的价款后的差额征收营业税。各地要严格界定现行有关住房税收优惠政策的适用范围，加强税收征收管理。对不符合享受优惠政策标准的住房，一律不得给予税收优惠。而"国六条"进一步规定，从 2006 年 6 月 1 日起，对购买住房不足 5 年转手交易的，销售时按其取得的售房收入全额征收营业税；个人购买普通住房超过 5 年（含 5 年）转手交易的，销售时免征营业税；个人购买非普通住房超过 5 年（含 5 年）转手交易的，销售时按其售房收入减去购买房屋的价款后的差额征收营业税。

2008 年 12 月 29 日，财政部、国家税务总局下发《关于个人住房转让营业税政策的通知》，废除了 2006 年关于个人购买住房营业税的规定，规定自 2009 年 1 月 1 日～12 月 31 日，个人将购买不足 2 年的非普通住房对外销售的，全额征收营业税；个人将购买超过 2 年（含 2 年）的非普通住房或者不足 2 年的普通住房对外销售的，按照其销售收入减去购买房屋的价款后的差额征收营业税；个人将购买超过 2 年（含 2 年）的普通住房对外销售的，免征营业税。

2009 年 12 月 22 日，财政部、国家税务总局下发《关于调整个人住房转让营业税政策的通知》，通知废止 2008 年关于个人购买住房营业税的规定，规定自 2010 年 1 月 1 日起，个人将购买不足 5 年的非普通住房对外销售的，全额征收营业税；个人将购买超过 5 年（含 5 年）的非普通住房或者不足 5 年的普通住房对外销售的，按照其销售收入减去购买房屋的价款后的差额征收营业税；个人将购买超过 5 年（含 5年）的普通住房对外销售的，免征营业税。

2011 年 1 月 27 日，财政部、国家税务总局下发《关于调整个人住房转让营业税政策的通知》，通知废除了 2009 年关于个人购买住房营业税的规定，规定个人将购买不足 5 年的住房对外销售的，全额征收营业税；个人将购买超过 5 年（含 5 年）

的非普通住房对外销售的，按照其销售收入减去购买房屋的价款后的差额征收营业税；个人将购买超过 5 年（含 5 年）的普通住房对外销售的，免征营业税。

2015 年 3 月 30 日，财政部、国家税务总局下发《关于调整个人住房转让营业税政策的通知》，通知废止 2011 年关于个人购买住房营业税的规定，规定个人将购买不足 2 年的住房对外销售的，全额征收营业税；个人将购买 2 年以上（含 2 年）的非普通住房对外销售的，按照其销售收入减去购买房屋的价款后的差额征收营业税；个人将购买 2 年以上（含 2 年）的普通住房对外销售的，免征营业税。

综上，我国的房地产税收作为宏观调控的手段之一，会随着国家经济宏观调控措施的出台而在不同时期呈现出宽严不同的规定。

三、我国房地产税制的完善

税收有两大原则，即税收公平原则和税收效率原则。税收公平原则又包含两个原则：一是税收平等原则，即"一国国民，都须在可能范围内，按照各自能力的比例，缴纳国赋，维持政府"；[1] 二是税收确定原则，即"各国民应当完纳的赋税，必须是确定的，不得随意变更。完纳的日期，完纳的方法，完纳的数额，都应当让一切纳税者及其他的人了解得十分清楚明白"。[2] 税收效率原则同样包含两个原则：一是税收便利原则，即"各种赋税完纳的日期及完纳的方法，须给纳税者以最大便利"。二是税收相抵原则，即"一切赋税的征收，须设法使人民所付出的，尽可能等于国家所收入的"。从税收的基本原则出发，我国房地产税制应力求实现公平与效率的统一，充分发挥房地产税收的功能，促进市场公平竞争，保证整个房地产市场的健康有序地运行。为此，要统一税法，公平税负，简化税制，合理分权，理顺分配关系，规范分配格局，促进国内市场与国际市场的接轨。适应社会主义市场经济的要求，应从以下方面完善我国的房地产税制：

1. 完善房地产税收法规，"有税必有法"，做到依法计征，减少行政干预，维护市场主体的独立性并充分发挥其主动性与积极性。

2. 科学选择税种，简化税制。对于城镇土地使用税应加以废除，避免税费并举，重复课征，对房地产一级市场不再征税。此外，可以考虑在适当的时间推出"物业税"。我国在 2007 年起在一些大城市进行"房地产模拟评税"的试点，其主要思路是将现行房产税、城市土地使用税、土地增值税和土地出让金等收费合并，使其成为房产保有阶段统一收取的物业税。也就是说，将现在在房地产交易阶段缴交的税，

---

〔1〕［英］亚当·斯密：《国民财富的性质和原因的研究》，郭大力，王亚南译，商务印书馆 1974 年版，第 384～385 页。

〔2〕［英］亚当·斯密：《国民财富的性质和原因的研究》，郭大力，王亚南译，商务印书馆 1974 年版，第 384～385 页。

放到买房子后按年交。开征物业税，不仅有利于各类企业公平竞争，也有利于解决房和地分别征税带来的税制不规范等一系列问题，并有可能成为房地产市场的内在稳定器，较有利于稳定房价。但房产税、土地增值税、土地出让金等税费项目的整合，必然涉及地方政府和国土资源部、住建部等相关部门的原有收费项目，涉及中央和地方政府之间、部门之间的利益协调，还有征点设计、免税标准和税率等技术问题都有待于进一步的详细论证。

3. 公平税负，使负担与受益大体一致，谁受益谁纳税，受益多负担多，受益少负担少，逐步按不同所有制、不同地区设置税种税率，为市场主体的平等竞争创造条件。例如原房产税只对中国的企业和个人征收，对外商投资企业和外籍人员则一直沿用 1951 年政务院公布的《城市房地产税暂行条例》，这种内外两套税法的做法，即造成了征税范围的不同，也导致了税负的不公平，应该加以改变；又如现行契税仍将国有企业、集体企业列为免税主体，现行耕地占用税、城市维护建设税及其附加也未对外商投资企业开征，凡此种种弊端应及时纠正，以统一税法，公平税负，平等竞争。

4. 科学计税，既要防止国有土地收益流失，又要防止不当加重纳税人的负担。城市维护建设税的计税依据是纳税人实缴的增值税、营业税、消费税税额，不能实际体现税收平等原则，应以纳税人的经营收入为其计税依据；土地增值税的计税依据是房地产的增值额，而房地产增值一般来自三个方面：①因城市人口增加、社会繁荣等引起的自然增值；②因政府对交通、通信等城市基础设施投资而引起的增值；③因投资者投资劳力、资本等引起的开发增值。对投资者来说，前两种增值是土地投资劳力、资本等引起的开发增值。对投资者来说，前两种增值是土地增值税的课税对象，但对第三种开发增值课以土地增值税就极不合理。同时要合理设置税率，对现行税率过高的要适当调低，过低的要适当调高，既要考虑到经济的发展，又要适当照顾纳税人的实际负担能力。以笔者观之，现行契税的税率应适当调低，而印花税和耕地占用税的税率应适当调高，从而加大调节力度，充分发挥房地产税收在房地产市场中的杠杆调节作用。

5. 加强房地产税收的征管工作。有了科学的房地产税收体系，尚应有健全的房地产税收的征收管理体制，加强调控力度，减少偷税、漏税、逃税、欠税、避税现象。首先应完备房地产权籍管理制度，防止房地产私下交易，增加房地产交易的公开性、透明度；其次应健全房地产中介制度，尤其是房地产估价制度，完善房地产估价理论和评估方法，加大房地产评估机构的诚信度和规范化运作；最后应加大征管力度，抑制房地产投机行为，防止炒卖房地皮，保证国有土地收益。

四、房地产费制的完善

房地产费制的完善，关键在于房地产行政性收费方面，土地使用费和房地产事业性收费，主要由市场调节，按照商品价值规律确定。而目前我国的房地产行政性收费，存在以下几方面的问题：

1. 收费项目多，种类繁杂，缺乏规范性。如据某省统计，房地产开发在前期准备阶段，有51种税费，其中立项环节2种，规划设计审批10种，征地环节10种，另有施工许可证、绿化手续费等；施工阶段有20种，其中仅道路管理这一环节就有6种；销售阶段16种。如此之多的行政性收费，无疑大大加重了房地产开发人、经营人、销售人的负担，进而加重了房地产买受人的负担，许多地方的商品房价格居高不下，普通职工只能望房兴叹，而且我国目前的房地产行政性收费大多缺乏法律依据，许多地方、许多项目都是乱收费、乱摊派。

2. 行政性收费机关繁多，主体不一。不仅有关的行政机关向房地产开发经营交易人收费，而且某些非行政机关，也巧立名目，以行政机关的名义收费，造成房地产行政性收费的极大混乱，且许多机关收费以后据为己有，不向上级主管机关汇报，造成国家收益的极大流失。

鉴于目前我国房地产行政性收费的状况，笔者认为当务之急是加大执法力度，对没有法律、法规作为依据的乱收费、乱摊派的机关，不仅应责令其向当事人退回所收款项，而且对于情节严重的直接责任人员给予行政处分，构成犯罪的，移交司法机关严惩不贷。同时应借鉴域外国家和地区房地产收费的成功经验，简化收费项目，将房地产行政性收费仅限于法律、法规作出明确规定的项目。西方发达国家的房地产收费主要有以下四项：①不动产转移手续费和登记费。西方发达国家最主要的房地产收费制度是不动产转移手续费和登记费，主要按照不动产移转金额的一定比例或一定数额收取。②受益损或工程受益费。这主要是指政府进行土地投资，对因土地投资而使自身价值提高的周围土地的土地所有者或使用者征收受益损和工程受益费。由于我国土地的公有制度，这项收费对我国没有多大的参考价值，但可考虑对集体所有的土地征收，或将此项收费列入土地使用费。③差饷。此乃香港地区特有的收费，主要向物业使用人收取，具体征收办法是按照评定的应课差饷租值征收的一个百分率，全年分四期缴付，应课差饷租值是某物业向市场上公开出租时，预期全年应得的合理租值。④登记公证费。这是国际上多数国家和地区在不动产转移时普遍征收的一项费用。如我国台湾地区规定：不动产遇有买卖、承典、交换、赠与、分割或占有而取得权利者，以乡镇区公所为鉴证，抽取1%的鉴证费，列入预算，充该乡镇区公所经费。对比我国的房地产收费制度，乱收费、重复收费现象比比皆是，并且房地产开发企业往往将乱收费的负担转嫁给住房消费者，这无疑加重了房地产所有人、使用人或交易人的经济负担，不符合国际惯例，对这些不合理的收费项目应予以摈弃。

第十四章
住房保障法律制度

第一节　住房保障和住房保障政策

一、住房保障的概念

"住房保障"是在住房领域实行的社会保障制度，是指由政府作为责任主体，以实现中低收入阶层居民的基本居住权为目的，具有经济福利性的国民居住保障系统。其实质是政府利用国家和社会的力量，通过国民收入再分配，为中低收入家庭提供适当住房，保障居民的基本居住水平。"保障型住房"是指由政府直接出资建造或收购，或者由政府以一定方式对建房机构提供补助、由建房机构建设，并以较低价格或租金向中低收入家庭进行出售或出租的住房。它涵盖经济适用房、廉租房，以及用于社会保障的各种可出售、出租的住宅。在美国，通常把用于可出售的低成本住宅称为可支付产权住宅。在我国现阶段主要指经济适用房和廉租房。

住房问题的核心是居民住房消费支付能力的不足。由于住房所具有的特性及住房市场所存在的缺陷，大量中低收入家庭的支付能力与具有适宜标准的住房价格之间存在着差距，以中低收入者为主体的特殊阶层难以仅仅只依赖市场机制来解决自身的住房问题。世界各国几乎无一例外地都在不同程度上为中低收入阶层解决住房问题提供帮助，并承担起重要的社会与经济责任。住房保障制度是一项重要的社会政策，政府担负着促进社会全面发展和保障全体居民基本权利实现的职责，理应成为构建住房保障制度的主体。世界大多数国家制订了针对中低收入阶层的专门的住房发展计划，通过对住房供应和住房需求的补贴及住房生产的直接干预，来满足中低收入阶层不断增长的住房需要。

二、住房保障的特征

住房保障具有以下五个方面的特征：

1. 政府的干预性。在市场经济条件下，政府干预市场理论依据在于弥补市场失效的缺陷。住房具有投资品和消费品的双重属性，政府从社会保障的角度，以政府投资为主，由政府或其委托的机构兴建公共住房，向中低收入家庭出租或出售，或者对中低收入家庭租房、购房给予补贴、贷款担保等优惠，是政府以实物或货币形式进行社会再分配的一种方式。在我国现阶段，政府对住房市场进行适度的干预尤为必要。干预的重点在于抑制高收入者通过垄断稀缺性的土地资源获取超额投资收益，防止高收入者超额无偿占有公共投资的外部收益，同时保障低收入者的基本住房需求。

2. 价格的低廉性。在住房保障中，政府所提供的公共住房主要面对中低收入家庭，是低于市场价格租售的住房，其差价主要源于政府在土地供应、房租和税收等方面的政策性补贴。

3. 需求对象的有限性。住房保障的目的是解决低收入家庭的居住问题，从住房需求者的角度看，主要是政府给中低收入阶层供应住房。与其他社会保障制度相类似，按照"效率优先、兼顾公平"的基本原则，对中低收入阶层的住房保障只能是低标准的，往往是确定中低收入者的衡量标准后，向符合标准的中低收入者出租已有的低标准住房，或向低收入者提供低标准住房补贴。

4. 保障对象的动态性。随着经济社会的发展，居民收入水平也会发生相应的变动。当居民收入超过一定水平，不再属于住房保障对象时，必须退出住房保障领域，进入商品住房市场，通过"卖小买大，卖旧买新"的住房市场，实现住房梯度消费。

5. 保障水平的层次性。由于保障对象的住房支付能力千差万别，因此住房保障的水平要区分层次，既有完全产权的商品住宅的保障，更应该重视不完全产权（例如我国的经济适用住房），而租赁住宅则是住房保障的最重要的措施。我国作为一个发展中国家，要建立严格的收入划分标准和资格审查制度，坚持有步骤、分层次地解决中、低收入家庭的住房问题。

三、住房保障的产生背景

住房是人类赖以生存和发展的必不可少的物质条件之一，住房问题，对世界任何一个国家而言都是一个重大的社会经济问题。住宅权是人类的一项基本人权，1981 年 4 月在伦敦召开的"城市住宅问题国际研讨会"上通过的《住宅人权宣言》指出，一个环境良好、适宜于人的住所是所有居民的基本人权。而 1996 年 6 月召开的联合国第二次人类住区大会通过的《伊斯坦布尔宣言》更是承诺"人人享有适当的住宅"。由于工业和人口的高度集中，产生了城市土地和住房供给的巨大需求，这种需求推动了土地价格和房屋价格的不断上涨，最终超越了中低收入和最低收入家庭的住房支付能力，以低收入者为主体的特殊阶层难以仅仅只依赖市场机制来解决自身的住房问题。

为了提高人民福利，缓解住房矛盾和社会矛盾，维护社会安定，各国政府都对住房问题进行了积极的干预。特别是在"二战"以后，住房保障法律制度得到了空前的发展和完善。许多国家认为，通过立法的手段，解决中低收入家庭的住房问题，实现"居者有其屋"的社会目标，既是维护社会安定的重要手段，也是社会收入再分配的重要方式。有关住房保障的法律遍布在宪法、民法等有诸多有关住房保障的法律条文中，而且绝大多数国家都颁行了有关住房保障的专门性法律，如英国1919年出台的《住宅法》、美国1949年的《住房法》和加拿大的《加拿大联邦住宅法》等。这些法律虽然各有不同，但大都从立法上确立了住房保障的目标、适用对象和住房保障的融资手段，使住房保障法律制度逐步成为各国社会法律体系和社会保障制度的重要组成部分。作为住房保障制度主要内容的公共住房在许多国家和地区有不同提法，如英国的合作住房，美国联邦政府的公共住房，日本的公营住房和公团住房，新加坡住房发展局建造的公共组屋，以及香港地区的公屋（包括廉租屋）等。

我国自从1998年停止了住房的实物分配，住房分配体制就发生了根本性的转变，由过去社会福利性分房转变为由市场决定的货币购房，这就使得获取住房的使用价值必须付出相应的住房市场价格。同时由于我国城市化进程加速，土地价格和住房价格迅速上涨，使得部分居民的住房支付能力不足。这就要求有一种制度（即住房保障制度）来保障这一部分人的住房，体现社会的公平性原则。目前我国各地已逐步建立起以经济适用住房制度、廉租房制度和住房公积金制度为主要内容的住房保障政策基本框架。然而事实证明，保障体系并没有达到理想效果。长期以来，中国房地产本应该由政府承担的保障角色却推给了市场，从而造成了今天普通民众对高房价的怨气冲天，也造成市场供求更加失衡，保障性需求与完全市场化的矛盾造成今天房地产矛盾重重的局面。这就是我们所面临的严重的住房问题。

在2008年开始，我国加大保障性住房建设的力度。2010年我国基本建成各类保障性住房432万套；2011年又基本建成城镇保障性安居工程住房432万套。2012年我国保障性住房的建设目标为700万套。最终开工建设781万套，基本建成城镇保障性安居工程住房601万套，超额完成了2012年保障性住房的建设目标。2014年计划建成各类保障性住房700万套以上，其中各类棚户区470万套以上；计划基本建成480万套。

四、住房政策和住房保障法律

出现住房问题以后，政府都会为解决住房问题、维护社会公共利益而推出一些住房政策。实践中，我国政府针对不同阶段的住房问题曾采取过不同的住房政策，例如，"住房公有化"、"住房市场化"或"住房货币化"、"不同收入家庭实行不同的住房供应政策"、"保障城市低收入阶层的住房"、"住房保障以廉租住房为主"、"住有所居"等。但总体来看，我国的住房政策呈现出"摸着石头过河"的特点，并不系统、连贯，也没有用法律的形式固定下来。[1]

住房问题关系民生，因此住房政策的制定与人民群众，尤其是低收入人群的利益密切相关。因此，住房政策的制定应该多倾听低收入者的声音，坚持"以人为本、坚持群众路线、实事求是、通盘考虑"的原则。从一定意义来看，法律是特殊的公共政策，法实质上就是最大的公共政策。所以，稳定、成熟的公共政策都会上升至法律的高度。住房政策与住房保障法律之间的关系也是很密切的。

与住房市场化改革速度相比，我国的住房保障制度的建设进展相对滞后，面临着一系列的问题，这与我国住房保障法律制度的缺位不无关系。目前与住房保障相关的规范性法律文件只有较少的行政法规和部门规章，从经济适用房政策到新出台的廉租房政策、公共租赁住房政策等，中国当前的住房保障制度之所以显得模糊不定，关键是没有将建立住房保障提高到国家立法的高度。《经济适用住房管理办法》、《廉租住房保障办法》、《公共租赁住房管理办法》、《住房公积金管理条例》等相关规定比较模糊且缺乏操作性，虽给地方立法留下了较大空间，但各地方有关住房保障方面的规范性文件虽多但也不完善，且不统一，给我国住房保障法律制度的健康发展带来了较大的障碍。

2014年3月28日，国务院法制办公布了《城镇住房保障条例（征求意见稿）》，向社会广泛征求制定住房保障行政法规的意见。该稿的主要原则是：一是保障基本，与经济社会发展水平相适应，保障住房困难群众的基本住房需求；二是公平公正，坚持分配公平、程序公正、公开透明；三是全程管理，重点围绕申请、轮候、分配等关键环节，建立准入、退出、纠错机制，同时对规划、选址、建设、标识、运营等进行规范，并建立全面而严格的责任制度；四是因地制宜，只规定基本制度，明确政策杠杠，具体办法和标准由地方政府根据当地实际制定。制定该条例的基本思路是：在保障范围上，按照尽力而为、量力而行的要求，将符合条件的城镇家庭和在城镇稳定就业的外来务工人员纳入保障范围，把棚户区改造纳入住房保障政策支持范围；在保障方式上，实行实物保障与货币补贴相结合，配租与配售并举；在保障力量上，坚持政府主导、社会参与，通过实施投资补助、财政贴息等支持政策鼓励社会力量参与；在保障责任上，明确政府的保障责任，强化工程质量责任，严格有关部门及其工作人员不履行职责，以及承租人、承购人的法律责任。

---

〔1〕　罗晋京、符启林："我国住房政策和住房保障制度思考"，载《南都学坛》2011年第5期。

第二节 经济适用住房法律制度

一、经济适用房概述

经济适用房是由政府扶持的，具有经济性、适用性和社会保障性的微利商品房。"经济"是指相对市场价格，经济适用房价格适中，与中低收入阶层的承受能力相适应；"适用"是指房屋的设计建造标准要符合居民需要，不仅面积适当、功能实用，而且交通便利、公用配套设施齐全，即在住房建筑标准上强调住房的适用效果，而不是降低建筑标准。

经济适用房是我国住房供应新体系的重要组成部分，主要是政府政策倾斜来扩大住房供给，以中低收入家庭为供应对象，按照国家住宅建设标准，与别墅、高级公寓、外销住宅、普通商品住宅相区分。具体而言，经济适用房原则上以行政划拨方式供应建设用地，享受政府的扶持政策，实行政府指导价，其价格由经济适用房建设主管部门会同同级物价管理部门依建设成本确定，报当地人民政府审批后执行，面向广大中低收入家庭出售。经济适用房政策是政府同时利用市场机制和宏观调控手段，解决中低收入阶层住房难问题的措施，兼有调控住房市场和调节收入分配的功能。

二、我国经济适用住房制度的发展历程

1994 年 7 月 18 日，国务院颁发《关于深化城镇住房制度改革的决定》（国发〔1994〕43 号），强调加快住房建设和推进城镇住房制度改革是各级人民政府的重要职责，第一次提出建立以中低收入家庭为对象、具有社会保障性质的经济适用住房供应体系和以高收入家庭为对象的商品房供应体系，明确提出应加强经济适用住房的开发建设，加快解决中低收入家庭的住房问题，同时要求在建房、售房方面对离退休职工、教师和住房困难户应予以优先安排。

1998 年 7 月 3 日国务院颁发《关于进一步深化城镇住房制度改革加快住房建设的通知》（国发〔1998〕23 号文件），要求进一步深化城镇住房制度改革，加快住房建设，并要求 1998 年下半年开始停止住房实物分配，逐步实行住房分配货币化，提出要建立和完善以经济适用住房为主的多层次城镇住房供应体系，明确了经济适用房的保障对象是中低收入家庭，经济适用房的来源有安居工程、集资建房和合作建房，作为房地产开发商已经不用承担必须开发经济适用房的责任。

2004 年 5 月 13 日，建设部、发展改革委、国土资源部、中国人民银行发布《经济适用住房管理办法》（建住房〔2004〕77 号）中明确了经济适用住房的定义，指

出：经济适用房是指政府提供政策优惠，限定建设标准、供应对象和销售价格，具有保障性质的政策性商品住房。其适用对象为：①有当地城镇户口（含符合当地安置条件的军队人员）或市、县人民政府确定的供应对象；②无房或现住房面积低于市、县人民政府规定标准的住房困难家庭；③家庭收入符合市、县人民政府划定的收入线标准；④市、县人民政府规定的其他条件。

2007年11月19日，建设部会同有关部门修订了《经济适用住房管理办法》（建住房〔2007〕258号），其中，修订了经济适用住房的定义：政府提供政策优惠，限定套型面积和销售价格，按照合理标准建设，面向城市低收入住房困难家庭供应，具有保障性质的政策性住房。经济适用住房是解决城市低收入家庭住房困难政策体系的组成部分，其供应对象要与廉租住房保障对象相衔接；该类房屋单套的建筑面积控制在60平方米左右，购买人拥有有限产权。经修改后的该办法使经济适用房回归到住房保障功能上，但是其保障范围已经明确缩小为低收入家庭。该政策保障目标定位的偏差最终产生了大量"夹心层"家庭，该政策已经不能满足住房保障的需要，促使政府必须出台新的住房保障政策来弥补经济适用房政策的不足。

三、我国现行经济适用房制度存在的问题

经济适用房制度自实施以来，在扩大住房供给、平抑房价、完善住房供应体系和启动市场有效需求等方面作用显著，并因此受到中低收入家庭的普遍欢迎。但是，经济适用房制度由于外部性效应和立法本身的缺陷，在实践中存在不少问题，主要体现在市场不公平竞争和市场配置资源效率低下等。

（一）供应不足

国家在颁布经济适用住房政策时提出目标对象是中低收入家庭，但并未对其具体数量和面积作出规定，各地方政府有权根据当地实际需求和财政能力决定每年经济适用住房的建设量和销售量。在北京，经济适用住房的供应量基本控制在商品住宅总量的10%左右。目前，政府对经济适用房的有限供应赶不上目标供应对象的无限需求。

（二）价格偏高

对于经济适用住房的价格，国家早在1998年7月颁布的《关于大力发展经济适用住房的若干意见》中就明确规定，经济适用住房执行政府指导价，其价格构成包括以下八项因素：①建设用地的征地和拆迁补偿、安置费；②勘察设计和前期工程费；③建安工程费；④住宅小区基础设施建设费（含小区非营业性配套公建费）；⑤以上四项之和为基数的1%~3%的管理费；⑥贷款利息；⑦税金；⑧3%以下的利润。经济适用住房每平方米单价明显低于周边商品住房价格，然而，如果从住房支付能力角度出发考察住宅总价，会发现经济适用住房价格仍偏高。造成其总价过高的主要原因是户型偏大，住宅总价取决于每平方米单价和户型面积，面积偏大违背了经济适用住房用于解决中低收入家庭住房困难的初衷。

（三）对象失控

首先，根据国务院《关于深化城镇住房制度改革的决定》和《城镇经济适用住房建设管理办法》的规定，经济适用房的供应对象为中低收入家庭。北京市政府曾于2000年规定家庭年收入低于6万元的居民可申请购买经济适用住房，即该类人群被政府认定为中低收入家庭。但由于我国缺乏严格和明确的收入申报制度，结果造成很多高收入家庭享受了本该由中低收入家庭享受的政府补贴。

（四）效率不高

根据国际经验，政府对住房建设和分配的补贴可分为对供给方补贴和对需求方补贴两类，对供给方提供补贴的住房政策效率明显低于对需求方进行补贴的住房政策。即"补砖头"和"补人头"。其中，"补砖头"政策能够在短期内解决住房短缺和低收入家庭住房困难问题，但政府将付出巨大的财政和行政成本，且补贴的经济效率较低；而"补人头"政策不仅能够增强家庭住房支付能力，从而促进住房市场发展，同时可以明确政府补贴的针对性，具有较高的政治和经济效率，是各国住房政策发展的方向。经济适用住房政策属于"补砖头"政策，政府试图通过降低开发商利润、政府土地和建设收益等方式降低住房成本，从而为中低收入家庭提供低价格的住房，但从政策本质来看，这类通过对供给方提供补贴的住房政策效率明显不高。

四、经济适用房的建设和价格管理

（一）经济适用房的建设管理

发展经济适用住房应当在国家统一政策指导下，各地区因地制宜，政府主导、社会参与。市、县人民政府要根据当地经济社会发展水平、居民住房状况和收入水平等因素，合理确定经济适用住房的政策目标、建设标准、供应范围和供应对象等，并组织实施。省、自治区、直辖市人民政府对本行政区域经济适用住房工作负总责，对所辖市、县人民政府实行目标责任制管理。

经济适用房的优惠政策：①土地划拨。经济适用住房建设用地以划拨方式供应。经济适用住房建设用地应纳入当地年度土地供应计划，在申报年度用地指标时单独列出，确保优先供应。②费用免收。经济适用住房建设项目免收城市基础设施配套费等各种行政事业性收费和政府性基金。经济适用住房项目外基础设施建设费用，由政府负担。③利率优惠。购买经济适用住房可提取个人住房公积金和优先办理住房公积金贷款。中国人民银行规定了经济适用住房的贷款利率优惠政策。④税收优惠。经济适用住房的建设和供应要严格执行国家规定的各项税费优惠政策。

经济适用住房要统筹规划、合理布局、配套建设，充分考虑城市低收入住房困难家庭对交通等基础设施条件的要求，合理安排区位布局。在商品住房小区中配套建设经济适用住房的，应当在项目出让条件中，明确配套建设的经济适用住房的建设总面积、单套建筑面积、套数、套型比例、建设标准，以及建成后移交或者回购等事项，并以合同方式约定。

经济适用住房单套的建筑面积控制在 60 平方米左右。市、县人民政府应当根据当地经济发展水平、群众生活水平、住房状况、家庭结构和人口等因素，合理确定经济适用住房建设规模和各种套型的比例，并进行严格管理。

（二）价格管理

确定经济适用住房的价格应当以保本微利为原则。其销售基准价格及浮动幅度，由有定价权的价格主管部门会同经济适用住房主管部门，依据经济适用住房价格管理的有关规定，在综合考虑建设、管理成本和利润的基础上确定并向社会公布。房地产开发企业实施的经济适用住房项目利润率按不高于3%核定；市、县人民政府直接组织建设的经济适用住房只能按成本价销售，不得有利润。

经济适用住房销售应当实行明码标价，销售价格不得高于基准价格及上浮幅度，不得在标价之外收取任何未予标明的费用。经济适用住房价格确定后应当向社会公布。价格主管部门应依法进行监督管理。

经济适用住房实行收费卡制度，各有关部门收取费用时，必须填写价格主管部门核发的交费登记卡。任何单位不得以押金、保证金等名义，变相向经济适用住房建设单位收取费用。

五、经济适用房的准入和退出管理

经济适用房的准入和退出管理是协调住房静态交易和家庭动态收入的关键所在，通过完善经济适用房购买对象的甄别选择机制，促成"高收入者退出，低收入者进入"的动态循环，推动经济适用房保障功能的全面发挥。经济适用住房管理建立严格的准入和退出机制。经济适用住房由市、县人民政府按限定的价格，统一组织向符合购房条件的低收入家庭出售。经济适用住房供应实行申请、审核、公示和轮候制度。市、县人民政府应当制定经济适用住房申请、审核、公示和轮候的具体办法，并向社会公布。

1. 准入标准。城市低收入家庭申请购买经济适用住房应同时符合下列条件：①具有当地城镇户口；②家庭收入符合市、县人民政府划定的低收入家庭收入标准；③无房或现住房面积低于市、县人民政府规定的住房困难标准。经济适用住房供应对象的家庭收入标准和住房困难标准，由市、县人民政府根据当地商品住房价格、居民家庭可支配收入、居住水平和家庭人口结构等因素确定，实行动态管理。

2. 审核标准。经济适用住房资格申请采取街道办事处（镇人民政府）、市（区）、县人民政府逐级审核并公示的方式认定。审核单位应当通过入户调查、邻里访问与信函索证等方式对申请人的家庭收入和住房状况等情况进行核实。申请人及有关单位、组织或者个人应当予以配合，如实提供有关情况。

3. 轮候管理。经审核公示通过的家庭，由市、县人民政府经济适用住房主管部门发放准予购买经济适用住房的核准通知，注明可以购买的面积标准，然后按照收入水平、住房困难程度和申请顺序等因素进行轮候。

4. 价格管理。符合条件的家庭，可以持核准通知购买一套与核准面积相对应的经济适用住房。购买面积原则上不得超过核准面积。购买面积在核准面积以内的，按核准的价格购买；超过核准面积的部分，不得享受政府优惠，由购房人按照同地段同类普通商品住房的价格补交差价。

5. 产权管理。居民个人购买经济适用住房后，应当按照规定办理权属登记。房屋、土地登记部门在办理权属登记时，应当分别注明经济适用住房、划拨土地。经济适用住房购房人拥有有限产权。购买经济适用住房不满5年，不得直接上市交易，购房人因特殊原因确需转让经济适用住房的，由政府按照原价格并考虑折旧和物价水平等因素进行回购。购买经济适用住房满5年，购房人上市转让经济适用住房的，应按照届时同地段普通商品住房与经济适用住房差价的一定比例向政府交纳土地收益等相关价款，具体交纳比例由市、县人民政府确定，政府可优先回购；购房人也可以按照政府所定的标准向政府交纳土地收益等相关价款后，取得完全产权。

6. 退出管理。已经购买经济适用住房的家庭又购买其他住房的，原经济适用住房由政府按规定及合同约定回购。政府回购的经济适用住房，仍应用于解决低收入家庭的住房困难。已参加福利分房的家庭在退回所分房屋前不得购买经济适用住房，已购买经济适用住房的家庭不得再购买经济适用住房。个人购买的经济适用住房在取得完全产权以前不得用于出租经营。

第三节　廉租住房法律制度

一、廉租住房概述

（一）廉租住房的概念

廉租住房，从字面上理解，是"房租低廉"的住房。导致"房租低廉"的原因主要有：一是劣质房屋，或位置偏僻，或面积狭小、结构不合理，或年久失修、质量较差，只能低价出租；二是租赁市场供大于求，出租人被迫降价出租；三是由于政府进行房租管制，将房租限定在较低的水平上；四是在住房商品化的前提下，政府采用直接供给或给予租金补贴等方式减轻特定居民家庭的房租压力，使其获得保障性住房。本书采用狭义说，认为廉租房是政府干预下供特定收入群体租赁消费的具有保障性质的住房，包括政府直接构建并低价出租的公有住房、被保障家庭接受政府租金补贴自行承租的住房、享受租金减免的公有住房等。

（二）廉租住房制度的特征

廉租住房制度是为了解决部分居民对住房支付能力的不足，由政府承担住房市场费用与居民支付能力之间差异的一种法律制度，具有以下特征：

1. 福利性。廉租房是社会成员由于各种原因陷入住房困难或无法享受其权益时，由政府按法定的程序和标准向其提供货币补贴、实物配租等援助。

2. 保障性。廉租住房制度是住房保障的核心内容之一，是政府行使社会保障职能的具体体现。

3. 公益性。廉租住房可以让城镇最低收入家庭获得生存空间，有家可归，提高城镇居民整体居住水平，提升城市形象，具有较强的公益性。

（三）廉租住房与经济适用房的区别

1. 两者的保障对象不同。按照政策规定，廉租住房的保障对象是城市最低收入家庭，经济适用房的保障对象为城市低收入住房困难家庭。

2. 两者的消费方式不同。廉租住房只出租，不出售；经济适用房主要用来出售，或者在租赁满一定期限的前提下出售。

3. 两者的保障方式不同。廉租住房保障方式实行货币补贴和实物配租等相结合的模式。经济适用住房保障方式是政府提供政策优惠，如土地划拨。

货币补贴是指县级以上地方人民政府向申请廉租住房保障的城市低收入住房困难家庭发放租赁住房补贴，由其自行承租住房。实物配租是指县级以上地方人民政府向申请廉租住房保障的城市低收入住房困难家庭提供住房，并按照规定标准收取租金。

二、我国廉租住房制度的发展历程

1994 年和 1998 年，国务院发布了《关于深化城镇住房制度改革的决定》和《关于进一步深化城镇住房制度改革加快住房建设的通知》，标志着我国城镇住房改革的开始和住房保障制度的建立。

自 1999 年起全国停止了住房的实物分配，住房分配体制发生了根本性的转变，即由过去社会福利性分房转变为由市场决定的货币购房，这就使得获取住房的使用价值必须付出相应的住房市场价格。同时由于改革开放后我国城市化进程加速，土地价格和住房价格迅速上涨，使得部分居民的住房支付能力不足，这就要求有一种制度（即住房保障制度）来保障这一部分人的住房，体现社会的公平性原则。但与住房市场化改革速度相比，我国的住房保障制度的建设进展相对滞后，面临着一系列的问题，这与我国住房保障法律制度的缺位不无关系。

建设部 1999 年 4 月 19 日发布的《城镇廉租住房管理办法》（已废止），初步确立了廉租住房的基本框架。

2003 年，《国务院关于促进房地产市场持续健康发展的通知》中，提出要强化政府住房保障职能，形成以财政预算为主，稳定规范的住房保障资金来源。同年 12 月 31 日，建设部会同有关部门联合发布了《城镇最低收入家庭廉租住房管理办法》（已废止）。

2005 年，《国务院办公厅转发建设部等部门关于做好稳定住房价格工作意见的通知》提出城镇廉租住房制度建设情况要纳入对地方政府工作的目标责任制管理，初步建立了廉租住房推进机制。此后，建设部又完善了城镇廉租住房租金管理制度，并颁布了城镇最低收入家庭廉租住房申请、审核及退出管理规定。

建设部等 9 部门联合签署，于 2007 年 11 月 8 日发布了《廉租住房保障办法》，从 2007 年 12 月 1 日起施行。

根据建设部的统计，截至 2006 年底，全国 657 个城市中，已经有 512 个城市建立了廉租住房制度，占城市总数的 77.9%。其中，287 个地级以上城市中，有 283 个城市建立了廉租住房制度，占地级以上城市的 98.6%；370 个县级市中，有 229 个城市建立了廉租住房制度，占县级市的 61.9%。浙江、广东、河北、江西、甘肃、陕西、江苏、湖北等 8 个省的 90% 以上城市建立了廉租住房制度。全国累计已有 54.7 万户低收入家庭通过廉租住房制度改善了住房条件。其中，领取租赁住房补贴的家庭 16.7 万户，实物配租的家庭 7.7 万户，租金核减的家庭 27.9 万户，其他方式改善居住条件的家庭 2.4 万户。2006 年和 2007 年全国计划新建廉租住房（包括新建廉租住房小区、普通商品住房项目中配建廉租住房）或者收购旧住房用于廉租住房共 15 万套，约 837.56 万平方米。

三、廉租住房保障方式

廉租住房保障方式实行货币补贴和实物配租等相结合。货币补贴是指县级以上地方人民政府向申请廉租住房保障的城市低收入住房困难家庭发放租赁住房补贴，由其自行承租住房。实物配租是指县级以上地方人民政府向申请廉租住房保障的城市低收入住房困难家庭提供住房，并按照规定标准收取租金。

实施廉租住房保障制度，我国目前采取租金补贴为主、实物配租为辅的原则，主要通过发放租赁补贴，增强城市低收入住房困难家庭承租住房的能力。廉租住房紧缺的城市，应当通过新建和收购等方式，增加廉租住房实物配租的房源。

（一）实物配租

实物配租是指市、县人民政府向符合条件的申请对象直接提供住房，并按照廉租住房租金收取租金。

实物配租的廉租住房来源主要包括：政府新建、收购的住房；腾退的公有住房；社会捐赠的住房；其他渠道筹集的住房。其中，政府新建和收购住房是实物配租的廉租住房的主要来源。政府出资购买住房，能够较好地发挥市场机制的作用，但是在房价高涨时难以适用。政府出资购建廉租住房，在住房紧缺时能够迅速平抑市场租金的高涨，但可能会减少民间房地产经营机构和其他组织的投资机会，产生"挤出效应"。廉租住房建设用地，采取划拨方式，保证供应；建设用地的规划布局，应当考虑城市低收入住房困难家庭居住和就业的便利。廉租住房建设应当坚持经济、适用原则，提高规划设计水平，满足基本使用功能，应当按照发展节能省地环保型住宅的要求，推广新材料、新技术、新工艺。廉租住房应当符合国家质量安全标准。

实物配租的面积标准。采取实物配租方式的，配租面积为城市低收入住房困难家庭现住房面积与保障面积标准的差额。新建廉租住房，应当将单套的建筑面积控制在 50 平方米以内，并根据城市低收入住房困难家庭的居住需要，合理确定套型结构。

实物配租的住房租金标准。租金标准实行政府定价。实物配租住房的租金，按照配租面积和市、县人民政府规定的租金标准确定。有条件的地区，对城市居民最低生活保障家庭，可以免收实物配租住房中住房保障面积标准内的租金。

实物配租的效应：①实物配租方式的积极作用。能直接增加廉租住房总量，明显提高低收入家庭的住房福利，直接改善低收入家庭的住房状况；政府集中购建房源，便于政府集中管理，在信息追踪和租金收取方面进行监控。②实物配租的消极作用：由政府直接投资建房，须大量投资，建成后，政府还要承担庞大的管理成本，资金来源压力大；易形成"贫民窟"，出现阶层歧视、地区治安等问题。例如，20 世纪 50 年代，很多发达国家在"二战"后集中兴建的公共住房由于规划、设计及管理方面的原因，大部分变成了贫民窟，各国政府不得不大规模清除，造成了极大的浪费。为了防止新的"贫民窟"的发生，我国规定，新建廉租住房，应当采取配套建设与相对集中建设相结合的方式，主要在经济适用住房、普通商品住房项目中配套建设。

（二）租金补贴

租金补贴是指市、县人民政府向符合条件的申请对象发放补贴，住户自行在市场上租赁房屋。市、县人民政府应当根据当地家庭平均住房水平、财政承受能力，以及城市低收入住房困难家庭的人口数量、结构等因素，以户为单位确定廉租住房保障面积标准。

租金补贴的补贴额度和标准。采取货币补贴方式的，补贴额度按照城市低收入住房困难家庭现住房面积与保障面积标准的差额、每平方米租赁住房补贴标准确定。每平方米租赁住房补贴标准由市、县人民政府根据当地经济发展水平、市场平均租金、城市低收入住房困难家庭的经济承受能力等因素确定。其中对城市居民最低生活保障家庭，可以按照当地市场平均租金确定租赁住房补贴标准；对其他城市低收入住房困难家庭，可以根据收入情况等分类确定租赁住房补贴标准。

租金补贴的效应：①租金补贴方式的积极作用：提高资金利用率和廉租住房制度的覆盖面；在较大程度上充分满足低收入家庭各自不同的居住需求，有利于政府节约管理成本，提高管理效率。②租金补贴方式的消极作用：刺激市场提高房租，在低价房源不足的情况下，租金补贴导致住房需求之间竞争加剧，租金大幅上升可能降低租金补贴的有效性，抵消其预期效应。

四、廉租住房的资金保障

（一）多渠道筹措资金

按照国家规定筹集并用于廉租住房保障的专项资金是廉租住房保障资金。廉租住房保障资金采取多种渠道筹措的方式。廉租住房保障资金来源包括：①年度财政预算安排的廉租住房保障资金。②提取贷款风险准备金和管理费用后的住房公积金增值收益余额。③土地出让净收益中安排的廉租住房保障资金。④政府的廉租住房租金收入。⑤社会捐赠及其他方式筹集的资金。

年度财政预算安排的廉租住房保障资金主要包括：市县财政预算安排用于廉租住房保障的资金；省级财政预算安排的廉租住房保障补助资金；中央预算内投资中安排的补助资金；中央财政安排的廉租住房保障专项补助资金。

提取贷款风险准备金和管理费用后的住房公积金增值收益余额，应当全部用于廉租住房建设。

土地出让净收益用于廉租住房保障资金的比例，不得低于10%。土地出让净收益为当年实际收取的土地出让总价款扣除实际支付的征地补偿费（含土地补偿费、安置补助费、地上附着物和青苗补偿费）、拆迁补偿费、土地开发费、计提用于农业土地开发的资金，以及土地出让业务费等费用后的余额。

政府的廉租住房租金收入应当按照国家财政预算支出和财务制度的有关规定，实行收支两条线管理，专项用于廉租住房的维护和管理。对中西部财政困难地区，按照中央预算内投资补助和中央财政廉租住房保障专项补助资金的有关规定给予支持。

（二）资金使用与监督

廉租住房保障资金实行专项管理、分账核算、专款专用，专项用于廉租住房保障开支，包括收购、改建和新建廉租住房开支，以及向符合廉租住房保障条件的低收入家庭发放租赁补贴开支，不得用于其他开支。收购廉租住房开支，指利用廉租住房保障资金收购房屋用于廉租住房保障的支出，包括支付的房屋价款等开支。改建廉租住房开支，指对已收购的旧有住房和腾空的公有住房进行维修改造后用于廉租住房保障的支出。新建廉租住房开支，指利用廉租住房保障资金新建廉租住房的开支，包括新建廉租住房需要依法支付的土地补偿费、拆迁补偿费及支付廉租住房建设成本支出。发放租赁补贴开支，指利用廉租住房保障资金向符合廉租住房保障条件的低收入家庭发放的租赁补贴支出。

廉租住房保障资金原则上实行国库集中支付。申请租赁补贴的符合廉租住房保障条件的低收入家庭，由市县财政部门根据市县廉租住房行政主管部门、民政部门的审核意见和年度预算安排，将租赁补贴资金直接支付给符合廉租住房保障条件的低收入家庭或向廉租住房保障对象出租住房的租赁方。收购、改建和新建廉租住房，经审核后，由同级财政部门将资金直接支付给廉租住房建设单位或销售廉租住房的单位和个人。

五、廉租住房的准入和退出管理

1. 准入标准。申请廉租住房保障，应当提供下列材料：①家庭收入情况的证明材料；②家庭住房状况的证明材料；③家庭成员身份证和户口簿；④市、县人民政府规定的其他证明材料。建设（住房保障）主管部门、民政等有关部门以及街道办事处、镇人民政府，可以通过入户调查、邻里访问以及信函索证等方式对申请人的家庭收入和住房状况等进行核实。申请人及有关单位和个人应当予以配合，如实提供有关情况。

2. 申请程序。申请廉租住房保障，按照下列程序办理：①申请廉租住房保障的家庭，应当由户主向户口所在地街道办事处或者镇人民政府提出书面申请；②街道办事处或者镇人民政府应当自受理申请之日起30日内进行审核，提出初审意见并张榜公布，并报送市（区）、县人民政府建设（住房保障）主管部门；③建设（住房保障）主管部门应当自收到申请材料之日起15日内提出审核意见，并将材料转同级民政部门；④民政部门应当自收到申请材料之日起15日内提出审核意见，并反馈同级建设（住房保障）主管部门；⑤经审核，家庭收入、家庭住房状况符合规定条件的，由建设（住房保障）主管部门予以公示，公示期限为15日；对经公示无异议或者异议不成立的，作为廉租住房保障对象予以登记，书面通知申请人，并向社会公开登记结果。

3. 轮候管理。建设（住房保障）主管部门应当综合考虑登记的城市低收入住房困难家庭的收入水平、住房困难程度和申请顺序以及个人申请的保障方式等，确定相应的保障方式及轮候顺序，并向社会公开。对已经登记为廉租住房保障对象的城市居民最低生活保障家庭，凡申请租赁住房货币补贴的，要优先安排发放补贴，基本做到应保尽保。实物配租应当优先面向已经登记为廉租住房保障对象的孤、老、病、残等特殊困难家庭，城市居民最低生活保障家庭以及其他急需救助的家庭。对轮候到位的城市低收入住房困难家庭，建设（住房保障）主管部门或者具体实施机构应当按照已确定的保障方式，与其签订租赁住房补贴协议或者廉租住房租赁合同，予以发放租赁住房补贴或者配租廉租住房。

4. 租赁住房补贴协议应当明确租赁住房补贴额度、停止发放租赁住房补贴的情形等内容。廉租住房租赁合同应当明确下列内容：①房屋的位置、朝向、面积、结构、附属设施和设备状况；②租金及其支付方式；③房屋用途和使用要求；④租赁期限；⑤房屋维修责任；⑥停止实物配租的情形，包括承租人已不符合规定条件的，将所承租的廉租住房转借、转租或者改变用途，无正当理由连续 6 个月以上未在所承租的廉租住房居住或者未交纳廉租住房租金等；⑦违约责任及争议解决办法，包括退回廉租住房、调整租金、依照有关法律法规规定处理等；⑧其他约定。

5. 退出管理。市县财政部门应当配合同级廉租住房行政主管部门会同民政部门建立廉租住房保障对象的动态监管机制，对于年度享受廉租住房保障的低收入家庭的收入状况进行跟踪复核，确认其是否可以继续享受廉租住房保障制度。对于不符合廉租住房保障条件的，应当停止发放租赁补贴、按照市场租金收取廉租住房租金或收回配租的廉租住房。市、县人民政府应当定期向社会公布城市低收入住房困难家庭廉租住房保障情况。市（区）、县人民政府建设（住房保障）主管部门应当按户建立廉租住房档案，并采取定期走访、抽查等方式，及时掌握城市低收入住房困难家庭的人口、收入及住房变动等有关情况。已领取租赁住房补贴或者配租廉租住房的城市低收入住房困难家庭，应当按年度向所在地街道办事处或者镇人民政府如实申报家庭人口、收入及住房等变动情况。街道办事处或者镇人民政府可以对申报情况进行核实、张榜公布，并将申报情况及核实结果报建设（住房保障）主管部门。建设（住房保障）主管部门应当根据城市低收入住房困难家庭人口、收入、住房等变化情况，调整租赁住房补贴额度或实物配租面积、租金等；对不再符合规定条件的，应当停止发放租赁住房补贴，或者由承租人按照合同约定退回廉租住房。

按照合同约定退回廉租住房的情形：①城市低收入住房困难家庭将所承租的廉租住房转借、转租或者改变用途；②无正当理由连续 6 个月以上未在所承租的廉租住房居住的；③无正当理由累计 6 个月以上未交纳廉租住房租金的。城市低收入住房困难家庭未按照合同约定退回廉租住房的，建设（住房保障）主管部门应当责令其限期退回；逾期未退回的，可以按照合同约定，采取调整租金等方式处理。

六、完善我国廉租住房立法的建议

根据建设部的统计，截至 2006 年底，全国累计已有 547 292 户低收入家庭通过廉租住房制度改善了住房条件，为廉租住房建设筹集的资金达 70.8 亿元，其中财政预算资金为 32.2 亿元，土地出让净受益 3.1 亿元，公积金增值收益 19.7 亿元，社会捐赠 0.2 亿元，其他资金 15.6 亿元。因此，无论是廉租住房的受益人群还是投入的资金，都已达到相当规模，但我国的法律还停留在"政府规章"的层面，并且是寥寥几条概括性的规定，法律的缺位大大地影响全国廉租住房法制建设的步伐。

1. 提高廉租住房的立法层次。目前，我国廉租住房方面的法律还停留在部门规章和地方政府规章的层次，不仅是《住宅法》或《住宅保障法》没有制定，就连社会保障方面的基本立法都没有，所以说，住房保障方面的立法严重滞后。没有国家层面的立法，就不能对住房保障制度进行整体上的设计，也无法规定适当的法律责任。以英国 1996 年《住宅法》为例，该法共分 8 个部分、233 条，其规定了廉租屋业主注册、廉租屋业主处置土地的权利、拨款及其他财政事宜、社团法人的一般权利、租户的权利、住宅利润和有关事宜、租户的行为、居住房屋的分配、无家可归者住房、收费指南、土地强制收购权、公司机构违法处置等详细内容。这些内容涉及廉租屋的定义、无家可归者的定义和范围、政府财政拨款、业主和租户的权利等公民住宅权的基本内容，并非低层次的立法所能解决。

2. 廉租住房的立法应注意与住房保障立法，甚至是整个社会保障法律制度相衔接。因为廉租住房的很多制度都需要其他相关社会保障制度的支持和指导，例如低保制度、保障资金的筹措等，甚至还会涉及个人信用、个人所得税缴纳等方面的信息。低收入居民住房问题的根源，不在于住房本身，而是一个与贫困长期和坚持不懈地做斗争的问题，因此必须从更广的视野来考虑，对于廉租住房的法制建设应有全局性和统筹性的考虑。

3. 廉租住房方面的立法不仅应具备全局性，还应具有前瞻性。国务院《关于解决城市低收入家庭住房困难的若干意见》提出，"2008 年底前，所有县城要基本做到应保尽保。'十一五'期末，全国廉租住房制度保障范围要由城市最低收入住房困难家庭扩大到低收入住房困难家庭；2008 年底前，东部地区和其他有条件的地区要将保障范围扩大到低收入住房困难家庭"。从这种发展趋势来看，廉租住房保障的力度正在加大，不仅是"夹心层"和农民工已列入保障的范围，而且廉租住房很快也将覆盖至农村。另外，廉租住房市场的发展还应考虑资产证券化的问题。

4. 应建立严格的收入划分标准和资格审查制度。首先应对全国的低收入家庭住房状况进行调查并建立低收入住房困难家庭住房档案，规定不同收入标准所能享受到的保障待遇，从而控制不同保障手段和水平的适用对象与范围。当居民家庭收入改变后，待遇也应随之改变，例如日本规定，享受公营住宅租金优惠的租户，当收入超过基准时，若连续居住 3 年以上，则要累进计租；若连续居住 5 年以上，就须买下该住宅。其次要参照国外的一些做法，建立对廉租住房申请、审核和公示等重要程序的社会监督制度，加大对骗取廉租住房者的处罚力度。骗取廉租住房的非低收入者，不仅妨害了国家的房地产宏观调控政策的实施，而且直接损害了社会弱势群体的生存利益，其社会危害性尤为巨大，对其不仅应处以罚款，而且还应直接追究刑事责任，才能保证廉租住房法律制度的顺利实施。

第四节 公共租赁住房法律制度

公共租赁住房是指限定建设标准和租金水平，面向符合规定条件的城镇中等偏下收入住房困难家庭、新就业无房职工和在城镇稳定就业的外来务工人员出租的保障性住房。

目前我国公共租赁住房的法律依据是住建部 2012 年 5 月 28 日发布的《公共租赁住房管理办法》及各地的实施办法。

公共租赁住房是我国新创设的一项住房保障制度，主要面向农民工、大学毕业生等"夹心层"低收入住房困难者。

一、公共租赁住房的房源

公共租赁住房通过新建、改建、收购、长期租赁等多种方式筹集，可以由政府投资，也可以由政府提供政策支持、社会力量投资。公共租赁住房可以是成套住房，也可以是宿舍型住房。

二、公共租赁住房的申请和审核

（一）申请公共租赁住房的条件

《公共租赁住房管理办法》第 7 条规定，申请公共租赁住房，应当符合以下条件：①在本地无住房或者住房面积低于规定标准；②收入、财产低于规定标准；③申请人为外来务工人员的，在本地稳定就业达到规定年限。

（二）对申请公共租赁住房的审核

申请人应当根据市、县级人民政府住房保障主管部门的规定，提交申请材料，并对申请材料的真实性负责。申请人应当书面同意市、县级人民政府住房保障主管部门核实其申报信息。

市、县级人民政府住房保障主管部门应当会同有关部门，对申请人提交的申请材料进行审核。经审核，对符合申请条件的申请人，应当予以公示，经公示无异议或者异议不成立的，登记为公共租赁住房轮候对象，并向社会公开；对不符合申请条件的申请人，应当书面通知并说明理由。

三、公共租赁住房的轮候和配租

（一）轮候

对登记为轮候对象的申请人，应当在轮候期内安排公共租赁住房。直辖市和市、县级人民政府住房保障主管部门应当根据本地区经济发展水平和公共租赁住房需求，合理确定公共租赁住房轮候期，报本级人民政府批准后实施并向社会公布。轮候期一般不超过5年。

（二）配租

1. 公共租赁住房房源确定后，市、县级人民政府住房保障主管部门应当制定配租方案并向社会公布。配租方案应当包括房源的位置、数量、户型、面积，租金标准，供应对象范围，意向登记时限等内容。

2. 配租方案公布后，轮候对象可以按照配租方案，到市、县级人民政府住房保障主管部门进行意向登记。市、县级人民政府住房保障主管部门应当会同有关部门，在15个工作日内对意向登记的轮候对象进行复审。对不符合条件的，应当书面通知并说明理由。

3. 对复审通过的轮候对象，市、县级人民政府住房保障主管部门可以采取综合评分、随机摇号等方式，确定配租对象与配租排序。综合评分办法、摇号方式及评分、摇号的过程和结果应当向社会公开。

4. 配租对象与配租排序确定后应当予以公示。公示无异议或者异议不成立的，配租对象按照配租排序选择公共租赁住房。配租结果应当向社会公开。

5. 复审通过的轮候对象中享受国家定期抚恤补助的优抚对象、孤老病残人员等，可以优先安排公共租赁住房。优先对象的范围和优先安排的办法由直辖市和市、县级人民政府住房保障主管部门根据本地区实际情况确定，报本级人民政府批准后实施并向社会公布。

四、公共租赁住房的租赁合同

配租对象选择公共租赁住房后，公共租赁住房所有权人或者其委托的运营单位与配租对象应当签订书面租赁合同。租赁合同签订前，所有权人或者其委托的运营单位应当将租赁合同中涉及承租人责任的条款内容和应当退回公共租赁住房的情形向承租人明确说明。

公共租赁住房租赁合同一般应当包括以下内容：①合同当事人的名称或姓名；②房屋的位置、用途、面积、结构、室内设施和设备，以及使用要求；③租赁期限、租金数额和支付方式；④房屋维修责任；⑤物业服务、水、电、燃气、供热等相关费用的缴纳责任；⑥退回公共租赁住房的情形；⑦违约责任及争议解决办法；⑧其他应当约定的事项。

合同签订后，公共租赁住房所有权人或者其委托的运营单位应当在 30 日内将合同报市、县级人民政府住房保障主管部门备案。

五、公共租赁住房的租期及租金标准

1. 租期。公共租赁住房租赁期限一般不超过 5 年。

2. 租金。市、县级人民政府住房保障主管部门应当会同有关部门，按照略低于同地段住房市场租金水平的原则，确定本地区的公共租赁住房租金标准，报本级人民政府批准后实施。公共租赁住房租金标准应当向社会公布，并定期调整。

公共租赁住房租赁合同约定的租金数额，应当根据市、县级人民政府批准的公共租赁住房租金标准确定。

承租人应当根据合同约定，按时支付租金。承租人收入低于当地规定标准的，可以依照有关规定申请租赁补贴或者减免。

六、公共租赁住房的使用和退出

1. 使用。公共租赁住房的所有权人及其委托的运营单位应当负责公共租赁住房及其配套设施的维修养护，确保公共租赁住房的正常使用。公共租赁住房的所有权人及其委托的运营单位不得改变公共租赁住房的保障性住房性质、用途及其配套设施的规划用途。

承租人不得擅自装修所承租公共租赁住房。确需装修的，应当取得公共租赁住房的所有权人或其委托的运营单位同意。

2. 退出。《公共租赁住房管理办法》第 27 条规定，承租人有下列行为之一的，应当退回公共租赁住房：①转借、转租或者擅自调换所承租公共租赁住房的；②改变所承租公共租赁住房用途的；③破坏或者擅自装修所承租公共租赁住房，拒不恢复原状的；④在公共租赁住房内从事违法活动的；⑤无正当理由连续 6 个月以上闲置公共租赁住房的。

承租人拒不退回公共租赁住房的，市、县级人民政府住房保障主管部门应当责令其限期退回；逾期不退回的，市、县级人民政府住房保障主管部门可以依法申请人民法院强制执行。

七、公共租赁住房的动态管理

1. 市、县级人民政府住房保障主管部门应当加强对公共租赁住房使用的监督检查。公共租赁住房的所有权人及其委托的运营单位应当对承租人使用公共租赁住房的情况进行巡查，发现有违反本办法规定行为的，应当及时依法处理或者向有关部门报告。

2. 承租人累计 6 个月以上拖欠租金的，应当腾退所承租的公共租赁住房；拒不腾退的，公共租赁住房的所有权人或者其委托的运营单位可以向人民法院提起诉讼，要求承租人腾退公共租赁住房。

3. 租赁期届满需要续租的，承租人应当在租赁期满 3 个月前向市、县级人民政府住房保障主管部门提出申请。市、县级人民政府住房保障主管部门应当会同有关部门对申请人是否符合条件进行审核。经审核符合条件的，准予续租，并签订续租合同。未按规定提出续租申请的承租人，租赁期满应当腾退公共租赁住房；拒不腾退的，公共租赁住房的所有权人或者其委托的运营单位可以向人民法院提起诉讼，要求承租人腾退公共租赁住房。

4. 承租人有下列情形之一的，应当腾退公共租赁住房：①提出续租申请但经审核不符合续租条件的；②租赁期内，通过购买、受赠、继承等方式获得其他住房并不再符合公共租赁住房配租条件的；③租赁期内，承租或者承购其他保障性住房的。

5. 房地产经纪机构及其经纪人员不得提供公共租赁住房出租、转租、出售等经纪业务。

八、廉租住房与公共租赁住房的并轨运行

2013 年 12 月 2 日，住建部、财政部、国家发改委下发了《关于公共租赁住房和廉租住房并轨运行的通知》，要求从 2014 年起，各地廉租住房（含购改租等方式筹集，下同）建设计划调整并入公共租赁住房年度建设计划。2014 年以前年度已列入廉租住房年度建设计划的在建项目可继续建设，建成后统一纳入公共租赁住房管理。

1. 整合公共租赁住房政府资金渠道。廉租住房并入公共租赁住房后，地方政府原用于廉租住房建设的资金来源渠道，调整用于公共租赁住房（含 2014 年以前在建廉租住房）建设。原用于租赁补贴的资金，继续用于补贴在市场租赁住房的低收入住房保障对象。

从 2014 年起，中央补助公共租赁住房建设资金以及租赁补贴资金继续由财政部安排，国家发展改革委原安排的中央用于新建廉租住房补助投资调整为公共租赁住房配套基础设施建设补助投资，并向西藏及青海、甘肃、四川、云南四省藏区、新疆自治区及新疆建设兵团所辖的南疆三地州等财力困难地区倾斜。

2. 进一步完善公共租赁住房租金定价机制。各地要结合本地区经济发展水平、财政承受能力、住房市场租金水平、建设与运营成本、保障对象支付能力等因素，进一步完善公共租赁住房的租金定价机制，动态调整租金。公共租赁住房租金原则上按照适当低于同地段、同类型住房市场租金水平确定。政府投资建设并运营管理的公共租赁住房，各地可根据保障对象的支付能力实行差别化租金，对符合条件的保障对象采取租金减免。社会投资建设并运营管理的公共租赁住房，各地可按规定

对符合条件的低收入住房保障对象予以适当补贴。各地可根据保障对象支付能力的变化，动态调整租金减免或补贴额度，直至按照市场价格收取租金。

3. 健全公共租赁住房分配管理制度。各地要进一步完善公共租赁住房的申请受理渠道、审核准入程序，提高效率，方便群众。各地可以在综合考虑保障对象的住房困难程度、收入水平、申请顺序、保障需求，以及房源等情况的基础上，合理确定轮候排序规则，统一轮候配租。已建成并分配入住的廉租住房统一纳入公共租赁住房管理，其租金水平仍按原有租金标准执行；已建成未入住的廉租住房以及在建的廉租住房项目建成后，要优先解决原廉租住房保障对象住房困难，剩余房源统一按公共租赁住房分配。

第五节　国外住房保障法律制度对我国的启示

一、市场经济发达国家住房制度和政府住房政策的基本经验[1]

（一）政府干预与市场机制并存

由于住房所具有的特性及住房市场所存在的缺陷，以低收入者为主体的特殊阶层难以依赖市场机制来解决自身的住房问题，政府必须介入居民的住房问题。政府作为一国经济的宏观调控者和管理者，担负着促进社会全面发展和保障全体居民基本权利实现的职责，理应成为构建住房体制的主体。市场机制无法解决中低收入居民家庭因支付能力较低而无法解决住房的问题，尤其是因城市化快速发展而居民收入水平普遍不高等原因导致全社会的住房紧张的情况下，没有政府的干预，就不可能有效地缓解以致解决尖锐的住房矛盾。

政府一般是以双重身份干预市场：一是以管理监督者的身份代表全社会管理和监督住宅市场，成为影响住宅市场的外在因素；二是以直接参与者的身份，作为住宅市场的内在因素直接参与交易，影响住宅市场的供求关系、供求价格和资金循环，调节市场内部的诸种关系与市场内外之间的关系。政府以参与者身份进入市场时，要尽可能避免扭曲市场信息和破坏市场在住房资源配置方面的基础性功能。近些年来，许多国家对原有的住房保障体制进行了较大改革，目的也在于通过减少对市场机制本身作用的过多影响以消除市场信息扭曲的现象。

充分运用市场机制配置住房资源是政府住房政策的重要基础。政府干预住房市场是市场经济国家不可避免的选择，但是各种干预政策的市场化程度有所不同。从

---

〔1〕　符启林：《房地产法》，法律出版社 2009 年版，第 384 页。

市场经济国家的经验来看，越贴近市场化操作的政策，可能效率越高，政府的成本越低。政府成为构建住房保障体制的主体，并不意味着政府要完全取代市场机制，更不是破坏市场机制。西方各国在"二战"后为了解决住房紧缺，纷纷出资或支持各种组织新建大量的住房，有效地缓解了人们的住房问题。瑞典实现了其建立百万套住房的计划，英国也对公房居住者提供补贴。新加坡的公积金制度在政府干预住房市场方面取得了很大的成功。但是，政府对住房市场的干预不是破坏或取代市场机制的运行，而是在市场机制无法发挥作用或无法充分发挥作用的情况下引导市场，是对市场机制的补充和修正，市场机制仍然是供应与配置住房资源的最有效率的经济制度。

（二）住房保障方式动态调整

不同的住房发展阶段，住房的供求关系状况有很大的差别，住房保障的需求程度和发生作用的范围也会相应产生很大的差别。一般来说，住房严重短缺时期，住房供应不能满足住房需求，住房价格与城镇居民家庭平均的住房支付能力差距较大，居民的住房保障需求相对强烈，需要政府保障的范围相对较大，需要保障的程度也较高。而在住房供求关系相对缓和时期，需要政府保障的范围较小，保障程度的要求较低，保障压力相对较轻。也就是说，在住房短缺突发时期，政府的直接强力干预有着积极作用；而在住房供求关系缓和时期，充分发挥市场本身的作用，把保障机制融入市场机制之中，则是较好的选择。

不同的住房发展阶段也会深刻影响住房保障具体方式选择。例如，在住房严重短缺时期，政府直接建房的方式有利于直接增加住宅的供给，加快住房建设；而在住房供求关系比较缓和时期，采取房租补贴的方式，更具选择性，有利于减少保障资金支出，促进市场本身作用的发挥。相反，如果在住房短缺时期简单地实行房租补贴的方式，则会由于房价较高、申请住房补贴的居民较多、补贴数额较大，使政府背上沉重的住房保障支出负担，同时又无法迅速增加住房供给。但如果住房供求矛盾较小，房价比较稳定，继续实行建房政策，则不利于市场作用的发展，甚至会干扰市场机制的正常运行。所以，住房发展阶段决定了住房保障体制的覆盖范围和程度，影响了住房保障方式的选择，以及各种具体方式之间的关系。因此，应当根据住房发展阶段来决定政府保障体制的运行方式，并随其演进而及时对住房保障体制的运行方式进行相应调整。

世界各国的住房基本格局是市场化、商品化的私有住房与政策导向的公共住房的结合。公共住房建设是世界大多数国家在经济发展、城市化进程中非常重要的政策手段。根据各国基本经验和住房结构变化的轨迹来看，公共住房建设必然要随着社会人口结构、收入结构和产业结构的变化进行阶段性的调整，与经济社会的发展保持协调。

（三）住房保障多层次性

住房保障的实质，是政府承担住房市场价格与居民支付能力的差距，以解决部分居民对住房支付能力不足的问题。由于保障对象的住房支付能力是千差万别的，因此，住房保障的水平也须有层次性，以体现对每一个居民的公平；保障水平的层次性使不同收入水平的居民享受不同程度的保障，是一种经济、合理的保障制度，同时也有利于节约财政支出，减轻政府住房保障负担成本或保障成本，从而使更多的居民按照其所应享受的待遇，享受到政府相应程度的保障。

必须建立多层次的住房保障，尤其是要关注广大中下层人民的住房权利。倡导效率优先的美国也为老人和特殊人群提供了住房补贴等一系列的福利。德国的住房福利更是广泛，有为有能力买房的中产阶级提供的"住房储蓄"政策，也有为贫民量身定做的"福利型公共住宅"政策。英国也为自有房者、租房者及公房居住者提供的多层次的住房补贴，惠及所有国民。

（四）住房金融支持不可或缺

住房保障体制实际上是政府向居民提供的一种公共产品，其效用就是通过支付转移的方式实现社会收入的再分配，使广大中低收入和最低收入居民家庭也能够享受经济发展的利益，从而保持分配公平和社会稳定。没有一个完善的住房金融体系，很难支撑住房的高速发展。同理，没有住房金融的支持，也无法保证住房保障制度的顺利实施。新加坡利用公积金制度取得了住房发展的成功。德国积极鼓励大中型企业兴建福利型社会住宅，而这些企业可以获得政府担保的占建设投资50%的无息贷款。法国的住房协会，不仅可以为人们建房，还可以为人们提供贷款。我国可以考虑建立专门的住房发展银行或是具有金融性质、能行使金融功能的住房协会。

二、对我国住房保障法律制度建设的启示

（一）建立适合国情的住房保障模式

公共住房问题虽然是城市化进程中面临的一个共性问题，但各国解决这一共性问题的方法不尽相同，他们在政策制定、发展模式、保障对象、表现形式等方面都存在差异。从美国、德国和新加坡的住房保障制度的演变看，国家的经济政策、经济发展程度及其政府保障能力、住房发展阶段、低收入居民的住房需求，是决定一国住房保障制度设计的重要因素。如1930年美国处于经济大萧条时期，市场无力提供足够住房，因此，政府选择建设公共住房来满足住房需求；"二战"后处于重建时期的德国政府财政能力有限，选择通过优惠政策鼓励开发商建设公共住房；新加坡由于土地资源紧缺，因此选择了政府主导的公房建设模式，最大可能地满足居民的住房需求。从公共住房的覆盖面来看，美国采取的是以"市场为主、适度保障"为原则，公共住房只覆盖占总人口比例15%以下的中低收入家庭；新加坡的组屋政策

覆盖了 85% 的居民；而瑞典的公益住房则面向所有公民，并不仅限于低收入家庭。因此，住房保障运作模式的选择必须取决于本国的国情。

解决低收入居民的住房问题，要随着具体情况的变化而不断发展，没有一个一劳永逸、简单的解决办法，关键要与本国的国情——低收入居民的阶段性需求和可借用的市场潜力与资源潜力等因素很好地结合起来，作出综合设计。我国在推动住房制度商品化、社会化的过程中，否定了住房福利，忽视了对低收入群体的住房保障，政府的公共职能没有很好地发挥。为构建和谐社会、保障"居者有其屋"，为保障公民尤其是中低收入公民的基本居住条件，我国政府应从"经济增长型"向"公共服务型"转变，承担起构建住房保障体系的重任，努力成为构建公共住房供应体系的主体，采取投入大量资金建设经济适用房与廉租房，对居者发放住房补贴、发展住房信贷等方式，积极发挥政府职能。

（二）建立多层次的住房保障体系

从发达国家的住房保障发展经验看，各国采取的都是首先重点解决低收入家庭的住房问题，然后再逐步解决中等收入家庭的住房问题，具有层次性。我国的住房保障存在诸多的问题，包括农村剩余劳动力向城市转移后的住房问题，还有城市化过程中城中村问题，以及老工业基地等社会失业率较高地方的住房问题等。这些都决定了我国必须建立多层次的住房保障制度。为保证这种层次性的实现，必须建立严格的收入划分标准和资格审查制度，规定不同收入标准所能享受到的保障待遇，从而控制不同保障手段和水平的适用对象与范围。当居民家庭收入改变后，待遇也要随之改变，以避免其过度享受福利待遇。例如日本规定，享受公营住宅租金优惠的租户，当收入超过基准时，若连续居住 3 年以上，则要累进计租；若连续居住 5 年以上，就须买下该住宅。

我国住房保障制度起步较晚，保障手段单一，受人力、物力、财力的制约，必须根据不同的经济政策安排、不同的住房发展阶段及不同的居民保障需求，有步骤有层次地解决中低收入家庭的住房问题。保障水平的层次性决定了手段的多元化、层次化和重点、顺序上的合理化要求。住房保障的方式从来都不是单一的，行政手段、财税手段、金融政策等都可以在解决低收入居民住房问题中发挥一定的作用，需要综合考虑和安排。为灵活地适应不同保障对象的具体需求和保障待遇合理化的客观需要，就必须设计和提供不同的保障手段，从住房供应结构和供应方式方面建立适应不同收入水平居民承受能力的、分层次的住房保障体系，提供不同的保障手段，灵活地适应不同保障对象的具体需求和保障待遇。

（三）建立完善的住房保障法律制度

国外的公共住房政策基本都是以法律形式出现的，公共住房体系的建立也得益于法律的强力保障。经过长期的法制实践历程，发达国家已基本建立了较为完善的住房保障法律体系，包括综合性的社会保障法律中的有关住房保障的法律规定，以及有关住房保障的专门法律，如美国的《住房法》、《全国可承受住宅法》，日本的《公营住宅法》、《住宅金融公库法》，英国的《住房法》、《住宅与建房控制法》等，明确规定如下各项内容："居民享有适当住房"的政策目标、低收入者的住宅、住房金融，以及各级政府在保障居民的基本居住条件问题中的职责等。

我国目前还没有建立一套完整的法律保障体系，应尽快制定出符合我国国情的统一的住房保障法律法规，目前的法律依据仅是国务院各部委颁布的有关经济适用房、廉租房等方面的行政法规、文件。要尽快制定《住宅法》，对住宅的建设、消费、分配等环节进行规范，确定政府在住房市场的责任和义务，明确政府在住房市场的角色。也可以在条件成熟的前提下先行制定《住房保障条例》，在法律上规定住房保障的对象、保障标准、保障水平、保障资金的来源，以及建立专门管理机构等。严格制定住房保障对象的准入、退出管理办法，规定当地居民收入发生变化以后，保障措施也要相应地发生变化，如原廉租住房的居民，收入达到中等收入水平后，实行退出机制。

（四）建立有效的住房保障金融支持政策

住房金融是住宅业发展的"蒸汽机"、"加速器"，住房金融的发展，有助于解决公共住房建设的资金"瓶颈"问题，对住房消费也将产生强大的助推作用。发达国家非常重视政策性金融支持系统的构建，如美国联邦抵押贷款协会、新加坡的住房公积金制度、日本的金融公库制度、德国的住宅互助储金信贷社、英国的住房协会等，为住房自有化提供了较好的金融支持。高度发达的住房抵押贷款体系，对提高美国居民的住房水平起到了关键的作用。美国的住房金融体系包括一级抵押贷款体系、二级抵押贷款证券化体系和住房金融保险体系三个方面。新加坡中央公积金制度使政府"居者有其屋"的计划能够顺利实施。公积金实行法制化管理，置于政府的严密控制之下，运作规范有序，确保了资金的良性循环和保值增值。除支付缴款人的正常提取外，其余公积金用于购买政府债券。

近几年，我国住房金融的发展已有一定规模，但是仍滞后于房地产业的发展。政策性住房金融发展滞后，除住房公积金贷款以外，我国尚未有直接面向中低收入家庭发放的低息或无息贷款；我国还未建立政策性住房抵押贷款风险担保机制，低收入家庭贷款缺乏担保主体；我国参与住房金融的机构偏少，缺乏专门的住房发展银行或住房贷款公司，仅有商业银行和住房公积金参与住房金融，不利于住房金融的发展。因此，一方面需要加快建设金融市场，另一方面也可以通过政府的住房政策促进金融市场的健全和完善，如积极开展住房储蓄和政策性住房抵押贷款，完善贷款担保机制，降低中低收入居民申请贷款的门槛等。

第十五章

房地产危机应对法律制度

根据房地产周期理论，房地产业运行本身存在一定的周期，有的时期表现得比较明显，有时不那么明显。房地产泡沫或房地产危机对于我们并不是遥不可及的事情，我们只能未雨绸缪，尽量将防范房地产危机、治理房地产泡沫纳入法治的轨道。

第一节　房地产泡沫与房地产危机

一、房地产泡沫及房地产危机的界定

有研究者提出，房地产泡沫是指由于房地产市场的过度预期和投机行为导致市场需求过热，进而使得房价与房地产本身价值偏离过多，房价虚高，形成市场泡沫。[1] 还有的论著提出，房地产泡沫是在房地产市场供给大于需求而房价却明显高于均衡价格的现象。[2]

房地产危机是指房地产周期的萧条期，即房价的大幅下跌，房地产交易量进一步减少，空置率居高不下，房地产泡沫破灭，房地产纠纷大量出现，房地产企业破产现象普遍，房地产行业的萧条波及其他相关行业，有可能引发整体性的经济危机或金融危机。

房地产泡沫的破灭将会引起房地产危机，房地产危机将导致金融危机或经济危机，甚至引发社会危机和政治危机，所以世界各国对于房地产危机不能熟视无睹，会加大对房地产泡沫的治理和房地产危机的应对。例如，自 2015 年起，我国地方政

---

〔1〕　袁平:《中国房地产市场泡沫与房地产信贷风险管理研究》，经济科学出版社 2014 年版，第 24 页。
〔2〕　樊明等:《房地产买卖行为与房地产政策》，社会科学文献出版社 2012 年版，第 178 页。

府出台了一些房地产的"救市"措施。

二、房地产泡沫的危害及其衡量标准

根据相关研究，房地产泡沫的危害有：①房地产泡沫破裂将会导致金融危机；②房地产泡沫的破裂将引发政治危机；③房地产泡沫的存在将会导致社会问题；④房地产泡沫破灭将会导致生产和消费危机；⑤房地产泡沫的存在和发展将会抑制其他产业的发展；⑥房地产泡沫破裂会使财富快速、大量缩水。[1]

也有些论著认为，房地产泡沫的影响有以下：①造成资源低效率配置；②有悖于财富飞公平合理分配；③给银行带来大量呆账坏账。[2]

虽然大家都看到了房地产泡沫的危害，但衡量一个国家或某个地区是否存在房地产泡沫却有可能得出不同的结论：

有的研究者采取了房地产投资/GDP 及房地产投资增长率/GDP 增长率、房价增长率/GDP 增长率、房价收入比、商品房空置率等指标对我国房地产市场进行分析，得出的结论是：中国目前房地产市场过热的现象非常明显并已产生了泡沫现象。在局部地区，如上海、北京、深圳等中心城市已经存在着很大程度的泡沫。考虑到 2007 年以来，长沙、成都、武汉、乌鲁木齐等二线城市房价不断上扬，而且上涨速度不断加快的情况，意味着我国房地产泡沫已经开始横向扩散，如果不能迅速采取合适的措施，就有可能形成全国性的房地产泡沫。[3]

也有研究者指出，中国房地产市场泡沫在本书测度年度区域内（2000~2009 年）已经形成，选用房价收入比，空置率、房地产开发投资与全社会固定资产投资的比，房地产投资增长率与 GDP 增长率的比，商品房销售收入与房地产投资的比五大指标的值均超过警戒线。尽管 2008 年受到全球金融危机的影响，相关指标有所回落，但 2009 年各项指标又严重超标，反映出中国房地产市场存在泡沫。[4]

有的研究者却不同意以上的判断，他们认为判断房地产市场是否存在泡沫是一件很困难的事，因为市场的状态是过量供给或过量需求并不容易判断，一旦判断失误就可能导致严重的后果。中国自 1998 年取消福利分房制度以来，房地产业得到快速发展，房价不断上涨。自 2003 年以来，政府就开始不断出台房价调控政策来稳定房价，这些房价调控政策大都是在限制需求和限制供给，经过几轮调控（到 2011 年

---

〔1〕　施继元等：《房奴、房价及其治理：国际经验和中国道路》，上海财经大学出版社 2011 年版，第 54~55 页。

〔2〕　樊明等：《房地产买卖行为与房地产政策》，社会科学文献出版社 2012 年版，第 191~192 页。

〔3〕　施继元等：《房奴、房价及其治理：国际经验和中国道路》，上海财经大学出版社 2011 年版，第 64 页。

〔4〕　袁平：《中国房地产市场泡沫与房地产信贷风险管理研究》，经济科学出版社 2014 年版，第 83 页。

8月)，政府调控政策一直未能取得预期效果。由此我们进一步判断，目前中国房地产市场出现的高房价有着巨大的真实需求作为支撑，这证实了我们对于中国房地产市场在整体上并不存在泡沫的判断。[1]

笔者认为，由于采取的标准或研究的方法不一致，专家学者会得出截然不同的研究结果。这从另一个侧面反映了房地产泡沫的复杂性和政府必须采取的慎重态度。是否构成泡沫或者泡沫到底有多大，这是一个经济学应该解决的问题。房地产法的任务在于制定相关的规则，让政府作出判断或采取相应的措施是符合法律规定的。

三、房地产泡沫的治理措施

有的专家提出治理房地产泡沫的对策：减少供给、限制房地产投机行为和增加有效需求。[2]还有专家提出，政府及相关部门可采取相应的措施控制房地产泡沫：一是减少货币供应量；二是控制居民房地产投资需求。同时，也要加强资本市场建设，扩宽居民的投资渠道，减少房地产投资需求。[3]

我们还可以提出类似增加或减少供给，鼓励或限制消费的很多措施，问题是：我们如何保证政府所采取的治理或应对措施是科学的、符合经济发展规律或社会公共利益的？笔者认为首先应在程序方面加以规定。

十八届四中全会决定提出政府要健全依法决策机制。把公众参与、专家论证、风险评估、合法性审查、集体讨论决定确定为重大行政决策法定程序，确保决策制度科学、程序正当、过程公开、责任明确。目前，国家层面还没有制定行政重大决策的程序性规定，但一些地方已出台了相关规定。

例如2010年10月18日广州市人民政府发布的《广州市重大行政决策程序规定》第3条规定，重大行政决策应当遵循科学、民主和合法的原则，遵循公众参与、专家咨询、风险评估、合法性审查和集体决定相结合的行政决策机制。

第6条规定，本规定所称重大行政决策（以下简称决策）包括以下事项：①制定经济和社会发展重大政策措施；②编制和修改各类经济、社会、文化发展和公共服务总体规划；③使用重大财政资金，安排重大政府投资项目，处置重大国有资产；④开发利用重大自然资源；⑤制定城市建设、环境保护、土地管理、劳动就业、社会保障、文化卫生、科技教育、住房保障、交通管理等方面的重大政策措施；⑥制定行政管理体制改革的重大措施；⑦其他需要政府决定的重大行政管理事项。

笔者认为，政府决定应对房地产泡沫或房地产危机的措施应属于重大决策，应遵循公众参与、专家论证、风险评估、合法性审查、集体讨论决定等程序性规定。

---

〔1〕 樊明等：《房地产买卖行为与房地产政策》，社会科学文献出版社2012年版，第194页。

〔2〕 樊明等：《房地产买卖行为与房地产政策》，社会科学文献出版社2012年版，第192～193页。

〔3〕 袁平：《中国房地产市场泡沫与房地产信贷风险管理研究》，经济科学出版社2014年版，第94页。

唯有如此，才能最大限度地保证政府所出台的应对措施是科学、民主的，也是最能代表民意和接近真理的决策。

第二节　东南亚金融危机和美国次贷危机

一、东南亚金融危机[1]

1997 年 7 月 2 日，泰国宣布放弃实行长达 13 年之久的盯住美元的固定汇率制，立即引发泰铢大幅度贬值。加上国际游资的兴风作浪，汇率下跌危机蔓延至菲律宾、马来西亚、印尼和新加坡。汇率危机又波及股市，直接导致外资出逃、货币挤兑和银行破产、倒闭。直至 1997 年 10 月月底，IMF 宣布有关的援助计划，金融才危机暂告一段落。

1998 年 1 月 6 日，印尼盾对美元的比价跌至 7310 : 1，比 1997 年 12 月中旬的汇价下跌 80% 以上。1 月 22 日，汇价曾跌破 15 000 印尼盾兑 1 美元的大关。刹那间，股市、汇市狂跌，通货膨胀严重，失业率不断上升，使印尼陷入有史以来最严重的经济衰退。经济危机终于导致政治危机，印尼国内发生大规模骚乱，当地华人华侨竟成社会骚乱的牺牲品。受其影响，新元、马币、泰铢、菲律宾比索纷纷报跌。直到 1998 年 4 月 8 日印尼和 IMF 就一份修改后的经济改革方案达成协议后，东南亚汇市才又慢慢趋于平静。金融危机对东南亚主要国家的影响是深远的。单从经济方面来看，1998 年泰国、印尼、马来西亚和菲律宾的 GDP 是负增长，印尼 1998 年的 GDP 增长率竟是 −13.2%。

对于引发金融危机的原因，有不同版本的说法。世界银行认为，这些国家过度的外资引进、实行盯住汇率制度的时间过长、国内过度投机及政府金融管理的不力是导致金融危机爆发的主要原因。有学者认为，东南亚金融危机的主要原因是出口的下降导致盯住汇率的预期贬值压力加大。有的还认为金融危机是国际投机商的投机所致。也有的学者认为，东南亚地区的金融危机产生于内外经济的根本性失衡。

也有研究者分析了泰国的房地产泡沫与金融危机的关系。1996 年，泰国的房屋空置率达到 22%，房地产泡沫已形成。1997 年，从泰国发端所引发的亚洲金融危机导致了泰国房地产泡沫的破灭。开发商开始抛售房屋，房价不断下跌，银行和金融机构产生大量的坏账、呆账，国家背负大量的外债。从泰国房地产泡沫的形成与破灭的过程，我们有三点观察：①即便像泰国这样的发展中国家，如果房地产的发展

---

[1] 罗晋京：《跨国银行法律规制对国家主权的影响》，知识产权出版社 2011 年版，第 213～214 页。

脱离了其需求面的支撑，也会形成房地产泡沫；②房地产泡沫的破灭与经济衰退相关。在泰国，是金融危机引发经济危机导致经济衰退，房地产泡沫才破灭的；③即便在经济正常运行，不存在房地产泡沫的条件下，经济衰退也会导致房地产市场供大于求，空置率大幅上升，房价下跌，这些现象与典型的房地产泡沫破灭时表现相似。[1]

二、美国次贷危机[2]

"次贷"是次级抵押贷款的简称，是相对于普通抵押贷款而言的。由于低收入者因为信用记录较差或付不起首期房款而无法取得普通抵押贷款，次级抵押贷款则为低收入者提高了选择的余地。次贷的风险比普通抵押贷款高，因而利率也相对较高，并且随着市场利率的浮动而波动。据统计，1994～2006年，美国的房屋拥有率从64%上升到69%，超过900万的家庭在这期间拥有了自己的房屋，这在很大程度上要归功于次级房贷。

进入21世纪后，"次贷"风行美国。尤其是在新经济泡沫破裂和"9·11"事件后，美国经济发展速度放缓，出于对通缩的恐惧美国实行宽松的货币政策，2000～2004年，连续25次降息，联邦基金利率从6.5%一路降到1%，有数据显示，"次贷"发展最快的时期是2003～2006年，这几年恰恰是利率最低的一段时期。放贷机构坐收超常利润，贷款人赢得房产"升值"，50万美元买了一套房子，2年后价格升到60万美元，贷款人将房子作为抵押再贷出钱，也就会买几处房子，坐收房地产价格上涨的渔利。到2006年末，"次贷"已经涉及500万个美国家庭，已知的"次贷"规模达到1.1万亿～1.2万亿美元。房地产发展总是有周期的。为防止市场消费过热，2005～2006年，美联储先后加息17次，利率从1%提高到5.25%。后来加息效应显现，房地产泡沫开始破灭，抵押物贬值，贷款利率相应上升，本来"次贷"贷款人就是低收入者，还不了贷款，只好抛弃房子。贷款机构收不回贷款，只能收回贷款人的房子，但收回的房子不仅卖不掉，而且还不断贬值缩水。

"次贷"之所以酿成危机，是因为"次贷"早已经通过美国金融创新工具——资产证券化放大成为次级债券，弥漫到了整个美国乃至全球的金融领域。一些具有"金融创新"工具的金融机构，恰好为他们创造了机缘：将一个个单体的"次贷"整合"打包"，制作成各种名字的债券，给出相当诱人的固定收益，再卖出去。于是，银行、资产管理公司、对冲基金、保险公司、养老基金等金融机构，面对这样的"稳定而高回报的产品"，自然眼睛发亮，产生慷慨解囊的冲动，抵押贷款企业于是有了新的源源不断的融资渠道，制造出快速增长的新的"次贷"。这些债券本来是从

---

〔1〕 樊明等：《房地产买卖行为与房地产政策》，社会科学文献出版社2012年版，第184页。

〔2〕 罗晋京：《跨国银行法律规制对国家主权的影响》，知识产权出版社2011年版，第195～198页。

一些低质资产发展而来的，"金融创新"则使这些低质资产通过获得信用评级公司的评级获得了 AAA 的高等级标号，以光鲜亮丽的外表出现在债券市场上。目前，美国这些次级债券基本分散在五类金融机构手中，包括银行（31%）、资产管理公司（22%）、对冲基金（10%）、保险公司（19%）和养老基金（18%）。2007 年 7 月，几家著名的国际评级公司下调了美国的 1000 多只按揭贷款抵押债权的评级，导致市场出现恐慌，而监管当局也没有提前预警"次贷"风险。美国对冲基金的总规模约 2 万亿美元，控制的资金高达 8 万亿美元，足以影响约 20 万亿美元的美国股市。"次贷危机"出现之后，特别是 2007 年 8 月 3 日，贝尔斯登宣布暂停赎回 3 只按揭贷款对冲基金，立即造成股市恐慌，引发骨牌效应。8 月 16 日，由于投资者恐慌情绪，道琼斯指数一度暴跌 343 点。2008 年 1 月 ~ 2 月，一系列数据显示美国经济已经放缓，美国股市和全球股市跌声一片，即使是美联储注资 2000 亿美元，美国股市依然只出现了一天的反弹，随后又一次下跌。美国股市的连续下跌已累及全球的股市，造成全球性金融危机。2008 年 9 月 7 日美国财政部长保尔森正式宣布，从即日起美国政府将接管陷入困境的两大住房抵押贷款融资机构：房利美和房地美。同时财政部还计划购买由这两家公司发行的抵押贷款支持证券（MBS）到 2009 年底，避免美国房市崩溃以挽救美国经济。

2008 年 9 月 15 日，美国第四大投资银行——拥有一百多年历史的雷曼兄弟公司向法庭申请破产保护，这是美国有史以来最大规模的破产案。此外，美国第三大投资银行——美林证券公司也被美国银行收购，而美国 AIG 保险公司还在寻找贷款支持。

虽然美国次贷危机引发了全球性的金融危机，将其国内金融风险传递给全世界，但有的学者还是认为，不能因为次贷导致危机就完全否定次贷的积极意义。次贷是在严重的流动性过剩的背景下发生的贷款，这一现象可以被解读为：一方面，社会存在大量的闲置资源；而另一方面，社会中仍有相当一部分人尚未拥有自己的住房。次贷本质上是把闲置的资源配置给尚未拥有住房的人并为其解决住房问题。从这个意义上来说，次贷有着积极意义。[1]

第三节　我国部分地区应对房地产危机的对策

一、海南房地产泡沫及其破灭

1992 ~ 1994 年流入海南的资金高达 1000 亿元，这些资金绝大部分来自银行信贷

---

〔1〕 樊明等：《房地产买卖行为与房地产政策》，社会科学文献出版社 2012 年版，第 184 页。

资金,主要流入了房地产行业。1992~1994 年,海口 3 年的投资总额近 500 亿元,1994 年的固定资产投资高达 96.09 亿元,绝大多数投资集中到房地产行业,导致产业结构急剧变化、畸形发展。1993 年,海南建省和特区效应也因此得到全面释放。人数不过 655.8 万的海岛上竟然出现了两万多家房地产公司。海口市 1991 年的地价每亩最高为 98 万元,1993 年上半年涨至最高位 680 万元/亩,1988 年海南房地产平均价格为 1350 元/平方米,1991 年为 1400 元/平方米,1992 年则猛增至 5000 元/平方米,比 1991 年增长 257%。1993 年上半年房地产价格达到顶峰,为 7500 元/平方米(具体见下表)。

1987~1995 年上半年海南房地产平均价格及增幅一览表[1]

年度	平均价格(元/平方米)	增长幅度
1987	975	
1988	1350	38
1989(上半年)	1350	0
1989(下半年)	975	−28
1990	1250	28
1991	1400	12
1992	5000	257
1993(上半年)	7500	50
1993(下半年)	4000	−47
1994	3500	−13
1995(上半年)	3150	−10

1993 年 6 月 23 日,时任国务院副总理的朱镕基发表讲话,宣布终止房地产公司上市、全面控制银行资金进入房地产业。1993 年 6 月 24 日,国务院发布《关于当前经济情况和加强宏观调控的意见》,海南房地产热潮应声落下。到 1996 年初海口的地价下降到 100 万元/亩。房地产平均价格也从 1993 年上半年最高价 7500 元/平方米跌至 1995 年上半年的 3150 元/平方米。这场调控的遗产是给占全国 0.6% 总人口的海南省,留下了占全国 10% 的积压商品房。全省"烂尾楼"高达 600 多栋、1600 多万平方米,闲置土地 18 834 公顷,积压资金 800 亿元,仅四大国有商业银行的坏账就高达 300 亿元。

---

〔1〕 数据来源:《中国房地产市场年鉴(1996)》,中国计划出版社 1996 年版,第 194 页。

房地产泡沫带给海南的危害是显而易见的：首先，房价暴跌导致房地产市场交易停滞，商品房大量空置，信贷资金被套在积压房产上；其次，土地闲置，烂尾楼林立，土地资源极大浪费。最后，拖累整个地区经济的发展。由此可见，房屋超量建设、商品房过剩也不是件好事。

二、海南制定的相关法规

虽然海南、北海等地的房地产泡沫仅仅属于个例，在我国的房地产发展史中是一个小插曲，但这样的经济事件对于当地来说影响是较大的，不仅对经济发展造成了冲击，而且也降低了当地人民的收入。

房地产泡沫过后人们不禁反思：如果当时能够采取有效措施防止热钱突然进入房地产市场，或者能够有效地制止土地或房产的倒买倒卖，甚至是出现泡沫以后能够采取"软着陆"的方式，是否可以减轻一点震荡，给社会、经济所造成的伤害没有那么大？可惜这一切仅仅是假设，但希望能够作为前车之鉴。如果后来人或者其他地区能够从中吸取一些教训，这些案例就实现了其价值。

1999 年 9 月 24 日，海南省人大常委会颁布了《关于加快积压房地产产权确认工作的决定》，敦促土地或房产的权利人尽快进行权属登记，逾期未登记者由当地房产行政管理部门依法代管。有些购房者因为开发商下落不明等原因，产权申请人不能提供完备的土地出让或者房地产交易手续的，只要其提出的土地出让合同和房地产交易合同、付款凭证等证明材料在产权征询异议公告期限内无异议，县级以上人民政府或者房产行政管理部门经审查认定其提供的证明材料真实合法，可以确定土地使用权、房屋所有权，并办理登记发证；房产工程尚未竣工的，可以核发土地使用权证书，确认土地使用权。依法出让的土地，因政府及有关部门的原因而未核发土地使用权证书，土地使用者已投入一定开发资金并转让或者经多次转让，对其中符合土地利用总体规划和城市建设总体规划的，由县级以上人民政府根据实际情况，办理土地使用权登记，核发证书。符合土地利用总体规划和城市建设总体规划，但产权申请人未缴清土地使用权出让金或者无力交纳报建、土地转让等规费的，可以用商品房折抵有关费用，补办有关手续，办理产权登记；也可以先予以办理产权登记手续后，由有关部门继续追缴所欠费用或作其他处理。房地产转让人拖欠税款的，只要最终受让人已缴纳其本人应缴纳的税款，县级以上人民政府或房产行政管理部门应当为其办理有关产权登记。房地产转让人拖欠的税款，由税务部门予以追缴。

1999 年 10 月 24 日，海口市人民政府颁布《海口市积压房地产产权确认办法》。其第 1 条规定，为做好本市积压房地产处置工作，明确积压房地产的权属关系，保护投资者和消费者的合法权益，根据国家有关法律、法规和省有关规定，结合本市实际，制定本办法。

　　1999 年 12 月 21 日，海南省人民政府颁布《海南省加快积压房地产产权确认工作实施办法》，基本上是省人大决定的细化。其第 2 条规定，本省范围内的积压商品房、停缓建工程、闲置土地和消费者购买的商品房，未办理有关产权登记手续的，适用本办法。本办法所称积压商品房是指房地产开发经营企业在 1998 年 12 月 31 日前已办理竣工验收手续，或者在 1996 年 12 月 31 日前办理施工许可手续、1998 年 12 月 31 日前竣工但未验收，并尚未出售的商品房。本办法所称停缓建工程是指房地产开发经营企业在 1996 年 12 月 31 日前办理施工许可手续、1998 年 12 月 31 日前停工的房地产项目。本办法所称闲置土地是指：①土地使用者依法取得土地使用权后，未经原批准用地机关同意，超过规定期限未动工开发建设的建设用地；②国有土地有偿使用合同没有规定动工日期的，自国有土地有偿使用合同生效之日起满 1 年未动工开发建设的土地；③开发建设面积占应当开发建设总面积不足 1/3，或者已投资额占总投资额不足 25%，未经批准中止开发建设连续满 1 年的土地。本办法所称消费者购买的商品房是指消费者购买的 1998 年 12 月 31 日前竣工的商品房。

　　海南省人大、省政府、海口市政府颁布的相关规定，基本上都是救急的临时性规定，主要针对找不到开发商或施工企业，相关土地闲置或楼房烂尾，资产闲置无法利用等实际情况而制定，特事特办，已突破了当时的一些房地产法律规定的框架。但这也是不得已而为之的。

三、对我国应对房地产危机的立法建议

　　美国出现次贷危机后，2007 年 11 月 15 日美国众议院通过《抵押贷款改革与反掠夺性供贷法案》（该法案后来被《多德—弗兰克华尔街改革和消费者保护法案》（Dodd‑Frank Wall Street Reform and Consumer Protection Act）所吸纳，于 2010 年 7 月 21 日由美国总统奥巴马签署，使之正式成为法律）。对 1994 年通过的《住房所有权和房产价值保护法案》（The Home Ownership and Equity Protection Act of 1994，HOE-PA）的有关内容进行了修正，对抵押贷款发起人的禁止义务作进一步明确。2007 年 12 月 20 日和 2008 年 2 月 13 日布什总统分别签署了《抵押贷款债务减免的税收豁免法案》（Mortgage Forgiveness Debt Relief Act）和《一揽子经济刺激法》，一方面对房屋所有人住房按揭贷款减免的同时进行税收豁免援助，增强他们的债务偿付能力。另一方面实施为期 2 年、总额达 1680 亿美元的刺激经济方案。

　　2008 年 7 月 30 日布什总统签署了美国国会通过的《住房和经济恢复法案》（The Housing and Economic Recovery Act of 2008），法案宣布拨款 3000 亿美元在联邦住宅管理局（FHA）管理下建立专项基金，为 40 万个逾期未还按揭贷款的家庭提供担保。该法案对一般屋主的第一个优惠是增加了屋主利用缴纳的地税在年终报个人收入所得税时获得减税待遇的机会，另一个优惠是增加了拥有第二套住房或出租房的屋主

获得免征地产增值税待遇的机会。

2008 年 10 月 3 日布什总统签署了经国会参众两院表决通过的《紧急经济稳定法案》（Emergency Economic Stabilization Act of 2008）。该法包括对金融机构 7000 亿美元的救助计划，以及其他领域 1490 亿美元的减税措施，授权政府购买银行和其他金融机构的不良资产，扩大了监管机构应对危机时可使用的工具范围，并授予监管机构暂定资产定价规则的权力。

奥巴马总统上台后延续了原来的政策。2009 年 2 月 17 日奥巴马总统签署了《美国复兴与再投资法案》（American Recovery and Reinvestment Act of 2009）。之后，2009年 2 月 25 日和 3 月 10 日，美国众议院和参议院分别通过了《2009 年综合拨款法案》（The 2009 Consolidated Appropriations Act）。

纵观美国应对次贷危机的对策，基本上都是通过议会进行立法，在法律的框架内解决危机、调整结构，使经济走出困境。美国这时期的大部分法案都是围绕着房地产贷款制度的立法与金融机构的改革来进行的。因此，借鉴美国等其他发达国家的经验，我国也应通过法律的规制来防范和应对房地产危机。

对我国应对房地产危机的立法，可以在宏观调控法或者房地产调控法中进行规定，也可以单独制定一部房地产危机应对法。

这部法律可以分为危机前的应对、危机中的应对和危机后的应对。其实海南的相关规定属于危机后的应对规定。

危机前的应对应该包括房价监测、预警措施等。危机中的应对包括可以采取的有关金融、价格、税收等各种经济、行政和法律的手段。危机后的应对包括对闲置土地和房产的代管、处理等。

总之，事先准备得越充足，应对危机就越游刃有余。而且，将房地产危机应对纳入法律治理，符合当今全面推进依法治国的要求。

小　结

本编探讨的是房地产宏观调控的话题，最近十年来，"房价"、"房地产调控"成为一个热门话题。什么样的房价才是合理的？房地产调控应该达到什么样的目标？好像每个人给出的答案都不一样。但作为公共利益的代表者的政府，不应该在这个问题上含糊不清。

本书对此的观点是：房地产宏观调控的目标是房地产业的健康发展，最终要善待投资者和保护消费者的利益。房地产市场应该以市场为导向，政府的宏观调控应该依法有据，政府应依法制定房地产的产业政策，完善房地产金融、价格和税收法律制度，建立和完善住房保障法律制度。

房地产宏观调控应该是综合性的措施，包括产业政策引导、金融政策、价格政策、财政税收政策、住房保障等。最后还要防范房地产泡沫风险，避免或减少房地产危机的发生。为此，本书选取了一个发展中国家的案例（东南亚金融危机）和一个发达国家的案例（美国次贷危机），希望通过这样的案例剖析，我们能得出一些有益的启示！

参考书目

1. 符启林：《房地产法》，法律出版社 2009 年版。

2. 符启林、何培华主编：《房产法》，中国政法大学出版社 2005 年版。

3. 符启林等：《城市化与农民土地问题》，法律出版社 2008 年版。

4. 符启林等：《住房保障法律制度研究》，知识产权出版社 2012 年版。

5. 高富平、黄武双：《房地产法学》，高等教育出版社 2010 年版。

6. 房绍坤主编：《房地产法》，北京大学出版社 2011 年版。

7. 李延荣、周珂：《房地产法》，人民大学出版社 2012 年版。

8. 邱艳：《中国房地产法律规则研究》，人民出版社 2011 年版。

9. 最高人民法院研究室编：《房地产司法解释理解与适用》，法律出版社 2011 年版。

10. 法律出版社法规中心：《新编房地产法小全书》，法律出版社 2012 年版。

11. 邓卫、宋扬编著：《住宅经济学》，清华大学出版社 2008 年版。

12. 唐烈英：《商品住房买卖贷款按揭法律问题研究》，法律出版社 2008 年版。

13. 金俭：《中国住宅法研究》，法律出版社 2004 年版。

14. 罗晋京：《跨国银行法律规制对国家主权的影响》，知识产权出版社 2011 年版。

15. 郑锋：《城市·规划·探索——在北大做博士后》，人民出版社 2006 年版。

16. 刘剑文、熊伟：《税法基础理论》，北京大学出版社 2004 年版。

17. 谭术魁编著：《房地产项目管理》，机械工业出版社 2009 年版。

18. 杨松龄：《实用土地法精义》，五南出版社 2000 年版。

19. 陈瑞华：《论法学研究方法》，北京大学出版社 2009 年版。

20. 冯先勉：《土地制度分析实务：涨价归公论》，基泰管理顾问股份有限公司 1989 年版。

21. ［韩］金玄卿：《中韩城市房地产交易法律制度比较研究》，中国人民大学出版社 2012 年版。

图书在版编目（ＣＩＰ）数据

房地产法原理/罗晋京,符启林著. —北京:中国政法大学出版社,2016.1
ISBN 978-7-5620-6558-6

Ⅰ. ①房… Ⅱ. ①罗… ②符… Ⅲ. ①房地产法－法的理论－中国 Ⅳ. ①D922.181.1

中国版本图书馆CIP数据核字(2016)第014512号

出 版 者	中国政法大学出版社
地 址	北京市海淀区西土城路 25 号
邮寄地址	北京 100088 信箱 8034 分箱　邮编 100088
网 址	http://www.cuplpress.com（网络实名：中国政法大学出版社）
电 话	010-58908435(第一编辑部) 58908334(邮购部)
承 印	固安华明印业有限公司
开 本	720mm×960mm　1/16
印 张	20.25
字 数	397 千字
版 次	2016 年 1 月第 1 版
印 次	2016 年 1 月第 1 次印刷
印 数	1～3000 册
定 价	46.00 元